제2판

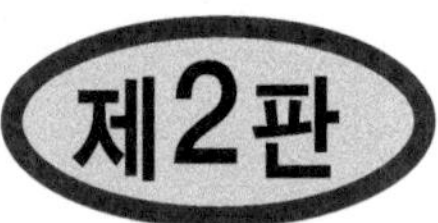

무역보험

-이론과 실무-

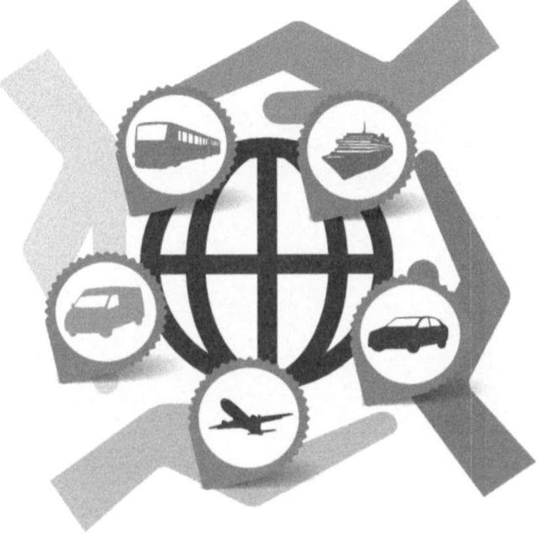

박성호 | 황성분 공저

Incoterms® 2020 및 영국보험법(2015) 반영

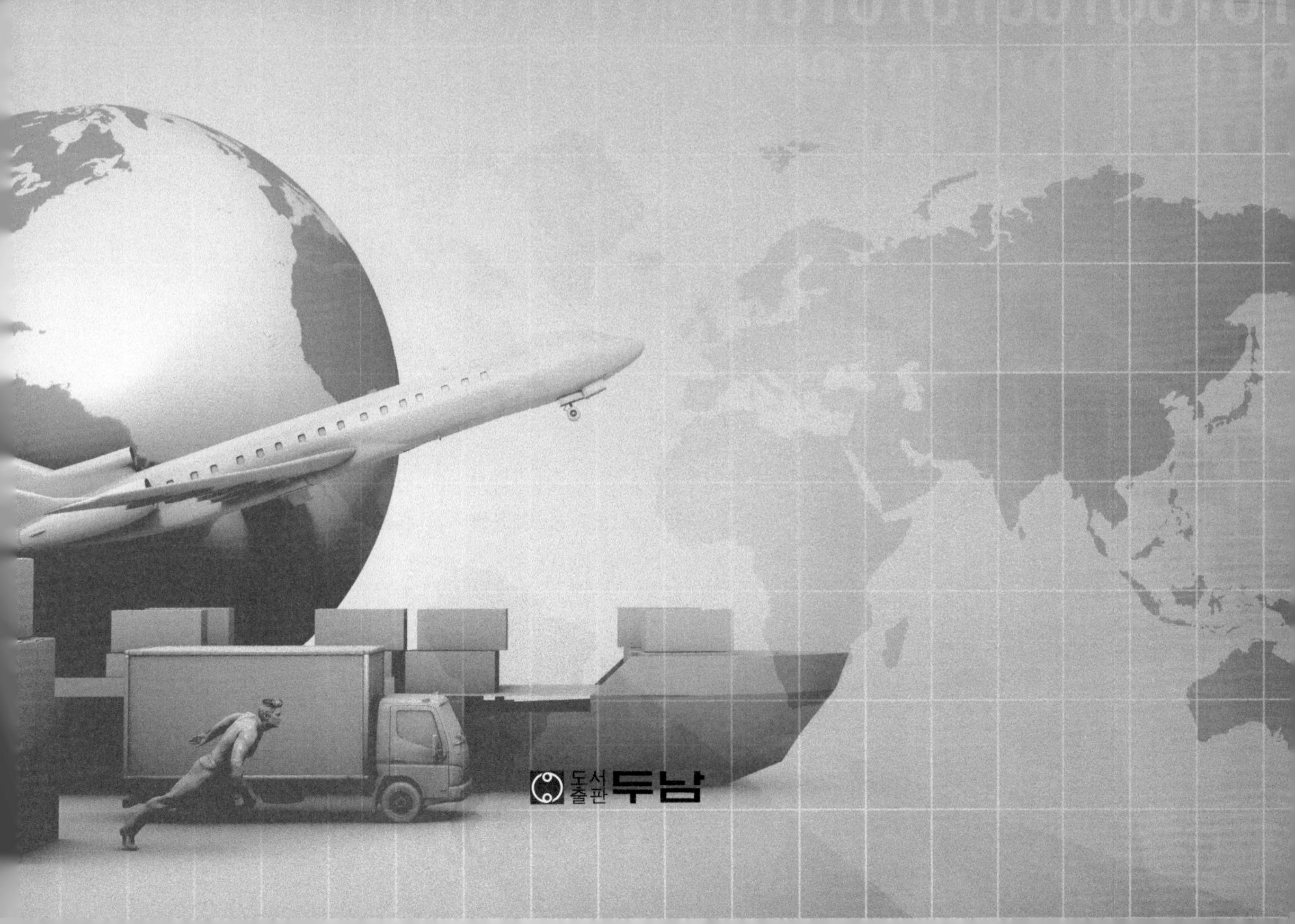

도서출판 두남

이 저서는 2012년 정부(교육부)의 재원으로 한국연구재단의 지원을 받아 수행된 연구임. (NRF-2012-S1A3A2033963)

제2판 머리말

2014년 「무역보험」 초판을 출판하여 국제상거래에서 매매계약당사자의 이행을 위한 물품의 물리적 이동에서 발생할 수 있는 위험에 대한 과학적인 관리방법인 보험에 대해 기본적인 원리부터 해상보험의 개념, 보험증권, 보험약관, 수출입보험, 그리고 적하보험실무까지 정리하여 소개하였다. 그 동안 초판을 공유하였던 모든 분들에게 감사드린다.

초판이 출판된 이후 국제무역의 환경변화에 따른 다양한 변화가 있었다. 그 중에서 본 서에서 다루고 있는 내용과 관련된 변화에 대해 살펴보면, 첫째, 국제물품매매계약에서 가장 기본적인 조건인 Incoterms가 2019년 개정되어 현재 Incoterms® 2020이 사용되고 있는 점, 둘째, 해상보험과 관련하여 국제 준거법으로 사용되고 있는 영국해상보험법(MIA 1906)이 영국보험법(Insurance Act 2015)의 제정으로 인해 일부 조항이 대체된 점, 셋째, 공동해손에 있어서 정산규칙으로 사용되고 있는 York Antwerp Rule도 2016년 일부 개정된 점 등이다.

그러므로 제2판에서는 초판의 틀을 그대로 유지한 상태로 이러한 내용들을 반영하기 위하여 다음의 몇 가지 주안점을 두고 개정하였다.

첫째, 새롭게 개정된 Incoterms® 2020의 내용을 반영하였다. Incoterms® 2020에는 기존의 Incoterms® 2010에서 DAT(Delivered at Terminal) 조건이 삭제되고 DPU(Delivered at Place Unloaded) 조건이 새롭게 추가되었다. 또한 각 조건별 매도인의 의무(A1~A10)와 매수인의 의무(B1~B10) 각각 세부조항의 구성을 변경하였다. 매매계약 당사자간의 계약 체결 시 적하보험 부보에 대한 상호합의가 필요한 조건은 CIP 조건과 CIF 조건이다. 우선 CIP 조건에서 Incoterms® 2010과는 달리 당사자간의 별도의 합의가 없는 한 운송의 특성상 적하보험의 최대 부보조건인 ICC(A) 조건 또는 이와 유사한 조건에 부보할 것을 규정하고 있다. 그리고 CIF 조건은 Incoterms® 2010과 동일하게 ICC(C) 또는 이와 유사한 조건인 최소부보조건으로 부보할 것을 규정하고 있다.

둘째, 2015년 개정된 영국보험법(Insurance Act, 2015)의 내용을 반영하였다. 개정된 영국보험법은 영국해상보험법(MIA, 1906)의 특정규정을 대체하고 있는데, 고지사항의 공정한 제공, 그에 대한 위반의 경우 보험자의 구제수단, 담보(warranty)에 관한 조항, 담보(warranty)위반의 효과, 부적절한 위험감소조항, 사기적 보험금 청구, 임의규정성 등에 관한 조항이다.

셋째, 공동해손(General Average)이 발생할 경우 정산의 준거법 규정으로 적용되고 있는 York Antwerp Rule이 2016년에 일부 규정이 개정되었다.

넷째, 최근의 적하보험 가입에 대한 증권의 형태와 한국무역보험공사의 수출입보험 관련 새로운 상품 등에 대해서도 반영하고 있다.

이와 같이 제2판은 무역실무와 관련된 각종 규범 및 상관습의 변화를 지속적으로 연구하여 무역업에 종사하는 실무자와 국제상학을 연구하는 연구자들에게 보다 용이한 실무 적용과 더불어 연구 분야에 대한 기본적인 지식을 습득할 수 있도록 하고자 노력하였다. 향후 무역실무 및 보험에 관한 지속적인 연구를 통하여 제2판에서 미흡한 부분을 보완하는 노력도 아끼지 않을 것이다.

끝으로 제2판을 발간하는 데 많은 도움을 주신 도서출판 두남과 편집 관계자에게 깊은 감사를 드린다.

2020. 2.
성서캠퍼스 연구실에서
저 자

머리말

국제상거래 활동에 있어서 당사자간의 매매거래의 완성을 위한 제3자 서비스는 필수불가결하다. 이러한 제3자 서비스에는 국제금융시스템, 국제물류시스템, 그리고 국제보험시스템이 있다. 우리가 흔히 말하는 무역거래의 핵심은 상품의 인도와 결제라고 할 수 있다. 이러한 핵심적 활동을 위해 거래당사자가 직접 운송을 통해 인도를 하고 현금을 직접 수령했던 고대 무역거래와는 달리 현대의 무역거래는 전문적인 운송서비스업체에게 맡기고 결제는 국제금융시스템을 통해 이루어진다.

이러한 국제상거래 활동에는 다양한 위험이 존재한다. 타국의 시장조사 및 거래파트너를 찾기 위하여 사용한 투자비용에 대한 회수불능위험, 상대방의 신용위험, 상대국의 정치적 위험, 거래통화의 환율변동위험, 그리고 운송도중에 발생할 수 있는 위험 등 상존하는 위험들이 많다. 이와 같은 위험들에 대해 거래당사자들이 직접 관리할 수도 있지만, 직접 관리하기 힘든 부분들은 제3자에게 전가하는 것이 효율적인 관리방법이다.

국제상거래 활동에서 발생할 수 있는 위험들에 대한 관리방법도 다양한 경제제도를 이용할 수 있는데, 환율변동위험에 대해서는 환헷징 또는 환율변동보험, 투자비용 회수불능위험, 신용위험, 정치적 위험 등에 대해서는 수출입보험, 운송위험에 대해서는 해상보험 등을 통해 관리할 수 있다. 이러한 위험관리방법들에 대해서 거래당사자는 상당한 지식을 가지고 적극적으로 활용할 수 있어야 한다. 만약 국제상거래위험들을 간과하고 무역거래를 한다면 여러 가지 위험에 노출된 상태로 거래가 진행되기 때문에 언제 어디서 발생할지 모르는 손실을 관리하지 못해 안정적인 무역거래가 어렵다. 이와 같이 국제상거래 전반에 걸쳐 발생하는 위험을 보험을 통해 관리하는 것을 무역보험이라고 하고 이러한 무역보험제도를 통해 거래당사자가 좀 더 안정적인 거래행위를 영위할 수 있도록 한다.

그러므로 본 서는 무역보험에 대한 전반적인 내용을 이론과 실무적 차원에서 설명하고 있으며, 이를 위해 5편으로 구성되어 있다. 제1편에서는 보험의 일반적인 이론에 관한 내용으로서 보험에 관한 기본적인 개념을 정리하고 보험계약의 원칙, 그리고 무역과 보험의 관계에 대해 설명하고 있다. 제2편에서는 국제운송에서 발생하는 물리적인 위험을 관리하는 해상보험에 관한 이론적인 설명을 상세하게 하고 있으며, 제3편에서는 해상보험에서 사용하는 해상보험증권과 그 약관에 대해 조항별로 자세하게 설명하고 있다. 제4편에서는 수출입거래에서 발생하는 신용위험과 투자위험 등에 관한 정책보험의 역할을 하는 수출입보험에 대해서 설명하고 있다. 마지막으로 제5편에서는 무역거래당사자와 보험자간에 실제 실무적인 내용에 대해 설명하고 있다.

본 서는 무역보험에 관한 이론과 실무적인 내용을 자세하게 설명함으로써 무역업, 보험업, 금융업, 운송업 등에 종사하는 실무자에게는 유용한 지식을 함양할 수 있도록 하여 국제상거래 활동이 더욱 안정적으로 활성화될 수 있도록 하는데 목적이 있다. 또한 국제상학을 공부하는 학생들에게는 무역보험이라는 학문에 좀 더 쉽게 접근할 수 있도록 하고자 노력하였다. 앞으로 무역보험에 관한 지속적인 연구를 통하여 본 서에서 미흡한 부분을 개정하려는 노력도 아끼지 않을 것이다.

끝으로 본 서를 발간하는데 많은 도움을 주신 두남의 전두표 사장님과 편집 관계자를 비롯한 많은 분들께 감사를 드린다.

2014년 2월

저자 씀

차 례

제1편 보험의 일반이론

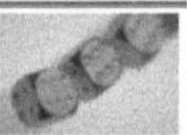

제2편 해상보험이론

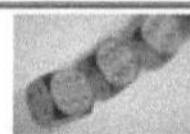

제3편 해상보험증권과 약관

제4편 무역보험

제5편 적하보험실무

제1편

보험의 일반이론

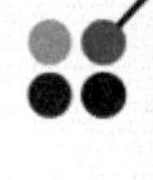

제1장 위험과 보험

주요내용

사회생활 가운데 당면할 수 있는 수많은 위험에 대해 알아보고 그와 관련된 기본적인 개념을 정립하고 적절한 대처방법을 살펴보고, 보험의 기본적인 개념과 보험의 대상 요건 및 보험의 분류에 대해 설명한다.

- 위험의 의미
- 위험의 관리
- 보험의 개념
- 보험의 요건
- 보험의 분류

• 제1절 위 험

1. 위험의 의미

위험이란 보고 느끼는 사람의 생각에 따라 다양한 형태로 나타날 수 있다. 그렇지만 일반적으로 위험이란 어떤 "손실발생의 가능성(chance of loss)"과 "손실에 관한 불확실성(uncertainty concerning loss)"에 관한 것으로 미래에 관해 예측이 확실하지 않은 상태에 의해 위험을 완전하게 대비할 수 없게 만든다. 위험이란 "손실발생에 대한 불확실성(uncertainty concerning the occurrence of a loss)"이라고 정의될 수 있다.

또한 위험은 그 형태에 따라 다양한 의미로 전달될 수 있는데, 일반적으로 모두 위험이라는 용어로 표현하지만 그 구체적인 의미가 뚜렷이 구분되기 때문에 보험을 이해하기 위해서는 이에 대한 개념을 정확히 알아야 할 것이다.

1) 위험의 의미

(1) Risk

Risk는 위험에 대한 총칭으로서 손실발생에 대한 불확실성(uncertainty concerning the occurrence of a loss)이라 할 수 있다. 만약 손실발생이 확실하다면 대부분의 "위험"은 존재할 수 없을지도 모른다. 그래서 "우연한 사고를 발생시킬 수 있는 가능성"을 위험으로 정의할 수 있다.

(2) Peril

Peril(손인; 損因)은 손해의 원인을 말한다. "보험목적의 손해를 일으킨 일체의 모든 우발적 사고"로 "peril"이라는 말은 우연하고도 측정이 불가능한 그 무엇이다. 영국해상보험법(MIA 1906) 부칙 제7조는 "바다의 우연한 사고나 재난"을 "perils of sea"로 정의하였다. 즉 화재, 폭발, 폭풍우, 홍수, 지진, 도난, 자동차 사고, 질병과 같은 손해를 일으킨 원인이 되는 사고를 말한다. "Act of God"은 인간의 힘과 능력으로는 어찌할 수 없는 손인을 말한다.

(3) Hazard

Hazard(위태; 危態)는 손실발생 가능성을 새로이 창조하거나 증가시키는 상태를 말한다. "peril"은 손실을 발생시키는 원인이 되지만 "hazard"는 반드시 손실을 발생시키지는 아니하지만 손실발생 가능성을 새로이 만들어 내고 있는 상태나 현재보다 손실발생 가능성을 증가시키고 있는 상태를 말한다. "hazard"는 "peril"을 조성하여 손실을 가져오게 한다. 이러한 "hazard"는 세 가지로 분류해서 살펴볼 수 있다.

① 실체적 위태

실체적 위태(physical hazard)는 위험의 객관적이고 실체적인 상태이다. 예를 들어 인화성 물질을 방치하고 있는 상태는 화재라는 손인을 창조하거나 증가시키고 있는 상태이다. 화재라는 손인으로 주택이 소실된다. 제동장치가 불량한 자동차는 충돌이라는 손인을 가져올 수 있고 충돌은 자차 파괴, 인명 손실 등의 손해를 가져온다.

② 도덕적 위태

도덕적 위태(moral hazard)는 위험의 주관적, 심리적, 정신적 상태이다. 손인을 고의로 만들어 내거나 중대시키는 것을 말한다. 이것은 개개인의 성품, 성향에 의한 위태로서 어떤 개인이 사기로 보험에 가입한 경우 이것이 손실의 가능성을 새로이 만들거나 중대시키게 된다. 즉 이것은 개인적인 사기성향에 의한 손인이 발생되는 것이다. 그러나 모든 사람이 보험사기를 실행하는 것은 아니다.

③ 정신적 위태

정신적 위태(morale hazard)는 개인의 무관심, 부주의로 인한 손인이 발생하거나 증가하는 상태를 말한다. 예를 들면 불장난하는 아이를 그냥 보고만 있는 경우 화재라는 손인이 발생할 수 있는 상태가 되고 이를 정신적 위태라고 한다. 도덕적 위태는 위험의 창출이나 증대가 고의성을 띠지만, 정신적 위태는 고의성이 없는 위험의 창출이나 증대를 말한다.

2) 위험의 종류

(1) 주관적 위험과 객관적 위험

① 주관적 위험

주관적 위험(subjective risk)은 개인의 정신적·심리적 상태에 따른 위험으로 개인에 따라 위험의 종류와 크기가 다양하다. 따라서 통계적 측정이 거의 불가능한 위험이기 때문에 보험에 의해 보상받을 수 없다. 동일한 위험을 두고도 개인의 성격과 주관에 따라 위험의 크기뿐만 아니라 종류도 달라진다. 예를 들어 야외용 가스버너를 사용하는 것과 야외용 석유버너를 사용하는 것에 대해서 개인마다 위험의 크기와 종류에 대해서 다르게 평가할 것이다.

② 객관적 위험

객관적 위험(objective risk)은 기대손실과 실제손실과의 차이로서 통계적으로 측정될 수 있는 위험을 말하고, 보험료 결정기준이 되며 기대손실과 실제손실의 차이가 적으면 손실예측이 더욱 정확하다.

위험으로 인하여 발생될 수 있는 손실에 대해서 관념적으로 인식하고 있는 손실과 실제로 발생된 손실의 차이로서 통계적으로 측정이 가능한 위험이다. 만약 기대손실과 실제손실의 차이가 적으면 손실에 대한 예측이 정확하였기 때문에 보험료를 더욱 합리적으로 산출할 수 있게 될 것이다. 10,000명의 암보험 가입자 중 1년에 5명이 암에 걸릴 것으로 보험회사는 예측하였으나 실제로는 10명이 암에 걸렸다면 5명의 편차가 있다는 결과가 된다. 이때 5명이라는 차이가 객관적 위험이다. 이것은 과거의 통계를 통해서 측정가능하다.

(2) 순수위험과 투기적 위험

① 순수위험

순수위험(pure risk)은 보험의 대상이 되는 위험으로 투기적 위험과는 구분해야 한다. 이익과 위험이 함께 존재하는 투기적 위험과는 달리 순수위험은 잠재적 이익의 발생가능성이 전혀 없는 순수하게 손실발생 가능성만을 가지는 위험을 말하며 보험의 대상이 되는 위험이다.

이러한 순수위험은 일반적으로 인간의 사망, 상해, 실직, 노령과 관련된 위험 등을 말하는 인적위험(personal risks)과 재산의 손상, 손실을 가져오게 하는 위험인 재산위험(property risks)[1], 그리고 과실이나 계약위반 등으로 인해서 제3자에게 경제적 손실을 입히는 위험인 배상책임위험(liability risks) 등의 세 가지로 분류된다.

② 투기적 위험

투기적 위험(speculative risk)은 잠재적 이익과 손실이 공존하는 위험으로 위험이 발생하면 그 결과가 손실 또는 이익으로 나타날 수 있는 위험이다. 손실 가능성과 이익의 가능성을 함께 가진 위험은 이익의 가능성이 손실의 가능성을 상쇄하므로 보험의 대상이 될 수 없다. 이것이 보험의 대상이 된다면 보험회사는 투기행위를 하고 있는 것과 같기 때문에 위험으로 인한 손상, 손실의 보상이라는 보험 본래의 목적에 위배된다.

도박과 같은 것들이 대표적인 투기적 위험에 해당한다. 투기적 위험은 존재하지 않는 위험을 창출하는 인위적인 위험으로서 기업경영상 새로운 시장 및 사업에 진출할 경우 그 결과는 이익과 손실의 어느 경우로 나타날 지에 대해서 불확실하기 때문에 투기적 위험에 해당된다. 일부 정책적인 목적에 의해서 무역보험에서 다루기도 하지만 이러한 위험은 일반적인 보험의 대상이 될 수 없다.

〈표 1-1〉 순수위험과 투기적 위험의 차이

순수 위험	투기적 위험
* 대수의 법칙 적용이 쉽다. * 손해는 항상 사회의 손해가 수반된다.	* 대수의 법칙 적용이 어렵다. * 손해는 항상 사회의 손해가 수반되지 않는다.

(3) 정태적 위험과 동태적 위험

① 정태적 위험

정태적 위험(static risk)은 위험의 발생배경과 근원을 기준으로 정태적 위험과 동태적 위험으로 구분하는데, 정태적 위험은 정상적인 경제사회에서 발생하는 위험이다. 이 위험은 사회적 변화와 관계없이 주로 자연현상이나 인간의 과실 등으로 발생한다. 기업에서 자산의 물리적 손실, 사기 및 범죄에 의한 손실, 잘못된 판단에 의한 법적 배상책임, 수익성 감소에 의한 재산상의 손실, 경영자 또는 근로자의 사망 또는 질병 등이 있다.

정태적 위험의 발생 결과는 순수위험과 마찬가지로 반드시 손실로 연결된다. 따라서 개인이나 기업이 손실을 입을 경우 사회도 동시에 손실을 입게 된다. 또한 정태적 위험은 모든 경제

1) 재산위험은 화재로 인한 사업장의 소실 자체의 직접손실(direct loss)과 사업장 소실로 인한 영업이익과 비용손해 등의 간접손실(indirect loss)로 구분할 수 있다.

사회에 공통적으로 발생하는 일반적 현상이며, 위험이 발생하더라도 그 영향은 특정 단위에 국한된다. 정태적 위험과 순수위험은 분류 기준은 다르지만 거의 동일한 성격을 지니고 있다.

② 동태적 위험

동태적 위험(dynamic risk)은 사회의 동태적인 환경변화에 따라 발생하는 위험으로서 생산양식의 변화, 소득수준의 변화, 가격변동, 기술혁신, 경영방식의 개선, 산업구조의 변화 등으로 동시다발적으로 창출되고 그 영향은 동일한 환경 하에 있는 모든 집단들에게 미친다.

동태적 위험은 동시다발적으로 발생하고 이러한 위험의 발생에 따라 모든 집단들이 손해만 발생하는 것이 아니고 이익을 향유할 수 있는 집단들로 나타날 수 있기 때문에 보험의 대상이 될 수 없다.

2. 위험의 관리

위험은 손실을 가져올 수 있기 때문에 개인이든 법인이든 위험의 존재는 세상에서 존재하며 살아가는데 있어서 상당한 부담이 되며 어떤 방식이든 자신에게 발생할 수 있는 위험의 문제를 관리하거나 해결하지 않으면 불안한 가운데서 삶을 영위해야 하는 것이다. 그래서 위험을 관리하거나 해결하는 몇 가지 방법들을 살펴보면 다음과 같다.

1) 위험관리의 의의

(1) 위험관리의 개념

위험관리(risk management)란 조직의 이익을 위해 조직에서 발생될 수 있는 손실 가능성을 체계적으로 분석하여 그에 대응하는 최적의 방안을 강구하는 것으로 순수위험이 그 주된 관리 대상이 된다.

(2) 위험관리의 목적

위험관리의 목적은 개인이나 기업의 활동과정 중에서 당면하는 순수위험으로 인하여 발생되는 손실을 방지하거나 최소의 비용으로 손실을 최소화시킴으로써 개인이나 기업의 이윤을 극대화하는 것이다. 위험관리의 목적은 일반적으로 사전적 목적과 사후적 목적으로 구분할 수 있다.

① 사전적 목적

위험이 발생하기 전에 관리하는 것을 목적으로 하며, 여기에는 경제적인 목적과 걱정, 근심 등을 제거 및 감소시키려는 목적 그리고 손실방지를 위한 각종 규정의 준수 목적을 위한 것이다.

② 사후적 목적

위험이 발생했을 경우에 관리하는 것을 목적으로 하며, 치명적인 손실을 입은 기업의 존속이나 안정적인 수입의 보장 및 성장이 지속되도록 관리해야 한다. 또한 금융기관과 같이 여러 이해관계자가 피해를 입지 않도록 사회적 책임을 수행하기 위하여 관리하는 것을 가리킨다.

2) 위험관리의 과정

(1) 위험의 인식

위험관리자들의 첫 번째 기능은 위험의 인식이다. 일반적으로 위험관리자들이 인식(identifying risk)하고자 하는 기업위험들은 다음의 다섯 가지가 일반적이다.

① 재산적 손실위험

② 법적 배상 손실위험

③ 기업 활동 중단에 따른 손실위험

④ 종업원 부상에 따른 손실위험

⑤ 사기, 범죄 등 종업원의 부정직에 의한 위험

이와 같은 위험을 인식하는 방법으로는 여러 가지가 있을 수 있으나 일반적으로 직접조사 방법, 설문지를 통한 조사방법, 과거 통계자료 등으로 인식할 수 있다.

(2) 위험의 평가

손실이 기업에 미치는 영향의 조사를 통해 위험을 평가(evaluating risk)하는데 다음과 같은 사항이 고려되어야 한다.

① 예상되는 손실의 빈도(frequency), 심도(severity)의 추정을 통해 예상되는 손실이 일정기간동안 얼마나 자주 일어나는지 그리고 손실의 규모는 어느 정도인지를 파악해야 한다.

② 인식된 위험의 중요성에 따른 순위를 결정해야 한다. 다양한 종류의 위험 중에 기업에 중대한 영향을 미치는 위험이 우선적으로 평가되어야 한다. 예를 들면 기업자체를 파산시킬 수 있는 일상 업무상 위험이 있으면 이를 먼저 평가해야 한다.

③ 위험의 대비방법이 강구될 수 있도록 평가되어야 한다. 위험의 종류에 따라서 그에 맞는 대비책을 강구해야 하는데, 예를 들면 불규칙적이고 예측불가능 위험과 규칙적이고 예측가능 위험에 대해 각각 대비방법이 달라야 한다.

④ 한 번 사고로 입을 수 있는 최대손실액을 고려해야 한다. 한번의 큰 사고는 빈도는 낮지만 손실이 클 수 있기 때문에 최대손실액을 산정하기가 쉽지 않다. 그러므로 적절한 대비책을 강구하기 어렵다.

3) 위험관리방법

위험에 대한 평가가 완료되면 이러한 위험을 처리할 수 있는 적절한 방법이 강구되어야 할 것이다. 이러한 방법을 열거하면 다음과 같다.

(1) 위험회피

위험회피(risk avoidance)는 위험을 대비하는 가장 단순한 방법으로서 위험을 피하는 것이다. 예를 들면, 비행기 여행이 위험하면 도보여행이나 기차여행으로 전환하거나 심지어 여행을 포기할 수도 있다. 선박이 화물을 적재하고 태평양을 건너 아메리카 대륙에 도착하려면 많은 위험이 있기 때문에 물품을 수출하지 않고 국내에서만 거래하는 것과 같은 것이다. 지진이 예상되는 지역에서 이사하여 지진 안전지대로 옮겨와 살아가는 것도 위험회피의 예가 될 수 있다. 이러한 위험의 회피는 위험의 개입을 사전에 봉쇄할 수 있지만 복잡한 인간사에서 모든 위험을 이와 같이 회피하면서 살아간다는 것은 불가능한 일이다.

(2) 위험보유

위험보유(risk retention)는 위험을 대비하는데 가장 적극적인 방법이라고 할 수 있다. 위험에 대해 스스로 인수하여 대비하는 것으로 여기에는 위험에 대한 인식을 하고 있지만 그것에 대한 대비를 하지 않는 경우와 위험에 대해 적극적으로 대비하는 경우가 있다. 즉, 자기 스스로 위험에 부딪히며 그대로 자신의 삶을 영위하는 경우와 자기 스스로 위험을 대비하는 것이 있다. 전자의 경우는 사실상 위험을 해결한다는 의미가 아니고 위험을 방치하는 경우이다. 자신이 병에 걸려 사망할 줄 알면서도 계속 아무런 대책없이 그대로 현재의 삶을 영위하고 있는 경우가 대표적인 예가 될 수 있다. 후자의 경우는 위험으로 인한 손실, 손해를 자기 스스로 대비하여 스스로 손실을 보상할 준비를 현재부터 계속 해나가는 경우이다. 기업이 자기적립금을 기업내에 계속 유지하고 있는 경우 이것은 자가보험(self-insurance)이 되어 자기 스스로 위험을 인수한 결과가 된다.[2] 어느 정도의 손실위험을 대비하여 어느 정도로 정립하느냐는 기업자신의 내부적 의사결정에 의해 결정될 것이다.

(3) 위험전가

위험전가(risk transfer)는 위험을 자기 자신이 인수하는 대신 제3자에게 넘겨주는 경우를 말한다. 위험한 일은 자신이 하지 않고 다른 당사자로 하여금 수행하게끔 하여 자신의 위험을 다

---

2) 자가보험과 유사하지만 대기업 등에서는 자회사로 보험회사를 운영하는 경우가 있는데, 이런 경우를 captive insurer(자체보험자)를 통한 위험보유라고 한다. 자체보험자를 이용하여 위험관리를 할 경우 보험비용의 절약, 자체이익의 실현가능, 재보험가입 용이, 국제거래상 이점 등 다양한 장점이 있을 수 있다.

른 당사자가 부담하게 하는 것이다. 건설업자가 전기배선부분을 전문가에게 하청을 맡기는 것은 자신의 위험을 결국 전문가에게 전가시키는 것으로 위험으로 인한 손실 가능성을 제3의 당사자에게 부담하도록 하여 자신의 위험을 관리하는 것이다. 보험도 보험계약자의 위험을 보험회사에 전가하는 행위에 포함될 수 있다.

(4) 손실통제

손실통제(loss control)는 손실방지와 손실의 최소화를 위해 미리 대비하는 것으로서 손실발생가능성을 예상하여 손실방지대책이나 손실최소화 방안을 미리 강구하는 것이다. 예를 들면 정기적인 점검을 통해서 손실을 미연에 방지하는 것이다. 손실최소화 방안은 이미 손실이 발생하였더라도 손실자체를 최소화하는 것으로 건물내에 화재경보시스템이나 스프링쿨러 장치를 함으로써 화재가 발생하더라도 손실을 최소화할 수 있다.

(5) 보험

보험(insurance)은 위험을 대비하는 가장 과학적인 방법이다. 보험은 일종의 위험의 전가(risk transfer)로서 개인 및 기업의 위험을 보험회사에게 넘겨 닥쳐올 위험에 대비하는 것이다. 또한 보험은 위험분산을 위한 "결합기술"(pooling technique)이다. 즉 개인이나 기업으로부터 보험료를 받아 적립해 두었다가 소수의 개인이나 기업이 손실을 입었을 때 보상해 주는 일종의 사회제도이다. 그리고 보험은 "대수의 법칙"(the law of large number)에 의해 장래 발생될 손실을 정확히 예측하고 그에 따른 보험료를 산출하여 위험에 대비하는 과학적인 방법이다.

위험관리방법으로서 보험의 장단점을 살펴보면, 장점으로서는 손실이 보상되므로 손실 부담없는 안정적인 기업운영이 가능하고 보험료는 세금혜택의 대상이 되며, 위험관리에 관한 각종 전문 서비스를 보험회사로부터 제공받는다. 반면에 단점으로서는 보험료가 부담이 될 수 있으며 보험상품의 선택, 약관조정, 발생된 손실보상에 대한 시간과 경비가 지출될 수 있다. 또한 위험관리로서 보험을 택하면 위험에 대한 방심을 초래할 가능성이 높아진다.

• 제2절 보 험

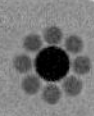

1. 보험의 개념

보험은 보는 시각에 따라 다양한 개념으로 정의할 수 있는데, 보험은 다수의 개인이나 기업이 소액의 보험료를 갹출하여 일종의 공동기금을 마련하여 소수의 개인이나 기업이 우연한 손실을 당하였을 경우, 이러한 공동기금에서 보상하여 주는 사회적 제도라고 말할 수 있다. 즉 보험은 동질적인 위험의 결합(pooling of risk)을 통해 실제손실(actual loss)을 평균손실(average loss)로 대체하는 제도이다.

1) 위험의 전가

위험의 전가(risk transfer)는 개인이나 기업이 자기의 위험을 보험회사에게 전가시키는 것을 말한다. 피보험자가 일정한 보험료를 내고 자신의 위험의 부담을 보험자에게 전가하는 행위이다. 예를 들면 적하보험의 경우, 피보험자인 화주는 일정한 보험료를 내고 화물운송에서 발생할 수 있는 손실부담을 보험자에게로 전가하는 것이다.

2) 위험의 결합

위험의 결합(pooling of risk)이란 동일한 위험을 가지는 다수의 개인과 기업이 적절히 산출된 보험료를 지급하고 전가된 위험을 보험회사는 모두 결합시키는 것을 말한다. 보험회사에게는 위험이 결합되지만 보험가입자들에게는 손실이 분산된다. 그러나 위험이 모두 손해로 연결되는 것이 아니므로 위험을 결합하여도 우연한 사고로 인한 손해발생은 그 빈도가 매우 낮다.

개별 경제주체는 보험에 가입하지 않은 상태에서 손실이 발생하면 목적물 자체가 훼손되어 크게 손실이 발생하지만 보험에 가입하면 소액의 보험료로 그러한 위험이 보험자에게 전가되어 결국 손실은 여러 보험가입자에게 분산시키는 효과와 같다.

예를 들면 어느 지역에서 1,000호의 주택이 화재보험에 가입하였다고 가정하자. 그리고 주택당 평균가격은 1억원이고 1년에 평균 1주택이 화재로 소실된다고 가정하자. 만약 보험에 가입하기 않았다고 하면 화재가 발생하여 주택이 소실되면 그 주택 소유자는 1억원의 손해를 입을 것이다. 그러나 보험에 가입하면, 피보험자 1인당 부담액을 10만원(1억원/1,000)이 되지만 주택소실로 인한 피보험자의 손해액 1억원을 보험금으로 보상받을 수 있을 것이다.

이와 같이 보험은 위험의 결합을 통해 실제손실인 1억원을 1인당 평균손실 10만원으로 손실을 분산시키는 효과를 가질 수 있다. 이러한 손실분산효과는 동일한 위험에 결합되는 가입자가 많으면 많을수록 크게 나타난다.

또한 실제 손실의 측정은 그 위험에 대한 측정대상의 수와 측정하는 횟수가 많으면 많을수록 정확해진다. 예를 들면, 동전을 던져서 양면 중 앞면과 뒷면이 나올 확률은 50%이지만 실제로 던져보면 어떤 때에는 앞면이 80%, 뒷면이 20%로 되는 경우도 있다. 그러나 많이 던지면 던질수록 결국 기대치인 50%에 접근하게 된다. 즉 기대치와 실제 수치의 차이는 많이 측정할수록 가까워진다. 이것은 위험을 많이 측정할수록 보험회사의 예측력은 향상되고 객관적 위험은 하락할 수 있다.

이와 같이 동일한 보험상품에 가입자가 많으면 많을수록, 그리고 위험에 대한 측정대상의 수와 측정횟수가 많으면 많을수록 위험의 예상치는 실제치에 가까워지게 된다. 이것을 "대수의 법칙"(the law of large number)이라고 한다.

3) 우연적 손실의 보상

보험은 손실을 보상하지만 모든 손실을 보상하지는 않는다. 보험은 우연적이고 우발적인 손실만을 보상한다(indemnification of fortuitous losses). 따라서 보험은 고의적이고 의도적인 손실은 보상하지 않는다.

2. 보험의 요건

보험은 일반적으로 순수위험만을 그 부보대상으로 하고 있다. 그러나 실제적으로는 순수위험이라고 하더라도 일정한 조건을 갖추어야만 보험의 대상이 된다. 일정한 조건이란 다음과 같은 조건을 말한다.

1) 상당수의 동질적인 위험의 존재

보험의 대상이 되는 위험은 동질성과 다수성을 갖추어야 한다. 위험의 성질이 바뀌면 보험계약의 기초가 되는 위험 자체가 변경된 것이므로 새로운 보험계약을 체결하여야 한다. 다수성은 많은 보험가입자가 가입할수록 손실예측 및 보험료 산출의 정확도가 높아진다.

2) 손실발생의 우연성

보험의 대상이 될 수 있는 손실이란 그 손실의 장소, 시간을 예견할 수 없어야 한다. 또한 피보험자가 고의로 손실을 발생 및 확장시킨다거나 과장시켜서는 안된다. 만약 고의성이 개입되면 도덕적 위태가 되어 보험의 대상이 될 수 없다.

3) 손실의 확정성과 측정 및 예측 가능성

보험의 대상이 되는 손실은 그 발생원인, 발생시점, 발생장소, 손실금액이 명확하게 확정될 수 있어야 하고 측정이 가능해야 한다. 이러한 것들이 명확하게 정해지지 않는다면 손실에 관한 모든 사항을 파악할 수 없고, 보험료산출 등 보험에 필요한 모든 자료를 객관적이고 과학적으로 처리하지 못하게 된다.

또한 보험의 대상이 되는 손실은 그 손실발생 가능성의 예측이 가능해야 한다. 이러한 확률적 예측이 가능해야 충분하고 정확한 보험료산출이 가능하다. 그러나 홍수, 지진, 전쟁, 대량실업 등은 불규칙적이고 일정치 못하기 때문에 통계적인 자료를 가지고 확률적인 계산이 불가능하다. 따라서 이렇게 예측이 불가능하고 규모가 큰 위험은 일반적으로 보험의 대상이 될 수 없고 정부의 정책적인 지원이 필요하다.

4) 대재앙적인 손해의 예외성

보험의 대상이 되는 손실은 그 손실의 발생이 대재앙(cataclysm)에 의한 것으로 한 번의 사고로 보험회사 집단 모두에 심각한 영향을 줄 수 있는 위험에 의하여 발생하는 것이어서는 안 된다. 이러한 대재앙적인 손해는 보험대상에서 제외된다. 예를 들면 태풍, 홍수, 지진 등 천재지변에 가까운 대재앙적인 사고로 인해 발생한 손실은 보험의 대상에서 제외된다. 또한 국가경제의 전체적인 불경기로 인하여 대량실업사태가 발생하였다면 이러한 실업 현상은 보험으로 해소하기 힘들 것이다.

그러나 이러한 위험을 전혀 취급하지 않는다는 것은 현실적으로 불가능하다. 따라서 이러한 대형위험을 취급하기 위해서는 재보험을 효율적으로 이용하거나, 지역적으로 이러한 대형위험을 적절히 분산함으로써 대처할 수 있을 것이다.

5) 보험료의 경제성

보험회사가 위험과 손실에 대한 확률적인 계산을 통해 보험료를 결정한다고 하더라도 보험료가 비싸면 가입하는 사람이 없다. 보험료는 충분한 시장성을 갖고 있어야 한다. 보험료가 비싸 가입자가 없다면 보험으로서의 존재가 힘들어진다.

3. 보험의 분류

1) 공보험과 사보험

보험정책적 관점과 보험의 강제성 유무에 따라 보험은 공보험(public insurance; 公保險)과 사보험(private insurance; 私保險)으로 분류된다. 공보험은 공경제적 관점에서 행하여지는 보험이고, 사보험은 사경제적 관점에서 행하여지는 보험이다.

(1) 공보험

공보험은 국가 또는 기타의 공공단체가 사회정책 및 산업정책의 실현수단으로서 운영하는 보험으로서, 이는 다시 사회보험과 경제정책보험으로 나뉜다. 전자는 사회정책적인 입장에서 실시하고 있는 보험으로서 실업보험, 연금보험, 산업재해보상보험, 선원보험, 군인보험, 건강보험 등이 이에 속한다. 경제정책보험은 산업의 보호, 육성을 목적으로 실시하는 보험으로서 무역보험이 이에 속한다.

공보험은 국가와 보험급여를 받고자 하는 자 혹은 사업주 등의 사회연대적 정신을 기반으로 하여 국가 또는 기타의 공공단체가 스스로 보험자가 되어 직접 보험을 인수하는 경우, 또는 보험의 이익을 받는 자로서 결성되는 특수한 공법인 또는 사법인인 보험조합으로 하여금 원보험을 인수시키고 국가가 이것의 재보험을 인수하는 방법으로 하는 수도 있다.

공보험은 보험관계가 법률에 의하여 설정되고(강제보험) 그 급여도 법률로 규정되어 있는 점이 사기업이 인수하는 사보험과 다르다. 이와 관련하여 보험사업의 주체에 따라 국가 또는 공공단체가 경영하는 공영보험과 개인 또는 사법인이 경영하는 사영보험이 있는데, 이 경우 공영보험은 정부 또는 기타의 공공단체가 경영하는 보험이라는 점에서는 공보험적 성질을 가지고 있으나 강제보험이 아니며, 또 사회연대적 정신을 기반으로 하지 않는 점이 다르다. 즉, 국영이기는 하지만 보험관계의 본질은 사법상의 계약이고, 다만 영리보험으로서는 충분히 보호를 받지 못하는 일반 대중을 위하여 정책적 배려를 한 것이다.

(2) 사보험

사보험은 관계자가 순전한 사경제적 견지에서 운영하는 보험으로서 영리보험과 상호보험이 이에 속한다. 이 보험관계는 순전한 사법상의 법률관계이며, 정부 기타의 공공단체로부터의 재정적 보조를 받지 않으며 가입이 강제되지 않는다.

영리보험은 보험의 인수를 영업으로 하는 보험자가 가입자로부터 받는 보험료의 총액과 이를 운용하여 얻는 수익을 합한 금액에서 사고가 발생한 경우에 가입자에게 지급하는 보험금의 총액 및 경영비용을 차감하여 얻는 수익을 얻을 것을 목적으로 하는 보험으로서 순수한 개별적 채권관계이다. 영리보험에 있어서 다수의 가입자 상호간에는 아무런 법률관계도 없고 실질적인 법적 위험공동체관계는 동일한 보험자를 매개로 하여 간접적으로만 형성된다. 그러므로 보험가입자는 보험자와 대립하는 당사자에 불과하다. 상법상의 보험은 모두 영리보험에 속한다.

상호보험은 보험의 이익을 얻고자 하는 다수인이 모여 공동체를 구성하고 자금을 갹출하여 공동체의 구성원 중에서 보험사고를 당한 자에게 보험금을 지급하는 보험이다. 이 때 보험가입자는 동시에 보험자인 공동체의 구성원이 되어 사단법인의 사원과 같은 관계를 형성한다. 그리하여 보험사업의 운영은 보험가입자 전원의 책임과 계산으로 하며, 수지의 차액은 결국 사원인 보험가입자에게 귀속하며, 보험가입자는 사원의 지위에서 공동체의 업무에 참여한다.

이와 같이 상호보험은 그 법적 구성에 있어서 영리보험과 다르지만, 다수의 보험가입자를 대상으로 위험을 분산하여야 한다는 보험원리에 있어서는 실질적으로 차이가 없다. 상법도 이러한 취지에서 영리보험에 관한 규정을 상호보험에 준용하도록 하고 있다. 또한 오늘날에는 영리보험에서도 보험가입자의 보호를 위하여 그 이익의 일부를 가입자에게 분배하기도 하고, 상호보험에서도 사원 이외의 자로부터 보험료를 징수하고 보험가입을 인정하기도 하여 양자는 많이 접근하고 있다.

2) 인보험과 물보험

보험사고 발생의 객체에 따라 인보험(personal insurance; 人保險)과 물보험(general insurance; 物保險)으로 구분할 수 있다.

(1) 인보험

인보험은 사람의 생명 또는 객체에 대하여 생긴 사고를 보험사고로 하는 보험이다. 즉 보험사고발생의 객체가 사람인 보험이다. 여기에 속하는 보험은 사고의 종류에 따라 생명보험, 질병보험, 상해보험 등이 있으며, 상법에서는 생명보험과 상해보험을 인보험으로 규정하고 있다.

(2) 물보험

물보험은 보험사고로 인한 피보험자의 물건 및 기타 재산상 손해를 보상하기로 하는 보험이다. 이 가운데 피보험자의 특정한 물건에 생긴 직접적인 손해를 보상하는 것이 물건보험이고, 피보험자가 보험사고로 부담하게 되는 비용이나 채무 등 간접손해를 보상하기로 하는 것이 재산보험이다. 화재보험, 운송보험, 해상보험 등은 전자에 속하고, 책임보험은 후자에 속한다. 또 어떤 특정한 물건에 대하여 보험사고로 생긴 피보험자 자신의 경제적 손해를 보상하기로 하는 보험을 적극보험, 피보험자에게 보험사고로 생긴 일정한 소극재산, 즉 손해배상책임으로 생긴 손해나 비용 등을 보상하기로 하는 보험을 소극보험이라고 한다.

3) 손해보험과 정액보험

이는 보험금 지급방법에 따른 구별이다. 손해보험(損害保險)은 실제로 생긴 손실액만큼을 보상하는 보험이며, 정액보험(定額保險)은 보험사고가 발생할 경우 보험계약에서 약정된 금액을 지급하는 보험이다. 따라서 손해보험의 경우는 보험사고가 발생해야만 보상받는 금액을 알 수 있지만, 정액보험은 보험계약을 체결할 때 이미 보상금액을 알 수 있게 된다.

생명보험은 피보험자가 사망하거나 보험만기가 되면 약정금액을 지급하는 정액보험이며, 해상보험은 손실액을 보상하는 손해보험이다.

4) 강제보험과 임의보험

강제보험(compulsory insurance; 强制保險)은 보험가입이 강제적이며, 임의보험(voluntary insurance; 任意保險)은 가입자의 자유의사에 따라 보험가입이 결정되는 보험이다. 해상보험은 수출자나 수입자의 의사에 따라 가입되는 임의보험이 대부분이다.

5) 육상보험, 해상보험, 항공보험

보험은 보험사고가 발생하는 장소에 따라 육상보험(陸上保險), 해상보험(海上保險) 및 항공보험(航空保險)으로 구분된다. 그러나 해상보험을 연장하여 육상에서 발생하는 위험도 해상보험에서 담보하고 있다.

6) 원보험과 재보험

보험자가 보험계약을 인수하더라도 계약금액이 거액일 경우 위험을 분산시키기 위해 자신이 피보험자가 되어 다른 보험자와 다시 보험계약을 체결하는 경우가 많다. 이와 같이 특정 보험자가 인수한 보험계약상의 책임 전부 또는 일부를 다른 보험자가 인수하는 경우를 재보험(reinsurance; 再保險)이라 한다. 그리고 보험자가 피보험자로부터 직접 인수한 보험을 원보험(original insurance; 原保險)이라 한다.

해상보험에서는 원보험, 재보험 모두 체결되기도 한다. 특히, 대형선박은 가액이 높기 때문에 선박보험을 인수한 원보험자는 대부분 재보험자와 재보험계약을 체결한다.[3)]

7) 상법상의 분류

우리나라의 현행 상법에서는 보험을 인보험과 손해보험으로 분류하고 있으며, 그 외에 상호보험과 재보험에 관한 규정을 두고 있다.

인보험에는 생명보험과 상해보험으로 구분하고, 손해보험은 화재, 운송, 해상, 책임 및 자동차보험으로 분류하고 있다. 이렇게 분류되어 있다고 하여 손해보험의 종류가 위에 열거된 종류에 한정되는 것은 아니며, 이들이 서로 배타적인 것도 아니다. 따라서 해상운송 중에 발생한 화재의 위험은 해상보험의 대상일 수도 있고 화재보험의 대상이 될 수도 있다.

손해보험은 피보험자의 재산상 손해를 보상하는 보험이므로 대부분이 앞서의 분류상 물보험에 속한다. 인보험은 생명 또는 신체에 관하여 보험사고가 생길 경우 보험계약에서 정한 보험금액이나 기타 급여를 지급할 책임을 부담하는 보험으로서, 약정된 일정보험금액을 지급하는 경우라면 정액보험이 될 것이고, 기타 급여로서 실제로 발생한 손해를 보상하는 경우라면 손해

3) 구종순, 「해상보험」, 제5판, 서울: 유원북스, 2012, pp.30-32.

보험이 될 것이다. 즉 인보험 중 생명보험은 약정한 보험금액을 지급하는 것이므로 정액보험이고, 상해보험은 보험금액 및 기타의 급여를 목적으로 하기 때문에 정액보험일 수도 있고 손해보험일 수도 있다.

제2장 보험계약

주요내용

보험계약의 기본원칙의 하나인 신의성실의 원칙과 관련된 법적 개념으로 진술, 은폐, 보증, 담보와 피보험이익의 원칙, 손해보상의 원칙을 알아보고 보험계약의 법적 성질과 특징을 살펴보고자 한다.

- 신의성실의 원칙
- 피보험이익의 원칙
- 손해보상의 원칙
- 대위변제의 원칙
- 보험계약의 특성

• 제1절 보험계약의 기본원칙

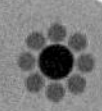

1. 신의성실의 원칙

신의성실의 원칙(principle of utmost good faith)은 보험계약이 계약의 일반적인 원칙과 같이 계약당사자들이 상대방에게 계약체결을 위한 중요한 사실들을 정직하고 성실하게 알려주어야 한다는 것으로서 이와 관련된 법적 개념으로서 진술, 은폐, 담보 등이 있다. 이에 대해 살펴보면 아래와 같다.

1) 진술

진술(representation)이란 보험계약 체결과정에서 보험자가 행한 질의에 대한 보험계약 희망자의 답변을 말한다. 예를 들어 적하보험 가입을 원하는 화주는 화물의 성질이나 상태, 포장,

운송과정 등에 대한 보험자의 질의에 대해 보험가입자로서 성실하고 정직하게 답변해야 하는데 이를 진술이라 한다. 보험자 질의에 대한 가입자의 답변은 구두, 서면 모두 가능하나 구두로 행해질 경우 사실을 입증하기 곤란하기 때문에 일반적으로 서면으로 이루어진다. 이러한 진술이 허위로 이루어지면 보험계약은 무효가 될 수 있으며 손실이 발생하더라도 보험자는 보험금 지급을 거절할 수 있다. 이러한 허위진술이 법적으로 성립되기 위해서는 보험계약자의 진술이 허위사실이어야 하고 보험계약의 체결 여부에 영향을 미칠 중대한 사실이어야 한다.

2) 은폐

은폐(concealment)란 보험계약에 영향을 주는 중요사실을 고지하지 않고 침묵하는 경우나 고의적으로 감추는 행위를 말한다. 은폐의 경우 허위진술의 경우와 마찬가지로 은폐 사실이 중요한 사항으로서 계약 체결 여부에 중대한 영향을 미칠 수 있는 경우라면 보험자는 은폐의 고의성 여부를 불문하고 보험계약의 무효를 주장할 수 있다.

3) 담보

담보(warranty)란 보험계약 체결에 있어서 어떤 사실에 대한 피보험자의 명확한 입장 표명 또는 합의된 조건의 이행에 대한 약속을 말하는 것으로서 계약의 일부가 된다. 담보에는 약속담보와 긍정담보 그리고 명시담보와 묵시담보로 구분된다.

① 약속담보와 긍정담보

약속담보(promissory warranty)는 보험계약 체결시 보험계약자가 이행해야 할 의무를 준수하겠다는 약속을 말하는 것으로 화재보험에 있어서 피보험자는 건물에 일정한 방재시설을 설치하고 유지하겠다는 약속을 하고 보험료 할인혜택을 받는 경우가 있다.

긍정담보(affirmative warranty)는 어떤 사실이나 조건이 절대 허위가 아니라는 것을 약속하는 것으로서 예를 들면 과거에 보험가입이 거절된 사실이 없다는 것을 약속해 주는 경우를 말한다.

② 명시담보와 묵시담보

명시담보(expressed warranty)는 담보의 내용을 증권상에 문자로 분명히 나타낸 약속사항을 말하는 것으로, 선박보험에서 일정한 지역의 항해를 금지하는 것을 명시함으로써 그 지역의 항해를 하지 않겠다는 피보험자의 약속을 명시적으로 표현한 것을 말한다.

묵시담보(implied warranty)는 담보의 내용을 증권상에 문자로 표현되어 있지 않더라도 피보험자가 반드시 지켜야 할 사항을 말하는 것으로 해상보험에서 많이 사용되는 감항성(seaworthiness) 및 적법성(legality) 담보를 묵시담보라고 한다.

2. 피보험이익의 원칙

피보험이익의 원칙(principle of insurable interest)은 피보험자 및 보험계약자는 반드시 피보험이익을 가져야 한다는 원칙을 말하는 것으로 보험부보대상과 피보험자 또는 보험계약자와의 관계를 말한다. 따라서 손실이 발생할 경우, 그 손실이 어떠한 형태이든 피보험자 또는 보험계약자에게 피해를 주는 관계를 말한다. 즉, 손실은 피보험이익에 대한 손실인 것이다.

1) 피보험이익의 필요성

"No Insurable Interest, No Insurance"라는 보험 관련 격언이 있듯이 피보험이익은 보험에서 반드시 존재해야 한다. 피보험이익이 필요한 이유는 다음과 같다.

① 보험의 도박화 방지

보험계약에 있어서 피보험이익의 존재를 필수불가결한 조건으로 하게 되면 보험계약의 도박화를 방지할 수 있다. 만약 피보험이익이 없이 보험계약을 체결할 수 있다면 자신과 관계없는 재산 또는 생명에 대해 부보가 가능해지기 때문에 타인의 재산이나 생명에 대한 보험계약자의 이익이 발생하여 타인의 재산적 손실이나 사망을 기원하게 될 것이다. 이렇게 되면 보험계약은 일종의 도박이 되고 이는 사회 전반적으로 부정적인 영향을 미치게 된다.

② 도덕적 위태 억제

피보험이익이 없이 누구나 자신과는 아무 관련 없는 재산이나 생명을 부보할 수 있다면 보험금을 수령할 목적으로 고의적으로 부보된 재산에 손실을 초래하거나 부보된 생명을 사망케 할 가능성이 높아진다. 이와 같이 보험계약에 있어서의 피보험이익의 존재는 도덕적 위태(moral hazard)를 줄이는 중요한 역할을 하게 된다.

③ 손실의 귀속과 규모 한정

보험계약에서 피보험이익의 존재가 확인되면 손해 발생 시 손실이 누구에게 얼마만큼 피해를 주는 것인지가 결정된다. 즉 손실의 귀속 여부와 규모를 정할 수 있게 되며 그에 따라 보험자는 피보험자에게 손해액을 보상하게 된다. 피보험자는 자신이 입은 손해액을 초과하여 보상을 받을 수 없는 손해보상원칙에 따라 보상받으며 총보상액도 피보험이익을 초과할 수 없다.

2) 피보험이익의 존재시기

피보험이익의 존재시기는 보험의 종류에 따라 다를 수 있다. 손해보험과 생명보험은 피보험이익의 존재시기가 다르다. 우선 손해보험의 경우에는 피보험이익이 보험계약 체결 시 뿐만 아니라 손실발생 시점에도 존재해야 한다. 이는 손해보험에서의 손실보상은 손해보상원칙에 따르기 때문에 손실발생 시 누구에게 얼마만큼 보상을 해야 하는 문제, 즉 손실의 규모와 귀속이 결정되어야 하기 때문이다.

생명보험의 경우에는 피보험이익이 계약 체결 시에만 존재하면 충분하다. 생명보험은 손해보상원칙에 따라 보상하는 것이 아니라, 기평가보험계약과 같이 사망시에는 미리 계약된 보험금을 지정된 보험금 수혜자에게 지급하기 때문에 손해보험에서와 같이 손실발생시 피보험이익이 존재할 필요는 없고, 계약 체결 시에만 존재하면 충분하다.

3. 손해보상의 원칙

1) 손해보상의 일반원칙

사고발생에 대해서 피보험자에게 보험자는 실제로 입은 경제적 손실만을 보상한다. 이러한 손실은 손실의 실제현금가치(actual cash value)를 말하는 것으로서 일반적으로 손해보험에서 손실의 실제 현금가치는 대체비용에서 감가상각을 차감한 가치를 말한다. 여기서 대체비용이란 손실보상을 하는 시점에서 원상태로 복구하는데 드는 비용을 말한다.

2) 손해보상원칙의 예외

상기의 일반적인 손해보상원칙을 적용하기 어려운 경우가 기평가보험계약, 대체비용보험, 생명보험 등이다.

① 기평가보험계약

피보험목적물이 전손이거나 전손으로 인정될 경우 실제 손실금액과 관계없이 계약된 금액만을 지급하는 보험계약을 기평가보험계약이라고 한다. 기평가보험계약(valued policy)은 주로 골동품, 예술품 등 실제 현금가치의 평가가 힘든 경우에 이용하기 때문에 보험계약 체결 시에 금액을 확정하는 것이 일반적이다. 따라서 전손에 해당하는 손해가 발생할 경우에 실제 손실액에 상관없이 계약금액 전액을 보상한다.

② 대체비용보험

대체비용보험은 손해보상액을 결정하는데 있어 대체비용에서 감가상각비를 공제하지 않은 금액, 즉 실질적인 대체비용을 보상해주는 보험이다. 예를 들면 대체비용이 500만 원에 이르는 손실을 입었고 감가상각비가 100만 원이라면 손해보상의 일반원칙에 따르면 보상금액은 400만 원이 된다. 그러나 일반적으로 감가상각에 대한 준비를 하지 못하는 개인의 경우 주택이나 건물 등의 대체비용보험에서는 이를 공제하지 않고 500만 원 전액보상하기 때문에 손해보상의 일반원칙이 적용되지 않는다.

③ 생명보험

생명보험은 사람을 부보대상으로 하기 때문에 손해보상의 일반적인 원칙을 적용할 수 없다. 일반적으로 인간의 생명을 가치로 측정하기 어렵기 때문에 사망보험금을 미리 정하는 기평가보험으로 계약을 체결하고 지급한다.

4. 대위변제의 원칙

대위변제의 원칙은 피보험자가 제3자의 과실에 의해 손실을 입은 경우, 일단 보험자가 이를 보상해 주고 피보험자가 가지고 있던 제3자에 대한 손해배상청구권을 대위(代位, subrogation)하는 것을 말한다. 이 경우 대위할 수 있는 금액은 보험자가 피보험자에게 보상한 금액을 한도로 한다. 이와 같은 대위변제의 원칙을 설정하는 이유는 첫째, 피보험자가 동일한 손실에 대해 보험자와 제3자에게 이중으로 보상받는 것을 방지하고, 둘째, 손실을 초래한 제3자에게 그 손실에 대한 책임을 지우고, 셋째, 보험자는 자신이 보상한 금액을 제3자로부터 회수함으로써 피보험자에게 손실발생에 따른 보험료 인상의 소지를 없애는 것이다.[4)]

• 제2절 보험계약의 특성

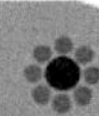

1. 보험계약의 법적 성질

1) 청약과 승낙

보험계약자의 청약과 보험자의 승낙이 있어야 보험계약이 성립된다. 보험계약 당사자중 일방이 보험계약을 체결하려는 의사를 청약이라고 한다. 청약에 대한 승낙 혹은 거절의 의사표시를 하여야 한다. 청약과 승낙은 일정한 방식을 필요로 하지 않고 구두나 서면에 의해서도 가능하다.

4) 김동훈, 「보험론」, 서울: 학현사, 2011, pp.69-76.

2) 약인

보험계약의 성립을 위해 계약당사자간에 서로 대가를 지불하는 약인(約因, consideration)이 있어야 한다. 즉 보험계약자는 1회분의 보험료 납입이 있어야 하며, 보험자는 그에 따른 보험서비스를 제공하게 되는 계약이 성립된다.

3) 당사자(행위능력자)

보험계약의 체결하는 당사자는 계약의 행위능력을 갖춘 자라야 하며, 금치산자, 한정치산자, 미성년자, 마약중독자 등은 무자격자로서 계약을 체결할 수 없다.

4) 적법성

보험계약의 목적이 적법해야 한다. 보험계약이 밀수나 불법적인 거래를 목적으로 성립될 수 없다.

2. 보험계약의 특징

1) 요행성

보험계약은 요행계약이다. 보험계약은 당사자간의 등가교환이 아니다. 이것은 보험계약자가 10,000원의 보험료를 납부하고 1,000,000원의 보험금을 받을 수 있기 때문이다.

2) 일방성

보험계약은 일방적 계약이라고 할 수 있다. 왜냐하면 보험계약자가 일방적으로 보험료를 납부하지 않을 수도 있다.

3) 조건성

보험계약은 조건부 계약이다. 보험계약은 보험자의 손실보상이라는 약속이행의 전제조건으로 약정된 보험료를 보험계약자 또는 피보험자로부터 지급과 약관상의 조건 충족을 요구한다.

4) 개별성

보험계약은 수많은 보험계약자로부터 보험을 인수하기 때문에 개별 보험계약자의 특수한 성격, 사정을 고려하여 보험조건이 개별적으로 다를 수 밖에 없는 계약이다.

5) 부합성

보험계약은 부합계약이다 보험계약은 대부분의 내용이 전적으로 보험자에 의해서 준비된다. 그러므로 보험계약자 또는 피보험자는 이미 준비된 계약서 내용을 임의로 변경할 수 없다. 다만 보험계약자나 피보험자의 보호를 위하여 보험자와의 분쟁이 발생하여 법적 소송이 발생할 경우 법원에서는 문서작성자 불리의 원칙을 적용하여 판결한다.[5)]

5) 김동훈, 상게서, pp.67-68.

제3장 무역과 해상보험

주요내용

무역은 매도인과 매수인간의 매매계약인 주계약과 종속계약인 운송계약과 보험계약 및 환계약으로 이루어진다. 해상보험은 이러한 무역계약의 이행을 위한 삼대지주 가운데 하나로서 매매계약과 해상보험계약과의 관계를 알아보고 대금결제방식의 신용장과 해상보험에 대해 살펴보고자 한다.

- 매매계약과 해상보험
- 신용장과 해상보험

• 제1절 매매계약과 해상보험

1. 매매계약과 해상보험계약과의 관계

일반적으로 무역거래 과정에서 발생하는 화물의 이동에 따른 물리적 위험은 해상보험계약을 통해 해소하고 있다. 그런데 매매계약당사자간의 계약체결시의 계약조건에 따라 화물의 인도장소와 시점이 달라지고 이에 따라 화물의 위험 부담자가 달라진다. 그러므로 매매계약당사자는 자신이 화물의 위험 부담자가 되는 시점이 거래의 이행과정상 언제부터인가를 정확하게 인식해야 하고 그에 따라 위험관리를 해야 한다. 위험관리 방법 중에서 현재 가장 과학적이고 현실적인 방법은 적하보험에 부보하는 것이다.

이와 같이 국제물품매매계약을 체결할 때 계약조건 중 가격조건으로 사용되고 있는 국제규칙은 국제상업회의소(International Chamber of Commerce: ICC)가 1936년 제정한 Incoterms이다. Incoterms는 그동안 8차례 개정되어 현재는 Incoterms 2020이 사용되고 있다.[6] Incoterms 2020

6) 매매계약당사자가 계약 체결 시 Incoterms 2020 대신에 Incoterms 2010 또는 2000 등을 사용하고자

은 11가지 조건으로 구성되어 있는데, 각 조건별로 매도인의 의무(A1~A10)와 매수인의 의무(B1~B10)가 규정되어 있다. 이러한 계약당사자 의무의 주요 내용은 계약에 상응하는 물품의 인도 장소와 시점에 따른 위험의 이전 및 비용의 분담을 명확하게 해준다. 따라서 매매계약당사자는 상호 합의에 따라 11가지 조건 중에 거래 편의를 고려한 한가지 조건을 선택하여 계약조건으로 사용하는데, 각 조건에 따라 운송도중의 위험을 대비하는 적하보험에서 보험계약자, 보험료부담자, 피보험자, 보험기간 등이 달라질 수 있다.

Incoterms 11가지 조건 중에서 CIP(Carriage, Insurance Paid to)와 CIF(Cost, Insurance & Freight) 조건을 선택하면 수출가격에 운임과 보험료가 포함된 가격조건이기 때문에 매도인이 운송계약과 적하보험계약을 체결하여야 한다. 따라서 매도인은 주운송구간에서 발생 가능한 계약물품의 물리적 위험에 대해 보험자(보험회사)와 체결하는 적하보험계약의 보험계약자로서 보험료를 부담하고 보험증권을 보험자로부터 발급받아 매수인에게 선적서류와 함께 인도하여야 한다. 매수인은 피보험자로서 담보된 위험에 의한 손해가 발생했을 경우 인수받은 보험증권을 제시하고 보험자(회사)로부터 보험금을 청구할 수 있다. 한편 매매계약당사자간 FCA(Free Carrier), FOB(Free on Board) 조건을 선택하게 되면 주운송구간에 대한 적하보험계약을 매수인이 자신을 위해 보험에 가입하기 때문에 보험계약자인 동시에 피보험자로서 보험료를 부담한다. 따라서 CIP 또는 CIF 조건에 비해 수출가격이 저렴하다.

2. Incoterms와의 관계

Incoterms 2020은 매매된 상품의 운송과정을 중심으로 매매당사자들의 권리와 의무를 명확하게 제시하고 있다.

매도인에게 적하보험 부보의무가 있는 무역거래조건은 CIF조건과 CIP조건이 있다. 즉 매도인은 매수인을 위하여 보험계약을 체결하고 보험료를 지급한 후 매수인에게 보험서류를 제공할 의무가 있다.

매도인의 위험부담은 선적지에서 물품의 인도와 동시에 종료되나, 적하보험에 부보하여 물품의 인도와 함께 보험증권의 양도를 통해 매수인에게 인도되기 전까지는 매도인 자신을 위하여, 인도 후에는 매수인을 위하여 부보하는 것이다. 나머지 조건은 부담하는 위험기간에 따라 자신의 이익을 위하여 자유의사에 따라 보험부보를 결정한다.

할 경우 매매계약 당사자의 의사에 따라 사용 가능하다. 그러므로 Incoterms를 계약조건에 사용하고자 할 경우, "FOB Busan, Korea, Incoterms 2020"으로 표현하여 계약서상에 작성하는 것이 명확하다.

1) Incoterms® 2020의 구성과 주요내용

Incoterms® 2020의 거래조건은 〈표 3-1〉과 같은 11가지 조건으로 구성되어 있으며, 각 조건별 주요 내용을 살펴보면 다음과 같다.

〈표 3-1〉 INCOTERMS® 2020의 구성

<table>
<tr><td rowspan="4">운송수단에 관계없이 사용가능 조건</td><td>Group E : Departure
(적출지 인도조건)</td><td>EXW (Ex Works: 공장인도조건)</td></tr>
<tr><td>Group F : Main Carriage Unpaid
(운송비미지급인도조건)</td><td>FCA (Free Carrier: 운송인인도조건)</td></tr>
<tr><td>Group C : Main Carriage Paid
(운송비 지급인도조건)</td><td>CPT (Carriage Paid to: 운송비지급인도조건)
CIP (Carriage and Insurance Paid to: 운송비·보험료지급인도조건)</td></tr>
<tr><td>Group D : Arrival
(도착지 인도조건)</td><td>DAP (Delivered At Place: 도착지인도조건)
DPU (Delivered At Place Unloaded: 도착지양하인도조건)
DDP (Delivered Duty Paid: 관세지급인도조건)</td></tr>
<tr><td rowspan="2">해상운송 전용조건</td><td>Group F: Main Carriage Unpaid
(운송비미지급인도조건)</td><td>FAS (Free Alongside Ship: 선측인도조건)
FOB (Free On Board: 본선인도조건)</td></tr>
<tr><td>Group C: Main Carriage Paid
(운송비지급인도조건)</td><td>CFR (Cost and Freight: 운임포함조건)
CIF (Cost, Insurance and Freight: 운임·보험료포함조건)</td></tr>
</table>

(1) EXW 조건

공장인도조건(Ex Works: EXW ...)은 매도인이 매매계약상의 인도기간 내에 자신의 영업장 구내 또는 기타 지정장소(예, 작업장, 공장, 창고 등)에서 계약에 일치하는 물품을 매수인의 처분 하에 두는 때에 인도하는 조건이다. 매도인은 물품을 수취용 차량에 적재하지 않아도 되며 물품의 수출통관의무가 없다. 당사자들은 지정장소 내의 지점을 명확하게 명시하는 것이 중요하다. 그 지점까지 비용과 위험부담을 매도인이 지게 된다.

매수인은 지정 인도장소에서 합의된 지점이 있을 때에는 그 지점으로부터 물품의 수령에 수반되는 모든 비용과 위험을 부담하게 된다. 따라서 매도인은 물품적재의무가 없으며, 만약 매도인은 물품을 적재한 경우라면 매수인의 위험과 비용으로 이행되어져야 한다. 매수인이 운송계약을 체결하고 목적지까지 운임을 부담하며 수출통관, 수입통관, 수입관세나 수입통관절차를 수행한다. 이 조건은 매도인에 대한 최소의무조건이며 매수인에게는 가장 부담이 큰 조건이다.

(2) FCA 조건

운송인인도조건(Free Carrier: FCA …)은 매도인이 자신의 영업장 구내 또는 기타 지정장소에서 매수인이 지정한 운송인이나 제3자에게 인도하는 조건이다. 당사자들은 지정인도장소 내의 지점을 명확하게 명시해야 한다. 그 지점에서 매수인이 지정한 운송인 또는 제3자에게 물품을 인도할 때까지 매도인은 위험과 비용을 부담한다.

즉, 매도인이 구내에서 물품을 인도할 경우 매수인이 제공한 운송수단에 물품을 적재해야 하며 위험과 비용의 이전은 매수인이 제공한 운송수단에 적재한 때에 이루어진다. 또한 기타 지정장소인 경우에는 물품이 매도인의 운송수단에서 양하되지 아니하고 매수인이 지정한 운송인 또는 그 밖의 당사자의 처분 하에 둘 때 그때부터 물품에 대한 위험과 비용부담은 매수인에게 이전된다. 매도인이 물품에 대한 수출 통관의무를 부담하며 매수인은 운송계약을 체결하고 목적지까지 운임을 부담하며 수입통관절차를 수행하고 수입관세 및 재세 공과금을 부담한다.

(3) CPT 조건

운송비지급인도조건(Carriage Paid To: CPT …)은 매도인이 합의된 장소(당사자 간에 이러한 장소에 대한 합의가 있는 경우)에서 물품을 자신이 지정한 운송인이나 제3자에게 인도하고 매도인이 물품을 지정목적지까지 운송하는데 필요한 계약을 체결하고 그 운송비용을 부담하는 조건이다. CPT, CIP, CFR 또는 CIF 조건이 사용되는 경우에 매도인은 물품이 목적지에 도착한 때가 아니라 운송인에게 물품을 교부한 때에 자신의 의무를 이행한 것으로 본다.

CPT조건은 위험과 비용이 상이한 장소에서 물품이 이전된다. 즉 매도인의 위험부담은 매도인이 지정한 운송인에게 물품을 인도할 때에 종료되지만 매도인의 비용부담은 물품을 지정목적지까지 인도할 때에 종료된다. 매도인이 운송계약을 체결하고 목적지까지 운임부담 및 수출통관의무를 부담하며 매수인은 수입통관절차를 수행하고 수입관세 및 재세 공과금을 부담한다.

(4) CIP 조건

운송비·보험료지급인도조건(Carriage and Insurance Paid to: CIP …)은 매도인이 합의된 장소(당사자 간에 이러한 장소의 합의가 있는 경우)에서 물품을 자신이 지정한 운송인이나 제3자에게 인도하고 매도인은 물품의 지정목적지까지 운송하는데 필요한 계약을 체결하고 그 운송비용을 부담하는 조건이다. 또한 매도인은 운송 중 매수인의 물품에 대한 멸실 또는 손상의 위험에 대비하여 최대 부보조건(ICC (A) 또는 (A/R))으로 보험계약을 체결해야 한다.

즉, CIP조건은 CPT조건에 매도인의 보험계약체결의무를 추가된 조건으로 매도인이 운송계약을 체결하고 목적지까지 운임부담 및 수출통관의무를 부담하며 매수인은 수입통관절차를 수행하고 수입관세 및 재세 공과금을 부담한다.

(5) DAP 조건

도착지인도조건(Delivered At Place: DAP …)은 매도인이 물품을 지정목적지에서 도착 운송수단에 실은 채 양하 준비상태로 매수인의 임의처분 하에 둘 때 인도의무가 완료되는 조건이다. 즉 매도인은 지정목적지에서 물품을 도착 운송수단에 실은 채 양하 준비상태로 매수인의 임의처분 하에 둘 때 위험과 비용의무가 종료된다. 매도인은 운송계약을 체결하고 목적지까지 운임부담 및 수출통관의무를 부담하며 매수인은 수입통관절차를 수행하고 수입관세 및 재세 공과금을 부담한다.

(6) DPU 조건

도착지양하인도조건(Delivered at Place Unloaded: DPU …)은 매도인이 물품을 지정목적지에서 도착 운송수단으로부터 양하된 상태로 매수인의 임의처분 하에 둘 때 인도의무가 완료되는 조건이다. 즉 매도인은 지정목적지에서 물품을 도착 운송수단에서 양하된 상태로 매수인의 임의처분 하에 둘 때 위험과 비용의무가 종료된다. 매도인은 운송계약을 체결하고 목적지까지 운임부담 및 수출통관의무를 부담하며 매수인은 수입통관절차를 수행하고 수입관세 및 재세 공과금을 부담한다.

(7) DDP 조건

관세지급인도조건(Delivered Duty Paid: DDP …)은 매도인이 수입통관 완료된 물품을 지정목적지에서 도착 운송수단에 실은 채 양하 준비상태로 매수인의 임의처분 하에 둘 때 인도의무가 완료되는 조건이다. 따라서 매도인의 위험과 비용부담은 매도인이 지정목적지에서 물품을 운송수단에서 양하하지 않은 상태로 매수인의 임의처분 하에 둘 때에 종료된다. DDP조건은 DPU조건에 수입관세 및 부가가치세 등의 재세 공과금 납부에 대한 매도인 부담이 추가된 조건이다.

즉, 매도인은 운송계약을 체결하고 목적지까지 운임을 부담하며 매도인은 수출통관, 수입통관, 수출입관세 및 이와 관련된 부가가치세 등의 재세 공과금을 모두 부담한다. DDP조건은 매도인이 물품을 수입국내에서 바로 유통 가능하도록 인도하는 조건이라고 할 수 있다. 따라서 EXW조건은 매도인의 최소의무조건인데 반해 DDP조건은 매도인의 최대의무조건이다.

(8) FAS 조건

선측인도조건(Free Alongside Ship: FAS …)은 매도인이 물품을 지정선적항에서 매수인에 의하여 지정된 본선의 선측에 둘 때까지 인도의무를 부담하는 조건이다. 선측은 본선이 부두에 접안했을 경우에는 부두가 되고 본선이 내항에 정박했을 때에는 부선으로 본선의 선측에 붙여 본선의 장비로 선적이 가능하도록 하면 된다. 부두와 부선의 구체적인 인도지점은 본선이 사용하는 양하기(tackle)나 다른 선적용구가 도달할 수 있는 장소를 의미한다. 매도인은 물품을 선측에 인도하거나 이미 선적을 위하여 인도된 물품을 조달해야 한다. 여기에서 조달(procure)은 일차산품거래(commodity trade)에서 전형적인 복수의 연속적 매매("string sale")에 대응하기 위함이다.

FAS조건에서 매도인의 위험과 비용부담은 물품을 본선의 선측에 둘 때 종료되며 그러한 시점 이후에 모든 위험과 비용부담은 매수인이 부담하게 된다. 매도인은 물품의 수출통관의무를 부담하며 매수인은 운송계약을 체결하고 목적지까지 운임을 부담하며 수입통관절차를 수행하고 수입관세 및 재세 공과금을 부담한다.

(9) FOB 조건

본선인도조건(Free On Board: FOB ...)은 매도인이 물품을 지정선적항에서 매수인에 의하여 지정된 본선에 적재하여 인도하거나 이미 조달된 물품을 조달하는 조건이다. 매도인의 위험과 비용부담은 물품을 본선에 적재된 때에 종료된다. 그 시점 이후에 모든 위험과 비용은 매수인이 부담하게 된다. 매도인은 물품을 본선에 적재하여 인도하거나 이미 선적을 위하여 인도된 물품을 조달해야 한다.

여기에서 조달(procure)은 일차산품거래(commodity trade)에서 전형적인 복수의 연속적 매매("string sale")에 대응하기 위함이다. 매도인은 물품의 수출통관의무를 부담하며 매수인은 운송계약을 체결하고 목적지까지 운임을 부담하며 수입통관절차를 수행하고 수입관세 및 재세 공과금을 부담한다.

(10) CFR 조건

운임포함인도조건(Cost and Freight: CFR ...)은 매도인이 물품을 본선에 적재하여 인도하거나 이미 그렇게 인도된 물품을 조달하는 조건이다. 매도인의 위험부담은 물품이 본선에 적재될 때 종료된다. 또한 매도인은 물품을 지정목적항까지 운송하는데 필요한 비용과 운임을 부담하게 된다.

즉, 매도인은 물품을 본선에 적재하여 인도하거나 이미 목적항까지 선적을 위하여 인도된 물품을 조달해야 한다. 또한 매도인은 운송계약을 체결하거나 그러한 계약을 조달하여야 하다. 여기에서 조달(procure)은 일차산품거래(commodity trade)에서 전형적인 복수의 연속적 매매("string sale")에 대응하기 위함이다. 매도인이 운송계약을 체결하고 목적지까지 운임부담 및 수출통관의무를 부담하며 매수인은 수입통관절차를 수행하고 수입관세 및 재세 공과금을 부담한다.

(11) CIF 조건

운임·보험료포함인도조건(Cost, Insurance and Freight: CIF ...)은 매도인이 물품을 본선에 적재하여 인도하거나 이미 조달된 물품을 조달하는 조건으로 매도인의 위험부담은 물품이 본선에 적재될 때 종료된다. 또한 매도인은 물품을 지정목적항까지 운송하는데 필요한 비용과 운임을 부담하게 되며 운송 중 물품의 멸실 또는 손상의 위험에 대비하여 최소부보조건(ICC(C) 또는 ICC(FPA))으로 보험계약을 체결하고 보험료를 부담해야 한다. 따라서 CIF조건은 CFR조건에 매도인의 해상보험계약 체결의무가 추가된 조건이다.

〈표 3-2〉 INCOTERMS® 2020의 주요내용

구 분	인도시점	위험분기	비용분기	보험부보자
EXW	매도인이 작업장 구내에서 물품을 매수인의 임의처분에 맡겨진 때	=인도시점	=위험의 이전	매수인
FCA	지정장소·지점에서 매수인이 지정한 운송인 또는 그 밖의 당사자에게 물품을 인도	=인도시점	=위험의 이전	매수인
CPT	약정된 일자 또는 기간 내에 지정목적지까지 운송할 매도인이 운송계약한 운송인의 보관 하에 또는 후속운송인이 있는 경우 최초의 운송인에게 물품 인도 시	=인도시점	FCA제비용+운송비	매수인
CIP	CPT와 동일	=인도시점	FCA제비용+운송비 +보험료	매도인
DAP	지정된 목적지의 합의된 장소에서 물품을 양하 준비완료 상태로 매수인의 임의처분하에 둔 때	=인도시점	=위험의 이전	매도인
DPU	지정된 목적지에서 도착한 운송수단에서 양하하여 매수인의 임의처분하에 둔 때	=인도시점	=위험의 이전	매도인
DDP	지정된 목적지의 합의된 장소에서 수입통관 완료한 물품을 양하 준비완료 상태로 매수인의 임의처분하에 둔 때	=인도시점	=위험의 이전 (단, 관세 등 포함)	매도인
FAS	지정선적항에서 본선의 선측에 인도하거나 그렇게 인도된 물품을 조달한 때	=인도시점	=위험의 이전	매수인
FOB	지정된 선적항에서 매수인이 지명한 본선상에 인도하거나 그렇게 인도된 물품을 조달한 때	=인도시점	=위험의 이전	매수인
CFR	매도인이 운송계약한 선박의 본선상에 물품을 인도하거나 그렇게 인도된 물품을 조달한 때	=인도시점	FOB+해상운임	매수인
CIF	CFR과 동일	=인도시점	FOB제비용+해상운임+보험료	매도인

매도인은 물품을 본선에 적재하여 인도하거나 이미 목적항까지 선적을 위하여 인도된 물품을 조달해야 한다. 또한 매도인은 운송계약을 체결하거나 그러한 계약을 조달하여야 하다. 여기에서 조달(procure)은 일차산품거래(commodity trade)에서 전형적인 복수의 연속적 매매("string sale")에 대응하기 위함이다. 매도인이 운송계약을 체결하고 목적지까지 운임부담 및 수출통관 의무를 부담하며 매수인은 수입통관절차를 수행하고 수입관세 및 제세 공과금을 부담한다.

이상과 같이 Incoterms® 2020의 인도시점, 위험분기, 비용분기 및 적하보험 부보자를 정리하면 〈표 3-2〉와 같다.

2) 주요 무역거래조건에서 해상보험계약

(1) CIF 조건에서 매도인의 보험 부보의무

CIF조건은 매도인이 물품을 본선에 적재한 상태에 인도하거나 또는 이미 그렇게 인도된 물품을 조달하여야 하고, 물품에 대한 멸실·손상의 위험은 물품이 본선상에 인도된 때에 이전된다. 그리고 매도인은 지정 목적항까지의 해상운송계약을 체결하고 운임을 부담하며 운송도중의 물품의 멸실·손상에 대한 매수인의 위험을 담보하는 보험계약을 체결하여야 한다.

매도인은 부보조건에 관한 보험 분쟁의 가능성이 있기 때문에 계약 체결시 매수인과 보험조건에 관해 명확한 약정을 하는 것이 바람직하다.

매도인이 부보해야 할 해상보험계약의 주요내용은 다음과 같다.

① 매도인은 매매계약에서 합의한 조건으로 적하보험계약을 체결하며, 매수인 또는 물품에 피보험이익을 갖고 있는 모든 자가 보험자에게 직접 보험금을 청구할 수 있도록 해야 한다. 매도인이 매수인을 위해 부보하지만 해상보험증권을 배서양도함으로써 매수인이 보험증권을 양도받아 자신이 피보험자로 보험자에게 직접 보상을 청구할 수 있다.

② 매도인은 보험증권(insurance policy)이나 기타 부보를 증명할 수 있는 보험증명서(insurance certificate)와 보험확정통지서(insurance declaration)를 매수인에게 제공하여야 한다.

③ 보험계약은 평판이 좋은 보험업자 또는 보험회사와 계약을 체결되어야 한다.

④ 적하보험은 당사자간 별도의 약정이 없는 한 협회적하약관(Institute Cargo Clauses: ICC) 또는 이와 유사한 약관들의 최소담보조건인 ICC(C)조건 또는 ICC(FPA)조건으로 부보하여야 한다.

⑤ 매도인은 매수인의 요청과 비용부담으로 전쟁위험, 동맹파업, 소요·폭동위험 등을 추가로 부보할 수 있다.

⑥ 보험금액은 CIF가격의 110%에 해당하는 금액으로 부보되어야 한다. 여기에서 10%는 희망이다.

⑦ 보험계약상 표시통화는 매매계약과 동일한 통화(currency)로 부보되어야 한다.

⑧ 보험의 담보기간은 매수인이 부담하는 인도 및 위험의 부담구간으로 CIF조건에서는 선적항의 본선상에 인도하거나 그렇게 인도된 물품을 조달한 때부터 목적항에 도착한 때까지 계속되어야 한다.

(2) CIP 조건에서 매도인의 보험부보

CIP조건은 매도인이 자신의 비용으로 해상운임과 적하보험료를 지급하고 운송 및 보험계약을 체결한 후 최초의 운송인에게 합의된 장소에서 물품을 인도하거나 조달하여 계약운송인으로 하여금 지정된 목적항까지 운송함으로써 자신의 의무를 완료하는 조건이다. 적하보험은 당사자간의 별도의 약정이 없는 한 협회적하약관(Institute Cargo Clauses: ICC) 또는 이와 유사한 약관들의 최대담보조건인 ICC(A) 또는 ICC(A/R) 조건으로 부보하여야 한다.

CIP조건에서의 위험분기점은 최초의 운송인에게 인도된 때에 위험이 이전된다. 위험이 이전되는 구체적인 장소는 매도인의 영업장 구내 또는 기타의 모든 장소, 철도역, 화물터미널, 공항, 선적항, CY, 내륙집하장소(depot) 등이 될 수 있으며, 이러한 장소에 대해 매수인과 별도의 합의가 없는 한 매도인이 편리한 장소에서 이루어질 수 있다. 보험 담보기간은 물품이 운송인에게 인도된 시점부터 지정된 목적지에서 매수인이 물품을 수령할 때까지 계속되어야 한다.

매도인은 부보조건에 관한 보험 분쟁의 가능성이 있기 때문에 계약 체결 시 매수인과 보험조건에 관해 명확한 약정을 하는 것이 바람직하다. 매도인이 부보해야 할 해상보험계약의 주요내용은 상기 CIF조건에서 설명한 바와 같다.

(3) 기타 조건에서 보험부보

선적지 인도조건 중 CIF조건과 CIP조건을 제외한 다른 조건들은 물품이 매도인으로부터 매수인에게 인도된 시점부터 물품에 대한 멸실·손상의 위험은 매수인에게 이전된다. 따라서 매수인은 인도 이후의 위험에 대비하여 자신의 비용으로 해상보험계약을 체결하여야 하고, 매도인은 인도 이전의 위험에 대비하여 자신의 비용으로 적하보험에 부보하여야 한다.

• 제2절 신용장과 해상보험

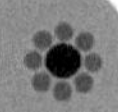

1. 신용장과 해상보험의 관계

무역계약에서 신용장에 의한 거래는 서류상의 거래이므로 무역계약조건에서 CIF 또는 CIP 조건인 경우 보험서류는 선하증권, 상업송장 등과 함께 주요 기본서류 중의 하나이다. 선적서류가 신용장의 제조건과 일치할 경우 신용장대금의 지급·인수·매입이 이루어진다.

보험서류란 물품이 운송 중에 예상치 못한 위험으로부터 발생하는 손해를 보상받기 위하여 보험계약자가 보험자와 보험계약을 체결하고 보험자로부터 교부받는 서류를 의미한다. 보험서류는 보험계약 성립의 증거와 신용장의 기본서류 및 보험금 청구 시 제출서류로서의 기능을 갖는다. 따라서 신용장통일규칙(Uniform Customs and Practice for Documentary Credit: UCP)에서는 대금결제를 위해 제출하여야 할 보험서류에 관하여 규정하고 있다.

2. 신용장 통일규칙상의 규정

1) 수리가능한 보험서류의 종류

보험서류에는 보험증권(insurance policy)과 보험증명서(insurance certificate) 또는 포괄예정보험(open cover)에 의해서 발행한 보험확정통지서(insurance declaration)가 UCP에서 수리하는 전형적인 보험서류이다.

보험자로서의 자격이 없는 보험중개사가 발행한 보험인수증(cover notes)은 은행이 수리하지 않는다. 이는 보험중개사가 보험료를 수취하였음을 증명하는 일종의 부보각서인 보험인수증(cover notes)은 보험계약체결 여부를 확인할 수 없다. 또한 서류발행 후 보험중개사가 보험자로부터 정식 보험증권을 교부 받지 못한 사이에 사고가 발생하면 손해보상 여부에 문제가 발생하므로 은행은 보험인수증을 수리하여서는 안된다.

2) 보험서류의 수리요건

(1) 보험서류상의 발행인

보험서류는 보험회사(insurance company), 보험업자(underwriter) 또는 이들 대리인(agents) 또는 이들 대리업자(proxies)에 의하여 발행되고 서명된 것으로 보여야 한다(UCP 제28조 a).

(2) 보험서류의 전통 제시

보험서류가 2통 이상의 원본으로 발행되었다고 표시하고 있는 경우에는 모든 원본은 제시되어야 한다(UCP 제28조 b).

(3) 보험서류상의 시기

보험서류에서 담보(cover)가 선적일보다 늦지 않은 일자로부터 유효하다고 보이지 아니하는 한, 보험서류의 일자는 선적일보다 늦어서는 안 된다(UCP 제28조 e).

(4) 보험서류상의 통화와 금액

보험서류는 부보금액을 표시하여야 하고 신용장과 동일한 통화이어야 한다(UCP 제28조 f. i).

신용장에 요구된 부보금액에 관하여 아무런 표시가 없는 경우에는, 보험 부보금액은 적어도 물품의 CIF 또는 CIP 가격의 110%이어야 한다. 만약 서류를 통해 CIF 또는 CIP 가격을 결정할 수 없는 경우, 부보금액의 범위는 요구된 결제(honor) 또는 매입금액 또는 송장에 나타난 물품에 대한 총가액 중 가장 큰 금액을 기준으로 산출되어야 한다(UCP 제28조 f. ii).

(5) 보험담보의 지정

보험서류는 위험이 적어도 신용장에 명기된 대로 수탁지 또는 선적지와 양륙지 또는 최종목적지 간에 담보(cover)되었음을 표시하여야 한다(UCP 제28조 f. iii).

보험서류는 담보가 소손해면책률(franchise) 또는 초과(공제)면책률(excess franchise 또는 deductible franchise)을 조건으로 한다는 것을 표시할 수 있다(UCP 제28조 j).

제2편

해상보험이론

제4장 해상보험의 역사

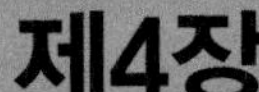

주요내용

보험이 언제 어디서 최초로 생성되었는지? 정확한 역사적 기록을 찾을 수 없다. 인류가 지구상에 태어나면서부터 불확실성을 관리하는 수단으로 위험을 전가하거나 위험분담을 위한 기법이 인류의 역사와 더불어 발전되어 왔다고 할 수 있다. 해상보험의 생성, 영국해상보험의 기원과 Lloyd's 보험시장을 통해 현대에 이르기까지 해상보험의 발전 과정을 살펴보고자 한다.

- 해상보험의 역사
- 영국해상보험의 기원
- Lloyd's 보험시장
- 우리나라 해상보험의 발전과정

• 제1절 해상보험의 역사

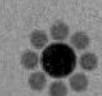

해상보험의 기원과 발생지에 대하여 여러 가지 학설이 있지만 1310년에 Flanders지방에 보험회의소가 설립된 기록이 있기 때문에 Flanders지방이 그 발생지라는 설과 14세기 후반에 포르투갈에서 설립된 상호부조적 성격의 해상보험이 그 효시라는 설도 있다. 그러나 현재의 통설에 의하면 해상보험은 14세기 르네상스 초기에 이탈리아의 상업도시에서 상인들이 보험자가 되어 해상보험을 인수한 것이 그 시초라고 보고 있다. 그 후에 1666년 런던 대화재를 계기로 화재보험이 런던에서 영위되기까지의 3세기 동안은 해상보험이 유일한 보험이었다. 따라서 그 당시에는 보험이라고 하면 곧 해상보험을 의미했다. 당시의 해상보험의 형식과 내용이 후일의 보험에 큰 영향을 끼친 것은 당연한 일이다.

1. 모험대차

오늘날 해상보험의 원조가 되는 제도는 모험대차계약으로부터 발전되었다는 설이 근래에는 유력하다. 모험대차는 선박(bottoms)과 화물(res)에 대한 임대차계약으로 해상사업을 영위하는 무역업자들이 선박이나 화물을 담보로 하여 금융업자로부터 일정한 금액을 융자받아 항해가 무사히 종료되면 원금과 고리의 이자(usura)를 상환하고 선박이 항해 중에 해난, 해적, 전쟁 등의 해상위험으로 전손이 발생한 경우에는 원금과 이자상환을 면제하는 계약을 말한다. 그러므로 금융업자는 선박자금을 융자하는 동시에 해상위험을 부담하는 것이 되기 때문에 오늘날 해상보험료에 가까운 위험부담료(10~20%)를 포함한 이자는 당연히 고율이 될 수밖에 없었다.

기원전 1750년경에 제정된 함무라비법전에 4천년 전 당시 지중해를 항해하는 바빌로니아 무역업자들이 해상활동에서 발생할 수 위험을 회피하는 수단으로 보텀리(bottomry)라고 알려진 일종의 선박저당계약을 최초의 보험형태로 사용했음을 알 수 있다.

모험대차는 그리스시대부터 지중해 지방에서 오랜 시간에 걸쳐 이용되어 왔으며, 12~13세기경에는 해상상업의 발달로 이탈리아, 프랑스, 스페인, 포르투갈 등의 여러 항구에서 성행하게 되었다. 그러나 1230년경 로마 교황 그레고리우스 9세(Gregorius IX, 1170~1241)가 이자징수를 죄악시 하는 교회법에 따라 이자금지령을 공포함으로써 사실상 모험대차도 금지되게 되었다.

〈그림 4-1〉 모험대차

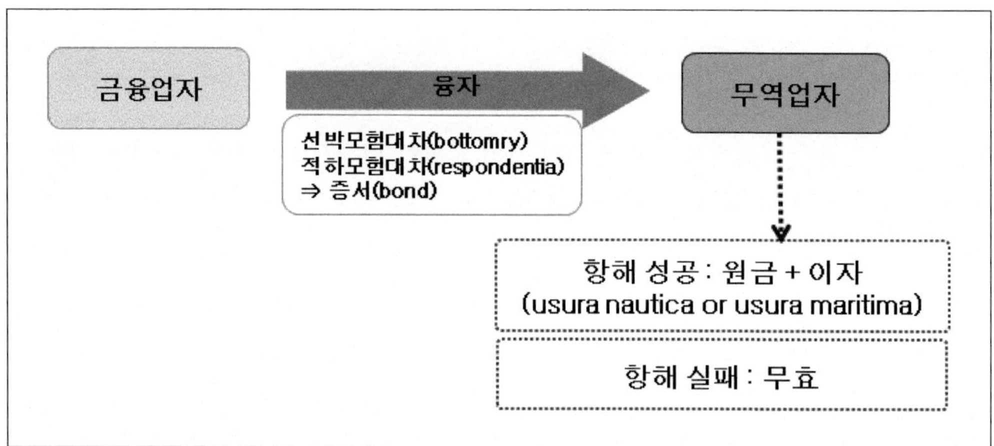

2. 변형모험대차

모험대차를 영위해 오던 금융업자들은 이자징수금지령의 법망을 피하기 위하여 모험대차에서 이자를 숨기는 형태로 이용하기 시작하였다. 금융과 위험부담의 두 가지 기능을 동시에 가지고 있었던 모험대차는 13세기 이후 위험부담 기능만을 살린 변형모험대차로 발전되었다.

변형모험대차는 사전 금전거래가 있는 금전대부의 형식이 아닌 사후에 항해가 실패하는 경우 금융업자가 손해만을 보상하는 형식을 취함으로써 모험대차와는 근본적인 차이를 두었다. 이러한 변형모험대차는 점차 발전되어 14세기에 이르러서는 이탈리아 도시국가들을 중심으로 현대보험의 근원이 되는 계약 형태를 취하게 되었다.

변형된 모험대차의 형태에는 무상의 소비대차 방식과 가상으로 매매계약을 체결하는 방식이 있다.

1) 무상의 소비대차

이 방식의 모험대차는 무역업자와 금융업자가 무상의 소비대차계약을 체결하여 선박이나 화물에 손해가 발생하면 무역업자에게 손해보상을 한다.

소비대차계약을 체결할 때 금융업자는 사전에 수수료를 징수하는데 이것은 손해가 발생하지 않을 경우 금융업자의 몫이 되며 오늘날 보험료와 유사하다. 이와 같이 변형된 모험대차는 위험담보의 기능만을 살린 결과로 곧 해상보험계약에 해당된다고 볼 수 있다.

〈그림 4-2〉 무상의 소비대차

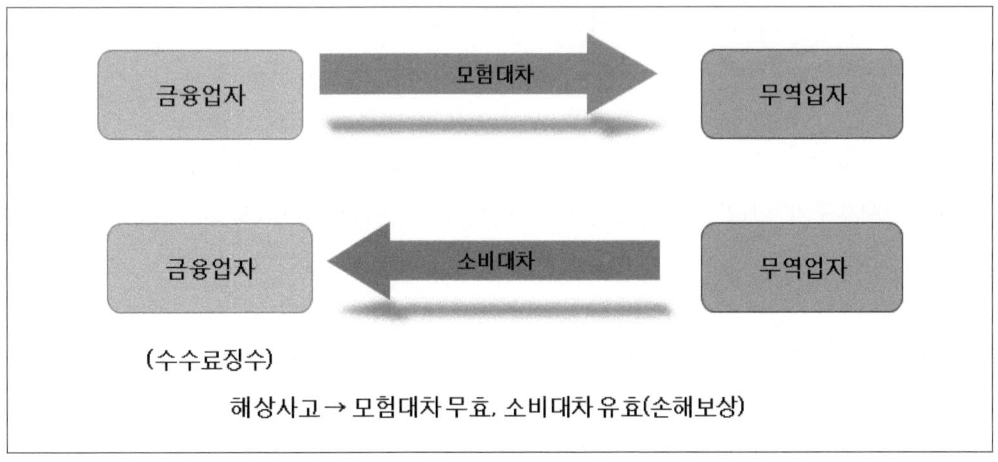

2) 가상매매계약

이 방식은 매매를 가장하는 것으로 해서 거액의 이자를 징수하여 모험대차와 동일한 기능을 달성하는 것이다. 금융업자는 무역업자로부터 선박이나 화물을 매입하는 가상매매계약을 체결하면서 수수료를 징수하여 항해가 무사히 종료되면 수수료는 금융업자의 몫이지만 해난으로 손해가 발생하면 가상매매계약에 따른 금액을 무역업자에게 지급한다. 이 방식의 모험대차는 매우 간단하며 오늘날 해상보험제도와 매우 유사하다. 즉 가상매매계약은 해상보험계약에 해당하며 수수료는 보험료에 해당되고 손해가 발생하여 금융업자가 지급하는 금액은 보험금과 같다.

〈그림 4-3〉 가상매매계약

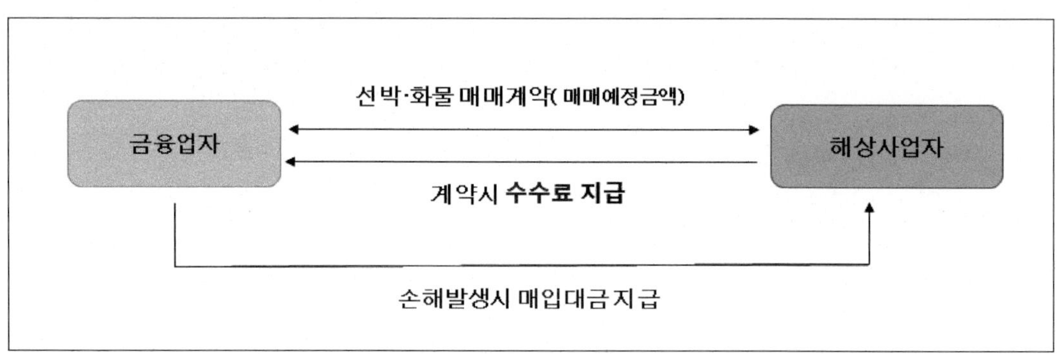

3. 이탈리아와 지중해 연안국의 진정한 보험계약

르네상스 초기에 이탈리아의 여러 상업도시에서 상인이 보험자가 되어 해상위험을 인수한 것을 시작으로 하여 해상보험이 도시국가들간의 무역과 깊은 연관을 맺으며 발달했다.

가상매매계약도 14세기 중엽부터 차차 형태가 정비되어 14세기 후반에 보험자가 피보험자에게 해상위험으로 인한 손해를 보상할 것을 약속하고 그 대가로서 보험료를 수취하는 형식을 갖춘 오늘날의 해상보험계약과 같은 모습으로 변하게 되었다. 그 무렵 지중해에서는 해도, 나침반과 같은 항해용구가 널리 보급되고 선박이 대형화, 고속화됨에 따라 해상운송은 비약적으로 발전하였다. 이와 함께 해상보험의 필요성은 커져갔고 무역과 금융의 중심지는 해상보험의 중심지가 되었다.

현재 발견된 세계에서 가장 오래된 해상보험증권은 1379년 4월 13일부 보험증권인데, 이 때부터 1401년 3월 15일자 보험증권에 이르기까지 피사(Pisa)에서 작성된 보험증권이 약 150통 정도 남아있다. 이것은 당시에 해상보험이 상인간에 널리 퍼져 있었다는 증거인 것이다.

15세기에 들어와서 이탈리아의 여러 상업도시에서 성행하던 해상보험은 지중해 무역이 점차 쇠퇴함에 따라 지중해 연안의 스페인, 프랑스, 포르투갈 등에 전파되었고, 16세기에는 당시의 무역중심지인 브루그즈(Bruges), 앤트워프(Antwerp) 도시를 중심으로 한 플랑드르지방이 이탈리아를 대신하여 해상보험의 중심지가 되었다. 해상보험은 더욱더 북상해 함부르크, 암스테르담, 도버해협을 건너서 현재 해상보험 중심지인 런던에 전해지게 되었다.

• 제2절 영국 해상보험의 발전

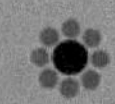

1. 영국 해상보험의 기원

오늘날 해상보험의 세계적 중심지는 영국이다. 그 원동력은 롬바르드(Lombard)상인과 한자(Hansa)상인들이 이주함에 따라 그들의 영향을 받아서 영국에서 보험은 더욱 정교하게 발전되기 시작하였다고 할 수 있다.

1547년 9월 20일자로 발행된 적하보험증권과 1548년 11월 26일자 런던에서 발행된 해상보험증권의 본문이 이탈리아어로 적혀 있어 영국에서 초기의 해상보험은 이탈리아인에 의하여 독점적으로 영위되었음을 입증하고 있다. 그리고 해상보험 용어에는 이탈리아어를 영어로 직역한 것이 많다. 예를 들면 보험증권을 영어로 "policy"라고 하는데, 이 경우의 policy는 '정책'을 의미하는 것이 아니라 이탈리아어로 보험증권을 가리키는 폴리자(polizza)에서 유래된 것이다. 그 외에도 보험료(premium)라고 하는 용어는 '제일 먼저'라는 의미의 이탈리아어 프레미엄(praemium)에서 온 것이다.

런던의 롬바르드가(Lombard Street)를 중심으로 금융업 및 해상보험업을 영위하고 있던 롬바드상인과 한자상인은 엘리자베스여왕(1533~1603)에 의한 상행위 제한과 억압에 견뎌내지 못하고 영국을 떠나게 되었으며 이때부터 영국이 독자적으로 무역과 금융, 해상보험을 장악하게 되었다. 이 당시의 보험계약은 상인이나 은행가 등 개인이 인수하였다.

그 후 해상보험거래는 1568년 그레샴(Thomas Gresham, 1519~1579)에 의하여 City of London의 중심가에 설립된 왕립거래소(Royal Exchange)를 중심으로 1667년경 로이즈 커피하우스가 개점될 때까지 1세기 이상 동안 전세계 해상보험의 중심지 역할을 하였다.

회사형태를 갖춘 보험회사는 1688년 프랑스 파리에 근대식 해상보험회사가 처음으로 조직되면서 발전하였다. 영국에서 보험회사가 처음으로 출현한 것은 1720년이다. 그 이전까지 보험자는 자본가나 금융업자 등 개인이었으나 정부에서 두 개의 보험회사 즉 "London Assurance Corporation"과 "Royal Exchange Corporation"을 허가하여 약 100년 동안 독점적 지위를 누리면서 성장하여 왔다. 그 후 1824년 두 회사에 대한 독점권은 폐지되고 "The Alliance Marine Insurance Company"라는 새로운 회사가 설립되었고 이때부터 경쟁의 시대가 시작되었다.

영국은 17세기 이후 20세기까지 선도적 상업 국가였기 때문에 영국의 해상보험은 전 세계적으로 확산되고 발전되었다.

2. Lloyd's 발전

1) Lloyd' s 생성

해상보험의 근대적 발달을 촉진시킨 역사적 사건은 "런던의 로이즈"(Lloyd's of London)의 탄생이다. 17세기부터 18세기에 이르는 동안 런던의 어느 곳에나 커피하우스가 생겼는데 그 중에서 해운업 및 보험에 관심이 있는 상인들이 출입하던 곳은 템즈강변 타워가(tower street)의 에드워드 로이드(Edward Lloyd, 1648~1713) 소유의 커피하우스(coffee house)였다. 이곳이 바로 Lloyd's라고 하는 세계적인 보험시장의 근원이 되었다.

당시의 영국에서는 모든 향락을 죄악시하는 청교도적인 생활 중에 커피하우스만이 시민이 죄악감을 갖지 않고 이용 가능한 유일한 사교장으로 인식되면서 런던에서는 많은 커피하우스가 생겨났다. 커피하우스는 많은 상인들이 모였기 때문에 오늘날과 같이 통신수단이 발달되지 못한 상황에서 해운 및 보험관계의 정보 교환, 상담 장소 등으로 사용되었다.

Lloyd's 커피하우스는 해상사업을 영위하는 고객을 위하여 해사정보를 수시로 제공하였으며 신문이 별로 없었던 그 당시 커피하우스에 오면 해상사업과 관련된 많은 정보를 입수할 수 있었기 때문에 많은 선주와 무역상들이 모여들었다. 1696년부터는 Lloyd's News라는 신문을 주 3회 발행하여 각 지역의 해사 및 무역 관련 정보를 제공함으로써 더욱 많은 선주와 무역상들이 출입하게 되어 선박이나 화물 등의 매매거래가 이루어졌고 해상보험계약을 체결하기도 하였다. 이것이 오늘날의 Lloyd's의 시작이다.

해상보험자도 이 시기에 보험인수를 시작하여 보험증권 하단에 서명함으로써 위험을 인수하는 것을 의미하는 "underwriter"라는 용어가 사용되었다. Lloyd's는 개인보험자들이 모여서 공동으로 보험을 인수하는 보험시장 조직이며 보험회사는 아니다. 개인보험자들은 그들이 인수한 보험에 대하여 개별적이고 독립적으로 보상책임을 지고 있는 것이다.

Lloyd's는 200여년간 법인 자격도 갖추지 않고 운영되어 오다가 1871년 "Act of Incorporation"에 의하여 법인격을 가지는 "로이즈조합"(corporation of Lloyd's)이라는 일종의 특권을 가진 조합으로서 법인화 되었다. 동법에 의한 Lloyd's 사업목적은 첫째, 회원이 해상보험을 경영하고 둘째, 선박·화물·운임과 관련된 회원의 이익을 신장 및 옹호하며 셋째, 정보를 수집·간행·배포하는 것이었다.

Lloyd's는 개인책임의 원칙, 즉 개인자산에 대한 무한책임을 지는 개인보험업자의 조직체이며, 이들은 syndicate를 형성하여 상호 결합하고 있다. 로이즈 언더라이터(Lloyd's underwriter)와의 연결은 Lloyd's에 등록된 보험중개사(Lloyd's broker)를 통해서 각자의 계산과 위험부담으로 보험인수를 하고 있다.

오늘날 Lloyd's는 해상보험 외에도 일부 생명보험까지도 인수하며 또한 원보험과 더불어 전 세계에서 들어오는 재보험을 취급함으로써 명실공히 세계 최대 보험자로서 세계 보험시장의 중심이 되고 있다. 우리나라의 경우도 일정 보험금액을 초과하는 계약은 대부분 Lloyd's와 재보험 계약이 체결된다.

2) Lloyd' s의 구성원

Lloyd's는 개인보험업자들의 집합체이지만 이를 구성하고 있는 회원들은 영업회원(underwriting members), 비영업회원(non-underwriting members) 및 준회원(associates)으로 구분된다.

(1) 영업회원(정회원)

영업회원(underwriting members)은 일명 'name'이라고도 하며 일반적으로 보험중개사에 의해 운영되는 보험대리점(underwriting agent)을 통하여 위험을 인수한다. 이 조직에서는 동일한 한 개의 위험을 여러 보험자가 분할하여 인수하는 것이 통례이다.

영업회원은 편의상 각종 시설의 이용과 영업능률의 향상을 목적으로 자체적으로 syndicate를 형성하고 각 syndicate는 주인수자(leading underwriter)를 두고 영업활동을 한다. 영업회원의 선발은 로이즈위원회(committee of Lloyd's)가 엄격한 심사를 거쳐 입회·승인하며, 입회허가를 받은 회원은 동위원회가 요구하는 금액만큼 공탁하여야 한다. 이 Lloyd's of London은 역사도 가장 오래된 조직이지만 보험자가 재력부족으로 인한 지불불능의 경우가 거의 없어 대외적인 신용도가 높고 오랜 역사와 전통을 자랑하고 있다.

(2) 비영업회원

비영업회원은 Lloyd's broker와 외부가입자(outside subscribers)를 말한다. Lloyd's에서 보험계약을 체결하기 위해서는 반드시 로이즈에 등록되어 있는 Lloyd's broker를 통해야 한다. Lloyd's broker는 해상보험의 전문가로서 위험을 판단할 수 있는 능력을 가진 중개사로서 피보험자를 대리하여 보험자와 직접 보험계약을 체결한다.

외부가입자는 일반적으로 보험회사들이 대부분인데 Lloyd's의 광범위한 정보와 참고서적 등을 사용할 수 있다.

(3) 준회원

준회원(associates)은 보험에 관한 전문지식을 제공하기 위하여 영업회원 또는 비영업회원과 접촉하는 법률가, 해손정산인, 회계사 등을 말한다.

3) Lloyd' s의 무한책임제도(개인보험업자 제도)

(1) 신탁기금제도

로이즈보험자(Lloyd's underwriting member)는 로이즈에서 보험을 인수할 권한을 부여받은 보험사업자로서 국적을 불문하고 다른 회원으로부터 추천받은 사람으로서 성실성과 재무상태에 대하여 로이즈위원회의 자격심사에 합격할 수 있을 정도의 자본력이 있어야 한다.

멤버가 되기 위해서는 보험의 인수한도에 따라 요구되는 예탁금을 예치해야 한다. 예탁금은 멤버가 피보험자에 대해서 지고 있는 보험금 지급책임에 대한 보증으로서만 사용되고 그가 로이즈에서 탈퇴하거나 사망하더라도 그 인수한 보험에 대한 책임이 완전히 종료할 때까지는 이 예탁금을 인출하지 못한다.

체결된 모든 계약에 대한 무한책임과 수입보험료는 모두 보험료신탁기금(premium trust fund)에 예치해야 한다. 그리고 멤버가 보험금 지급책임을 수행할 수 없을 경우에 대비해서 피보험자를 보호하기 위해 수입보험료의 일부를 중앙기금(Lloyd's central fund)에 예치해야 한다.

(2) 엄격한 회계관리

로이즈보험자는 로이즈 오딧트(Lloyd's audit; 로이즈 감사)로 불리우는 매우 엄격한 회계감사를 받아야 한다. 이것은 오늘날 법령으로 요구되는 것으로 실제로는 멤버의 기장 등의 오류만이 아니고 언더라이터의 재무상태에 기본적인 취약점이 없는가를 보기 위하여 감사를 받는 것은 옛날부터 확립된 제도이나 1946년 보험회사법의 규정에 근거해서 로이즈평의회가 인정한 특허회계사에 의해 매년 행해진다.

(3) 보험증권의 발행 통제제도

로이즈에서 발행되는 모든 보험증권은 보험증권발행실(Lloyd's policy signing office)에서 심사하고 제작한다.

보험금 지급자금이 부족한 만일의 경우에 대비하여 로이즈의 다른 멤버가 인수한 보증보험증권을 매년 제시해야 한다.

3. 영국의 해상보험법

1) 1906년 해상보험법

해상보험계약이란 보험자가 그 계약에 합의한 방법과 범위 내에서 해상손해 즉, 해상사업에 수반되는 손해에 대하여 피보험자에게 손해보상을 약속하는 계약이다. 해상보험은 2개국 이상이 관여하는 국제성이 매우 강한 보험이며 성격상 보험거래에서 발생할 수 있는 분쟁을 방지하고 이를 해결할 수 있는 준거법이 필요하다. 따라서 전세계 해상보험은 영국을 중심으로 발전되어 왔기 때문에 영국의 법률과 관습이 적용되고 있다.

1906년에 제정된 영국해상보험법(The Marine Insurance Act 1906 : MIA)은 약 200년 동안 약 2,000여 개의 판결을 기초로 입법한 것으로서 해상보험에 관한 관습이나 보편적인 원리를 거의 수용하고 있어 아직까지도 영국해상보험의 체계를 이루고 있으며 대부분 국가들도 이 법을 원용하여 현재까지도 자국 법률의 모체로 삼고 있다.

2) 2015년 영국 보험법

그 동안 약 100여 년간 거의 변경되지 않았던 영국해상보험법은 보험의 실무적 변화와 계약당사자간의 이해관계에 있어서 유·불리에 대한 문제 등을 영국 법개정위원회(The Law Commission Committee)[7]는 영국 보험법에 관한 일련의 개혁 작업의 일환으로, 2014년 7월경 "INSURANCE CONTRACT LAW: BUSINESS DISCLOSURE; WARRANTIES; INSURERS' REMEDIES FOR FRAUDULENT CLAIMS; AND LATE PAYMENT"란 보고서[8]를 발표하면서 고지의무, 담보(warranty), 사기적 보험금 청구에 대한 보험자의 구제책, 지연지급 등에 관한 개혁을 촉구하였고, 위 보고서를 토대로 한 새로운 보험법안이 상하 양원을 통과한 후, 2015년 2월 12일 국왕의 동의(Royal Assent)를 얻어 마침내 "The Insurance Act 2015"(2015년 영국보험법)이 성립되었으며, 2016년 8월부터 발효되었다.[9]

동 법은 소비자보험과 기업보험에 적용되고, 주요사항은 ① 비소비자보험에서 계약체결이전 고지의무에 대해 위험의 공정한 제공의무를 도입, ② 공정한 제공의무 위반의 경우 보험자의 구제수단, ③ 계약기초사항, ④ 담보위반의 효과, ⑤ 부적절한 위험감소조항, ⑥ 사기적 보험금 청구의 효과, ⑦ 임의 규정성 등이다.

2015년 영국보험법은 1906년 영국해상보험법에서 고지(disclose)와 담보(warranty) 의무 그리고 그러한 의무의 위반 효과 등에 대한 규정의 일부가 변경되는 결과를 가져오게 되었다. 고지의무와 담보에 관한 내용은 다음 장에서 자세히 설명하고 있다.

한편 2015년 영국 보험법은 보험계약자가 사기적 보험금 청구를 한 경우에 일련의 명확한 효과를 규정하고 있다.[10] 즉, 피보험자가 사기적으로 보험금을 청구할 경우, 보험자는 보험금을

---

7) 영국 법개정위원회는 영국 현행 법률의 검토 및 필요시 개정권고 등을 수행하기 위해 1965년 법개정위원회법(The Law Commissions Committee Act 1965)에 의해 설립된 독립위원회로서, 공평성(fair), 효율성(cost-effective), 현대성(modern), 그리고 단순성(simple)을 법률 제·개정 작업의 목표로 하고 있다(영국 법개정위원회 홈페이지 http://lawcommission.justice.gov.uk/ 참조).

8) Law COM No 353; SCOT LAW COM No 238.

9) 이정원, "2015년 영국보험법상 워런티의 의의와 법률 효과에 대한 고찰", 「저스티스」 150, 한국법학원, 2015, pp.112-137.

지급할 의무가 없으며, 이미 보험금을 지급하였다고 하더라도 반환받을 수 있다. 그리고 보험자는 피보험자의 사기적 행위 시점부터 보험계약을 해지할 수 있다. 이때 보험자는 피보험자에게 통지하여야 한다. 만약 보험자가 보험계약을 해지하면 사기적 행위 이후에 발생하는 모든 피보험자의 권리는 거부되며 이미 납부한 보험료는 반환받을수 없다. 다만, 사기적 행위 이전의 보험계약 상의 보험자와 피보험자의 권리의무에는 영향을 주지 않는다.

그리고 2015년 영국 보험법의 규정은 임의규정으로서 당사자간의 합의로 변경 가능하다. 그러나 피보험자의 불이익이 있는 조항이 있을 경우 투명성요건을 충족해야 한다. 공정한 정보제공원칙보다 피보험자에게 불리한 해상보험계약상의 조건은 제17조[11]상의 투명성요건이 충족되지 않는 한 무효이다.[12] 이와 같이 보험법이 임의규정으로 되어 있을 경우 당사자간의 계약체결시 규정의 변경 가능성이 존재하기 때문에 보험계약자의 입장에서 상당한 지식이 없다면 불리할 수 밖에 없다. 만약 부보위험이 매우 특수하고 복잡한 경우에는 변경하는 것이 적절할 수 있겠지만 이에 대한 지식이 없는 보험계약자로서는 본인에게 적절한 변경 조건을 제시하기는 쉽지 않을 것이다. 결국 새로운 제도는 다수의 재보험에는 적절하지 아니할 수 있다.

영국의 해상보험법(1906)은 많은 국가에서 자국의 보험관련 규범을 제정하는데 그 근거로 삼았고, 현재 사용되고 있는 대부분의 보험증권에서 영국의 해상보험법을 준거법으로 적용하고 있는 상황에서 새롭게 제정된 영국보험법(2015)의 규정과 내용을 정확히 이해할 필요가 있다.

---

10) 영국 보험법(2015) 제12조는 피보험자의 사기적 보험금 청구시 보험자는 (1) 보험금 지급책임을 지지 아니하고, (2) 사기적 행위시에 소급하여 보험계약을 해지할 수 있는데 사기적 행위 이후의 보험계약상의 모든 책임을 거부하고, 보험료 반환책임을 지지 않으며, 보험계약을 해지하더라도 사기행위 이전의 당사자의 책임에 영향을 미치지 않음을 규정하고 있다(한창희, "상법 해상보험편 개정안에 관한 연구-영국의 2015년 보험법을 중심으로", 「손해사정연구」, 제10권 제1호, 한국손해사정학회, 2018, p.16).

11) Insurance Act 2015 Sec. 17 (The transparency requirements)
  (1) In this section, "the disadvantageous term" means such a term as is mentioned in section 16(2).
  (2) The insurer must take sufficient steps to draw the disadvantageous term to the insured's attention before the contract is entered into or the variation agreed.
  (3) The disadvantageous term must be clear and unambiguous as to its effect.
  (4) In determining whether the requirements of subsections (2) and (3) have been met, the characteristics of insured persons of the kind in question, and the circumstances of the transaction, are to be taken into account.
  (5) The insured may not rely on any failure on the part of the insurer to meet the requirements of subsection (2) if the insured (or its agent) had actual knowledge of the disadvantageous term when the contract was entered into or the variation agreed.

12) 해상보험계약상의 조건이 영국 보험법(2015)상 공정한 제공의무보다 보험계약자에게 유리하면 유효하지만, 불리하면 다음의 두가지 투명성요건(the transparency requirements)을 충족해야 유효한 계약이 된다. (1) 보험계약이 체결되기 이전에 보험자는 그 조건에 피보험자가 주의하도록 충분한 절차를 취할 것, (2) 그 조건은 명확하고 그 효과에 관하여 분명할 것(한창희, "영국의 개정 고지의무제도에 관한 연구", 「법학논총」 제29권 제2호, 국민대학교 법학연구소, 2016, pp.420-421).

• 제3절 우리나라 해상보험의 발전

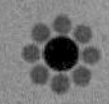

서양 역사에서 찾을 수 있는 유사보험이 모험대차라면 우리나라에서 찾아볼 수 있는 가장 오래된 유사보험제도는 고대부터 발전해 온 창(倉)이나 계(契)와 같은 원시 상호부조제도에서 찾아볼 수 있으나, 오늘날의 보험과 그 성질 · 내용 · 형태 등에서는 약간 차이가 있다.

우리나라의 보험업의 효시는 조선왕조시기인 1876년 강화도조약의 체결로 부산, 원산, 인천 등의 항구가 개항되고 외국의 금융기관과 무역업자가 진출하게 되었는데 이들은 대부분 일본, 영국 등의 자국보험회사의 대리점이 진출하여 보험인수를 시작한데서 그 기원을 찾을 수 있다.

국내 최초의 근대적 형태의 해상보험이 우리나라에 도입된 것은 1922년 10월 일본인이 자본금 500만원으로 설립한 조선화재해상보험주식회사(이후 동양화재해상보험주식회사, 현 메리츠화재)가 그 효시이며 일본인의 자본으로 운영된 것으로 사실상 화재보험에만 주력하였고 해상보험에 참여할 능력이 없었다. 그러나 1945년 해방과 더불어 일본인의 보험회사가 퇴거함으로써 보험업은 비로소 우리 힘으로 운영하게 되었다.

해방 이후 설립된 손해보험회사는 10여 개 회사에 이르렀으나 모두 해상보험을 취급하지 않았다. 이유는 그 당시 우리나라는 선박이 없었으며 대외무역거래도 미미했고 해상보험에 대한 실무도 까다로웠기 때문이다. 따라서 필요한 경우 부보는 국내에서 영업을 하고 있던 외국보험회사의 대리점에 의존하여 이루어졌다.

1953년 대한해상운송보험 공동사무소에서 시작된 해상보험 분야는 1955년에 동방해상보험주식회사와 1959년에 범한해상보험주식회사가 추가로 신설되어 활발히 운영되었다. 이들은 주로 미국의 원조물자(ICA원조)에 대한 적하보험을 인수하는 형태로 영업을 하였다.

1967년 3월부터는 해상보험을 영위하는 국내 10개사의 합의에 의해 해상보험의 취급을 단일화 하고 이를 한국해상보험공동사무소라고 불렀다. 그러나 1968년 11월에 상기의 공동사무소도 해체하고 개별 손해보험회사가 자유경쟁체제 하에 해상보험계약을 인수할 수 있도록 되었다.

1980년대 및 90년대는 우리나라 보험시장이 개방되기 시작하였는데, OECD 가입 및 우루과이라운드의 타결과 WTO 회원국 가입으로 인해 국내 보험시장은 외국계 보험회사와 자유경쟁체제로 돌입하게 되었다. 따라서 국내 보험회사는 상당한 어려움을 겪었으며, 특히 1997년 외환위기로 인한 IMF 구제금융 지원 시기를 기점으로 상당수의 보험회사가 파산, 매각, 합병으로 재편되는 등 국내 보험시장의 구조조정은 불가피하게 되었다. 이러한 시기를 넘긴 국내 보험시장은 많은 변화를 통해 성숙해졌으며 오늘날과 같은 선진보험산업으로 진입하는 계기가 되었다.

제5장 해상보험계약

주요내용

해상보험계약도 계약법의 원칙에 따라서 성립한다. 해상사업에 부수하여 발생하는 손해를 보상할 것을 약정하는 해상보험계약 성립과 효과와 관련하여 각 당사자들의 의무와 권리, 고지의무와 담보(Warranty)에 대해 살펴보고자 한다.

- 해상보험계약의 성격
- 해상보험계약의 당사자
- 해상보험계약 체결 절차
- 고지의무
- 담보(warranty)

1. 해상보험계약의 성격

해상보험계약은 보험자가 피보험자에 대하여 합의된 방법과 한도에 따라 해상손해, 즉 해상사업에 부수하여 발생하는 손해를 보상할 것을 약정하는 계약으로 다음과 같은 성격을 지니고 있다.

1) 낙성계약성

해상보험계약은 당사자 쌍방의 의사표시의 합치만으로 계약이 성립하며 그 의사표시에 특별한 방식이 필요치 않는 낙성계약(諾成契約)이다. 보험계약이 성립되기 위해서는 당사자 일방의 청약(offer)과 이에 대한 상대방의 승낙(acceptance)만 있으면 된다.

보험계약에 따라 보험자의 책임은 당사자간에 다른 약정이 없으면 최초의 보험료의 지급을 받은 때로부터 개시한다(상법 제656조). 이것은 보험자의 책임개시를 위하여 필요한 요건이지

보험계약의 성립에 영향을 미치는 요건은 아니다.

2) 불요식계약성

해상보험계약은 불요식계약(不要式契約)으로 그 성립을 위하여 당사자간의 합의 외에 다른 특별한 방식을 필요로 하지 않는다. 일반적으로 보험실무에서 보험계약자(피보험자)가 청약의 의사표시로서 일정한 형식의 보험계약청약서에 필요한 사항을 기재하고 서명•날인하는 방식으로 계약이 성립된다. 이 때문에 법률상 요식계약[13]으로 되는 것은 아니다.

3) 유상·쌍무계약성

보험계약에서는 보험자는 계약상 합의된 방법과 범위에서 피보험자의 손해를 보상할 것을 확약하는 대가로 보험료를 지급받는, 즉 계약당사자의 급부의 내용이 대가관계가 있다는 의미에서 유상계약(有償契約)이다.

쌍무계약(雙務契約)이란 보험계약자와 보험자 쌍방이 상호 대가의 교환조건으로 계약상의 의무를 지는 계약이다. 보험계약의 성립으로 보험계약자는 보험료 지급의무를 지고 보험자는 보험의 목적물에 손해가 발생할 경우 보험금 지급의무를 진다.

4) 부합계약성

보험계약은 보험자가 일방적으로 미리 정한 계약조항을 피보험자가 사실상 포괄적으로 승인함으로써 계약을 체결하는 것이 일반적이다. 이러한 계약을 부합계약(附合契約)이라 한다. 이 부합계약에 사용되는 정형화된 조항을 약관이라 하며, 보통약관 또는 보통거래약관이라 하는데 이는 거래를 간편하게 하고 법률관계를 분명히 하는데 도움이 된다.

보험계약이 부합계약의 형태를 취하는 근본적 이유는 보험이 전문적 기술성을 요구하기 때문이다. 또한 보험자는 불특정 다수의 보험계약자를 상대로 보험계약을 체결하기 때문에 보험계약을 체결할 때마다 일일이 보험계약자와 계약내용을 합의할 수는 없다. 보험계약내용이 보험자에 의하여 만들어진 것이기 때문에 만약 보험계약의 내용에 애매한 부분이 있으면 보험계약자에게 유리하게 해석하는 것이 일반적 관례이다.

5) 사행계약성

사행계약(射倖契約)이란 계약 당사자의 일방의 급여가 우연한 사실에 의하여 발생하는 계약

---

13) 계약의 성립요건 또는 효력발생요건으로 서명 · 날인 등 일정한 방식을 요구하는 계약(부동산계약, 보증계약 등)

을 가리킨다. 일반적으로 보험자의 보상의무는 우연히 발생하는 보험사고에 대해서만 그 손실을 보상하기 때문에 보험자의 보험금 지급은 우연성에 좌우된다. 따라서 보험계약은 사행계약이라고 할 수 있다.

6) 선의계약성

일반적으로 계약은 신의성실의 원칙을 바탕으로 성립하나, 해상보험계약은 최대선의(the utmost good faith)의 원칙 위에서 성립한다.[14)]

영국해상보험법에서도 해상보험계약은 최대선의를 기초로 한 계약이며, 당사자의 일방이 최대선의를 준수하지 않을 경우에는 타방은 그 계약을 취소할 수 있다고 규정하고 있다.[15)] 이것은 보험계약의 사행성에 따른 도박화를 방지하기 위함이다. 해상보험계약에서 이러한 사행성을 방지하기 위하여 보험계약 체결시 보험계약자에게 보험목적물에 관한 중요한 사항(material circumstances)을 보험자에게 고지할 것[16)]과 부실고지를 금지하는 고지의무조항을 두고 있다.

7) 독립계약성

민법상의 전형적인 계약의 어떤 범주에도 속하지 않는 무명계약,[17)] 즉 독특한 계약으로서 독립계약(獨立契約)에 속한다.

8) 계속계약성

보험자의 보상의무는 불확실한 담보 위험이 보험계약 기간 중에 발생할 것을 요건으로 한다. 이것은 보험자의 손해보상의 채무가 보험기간에만 유효한 것을 말하는 것으로 보험계약은 일정기간동안 계속해서 존재하는 계속계약(繼續契約)의 성질을 가지고 있다는 의미이다. 선박보험은 통상 1년 단위를 보험기간으로 하지만 적하보험은 포괄보험이 아닌 경우 보험자의 책임이 1회 항해에 국한되기 때문에 보험기간이 짧다. 보험기간동안 보험계약은 지속되므로 이 기간내에 발생하는 보험사고에 대해서 보험자는 손해보상의 책임이 있다.

---

14) 계약법상 영미법상의 good faith 원칙은 대륙법상의 신의성실의 원칙과 대체로 같은 의미를 가진다(윤진수, "미국 계약법상 good faith 원칙", 『법학』, 제4권 제4호, 서울대학교법학연구소, 2003, pp.40-90).

15) 영국해상보험법 제17조. 2015년 영국보험법 제14조에서는 이 조항을 폐지한다고 규정하고 있다.

16) 영국해상보험법 제18조.

17) 민법상 전형(유명)계약의 종류는 매매, 증여, 교환, 소비대차, 사용대차, 임대차, 고용, 도급, 임치, 현상광고, 조합, 종신정기금, 화해 등의 15가지 형태로 규정되어 있다. 전형계약 이외의 계약을 비전형(무명)계약이라고 한다.

2. 해상보험계약의 당사자

1) 보험자

보험자(insurer, assurer, underwriter)란 보험계약 체결의 당사자로서 보험사고가 발생한 경우 보험금을 지급할 의무가 있는 자로 보험계약을 인수하는 주체를 말한다. 즉 보험회사 또는 개인보험업자를 의미한다.

"underwriter"라는 용어는 원래 보험증권 하단에 기명·날인하는 것을 의미하였으며, 해상보험에서는 증권 하단에 보험자가 기명·날인함으로써 증권이 유효하다는 의미에서 17세기부터 시행되어 온 상관습으로 개인보험업자를 뜻한다.

대부분 국가에서 보험자는 일반적으로 주식회사 형태이며 영국의 Lloyd's와 같이 보험자가 개인인 경우도 있다.

우리나라에서 보험사업을 영위하고자 하는 자는 금융위원회의 허가를 받아야 한다.[18] 그리고 이와 같이 허가를 받을 수 있는 자는 주식회사, 상호회사[19] 및 외국보험회사[20]로 제한[21]하며 300억원 이상의 자본금 또는 기금을 납입함으로써 보험업을 시작할 수 있다.[22] 또한 우리나라 보험회사는 생명보험업과 손해보험업을 겸영(兼營)하지 못한다.[23]

보험자의 의무로는 첫째, 해상사업에 관한 사고의 발생에 의하여 피보험이익에 발생하는 손해의 보상을 약정할 의무를 지닌다. 또한 손해보상약정의무에 따라 보험기간 내 보험사고가 발생한 경우 보험자는 약정한 보험금을 지급할 의무를 진다. 이것은 보험자의 기본적인 의무이다.

둘째, 보험자는 보험계약자의 청구에 의하여 보험증권을 교부할 의무가 있는데 이는 주된 의무에 부수되는 부수의무에 불과하다. 우리나라 상법 제640조에 보험자는 보험계약이 성립한 때에는 지체없이 보험증권을 작성하여 보험계약자에게 교부하여야 한다. 그러나 보험계약자가 보험료의 전부 또는 최초의 보험료를 지급하지 아니한 때에는 그러하지 아니하다고 규정하고 있다. 상법 제638조 3항에는 보험약관의 교부 · 명시의무를 규정하고 있는데, 보험자는 보험계약을 체결할 때에 보험계약자에게 보험약관을 교부하고 그 약관의 중요한 내용을 알려주어야 하며 이를 위반한 때에는 보험계약자는 보험계약이 성립한 날부터 1월내에 그 계약을 취소할 수

18) 보험업법 제4조 (보험업의 허가) 1항.

19) 보험업법 제2조 7호 "상호회사"란 보험업을 경영할 목적으로 이 법에 따라 설립된 회사로서 보험계약자를 사원(社員)으로 하는 회사를 말한다.

20) 보험업법 제2조 8호. "외국보험회사"란 대한민국 이외의 국가의 법령에 따라 설립되어 대한민국 이외의 국가에서 보험업을 경영하는 자를 말한다.

21) 보험업법 제4조 (보험업의 허가) 6항.

22) 보험업법 제9조 (자본금 또는 기금) 1항.

23) 보험업법 제10조 (보험업 겸영의 제한).

있다고 규정하고 있다.

셋째, 보험자는 보험계약이 무효인 경우 보험료의 전부나 일부를 반환할 의무를 부담한다. 우리나라 상법 제648조에 보험계약의 전부 또는 일부가 무효인 경우에 보험계약자와 피보험자가 선의이며 중대한 과실이 없는 때에는 보험자에 대하여 보험료의 전부 또는 일부의 반환을 청구할 수 있다. 보험계약자와 보험수익자가 선의이며 중대한 과실이 없는 때에도 같다고 규정하고 있다.

또한 보험계약자가 보험사고의 발생 전에 보험계약을 해지한 경우에도 당사자간에 다른 약정이 없으면 미경과보험료를 반환할 의무가 있다.[24)]

2) 보험계약자

보험계약자(policy holder)란 보험자와 보험계약을 체결하는 계약당사자를 말한다. 보험계약자는 보험료 납입의무[25)], 고지의무[26)], 위험변경 또는 증가의 통지의무[27)], 보험사고 발생의 통지의무[28)], 위험유지의무[29)], 손해방지의무[30)], 보험료반환청구권, 임의해지권 등의 의무와 권리

---

24) 상법 제649조 (사고발생전의 임의해지) ① 보험사고가 발생하기 전에는 보험계약자는 언제든지 계약의 전부 또는 일부를 해지할 수 있다. ③ 제1항의 경우에는 보험계약자는 당사자간에 다른 약정이 없으면 미경과보험료의 반환을 청구할 수 있다.

25) 상법 제638조 (의의) 보험계약은 당사자 일방이 약정한 보험료를 지급하고 상대방이 재산 또는 생명이나 신체에 관하여 불확정한 사고가 생길 경우에 일정한 보험금액 기타의 급여를 지급할 것을 약정함으로써 효력이 생긴다.

26) 상법 제651조 (고지의무위반으로 인한 계약해지) 보험계약당시에 보험계약자 또는 피보험자가 고의 또는 중대한 과실로 인하여 중요한 사항을 고지하지 아니하거나 부실의 고지를 한 때에는 보험자는 그 사실을 안 날로부터 1월내에, 계약을 체결한 날로부터 3년내에 한하여 계약을 해지할 수 있다. 그러나 보험자가 계약당시에 그 사실을 알았거나 중대한 과실로 인하여 알지 못한 때에는 그러하지 아니하다.

27) 상법 제652조 (위험변경증가의 통지와 계약해지) ① 보험기간중에 보험계약자 또는 피보험자가 사고발생의 위험이 현저하게 변경 또는 증가된 사실을 안 때에는 지체없이 보험자에게 통지하여야 한다. 이를 해태한 때에는 보험자는 그 사실을 안 날로부터 1월내에 한하여 계약을 해지할 수 있다. ② 보험자가 제1항의 위험변경증가의 통지를 받은 때에는 1월내에 보험료의 증액을 청구하거나 계약을 해지할 수 있다.

28) 상법 제657조 (보험사고발생의 통지의무) ① 보험계약자 또는 피보험자나 보험수익자는 보험사고의 발생을 안 때에는 지체없이 보험자에게 그 통지를 발송하여야 한다. ② 보험계약자 또는 피보험자나 보험수익자가 제1항의 통지의무를 해태함으로 인하여 손해가 증가된 때에는 보험자는 그 증가된 손해를 보상할 책임이 없다.

29) 상법 제653조 (보험계약자등의 고의나 중과실로 인한 위험증가와 계약해지) 보험기간중에 보험계약자, 피보험자 또는 보험수익자의 고의 또는 중대한 과실로 인하여 사고발생의 위험이 현저하게 변경 또는 증가된 때에는 보험자는 그 사실을 안 날부터 1월내에 보험료의 증액을 청구하거나 계약을 해지할 수 있다.

30) 상법 제680조 (손해방지의무) ① 보험계약자와 피보험자는 손해의 방지와 경감을 위하여 노력하여야

를 갖는다.

보험계약의 체결행위는 반드시 보험계약자가 하는 것이 아니라 그 대리인[31]이 할 수도 있다. 선박보험에서 보험계약자는 선박소유자이며, 국제무역거래에서는 CIF, FOB 등의 무역거래조건에 따라서 보험계약자가 달라진다.

3) 피보험자

피보험자(insured, assured)는 피보험이익(insurable interest)을 갖는 자, 즉 피보험이익이 귀속되는 주체이다. 피보험자는 보험사고로 말미암아 발생한 손해의 피해자로서 손해보상을 청구하기 위해서는 피보험이익을 가져야만 한다.

피보험이익은 보험목적물에 대하여 특정인이 갖는 경제적 이해관계를 말한다. 이해관계가 없으면 손해를 당할 일도 없고 보상을 받을 필요가 없기 때문에 피보험자는 반드시 피보험이익을 취득할 가능성이 있거나 손해 발생 시 피보험이익을 가지고 있어야만 한다. 또한 피보험자는 피보험이익의 보호에 상당한 주의와 신의성실의 원칙 및 공익적 차원에 입각하여 손해를 방지하거나 경감하기 위한 합리적인 조치를 강구할 의무가 있다.

한국, 독일, 일본 등 대륙법계에 속하는 나라에서는 보험계약자와 피보험자를 구별하고 있으나, 영미법에서는 보험계약자와 피보험자를 엄격하게 구별하지 않고 피보험자의 개념 속에 보험계약자의 의미까지 포함하고 있다.

피보험자와 보험계약자는 항상 일치하는 것은 아니다. 즉 보험계약자와 동일인이 될 수도 있고 다른 당사자가 될 수도 있다. 피보험자와 보험계약자가 일치하는 경우를 자기를 위한 보험이라고 하며 그렇지 않는 경우를 타인을 위한 보험이라고 한다.

예를 들면 한국에 있는 수입자가 CIF 조건으로 미국 수출자로부터 상품을 수입할 경우 미국 수출자는 보험계약자이고, 한국 수입자는 피보험자이다. 즉 수출자는 수입자를 위하여 적하보험을 체결해야 한다. 일반적으로 보험실무에서는 수출자 자신을 피보험자로 하여 보험계약을

한다. 그러나 이를 위하여 필요 또는 유익하였던 비용과 보상액이 보험금액을 초과한 경우라도 보험자가 이를 부담한다.

31) 상법 제646조의 2(보험대리상 등의 권한) ① 보험대리상은 다음 각 호의 권한이 있다. 1. 보험계약자로부터 보험료를 수령할 수 있는 권한, 2. 보험자가 작성한 보험증권을 보험계약자에게 교부할 수 있는 권한, 3. 보험계약자로부터 청약, 고지, 통지, 해지, 취소 등 보험계약에 관한 의사표시를 수령할 수 있는 권한, 4. 보험계약자에게 보험계약의 체결, 변경, 해지 등 보험계약에 관한 의사표시를 할 수 있는 권한, ② 제1항에도 불구하고 보험자는 보험대리상의 제1항 각 호의 권한 중 일부를 제한할 수 있다. 다만, 보험자는 그러한 권한 제한을 이유로 선의의 보험계약자에게 대항하지 못한다. ③ 보험대리상이 아니면서 특정한 보험자를 위하여 계속적으로 보험계약의 체결을 중개하는 자는 제1항 제1호(보험자가 작성한 영수증을 보험계약자에게 교부하는 경우만 해당한다) 및 제2호의 권한이 있다. ④ 피보험자나 보험수익자가 보험료를 지급하거나 보험계약에 관한 의사표시를 할 의무가 있는 경우에는 제1항부터 제3항까지의 규정을 그 피보험자나 보험수익자에게도 적용한다.

체결한 후 보험증권을 배서하여 수입자에게 양도한다. 손해발생 시 수입자는 피보험자로서 보험자에게 손해보상을 청구한다. 반면 FOB 조건에서 수입을 하는 경우 보험계약자와 피보험자는 수입자가 된다.

4) 보험대리점

보험대리점(insurance agent)은 일정한 보험자를 위해 계속적으로 보험계약 체결을 대리하거나 중개하는 것을 업으로 하는 자를 말한다.[32] 대리점은 모집만을 전업으로 하는 모집대리점과 보험증권을 발급하고 위임받는 범위 안에서 보험금을 지급하는 체약대리점이 있다.

체약대리점은 보험자로부터 위임을 받아 보험계약의 체결, 변경, 해지 및 보험료의 수령 등의 권한을 가지고 있으며 동시에 보험계약을 체결한 경우에 대리인이 안 사유는 그 본인인 보험자가 안 것과 동일한 것으로 한다.[33] 즉 이 대리점은 보험계약의 체결에 있어서 고지의무 또는 통지의무 등과 관련된 사항에 관하여 보험자와 같은 지위를 가진다(민법 제116조).

우리나라 보험업법 제2조 10호에서 "보험대리점"이란 보험회사를 위하여 보험계약의 체결을 대리하는 자(법인이 아닌 사단과 재단을 포함한다)로서 금융위원회에 등록하여야 한다[34]고 규정하고 있다.

5) 보험중개사

보험중개사(insurance broker)는 불특정의 보험자를 위해 보험자와 보험계약자 사이에서 보험계약체결을 중개하는 것[35]을 업으로 하는 독립된 상인이다. 보험중개사는 보험회사를 위하여

32) 상법 제87조 (의의) 일정한 상인을 위하여 상업사용인이 아니면서 상시 그 영업부류에 속하는 거래의 대리 또는 중개를 영업으로 하는 자를 대리상이라 한다.

33) 상법 제646조 (대리인이 안 것의 효과) 대리인에 의하여 보험계약을 체결한 경우에 대리인이 안 사유는 그 본인이 안 것과 동일한 것으로 한다.

34) 보험업법 제87조 (보험대리점의 등록) ① 보험대리점이 되려는 자는 개인과 법인을 구분하여 대통령령으로 정하는 바에 따라 금융위원회에 등록하여야 한다.
보험업법 제91조 (금융기관보험대리점 등의 영업기준) ① 다음 각 호의 어느 하나에 해당하는 기관(이하 "금융기관"이라 한다)은 제87조 또는 제89조에 따라 보험대리점 또는 보험중개사로 등록할 수 있다. 1. 「은행법」에 따라 설립된 은행, 2. 「자본시장과 금융투자업에 관한 법률」에 따른 투자매매업자 또는 투자중개업자, 3. 「상호저축은행법」에 따른 상호저축은행, 4. 그 밖에 다른 법률에 따라 금융업무를 하는 기관으로서 대통령령으로 정하는 기관. ② 제1항에 따라 보험대리점 또는 보험중개사로 등록한 금융기관(이하 "금융기관보험대리점등"이라 한다)이 모집할 수 있는 보험상품의 범위는 금융기관에서의 판매 용이성(容易性), 불공정거래 가능성 등을 고려하여 대통령령으로 정한다. ③ 금융기관보험대리점등의 모집방법, 모집에 종사하는 모집인의 수, 영업기준 등과 그 밖에 필요한 사항은 대통령령으로 정한다.

35) 상법 제93조 (의의) 타인간의 상행위의 중개를 영업으로 하는 자를 중개인이라 한다.

보험계약체결을 중개 또는 대리하는 보험설계사, 보험대리점과 달리 "독립적으로 보험계약 체결을 중개" 하는 보험모집조직이며, 권리의무는 중개계약 및 중개업법의 규정에 따른다.

우리나라도 보험 상품개발 및 가격 자유화가 급진전됨에 따라 다양한 상품정보를 가입자에게 정확히 전달하고 보험자와 계약체결을 중개하는 보험중개사 제도를 도입할 필요성이 높아짐에 따라 1997년 4월부터 보험중개사제도를 도입하였다. 손해보험중개사는 손해보험사업 또는 재보험사업을 영위하는 보험사업자가 인수하는 보험계약 및 외국보험사업자가 인수하는 보험계약 및 외국보험사업자가 인수하는 재보험계약의 체결을 중개한다.

우리나라 보험업법 제2조 11호에서 "보험중개사"란 독립적으로 보험계약의 체결을 중개하는 자(법인이 아닌 사단과 재단을 포함한다)로서 금융위원회에 등록된 자[36]를 말한다. 보험업법 제 92조에 보험중개사의 의무는 보험계약의 체결을 중개할 때 그 중개와 관련된 내용을 대통령령으로 정하는 바에 따라 장부에 적고 보험계약자에게 알려야 하며, 그 수수료에 관한 사항을 비치하여 보험계약자가 열람할 수 있도록 하여야 하며, 보험중개사는 보험회사의 임직원이 될 수 없으며, 보험계약의 체결을 중개하면서 보험회사 · 보험설계사 · 보험대리점 · 보험계리사 및 손해사정사의 업무를 겸할 수 없다고 규정하고 있다.

보험이 발달한 국가에서는 보험중개사에 의해 보험계약 체결이 많이 이루어진다. 로이즈브로커도 보험중개사와 마찬가지로 보험자를 대리하는 것이 아니라 피보험자를 대리하여 보험자와 계약을 체결한다. 로이즈브로커는 피보험자가 희망하는 보험의 인수를 Lloyd's underwriter에게 중개하는 일을 인정받은 법인 또는 개인을 말한다. 즉 Lloyd's에 등록된 보험중개사를 통해서만 계약이 체결된다. 이들은 최적의 보험조건을 알선해야 하는 전문적인 대리인이기 때문에 보험에 관한 상당한 전문지식을 가지고 있어야 한다.

6) 보험설계사

보험설계사(insurance salesman)는 특정 보험자에게 종속되어 보험계약을 권유하고 보험계약 청약서를 받아 보험자에게 전달하는 정도의 권한만 있고 보험계약체결대리권은 가지고 있지 아니한다.

우리나라 보험업법 제2조 9호에서 "보험설계사"란 보험회사 · 보험대리점 또는 보험중개사에 소속되어 보험계약의 체결을 중개하는 자[법인이 아닌 사단(社團)과 재단을 포함한다]로서 금융위원회에 등록된 자를 말한다. 모집을 위탁한 보험자의 배상책임과 관련하여 보험업법 제102조에서는 보험자는 소속 보험설계사가 모집을 하면서 보험계약자에게 손해를 입힌 경우 배상할 책임을 진다. 다만, 보험회사가 보험설계사에 모집을 위탁하면서 상당한 주의를 하였고 이들이

36) 보험업법 제89조 (보험중개사의 등록) ① 보험중개사가 되려는 자는 개인과 법인을 구분하여 대통령령으로 정하는 바에 따라 금융위원회에 등록하여야 한다.

모집을 하면서 보험계약자에게 손해를 입히는 것을 막기 위하여 노력한 경우에는 그러하지 않는다고 규정하고 있다.

3. 해상보험계약의 체결절차

해상보험계약은 일종의 쌍무, 낙성계약이므로 당사자간의 합의, 즉 청약과 승낙에 의해 계약이 유효하게 성립된다.

보험계약은 불요식계약이므로 특별한 양식에 제약이 없지만 보험실무에서는 보험계약청약서(proposal form)등을 제출하고 보험자는 보험증권(insurance policy)을 교부하는 경우가 대부분이다.

1) 청약

청약(offer)은 보험계약자가 계약을 성립시킬 목적으로 보험자에게 행하는 확정적 의사표시로 원칙적으로는 일정한 방식이 요구되지 않는다. 주로 보험자에 의해 작성된 보험계약청약서에 담보조건과 보험요율산정 및 보험자가 요구하는 사항들을 고지하도록 되어 있다. 보험계약자는 청약서 작성 시 신의성실의 원칙에 따라 성실히 작성해야 한다. 만약 허위로 기재하게 되면 고지의무위반(오고지, 불고지)으로 계약 자체가 무효가 될 수 있으므로 주의해야 한다.

보험계약자는 청약과 동시에 보험자가 제시한 보험료를 전부 또는 일부를 지급하여야만 보험자는 그 보험계약을 인수한 것이 된다. 그 이유는 보험자의 보상책임 기간은 보험계약자가 보험료를 지급한 때로부터 발생하기 때문이다.[37)]

보험계약은 보험계약자가 직접 보험자와 체결하거나 보험중개사를 통하여 체결할 수 있다. 보험중개사와 계약을 체결하는 경우 보험계약자가 보험의 세부사항을 결정하면 보험중개사는 각서(memorandum) 또는 부전지(slip)에 부보내용을 기재하여 보험자에게 제시(청약)한다.

2) 승낙

승낙(acceptance)이란 보험자가 특정한 보험계약의 청약에 대하여 계약을 성립시킬 목적으로 하는 의사표시를 말하는 것으로 보험자가 고지사항을 검토하여 인수 여부를 결정하고 승낙[38)]

37) 상법 제656조 (보험료지급과 보험자의 책임개시) 보험자의 책임은 당사자간에 다른 약정이 없으면 최초의 보험료의 지급을 받은 때로부터 개시한다.

38) 영국해상보험법 제21조 (보험계약이 성립된 것으로 간주되는 시기) 해상보험계약은 보험증권의 발행 여부에 관계없이 피보험자의 청약이 보험자에 의해 승낙된 때 성립한 것으로 간주한다. 그리고 청약이 승낙된 때를 증명하기 위해서 슬립이나 보험인수증서 또는 기타 관례적인 계약각서를 참조할 수

해야만 보험계약이 합법적으로 성립된다. 실무적으로는 적하나 선박의 보험증권을 발행하고 인수함으로써 승낙의 의사표시를 대행하고 있다.

상법 제638조 2 제1항에서 보험자가 보험계약자로부터 보험계약의 청약과 함께 보험료 상당액의 전부 또는 일부의 지급을 받은 때에는 다른 약정이 없으면 30일내에 그 상대방에 대하여 낙부의 통지를 발송하여야 한다. 이 기간 내에 낙부의 통지를 해태한 때에는 승낙한 것으로 본다고 규정하고 있다. 그리고 제3항에서는 청약을 승낙하기 전에 보험계약에서 정한 보험사고가 생긴 때에는 보험자가 보험계약자로부터 보험계약의 청약과 함께 보험료 상당액의 전부 또는 일부를 받은 경우에 그 청약을 거절할 사유가 없는 한 보험자는 보험계약상의 책임을 진다고 규정하고 있다.

4. 고지의무

1) 개념

해상보험계약에 있어서 중요한 기본원칙은 최대선의(utmost good faith)에 기초를 두고 있어야 한다는 것을 영국해상보험법 제17조에 다음과 같이 규정하고 있다.

> **MIA 제17조 Insurance is uberrimae fidei**
>
> A contract of marine insurance is a contract based upon the utmost good faith*, and, if the utmost good faith be not observed by either party, the contract may be avoided by the other party.*
>
> **제17조 최대선의의 원칙**
>
> 해상보험계약은 최대선의를 기초로 한 계약이며, *당사자의 일방이 최대선의를 준수하지 않을 경우에는 타방은 그 계약을 취소할 수 있다.*

따라서 피보험자 또는 보험중개사는 보험계약을 체결할 때 보험자에게 보험목적물에 대해 중요한 사항(material circumstances)을 최대선의의 원칙에 따라 알려 주어야 하는데, 이것을 고지의무(duty of disclosure)라 한다. 보험자는 고지내용에 따라 위험의 인수 여부를 결정하고 합리적인 보험료를 산정할 수 있다.

그러나 2016년 발효된 영국보험법(2015) 제14조에서 최대선의의 원칙을 폐지한다고 규정하고 있다.[39] 즉 상기 영국해상보험법 제17조 규정의 “and, if ...” 문구를 삭제하여 보험계약당사

있다.

자 일방이 최대선의의무를 지키지 않았을 때 다른 당사자가 그 계약을 취소할 수 있는 권한을 부여하고 있는 원칙이 폐지되었다.[40] 이러한 문구의 삭제는 보험계약의 기본원칙인 최대선의의 원칙을 계약 체결시의 고의의무에만 국한시키지 않고 계약의 체결, 이행 등 보험계약 전반에 걸쳐서 유지되어야 한다는 의미로 해석하는 것이 바람직하다.

영국해상보험법(1906) 상의 고지의무와 관련된 조항(18조~20조)은 영국보험법(2015)의 제3조 공정한 제공의무로 통합되었다.

고지의무에 대해 영국해상보험법 제18조에 다음과 같이 규정하고 있다.

MIA 제18조 Disclosure by assured

(1) Subject to the provisions of this section, the assured must disclose to the insurer, before the contract is concluded, every material circumstance which is known to the assured, and the assured is deemed to know every circumstance which, in the ordinary course of business, ought to be known by him. If the assured fails to make such disclosure, the insurer may avoid the contract.

(2) Every circumstance is material which would influence the judgment of a prudent insurer in fixing the premium, or determining whether he will take the risk.

제18조 피보험자의 고지의무

(1) 본 조항에 별도의 규정이 있는 경우를 제외하고, 피보험자는 자기가 알고 있는 모든 중요한 사항을 계약이 성립되기 전에 보험자에게 고지하여야 하며, 피보험자는 통상의 업무상 마땅히 알아야 하는 모든 사항을 알고 있는 것으로 간주한다. 피보험자가 그러한 고지를 하지 않은 경우에는 보험자는 계약을 취소할 수 있다.

(2) 보험료를 산정하거나 또는 위험의 인수여부를 결정하는데 있어서 신중한 보험자의 판단에 영향을 미치는 모든 사항은 중요한 사항이다.

피보험자에게 고지의무를 부여하는 이유는 보험계약을 체결할 때 피보험자는 보험목적물에 관한 속성을 잘 알고 있지만, 보험자는 수많은 피보험자를 상대로 보험계약을 체결하기 때문에 보험목적물의 상태나 성질을 잘 알지 못하므로 보험자가 모든 중요한 사항을 일일이 점검하는 부담을 덜어 주기 위한 것이다. 예를 들면 적하보험에서 FOB 거래조건인 경우 보험목적물인 화물은 수출항의 본선에 적재되어 있지만 수입자가 수입국의 보험자와 보험계약을 체결하기에

39) Insurance Act 2015, Sec. 14 (Good faith)

(1) Any rule of law permitting a party to a contract of insurance to avoid the contract on the ground that the utmost good faith has not been observed by the other party is abolished.

40) Insurance Act 2015, Sec. 14 (3) Accordingly—

(a) in section 17 of the Marine Insurance Act 1906 (marine insurance contracts of the utmost good faith), the words from ", and" to the end are omitted, and

수입자는 보험자에게 보험목적물의 중요한 사항을 알려주지 않으면 파악할 수 없게 된다.

고지의무의 책임은 위험에 관한 사정을 가장 잘 알 수 있는 위치에 있는 피보험자, 보험계약자 또는 피보험자의 대리인에게 있다. 대리인에 의해서 보험계약을 체결하는 경우에는 그 대리인[41)]도 피보험자와 같은 정도로 고지의무를 부담한다. 고지의무자가 고지하여야 할 상대방은 보험자와 보험자를 위하여 고지 받을 대리권을 가지고 있는 자이다.

2) 고지사항

보험계약을 체결할 때 피보험자는 보험자에게 보험목적물과 관련되는 모든 사항을 고지할 필요는 없고 중요한 사항만을 고지할 의무가 있다. 고지방법에 대해서는 영국해상보험법에서 별다른 제한은 두지 않고 있다. 고지는 정확하게 표시되어야 하기 때문에 피보험자는 자신이 알고 있는 사항을 구두나 서면으로 진실하게 표시해야 한다.

(1) 중요한 사항

영국해상보험법 제18조에 중요한 사항이란 신중한 보험자가 보험료 산정, 위험의 인수여부를 결정함에 있어 신중한 보험자의 판단에 영향을 미칠 수 있는 모든 사실을 말한다. 이러한 사실은 피보험자는 통상의 업무상 마땅히 알아야 하는 모든 사항을 알고 있는 것으로 간주하기 때문에 피보험자는 그러한 사항을 알지 못했다고 항변할 수 없다. 그리고 고지되지 않은 어떠한 특정사항이 중요한 것인지 아닌지의 여부는 각각의 경우에 있어서 사실문제로 규정하고 있다.

피보험자는 보험에 대한 전문적인 지식을 갖고 있지 않는 한 무엇이 중요한 사항인지 판단하기 어렵다. 실제로 대부분의 보험자는 보험계약청약서에 질문란을 두고 고지를 요하는 사항을 기재하여 피보험자에게 이에 대한 진술을 요구하는 방식을 취하고 있다. 이것을 질문표(questionnaire)라고 한다. 보험자가 작성한 질문표에 기재되어 있는 질문사항을 중요한 사항으로 간주한다. 우리나라 상법 제651조 2호에서 보험자가 서면으로 질문한 사항은 중요한 사항으로 추정한다고 규정하고 있다.

적하보험에서 중요한 질문 사항은 운송선박명, 화물종류, 포장상태, 적부방법, 항로, 환적여부 등이 해당되며 선박보험에서는 선박의 종류, 국적, 건조연수, 톤수, 재직, 선급 등이다.

---

41) 영국해상보험법 제19조 (보험계약을 체결하는 대리인의 고지) 보험계약이 피보험자를 위하여 대리인에 의해 체결되는 경우, 고지할 필요가 없는 사항에 관한 전조의 규정에 반하지 않는 한, 대리인은 보험자에게 다음의 사항을 고지하여야 한다. (a) 대리인 자신이 알고 있는 모든 중요한 사항, 그리고 보험계약을 체결하는 대리인은 통상의 업무상 마땅히 알고 있어야 하는 모든 사항과 대리인에게 마땅히 통지되었을 모든 사항을 알고 있는 것으로 간주한다. 그리고 (b) 피보험자가 고지할 의무가 있는 모든 중요사항, 다만 피보험자가 너무 늦게 알게 되어 대리인에게 통지하지 못한 경우에는 그러하지 아니하다.

(2) 고지의 범위

① 피보험자가 알고 있는 사실
② 피보험자가 당연히 알고 있을 것이라고 추정되는 사실
③ 대리인이 알고 있는 사실

(3) 고지가 필요 없는 사항

영국해상보험법 제18조 3항에서는 보험계약자에게 고지의 책임을 지게 하는 것이 불합리하다고 판단되는 다음 사항에 대해서는 보험자가 질문하지 않는 한 고지할 필요가 없다고 규정하고 있다.

① 위험을 감소시키는 일체의 사항

위험이 감소되는 사실은 보험자에게 고지할 필요는 없으나 보험자에게 통지하고 위험감소부분에 해당하는 보험료만큼 환급 받을 수 있다.

② 보험자가 알고 있거나 알고 있는 것으로 추정되는 일체의 사항

보험자는 일반적으로 널리 알려진 사항이나 상식에 속하는 사항 및 보험자가 자기의 통상의 업무상 마땅히 알아야 하는 사항들을 알고 있는 것으로 추정된다. 여기에 해당되는 것은 주로 일반적인 상관습, 상사계약서의 통상적인 약관, 일반적인 무역 및 관세법규, 해사보도 등에 관한 것이다.

③ 보험자가 고지의무를 면제한 일체의 사항

보험자가 고지 받을 권리를 포기한 사항은 질문이 없는 한 피보험자가 고지할 필요가 없다. 보험자가 고지 받을 권리를 포기한 경우가 어떠한 경우인가에 대해서 일반적인 원칙은 없다.

④ 담보(warranty) 때문에 고지가 필요 없는 사항

어떠한 명시 또는 묵시담보(warranty) 때문에 고지할 필요가 없는 일체의 사항은 이미 보험자가 알고 있기 때문에 달리 고지할 필요가 없다.

(4) 2015년 영국보험법상의 공정한 제공의무

동법은 소비자가 아닌 모든 보험계약자에 대해 정보를 자발적으로 제공할 의무, 즉 고지의무를 유지하였지만, 의무의 틀이 발전되었다. 공정한 제공의무는 정보가 제공되는 방법과 내용 그리고 제공 의무자에 대한 형식 기준을 규정하고 있다.

보험계약자는 알고 있거나 알아야 하는 모든 중요한 사항을 고지하여야 하거나, 그러하지 않더라도 중요한 사항을 명확하게 하기 위해서 추가질문이 필요하다고 신중한 보험자가 인식하기에 충분한 정보를 제공해야 한다. 그러나 충분한 정보에 대한 범위를 보험계약 체결과 관련된 다량의 정돈되지 않은 정보를 제공하여야 하는 것으로 오해할 소지가 있기 때문에 신중한 보험

자에게 합리적으로 명백하고 접근 가능(reasonably clear and accessible)한 방법으로 고지하도록 규정[42]하였다.[43]

보험계약자의 고지의무에 대한 제한을 규정하던 1906년 해상보험법의 내용이 새로운 법에 승계되었다. 보험계약자는 보험자가 인식하거나 인식해야 하는 정보, 인지하는 것으로 추정되는 정보를 고지할 필요가 없다.

공정한 제공의무는 기존의 법에 기초하지만, 보험계약자는 기존의 법을 검토할 필요가 있다. 예를 들면 무엇이 상당한 조사이고, 어떻게 서류화하며, 상급관리자와 적절한 협의가 있는가 등이 그것이다.[44]

3) 고지의무의 위반

보험자는 피보험자에게 고지의무이행을 강제할 수 없고, 고지의무위반에 대해 손해배상청구권을 행사할 수 없다. 다만 해제권 또는 해지권만을 행사할 수 있을 뿐이다.

불고지(non-disclosure) 또는 부실고지(misrepresentation)는 고지의무 위반에 해당된다. 불고지는 중요한 사실을 알고 있으면서 알리지 않은 행위를 의미하며 부실고지란 중요한 사항에 대하여 내용적으로 허위의 진술을 하는 것을 말한다.

고지의무위반에 있어서 입증책임은 고지의무 위반을 주장하는 보험자가 진다. 보험자가 중요한 사항과 보험사고 사이에 상당한 인과 관계가 있음을 입증하지 못하면 보험자는 보험금을 지급할 책임이 있다.[45] 이에 관한 한국 상법과 영국 해상보험법의 내용을 살펴보면 다음과 같다.

(1) 상법

상법에서 고지의무 위반시 보험자는 보험사고 전•후를 불문하고 계약을 해지할 수 있다. 해지의 효력은 장래에 대하여 발생하고 소급효가 없으므로 보험자는 피보험자가 보험사고 발생전에 이미 지급한 보험료를 반환할 필요가 없고 오히려 피보험자의 미지급보험료를 청구할 수 있다. 다만 보험사고가 발생 후 계약을 해지한 때에는 피보험자에게 이미 지급한 보험금반환청구

---

42) Insurance Act 2015 Sec. 3 (The duty of fair presentation)

(3) A fair presentation of the risk is one—

(b) which makes that disclosure in a manner which would be reasonably clear and accessible to a prudent insurer, and

43) 한창희, "영국의 개정 고지의무제도에 관한 연구", 「법학논총」 제29권 제2호, 국민대학교 법학연구소, pp.393-431.

44) 한창희, 「해상보험법」, 서울: 국민대학교 출판부, 2017, pp.21-22.

45) 상법 제655조 (계약해지와 보험금액청구권) 보험사고가 발생한 후에도 보험자가 제650조, 제651조, 제652조와 제653조의 규정에 의하여 계약을 해지한 때에는 보험금액을 지급할 책임이 없고 이미 지급한 보험금액의 반환을 청구할 수 있다. 그러나 고지의무에 위반한 사실 또는 위험의 현저한 변경이나 증가된 사실이 보험사고의 발생에 영향을 미치지 아니하였음이 증명된 때에는 그러하지 아니하다.

가 가능하며 지급하지 않은 보험금은 지급할 책임이 없다[46]. 이러한 보험자의 계약해지권은 중요한 사항을 고지하지 아니하거나 부실의 고지를 한 때에는 보험자는 그 사실을 안 날로부터 1월내에, 계약을 체결한 날로부터 3년 내에 한하여 계약의 해지권을 가진다고 규정하고 있다.[47]

우리나라에서 발행되는 영문 적하보험증권의 준거법약관에는 영국법이 적용되는 범위가 보험자의 보험보상에 한정되므로 보험계약에 관한 사항인 고지의무에 관해서는 우리나라 상법이 적용된다.

(2) 영국해상보험법

상법 규정과 달리 영국해상보험법 제20조 1항에서는 중요한 사항이 진실이 아닌 경우 보험자는 그 보험계약을 취소할 수 있다고 규정하고 있다. 이러한 권한은 보험자의 재량권에 속하기 때문에 상황에 따라서 보험자는 계약을 취소할 수도 있고 하지 않을 수도 있다. 보험자가 취소권을 행사한 경우 효력은 소급효과가 있으므로 보험자가 보험료를 반환해야 하며, 이미 지급한 보험금이 있으면 피보험자는 보험금을 반환해야 한다.

(3) 2015년 영국보험법

보험계약자가 공정한 제공을 하지 아니한 경우, 만약 보험자가 진실을 알았더라면 계약을 체결하지 않았거나 적어도 동일한 조건으로 계약을 체결하지 않았을 것임을 증명하면 보험자는 항상 구제수단을 가진다.

2015년 영국보험법 제8조[48]에는 보험계약자 또는 피보험자의 고지의무 위반에 대해 보험자

---

46) 상법 제655조 (계약해지와 보험금액청구권) 보험사고가 발생한 후에도 보험자가 제650조, 제651조, 제652조와 제653조의 규정에 의하여 계약을 해지한 때에는 보험금액을 지급할 책임이 없고 이미 지급한 보험금액의 반환을 청구할 수 있다. 그러나 고지의무에 위반한 사실 또는 위험의 현저한 변경이나 증가된 사실이 보험사고의 발생에 영향을 미치지 아니하였음이 증명된 때에는 그러하지 아니하다.

47) 상법 제651조 (고지의무위반으로 인한 계약해지) 보험계약당시에 보험계약자 또는 피보험자가 고의 또는 중대한 과실로 인하여 중요한 사항을 고지하지 아니하거나 부실의 고지를 한 때에는 보험자는 그 사실을 안 날로부터 1월내에, 계약을 체결한 날로부터 3년내에 한하여 계약을 해지할 수 있다. 그러나 보험자가 계약당시에 그 사실을 알았거나 중대한 과실로 인하여 알지 못한 때에는 그러하지 아니하다.

48) Insurance Act 2015, Sec. 8 (Remedies for breach)
(1) The insurer has a remedy against the insured for a breach of the duty of fair presentation only if the insurer shows that, but for the breach, the insurer—
(a) would not have entered into the contract of insurance at all, or
(b) would have done so only on different terms.
(2) The remedies are set out in Schedule 1.
(3) A breach for which the insurer has a remedy against the insured is referred to in this Act as

가 보험계약을 취소하고 보험료를 환급하지 않는 경우는 잘못된 표시나 불고지가 고의 또는 중과실로 한정되며, 그 외의 경우에는 아래와 같이 비례적 감액원칙이 적용된다.

첫째, 보험자가 위험인수를 거절할 경우 보험료를 환급하고 그 보험계약을 취소하는 경우

둘째, 보험자가 위험을 인수하되 계약조건을 추가할 경우 보험계약자가 그 조건을 받아들였는지 여부와 관계없이 그 계약이 포함된 것으로 간주되는 경우

셋째, 보험자가 더 많은 보험료를 부과했을 것이라면 보험료 차액 비율만큼 보험금도 비례보상하는 경우

5. 담보

1) 담보의 개념

담보(warranty)는 보험기간 중에 보험목적물을 최초의 계약내용과 같이 정확하게 유지하여야 할 조건으로서 피보험자가 이를 보증한다는 약속이다. 피보험자에게 담보를 요구하는 이유는 담보를 위반하면 보험목적물에 새로운 위험이 발생하여 그로 인하여 다른 위험이 보험목적물에 생길 수 있고 보험자는 보험계약과 전혀 다른 새로운 위험을 담보하는 것이 되기 때문이다.

해상보험계약이 최대선의에 기초한 계약이며 피보험자는 고지의무에 입각하여 모든 중요한 사항을 고지하더라도 실제로 보험자측에서 고지의무 위반을 입증하기란 어렵다.

불고지나 부실고지는 대부분 보험사고가 발생한 후 발견되기 때문에 보험자는 피보험자에게 엄격히 이행하거나 충족시켜야 할 사항을 보험증권상에 명시하거나 법률에 규정하여 일종의 안전장치를 마련하고자 하는 것이다.

(1) 영국해상보험법상의 담보

영국해상보험법 제33조에는 담보를 다음과 같이 규정하고 있다.

(1) 다음 항에서 말하는 담보란 확약담보를 의미한다. 확약담보란 특정한 일이 행해지거나 또는 행해지지 않을 것을 피보험자가 약속하는 담보이며, 또는 어떤 조건이 충족될 것을

---

a "qualifying breach".

(4) A qualifying breach is either-

(a) deliberate or reckless, or

(b) neither deliberate nor reckless.

(5) A qualifying breach is deliberate or reckless if the insured—

(a) knew that it was in breach of the duty of fair presentation, or

(b) did not care whether or not is was in breach of that duty.

(6) It is for the insurer to show that a qualifying breach was deliberate or reckless.

피보험자가 약속하는 담보, 또는 피보험자가 특정한 사실상태의 존재를 긍정하거나 부정하는 담보를 의미한다.

(2) 담보는 명시담보일 수도 있고, 또는 묵시담보일 수도 있다.

(3) 제1항에서 정의한 담보는 보험자의 책임에 대하여 중요한 것이든 아니든 관계없이 반드시 정확하게 충족되어야 할 조건이다. *만약 그것이 정확히 충족되지 않으면, 보험증권에 명시규정이 있는 경우를 제외하고 보험자는 담보위반일로부터 그 책임을 면한다. 그러나 담보위반일 이전에 발생한 보험자의 보상 책임에는 영향을 미치지 아니한다.(2015년 영국보험법에서 삭제됨)*

고지의무는 중요한 사항을 계약 체결 전에 고지하여야 하나 담보는 중요한 사항이 아니라 어떠한 사항이라도 피보험자는 엄격하게 준수하여야 하는 점이 다르다. 위반 효과면에서는 피보험자의 고지의무 위반이 있었을 경우 보험자는 해상보험계약을 취소할 수 있으며 이 경우에 보험자는 보험료를 환급한다. 그러나 담보를 위반하면 보험자는 그때부터 면책이 인정되며 보험료는 환불되지 않는다.

(2) 영국보험법상의 담보

영국해상보험법 제33조의 담보에 관한 규정은 2015년 영국보험법 제9조 및 제10조로 대체되었다. 영국보험법 제9조 담보와 표시(warranty and representation)에서는 담보(warranty)에 관한 규정은 비소비자보험계약(non-consumer insurance contract)이나 변형 비소비자보험계약의 경우에 적용된다고 규정하고 있다. 또한 동 법은 보험계약자 등의 보험자에 대한 특정한 사실에 대한 '고지(disclose) 또는 표시(representation)'는 보험계약상 담보(warranty)로 전환될 수 없다고 규정하고 있다.[49] 즉, 보험계약이 체결될 때 정보를 제공하는 조건이 담보로 전환되면 무효이다. 단, 보험자가 청약서에 기재한 내용을 바탕으로 보험자가 그 위험성을 판단하여 보험증권에 명시적으로 별도의 담보로 설정하는 것은 허용한다.

2) 담보의 종류

영국해상보험법에서 담보는 명시담보와 묵시담보로 나누고 있다.

---

49) Insurance Act 2015 Sec. 9 (Warranties and representations)

(1) This section applies to representations made by the insured in connection with—

(a) a proposed non-consumer insurance contract, or

(b) a proposed variation to a non-consumer insurance contract.

(2) Such a representation is not capable of being converted into a warranty by means of any provision of the non-consumer insurance contract (or of the terms of the variation), or of any other contract (and whether by declaring the representation to form the basis of the contract or otherwise).

(1) 명시담보

명시담보(express warranty)는 보험증권 내에 포함되어 있거나 보험증권의 일부로 간주되는 서류에 기재되어 있는 담보를 말한다.

영국해상보험법 제35조에 다음과 같이 명시담보에 대해 규정하고 있다.

① 명시담보는 담보할 의사가 추정될 수 있는 것이라면 어떠한 형태의 문구를 사용하여도 무방하다.

② 명시담보는 반드시 보험증권에 삽입되거나 또는 기재되거나, 혹은 보험증권의 일부로 첨부된 서류 중에 포함되어 있어야 한다.

③ 명시담보는 묵시담보와 저촉되지 않는 한, 묵시담보를 배제하지 않는다.

명시담보 종류에는 항해일자, 항로, 포장, 선박의 종류 등에 관한 많은 사항들이 있다. 실무적으로 많이 사용되고 있는 명시담보에는 다음과 같은 것들이 있다.

① 항해담보(institute warranty)

선박이 운항을 할 수 없는 특정지역을 명시한 담보이다.

② 선비담보(disbursement warranty)

선비담보는 선박보험에 추가로 보험계약을 체결할 때 선박보험금액의 일정비율(25%)이상을 선비의 보험금액으로 결정하지 못한다는 담보를 말한다.

③ 안전담보(warranty of good safety)

안전담보[50)]는 보험증권상에 보험목적물이 특정한 일자 또는 특정한 기간 동안 안전해야 한다는 것을 조건으로 하는 담보를 말한다.

④ 선원수에 관한 담보

선박보험에서 선원의 정원을 약속하는 담보이다.

(2) 묵시담보

담보의 내용이 해상보험증권에는 명시되어 있지 않으나 피보험자가 반드시 지켜야 할 약속을 묵시담보(implied warranty)라고 한다. 법적으로 보험증권에 포함되어 있는 것으로서 묵시적으로 인정된다. 영국해상보험법에 감항성담보와 적법담보에 대한 규정을 두고 있다.

① 감항성담보

감항성담보(warranty of seaworthiness of ship)[51)]는 선박이 항해를 개시할 때 반드시 해당

50) 영국해상보험법 제38조 (안전담보) 보험목적물이 특정일에 '무사' 또는 '안전' 하다는 것을 담보하는 경우에는 당해일 중 어떤 시점에서 안전하면 그것으로 충분하다.

51) 영국해상보험법 제39조 (선박의 감항성 담보) (1) 항해보험증권에서는 항해를 개시할 때에 선박이 특

항해를 완수할 수 있을 정도로, 즉 항해에 적합하도록 감항능력을 갖추고 있어야 한다는 담보를 말한다. 항해가 단계적으로 이루어질 때는 각 구간에 대한 항해 개시시 당해 구간의 항해를 완수할 수 있을 정도의 상태이어야 한다. 감항의 정도는 우리나라 상법 제794조[52]의 감항성의 요구와 차이가 없다.

감항성담보는 항해보험증권의 경우에 적용되며 기간보험증권에는 적용되지 않는다. 적하보험의 경우 피보험자는 선박의 상태 및 의장(艤裝)을 지배·관리할 권한 및 위치에 있지 않기 때문에 적하보험의 항해보험에 대해서는 감항능력을 완화하기 위하여 구ICC 제8조 감항성담보약관(seaworthiness admitted clause)[53] 및 신ICC 제5조 불감항, 부적합 면책(unseaworthiness and unfitness exclusion)[54]에 보험자와 피보험자간에는 선박의 감항능력이 있는 것으로 승인하고 있다.

정된 해상사업의 목적을 위하여 감항능력은 묵시담보이다. (2) 선박이 항내에 있는 동안에 보험기간이 시작할 때에는 전항에서 정하는 것에 추가하여, 선박이 보험개시 시에 항내의 통상적 위험에 대응하는데 있어서 적합한 설비를 갖추어야 한다는 것은 묵시담보이다. (3) 상이한 여러 단계로 수행되는 항해보험에 관한 것일 경우, 또한 그 항해 중 각 단계별마다 선박이 상이한 종류의 준비나 장비 또는 추가적인 준비나 장비를 필요로 하는 경우에는, 각 단계의 항해를 위해서 그러한 준비와 장비에 있어서 감항능력이 있어야 한다는 것은 묵시담보이다. (4) 선박이 보험에 부보된 항해사업의 통상적인 해상고유의 위험에 견뎌낼 수 있도록 합리적으로 적합한 때에는 선박은 감항능력이 있는 것으로 간주한다. (5) 기간보험증권에서는 선박은 항해의 모든 단계에서 감항능력이 있어야 한다는 묵시담보는 없다. 그러나 피보험자가 선박의 감항능력이 부족한 상태임을 알면서도 선박이 불감항인 상태로 취항한 경우에는 보험자는 불감항에 기인하는 어떠한 손해에 대해서도 보상책임을 지지 아니한다.

52) 상법 제794조 (감항능력 주의의무) 운송인은 자기 또는 선원이나 그 밖의 선박사용인이 발항 당시 다음의 사항에 관하여 주의를 해태하지 아니하였음을 증명하지 아니하면 운송물의 멸실 · 훼손 또는 연착으로 인한 손해를 배상할 책임이 있다. 1. 선박이 안전하게 항해를 할 수 있게 할 것 2. 필요한 선원의 승선, 선박의장(艤裝)과 필요품의 보급 3. 선창 · 냉장실, 그 밖에 운송물을 적재할 선박의 부분을 운송물의 수령 · 운송과 보존을 위하여 적합한 상태에 둘 것

53) 구ICC 제8조 감항성담보약관(seaworthiness admitted clause)은 피보험자가 통제할 수 없는 감항성 묵시담보를 완화하여 화주의 감항성 보장책임을 면제하는 것을 규정한 것이다.

54) 신ICC 제5조 불감항, 부적합 면책(unseaworthiness and unfitness exclusion)

5.1 어떠한 경우에도 이 보험은 다음 사유로부터 생긴 멸실, 손상 또는 비용을 담보하지 않는다.

5.1.1 선박 또는 부선의 불감항, 또는 보험목적물의 안전운송을 위한 선박 또는 부선의 부적합. 다만 보험목적물을 적재할 때 피보험자가 그와 같은 불감항 또는 부적합을 알고 있을 경우에 한한다.

5.1.2 보험목적물의 안전운송을 위한 컨테이너 또는 운송용구의 부적합. 다만 그 적재가 이 보험의 개시 전에 실행되는 경우 또는 피보험자 또는 그 사용인에 의해 실행되고 또한 그들이 적재 시에 그러한 부적합을 알고 있을 경우에 한한다.

5.2 상기 5.1.1 면책규정은 구속력 있는 계약하에서 선의로 보험목적물을 구입한 자 또는 구매하는 것에 동의한 자에 이 보험계약이 양도되어 그 자가 이 보험에 의해 보험금을 청구하는 경우에는 적용되지 아니한다.

5.3 보험자는 선박의 감항 및 보험목적물을 목적지로 운송하기 위한 선박의 적합에 대한 묵시담보의 위반에 대하여 보험자의 권리를 포기한다.

② 적법담보

적법담보(warranty of legality)[55]는 피보험자가 지배할 수 없는 경우를 제외하고 모든 해상보험은 그 내용이 합법적이어야 한다는 담보를 말한다.

예를 들면 관세법 위반인 밀무역, 전쟁 중 적국과의 교역 같은 것은 불법적인 것이고, 또한 출항허가를 받지 않고 출항하는 항해와 항해금지구역의 항해도 적법성이 결여되어 있으므로 보험자는 보상책임이 없다.

3) 담보 위반의 효과

담보(warranty)는 그것이 위험에 대하여 중요한 것이든 아니든 불문하고 반드시 정확하게 충족되어야할 조건이다. 영국해상보험법에서는 피보험자가 담보를 위반한 경우에는 위반시점부터 보험자는 책임을 면하는 것으로 규정하고 있어 보험자에게 계약의 해지권을 인정하고 있다. 해지권은 미래의 계약부분에 대해서 효력이 발생하는 것이기 때문에 해지권을 행사하기 전의 계약은 유효하다. 따라서 보험자는 담보시점 이후부터 보험사고에 대해서만 면책이며 그 이전에 발생한 보험사고에 대해서는 책임이 있다. 담보위반의 입증책임은 피보험자가 담보를 위반했다는 사실을 입증해야만 보험자의 면책이 인정된다.

2015년 영국 보험법은 담보위반의 효과로서 위반일로부터 자동적으로 면책인 것으로 하지 않고, 정지조건으로 하였다. 보험계약자가 위반하는 동안 보장이 정지되었다가 치유되면 회복된다. 예를 들면 보험계약자가 경보장치를 검사할 의무를 위반하였다면 보장은 중지되고 검사가 수행되면 보장이 재개한다.

다시 말하면, 동법 제10조 제2항은 담보위반을 이유로 한 보험자의 면책은 담보위반 시부터 담보위반을 회복하기 전까지만 가능함을 명확히 하고 있다.[56] 이는 담보 위반 시 보험자의 보험금지급의무가 위반일로부터 자동적으로 면제된다는 기존 법리를 폐지하고, 보험자의 보험금지급의무는 위반일로부터 회복될 때까지 한시적으로 정지된다는 의미를 가질 뿐이다. 따라서 담보위반이 있었다고 하더라고 담보위험(covered peril)이 담보(warranty)위반 전에 발생하였거나 담보위반의 회복 후 보험사고가 발생한 때에는, 담보위반이 회복된 이후에는 정지되었던 보험자의 보험금지급의무는 다시 회복되므로 보험자는 보험금지급책임을 면하지 못한다.

따라서 2015년 영국 보험법 제10조에 의해, 담보위반 시 보험자의 면책에 관한 규정인 영국

---

55) 영국해상보험법 제41조 (적법담보) 보험에 가입된 해상사업이 적법한 해상사업이고 피보험자의 능력이 미치는 한도내에서 해상사업이 적법한 방법으로 수행되어야 한다는 묵시담보가 있다.

56) Insurance Act 2015 Sec. 10 (Breach of warranty)

(2) An insurer has no liability under a contract of insurance in respect of any loss occurring, or attributable to something happening, after a warranty (express or implied) in the contract has been breached but before the breach has been remedied.

해상보험법 제33조상의 규정이 대체되었다.[57]

위험을 감소하고자 하는 담보와 유사 조건은 보험계약자가 불준수가 "사고가 발생하는 상황에서 손해의 위험을 증가시키지 않았음을 증명한 경우"에 한하여 유효하다. 위험감소조건은 특정한 유형의 손해, 특정 장소에서의 손해, 특정 시기의 위험의 "위험을 감소하는"것이다. 자동차보험에서 연식요건과 같이 위험을 전제적으로 정의한 것은 아니다. 예를 들면 스프링클러 담보는 화재의 경우에는 적용되지만, 인접한 강으로부터의 홍수에는 적용되지 않는다.[58]

4) 담보위반이 허용되는 경우

담보사항은 중요성 여부를 불문하고 문자 그대로 준수되어야 하지만 영국해상보험법 제34조에서는 담보위반이 허용되는 경우를 다음과 같이 규정하고 있다.

(1) 사정의 변경으로 인하여 특정담보가 계약에 적합하지 않는 경우

(2) 후속법령으로 인하여 피보험자가 담보를 준수하는 것이 위법이 되는 경우

(3) 보험자에 의해 담보위반이 묵인된 경우

57) 이정원, 전게논문, pp.112-137.

58) 한창희, 전게서, pp.22-23.

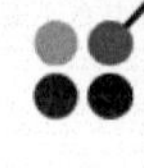

제6장 피보험이익

주요내용

손해보험계약은 피보험이익이 없으면 보험은 없다는 법언과 같이 피보험이익은 보험계약의 중심요소이다. 보험계약상 보험에 의하여 보호되는 대상은 피보험이익이다. 피보험이익의 주요 내용과 보험가액, 보험금액과 이들의 관계를 살펴보고 일부보험, 전부보험, 초과보험, 중복보험을 이해하도록 한다.

- 피보험이익의 개념
- 피보험이익의 종류
- 보험가액과 보험금액
- 중복보험

1. 피보험이익의 개념

1) 정의

손해보험에서 보험계약의 대상인 재화가 보험목적물(subject matter insured)이다. 이러한 보험목적물이 멸실 또는 손상됨으로써 경제적 손해를 입게 되는 특정인(피보험자)이 갖게 되는 이해관계를 피보험이익(insurable interest)이라 한다.

선박과 화물은 보험계약의 대상물에 불과하고 보험계약이 존재하는 목적은 이러한 보험목적물에 대하여 특정인이 갖고 있는 이해관계를 보호하는 것이다.

피보험이익에 대해 영국해상보험법 제5조에 다음과 같이 규정하고 있다.

MIA 제5조 Insurable interest defined

(1) Subject to the provisions of this Act, every person has an insurable interest who is interested in a marine adventure.

(2) In particular a person is interested in a marine adventure where he stands in any legal or equitable relation to the adventure or to any insurable property at risk therein, in consequence of which he may benefit by the safety or due arrival of insurable property, or may be prejudiced by its loss, or by damage thereto, or by the detention thereof, or may incur liability in respect thereof.

제5조 피보험이익의 정의

(1) 이 법의 별도의 규정이 있는 경우를 제외하고, 해상사업에 이해관계가 있는 자는 모두 피보험이익을 갖는다.

(2) 특히 어느 사람이 해상사업에 대하여 또는 해상사업의 위험에 놓인 피보험재산에 대하여 보통법 또는 형평법에 있어서 관계를 가진 경우에, 그 결과로 인하여 피보험재산이 안전하거나 또는 정시에 도착함으로써 이익을 얻거나, 또는 피보험재산의 멸실이나 손상 또는 지연으로 인하여 손해를 입거나, 또는 피보험재산에 관하여 배상책임을 부담하게 될 경우에는, 그 사람은 해상사업에 대하여 이해관계를 가진다.

즉 선박과 화물이 안전하게 목적지에 도착하면 그로부터 이익을 얻고 만약 선박과 화물에 손실이 발생하게 되면 그로 인해 손해를 보는 사람은 해상사업에 이해관계를 가지고 피보험자가 될 수 있다. 또한 선박, 화물과 관련하여 배상책임을 부담하는 사람도 해상사업에서 피보험이익을 가질 수 있다.

한편 우리나라 상법에는 피보험이익에 관한 정의는 없으나 실질적으로 피보험이익에 해당하는 것을 다음과 같이 규정하고 있다. 피보험이익을 의미하는 보험계약의 목적은 금전으로 산정할 수 있는 이익임을 분명히 하고 있다. 또한 피보험이익의 존재를 보험계약의 성립조건으로 규정하고 있다.

상법 제668조 (보험계약의 목적) 보험계약은 금전으로 산정할 수 있는 이익에 한하여 보험계약의 목적으로 할 수 있다.

손해보험의 기본원리의 표현 중 피보험이익이 없으면 보험이 없다(no interest, no insurance)는 격언 같이 피보험이익이 존재하지 않으면 사고가 발생해도 손해를 보지 않으므로 보험계약은 성립되지 않는다. 따라서 피보험이익이 없는 보험계약은 도박에 지나지 않으며 보험자는 당연히 면책을 주장할 수 있다.

피보험이익이 있기 때문에 하나의 보험목적물에 대해서도 여러 가지 형태의 이해관계가 존재할 수 있어 별개의 독립된 보험계약을 체결할 수 있다. 즉 해상보험에서 부보 되는 선박은 선주가 자신이 소유한 선박에 대하여 피보험이익을 가진다. 또한 선주가 선박을 저당 잡히고 은행으로부터 융자를 받게 되면 은행은 선박에 대한 저당권자로서 각각 별개의 피보험이익을 가지므로 독립하여 보험계약을 체결할 수 있다. 동일한 화물에 대하여 피보험이익은 화주뿐만 아니라 선의의 선하증권 소지인, 창고업자 등도 각각 독립하여 적하보험계약을 체결할 수 있는 것이다.

보험계약에서 피보험이익의 존재를 중요시 하는 이유는 도박과 구분하기 위해서이다. 도박 또는 사행계약의 무효에 대해 영국해상보험 제4조에 다음과 같이 해상보험계약을 체결할 경우 사행 또는 도박으로 간주하여 보험계약을 무효화시키고 있다.

첫째, 사행 또는 도박을 목적으로 하는 모든 해상보험계약은 무효이다.

둘째, 해상보험계약은 다음의 경우 사행계약 또는 도박계약으로 간주된다.

(a) 피보험자가 본 법에서 정하고 있는 피보험이익을 갖지 않고, 또한 이와 같은 피보험이익을 취득할 가망성이 없이 계약을 체결하는 경우, 또는

(b) 보험증권이 '피보험이익의 유무를 불문한다(interest or nor interest)', 또는 '보험증권 자체 이외에 피보험이익의 존재의 증명할 필요가 없다(policy proof of interest clause; PPI)', 또는 '보험자에게 구조물 취득의 권리가 없다(without benefit of salvage to the insurer; WBS)' 또는 이와 유사한 상기의 문언과 유사한 조건으로 작성되었을 경우 단, 구조물을 취득할 가능성이 전혀 없는 경우에는 보험자가 구조물취득의 이익이 없다는 조건으로 보험계약을 체결할 수 있다.

즉, 피보험이익이 실제의 유무를 불문하고 PPI 또는 WBS policy 등의 문언이 있는 보험증권은 도박보험증권으로 간주하여 보험계약을 무효화하고 있다.

2) 피보험이익의 요건

해상보험계약이 유효하게 성립되기 위해서는 피보험이익이 다음과 같은 요건을 갖추어야 한다.

(1) 합법성

피보험이익은 법적으로 인정된 것이어야 하며 적법한 것이어야 한다. 불법 또는 공서양속에 위배되는 보험목적물은 피보험이익이 될 수 없다. 즉 밀수품, 절도품, 수출금지품목, 탈세와 도박 등은 합법성을 갖추고 있지 않기 때문에 적하보험 대상이 될 수 없다.

이에 관해서 영국해상보험법 제3조 1항에서는 본 법에 별도의 규정이 있는 경우를 제외하고

일체의 합법적인 해상사업(lawful marine adventure)은 해상보험계약의 보험목적물이 될 수 있다고 규정하고 있으며, 영국해상보험법 제4조 1항에서는 사행 또는 도박을 목적으로 하는 일체의 해상보험계약은 무효라고 규정하고 있다.

(2) 경제성

피보험이익은 객관적으로 재산상의 가치를 가지고 있어야 하며 금전적으로 평가될 수 있는 경제적 이익이어야 한다. 그러므로 경제적 가치가 없는 종교적·도덕적·정신적 이익 등은 피보험이익이 될 수 없다. 따라서 아무리 중요한 것이라 하더라도 그 가치를 금전으로 산정할 수 없다면 피보험이익의 요건에 해당하지 못한다.

우리나라 상법 제668조에서는 보험계약은 금전으로 산정할 수 있는 이익에 한하여 보험계약의 목적으로 할 수 있다고 규정하고 있는데 이것은 경제성을 의미한다. 피보험이익을 금전으로 평가할 수 없는 경우에는 손해액의 산정이 불가능하고 보험의 도박화에 의해 실손액 이상의 손해보상을 받을 가능성이 있기 때문이다.

(3) 확정성

피보험이익은 보험계약을 체결할 당시에 확정되어 있거나 또는 손해가 발생될 때까지 확정될 수 있는 것이라야 한다. 영국해상보험법 제6조 1항에서는 피보험자는 보험계약을 체결할 때에 보험목적물에 대하여 이해관계가 있을 필요는 없지만, 손해가 발생한 때에는 이해관계를 갖지 않으면 안 된다고 규정하고 있다.

그러므로 피보험이익은 손해발생시 금전적으로 확정되고 그것이 누구에게 귀속될 것인지가 확실해야 한다. 그렇지 않으면 보험사고가 발생하더라도 보험금과 이를 지급받을 피보험자가 불확실하게 된다. 피보험이익은 반드시 현존하는 것이 아니어도 무방하다. 즉 피보험이익이 현재 확정되어 있지 않더라도 장래에 있어서 확정될 것이 확실한 것은 보험의 대상이 될 수 있다.

CIF계약에서 별도의 약정이 없는 한 수출자는 CIF금액의 110%를 부보할 의무가 있다. 여기서 10%를 추가로 인정하는 것은 화물이 무사히 도착하면 그 정도의 이익이 발생할 것이라고 예측하기 때문이다. 이러한 희망이익을 추가로 보험에 가입하는 것은 보험계약 체결 당시에는 확정되어 있지만 앞으로 확실해질 것이므로 예상이익을 피보험이익으로 인정하는 것이다.

3) 피보험이익의 존재시기

(1) 일반적 시기

해상보험계약은 손해보상계약이기 때문에 손해발생시점에 피보험이익이 존재해야 하는 것이 일반적인 원칙이다.

영국해상보험법 제6조 1항에 피보험자는 보험계약을 체결할 때에 보험목적물에 대하여 이해관계가 있을 필요는 없지만, 손해가 발생한 때에는 이해관계를 갖지 않으면 안 된다고 규정하고 있다. 즉 해상보험에서 피보험자가 피보험이익의 존재를 증명해야 할 시기는 보험사고가 발생한 때이다.

적하보험의 경우 FOB, CFR 계약에서 수입자는 수출자로부터 선적완료통지를 받은 후, 적하보험계약을 체결할 때는 소유이익이 아직까지 수입자에게 넘어오지 않았기 때문에 사실상 피보험이익이 없는 상태에서 보험계약을 체결하고 있는 것이다. 선적화물은 선하증권(bill of lading)을 소지한 자에게 소유권이 있는데, 신용장거래인 경우 이 선하증권은 수출자로부터 매입은행, 개설은행 등을 경유하여 최종적으로 수입자에게 전달된다. 이와 같이 수입자는 화물의 소유이익을 취득할 전망이 확실하기 때문에 보험계약을 체결할 때 피보험이익이 없더라도 보험계약 체결이 인정되는 것이다. 만약 손해가 발생한 경우 피보험자가 보험금 청구 시 선하증권을 제출하는데, 그 이유 중 하나가 피보험이익을 증명하기 위해서이다.

(2) 소급보상

소급보상이라는 것은 보험계약이 체결되기 전에 발생한 손해까지도 멸실 여하를 불문(lost or not lost)하고 보험자가 보상한다는 것이다. 즉 보험계약을 체결할 때 보험목적물에 대한 확인여부가 어려운 경우에는 보험목적물의 멸실여부는 불문한다는 조건으로 보험계약을 체결하면 보험계약이 체결되기 전 이미 발생한 손해도 보험자가 보상한다는 것이다.

이와 관련하여 영국해상보험법 제6조 1항에는 보험목적물이 “멸실 여부를 불문함”이라는 조건으로 보험에 가입되는 경우에는, 피보험자는 손해발생 후까지 피보험이익을 취득하지 않아도 손해를 보험자로부터 회수할 수 있다. 그러나 보험계약을 체결할 때 피보험자가 손해발생의 사실을 알고 보험자가 몰랐을 경우에는 그러하지 아니하다고 규정하고 있다.

영국해상보험법과 SG policy의 소급약관(lost or not lost clause)에 의해 예외규정으로 피보험자가 보험목적물의 멸실 혹은 손상된 사실을 전혀 알지 못하고 최대선의의 원칙에 따라 보험계약을 체결한 경우는 담보 가능하도록 규정함으로써 선의의 피보험자를 보호하도록 규정하고 있다. 소급약관은 구협회적하보험약관(ICC 1963)에서는 증권 본문에 삽입되어 있었는데 반해, 신협회적하약관(ICC 1982)에서는 제11조 피보험이익약관(insurable interest clause)[59]에 이것의 취지가 표현되어 있다.

---

59) 신협회적하약관(ICC) 제11조 (피보험이익약관) ① 이 보험에 따라 보상을 받기 위해서는 피보험자는 손해발생시에 보험의 목적에 대하여 피보험이익을 갖고 있어야 한다. ② 제11조 제1항의 규정을 제외하고, 이 보험의 담보기간 중에 발생하는 손해는 그 손해가 보험계약의 체결 이전에 발생한 것이라도 피보험자가 이 손해발생의 사실을 알았고 보험자가 몰랐을 경우가 아닌 한 피보험자는 이를 보상받을 권리가 있다.

예를 들면 적하보험에서 FOB, CFR계약에서 보험목적물인 화물이 수출항의 본선상에 선적되면 수출자의 인도의무가 완료되어 위험부담은 수입자에게 있다. 이러한 경우 수입자는 보험목적물을 직접 확인하지 않고 보험계약을 체결하기 때문에 계약을 체결하기 전에 이미 보험사고가 발생했을 경우 이를 모를 수 있다. 그러므로 선의의 피보험자는 소급보상원칙이 인정되어 보험자로부터 보상받을 수 있도록 규정하고 있다. 소급보상의 원칙은 피보험자에 의해 악용될 소지가 있기 때문에 보험사고 발생 사실을 모르고 있는 경우에만 적용된다.

2. 피보험이익의 종류

1) 소유이익

소유이익은 보험목적물에 대하여 소유권을 가진 자의 피보험이익으로 해상보험에 있어서 선주는 자기의 선박, 또는 속구(屬具)에 대하여 그리고 화주는 적하에 대하여 가지는 이익을 의미한다. 보통 소유자가 보험목적물에 대하여 위험을 부담하고 이를 사용·수익·처분할 수 있는 권리를 행사할 수 있는 경우의 피보험이익이다.

해상보험에서는 소유권이 유치권·저당권 등에 의해 제한을 받거나 또는 현재는 소유권이 없지만 장래에 취득할 전망이 있는 경우에도 소유이익이 존재하는 하는 것으로 간주한다. 그리고 보험목적물이 두 사람 이상에 의하여 공유되고 있어도 각자는 자기의 지분에 대하여 소유이익을 가질 수 있어 보험계약을 체결할 수 있다.[60]

(1) 선박

해상보험에서 선박이란 사회통념상 선박이라고 인정되는 모든 선박을 말한다. 따라서 상행위나 기타 영리를 목적으로 하는 항해에 사용되는 선박 이외의 특수한 목적의 선박도 해상보험의 대상이 된다.[61]

선박보험의 피보험이익은 선주가 갖는 선박의 소유이익이므로 선박보험의 목적물은 선박자체, 즉 선박과 구성부분과 그 속구(屬具)이다. 선박의 구성부분은 선체(hull), 기관(machinery), 갑판, 돛대(mast) 등 선박을 구성하고 있는 각 부분을 말하고, 속구란 선박의 상용(常用)에 제공될 것을 목적으로 하는 선박의 부속물로서 나침반, 구명보트, 해도(海圖) 등을 의미한다. 이외에 연료, 식료품 등의 소모품 등 항해에 필요한 모든 물건은 해상보험의 목적물에 포함된 것으로 한다고 상법 제696조에서 규정하고 있다. 그리고 영국해상보험법 제1부칙의 보험증권해석규

60) 영국해상보험법 제8조 (일부 이익) 일부이익은 그 성질 여하를 막론하고 보험에 부보될 수 있다.
61) 상법 제740조 (선박의 의의) 이 법에서 "선박"이란 상행위나 그 밖의 영리를 목적으로 항해에 사용하는 선박을 말한다.

칙(rules for construction of policy: RCP) 제15조에서도 선박에는 선원의 식료품, 연료 등 소모품을 포함하는 것으로 규정하고 있다.

(2) 적하

적하(cargo), 화물(goods), 상품(merchandises)이라고 하는 해상운송의 객체인 화물에 이해관계를 가질 수 있는 각종 피보험이익을 말한다. 일반적으로 적하보험(cargo insurance)이라고 하면 적하의 소유자로서의 피보험이익을 의미한다. 소지품이나 선내에서 소비하기 위한 식료품 및 저장품은 화물에 포함하지 않는다(RCP제17조).

화주는 화물을 소유함으로써 화물, 적하보험료, 운임, 희망이익, 소멸가능이익과 불확정이익, 계반비용 등의 피보험이익을 가진다.

통상 화물의 보험가액은 화물의 원가(cost), 보험료(insurance premium), 운임(freight)으로 구성되어 있기 때문에 보험계약을 체결할 때는 송장에 이러한 3가지 비용을 포함하여 기재된 가액(CIF가격)에 10%의 희망이익을 가산한 금액을 보험금액으로 하고 있다.

(3) 소멸가능이익과 불확정이익(미필이익)

소멸가능이익은 현재는 존재하고 있지만 외부의 어떤 조건이 성취되면 소멸하게 되는 이익을 말한다. 불확정이익은 현재 존재하고 있지 않으나 외부의 어떤 조건이 성취되면 존재하게 되는 이익을 말한다.

소멸가능이익 또는 불확정이익에 대해서 영국해상보험법 제7조에서는 다음과 같이 규정하고 있다.

첫째, 소멸할 수 있는 이익은 이를 보험에 가입할 수 있으며 불확정이익도 또한 마찬가지이다.

둘째, 특히 매수인이 화물을 보험에 가입하는 경우에는 매도인의 화물인도 지연 또는 기타 이유로 매수인이 자기의 선택권에 따라 화물인수를 거절하거나 또는 매도인의 위험에 속하는 것으로서 화물을 처리할 수 있는 경우에도 매수인은 그 화물에 대하여 피보험이익을 갖는다.

즉 무역거래에서 매도인은 물품에 대한 권리가 매수인에게 이전되기 까지는 피보험이익을 가진다. 그러나 항해 중 물품에 대한 권리가 매수인에게 이전되면 매도인이 가졌던 피보험이익은 종료된다. 이러한 피보험이익을 소멸가능이익이라 하며 매도인은 이에 대해 보험계약을 체결할 수 있도록 한 것이다.

불확정이익은 매도인과 매수인이 매매계약을 체결할 때 인도지연이나 다른 이유로 인하여 물품을 거절할 수 있는 권한을 계약서에 삽입하는 경우에 인도지연시 매수인이 인수를 거절하게 되면 소유권은 매도인에게 귀속될 수 있다. 이 경우 매수인의 화물인수 거절이라는 우연성에 의하여 생길 수 있는 이익을 불확정이익이라 하며 매도인은 이에 대해 보험에 가입할 수 있다.

2) 담보이익

담보이익은 보험목적물에 대하여 질권이나 유치권, 저당권과 같은 담보권을 가지는 자가 채권변제의 목적으로 가지는 피보험이익이다. 항해사업을 수행하다 보면 선주는 자신의 선박을 담보로 은행으로부터 융자를 받거나, 항만당국에 부두사용료, 항만세 등을 체납하여 선박과 화물을 압류당하기도 한다. 이 경우 저당권자나 압류자 등은 자신들의 채권을 확보하려고 보험목적물에 대하여 담보권을 행사하게 된다.

이에 대해서 영국해상보험법 제14조에서는 다음과 같이 규정하고 있다.

첫째, 보험목적물에 저당권이 설정되었을 경우에는 저당권설정자는 보험목적물의 전체가액에 대하여 피보험이익을 가지며, 저당권자는 저당권에 의하여 지급되는 금액 또는 지급하여야 할 일체의 금액에 대하여 피보험이익을 가진다.

둘째, 저당권자, 수하인 또는 기타 보험목적물에 이해관계가 있는 자는 자기를 위하여 또는 피보험이익을 가진 타인을 위하여 보험에 가입할 수 있다.

셋째, 피보험재산의 소유자는 손해가 발생한 때에 제3자가 그 소유자에게 손해배상을 약속하거나 또는 손해배상 책임을 부담하는 경우일지라도 피보험재산의 전체가액에 대하여 피보험이익을 가진다.

예를 들면 선주가 선박을 담보로 자금을 융자하는 은행은 자기의 채권액을 한도로 담보이익을 가지게 된다. 선주는 저당권설정자(mortgager)이고 은행은 선박에 대한 저당권자(mortgagee)로 선주가 만기일에 채무를 상환하지 않으면 선박을 임의 처분할 수 있다.

선박보험에서 저당권설정자와 저당권자는 각각 별개의 피보험이익을 가지므로 동일한 목적물에 대해 모두가 각각 보험계약을 체결하게 되면 중복·초과보험이 되어 보험계약이 무효가 되므로 실무에서 저당권설정자는 자기의 계산으로 저당권자를 위하여 보험계약을 체결하고 저당권자가 보험증권을 보관하여 보험금 청구권을 양도받거나 보험증권상에 저당권자를 보험금수령인으로 명기하도록 한다.

3) 수익이익

수익이익은 보험목적물에 대하여 기대할 수 있는 수익에 대하여 존재하는 피보험이익을 말한다. 즉 선박소유자가 항해 후 받게 될 운임(Freight), 선주가 용선자에게 용선 후 받게 될 용선료, 화주가 화물을 매각하고 받게 될 희망이익 등이 여기에 해당된다.

(1) 운임

운임(freight)이란 해상운송에 대한 보수[62]이며 선불운임(advanced freight)과 후불운임(collective freight)이 있다.

선불운임인 경우에는 화주가 운임에 대하여 피보험이익을 가진다. 해상운송에서 선급된 운임은 화물이 목적지에 도착여부를 불문하고 반환되지 않는 것이 원칙이다. 따라서 운임이 선불되었는데 화물의 전손이 발생하면 곧 운임을 상실한 결과이므로 화주는 자신의 선불운임[63)]에 대하여 피보험이익을 가진다.

후불운임인 경우에는 선주가 운임에 대해서 피보험이익을 가진다. 후불운임은 해상사고로 인하여 운송의 의무를 완수하지 못하면 운임을 받을 수 없기 때문에 선주는 운임손실에 대하여 피보험이익을 가진다. 그리고 선주는 자신의 선박으로 자기의 화물을 운송할 경우에도 운임에 대한 피보험이익을 가진다. 운임은 제3자에 의하여 지불되는 운임 이외에 선주가 자기의 선박을 사용하여 자기의 화물이나 동산을 운송함으로써 얻는 운임(owner's trading freight)까지를 포함하기 때문에 선주는 이러한 운임도 부보할 수 있다(RCP 제16조).

오늘날 해상운송 실무에서는 선불운임이 일반적이고, 선하증권에서는 화물 운송의 전부 또는 일부가 완성되지 않은 경우에도 반환하지 않는다는 조항이 선하증권에 삽입되어 있으므로 해상운송인은 해상위험이 발생해도 운임에 대해서는 손해를 보지 않게 된다.

(2) 희망이익

희망이익(expected profit)이란 화물이 무사히 목적지에 도착함으로써 그 화물의 매수인이 취득할 것을 기대하는 이익을 말한다. 일반적으로 송장가액(CIF가격)의 10%가 국제상거래의 관습이다. 상법 제698조에서는 적하의 도착으로 인하여 얻을 이익 또는 보수라는 표현으로 희망이익의 보험을 인정하고 있다.[64)]

영국해상보험법 제5조 2항에서도 피보험재산이 예정기일에 도착함으로써 이익을 얻는 것은 해상사업에 이해관계가 있고 따라서 피보험이익을 가지고 있는 것으로 규정하고 있다.

실무에서 화주는 자신의 화물에 대해서 적하보험을 체결할 때 화물의 순가액, 보험료, 운임, 희망이익 등을 별도로 부보하지 않고 이 모두를 화물의 보험가액에 포함하여 적하보험으로서 부보한다. 영국해상보험법 제16조 3항에서도 "화물 또는 상품의 보험에 있어서 보험가액은 피보험재산의 원가에 선적비용과 선적의 부수비용 및 그 상기의 전부에 대한 보험비용을 가산한 금액이다"라고 규정하고 있다.

---

62) 영국해상보험법 제90조 운임은 제3자가 지불하는 운임은 물론, 선주가 자기 자신의 화물이나 동산을 운송하기 위해 자기의 선박을 사용함으로써 파생될 수 있는 수익을 포함한다. 그러나 여객운임은 포함하지 아니한다.

63) 영국해상보험법 제12조 (선불운임) 선불운임의 경우에 운임을 선불한 자는 손해발생시 그 운임을 반환받지 못하는 경우에 한하여 피보험이익을 가진다.

64) 상법 제698조 (희망이익보험의 보험가액) 적하의 도착으로 인하여 얻을 이익 또는 보수의 보험에 있어서는 계약으로 보험가액을 정하지 아니한 때에는 보험금액을 보험가액으로 한 것으로 추정한다.

4) 선비의 대상이익

대상(代償)이익은 어떤 대가의 취득을 목적으로 비용을 투입했음에도 불구하고 대상을 얻지 못하고 낭비된 비용에 대한 특정인의 이해관계를 말한다.

선박소유자는 선박이 항해에 필요한 연료, 윤활유, 선원들의 식료품, 소모품의 구입비용 또는 선원의 선불임금 또는 선박보험료 등의 선비(disbursement)를 부담하여야 한다. 선비는 항해를 안전하게 완성하기 위하여 필요한 것으로 운임수입으로 이 비용을 회수할 수가 있다. 그럼에도 불구하고 해상위험의 발생으로 희망이익을 얻을 수 없는 경우에 낭비된 비용을 대상이익이라고 한다. 예를 들면 선박이 전손이 된 경우에는 지출된 선비는 선박과 함께 상실하게 된다. 이와 같이 선주가 해상운임의 취득을 목적으로 사전에 지출한 선비에 대하여 가지는 피보험이익은 대상이익이며 부보가 가능하다.

실무적으로 선박보험에서 선박을 보험목적물로 하고 또 선비를 피보험이익으로 하여 보험에 가입하게 되면 이중으로 보험계약을 체결하여 중복보험의 문제가 발생할 수 있다. 따라서 선비보험은 별도로 체결하지 않고 선박보험약관에 의해 추가로 부보되는데 협회기간약관(ITC-hulls) 제21조 선비담보약관에 의하면 선박보험가액의 25%까지를 선비, 운임, 용선료, 보험료 등으로 인정받을 수 있다.

3. 보험가액과 보험금액

1) 보험가액

해상보험계약에서 피보험자는 피보험이익을 가진 보험목적물을 보험계약의 목적으로 한다. 보험목적물을 평가하여 피보험이익의 경제적인 가치로서 보험가액이라는 개념을 도입하고 있다.

보험가액(insurable value)이란 보험목적물의 경제적 가치, 즉 보험사고가 발생한 경우에 피보험자가 입게 되는 손해액의 최고한도액을 뜻한다.

해상보험계약의 당사자는 보험자가 실제로 보상할 최고한도액인 보험금액을 보험가액의 한도내에서 약정한다. 보험가액의 결정은 피보험이익의 평가액으로 평가에 따라 기평가보험[65]과 미평가보험[66]계약으로 구분한다.

---

65) 상법 제670조 (기평가보험) 당사자간에 보험가액을 정한 때에는 그 가액은 사고발생시의 가액으로 정한 것으로 추정한다. 그러나 그 가액이 사고발생시의 가액을 현저하게 초과할 때에는 사고발생시의 가액을 보험가액으로 한다.

66) 상법 제671조 (미평가보험) 당사자간에 보험가액을 정하지 아니한 때에는 사고발생시의 가액을 보험

(1) 보험가액의 평가

보험가액의 평가는 보험사고가 발행한 경우에 보험자의 보상액을 결정하기 위하여 가장 중요한 요소이다. 보험목적물 평가와 관련하여 피보험자는 대부분 소유물을 높게 평가하려는 경향이 있으며 또한 고의로 과대평가하여 부당 이득을 취할 수 있다. 그리고 보험목적물의 가액은 소유자인 피보험자가 정확하게 산정할 수 있는 반면 보험자가 이를 산정하는 것은 기술적으로 불가능하다.

해상보험은 손해보상계약이므로 피보험자가 보험목적물의 관계인 피보험이익을 손해가 발생하기 전과 같은 상태로 회복시키기 위해서는 정확하게 평가되어야 한다. 보험가액은 보험기간 중 일정하지 않고 시간, 장소 또는 물가 등 여러 요인에 의하여 변동할 수 있는 것이기 때문에 그 평가가 문제시 된다.

일반적으로 손해보험은 보험사고 발생시점의 실제현금가치(actual cash value)로 보상해야 하는 원칙이 적용된다. 하지만 해상보험에서는 피보험이익인 선박과 적하가 공간적으로 항상 움직이고 있어 보험가액 측정이 어렵기 때문에 보험계약 체결 시 피보험자와 보험자가 상호 협의 하에 보험가액을 평가하는 협정보험가액(기평가보험)으로 부보하게 된다. 보험목적물의 협정보험가액(agreed insurance value)이 기재된 보험증권을 기평가보험증권(valued policy)[67]이라 한다.

보험목적물의 협정보험가액을 기재하지 않은 보험증권을 미평가보험증권(unvalued policy)[68]이라 한다. 포괄예정보험증권(open policy)도 이에 속한다. 미평가보험증권이 발급되면 법에서 정한 방법에 따라 추후 보험가액을 확정하는데 이것을 법정보험가액이라 한다.

(2) 협정보험가액

협정보험가액은 보험목적물의 실제 경제적 가치를 보험자와 피보험자간에 협정하는 가액을 의미하며 보험계약을 체결할 때 또는 보험사고가 발생하기 전에 협정되어야 한다. 실무에서 보험자는 보험목적물의 가액을 산정하는 것이 어렵기 때문에 피보험자가 가액을 신고하고 보험자가 이를 승낙하면 협정보험가액이 성립된다.

보험자와 피보험자의 계약 당사자간에 협정된 보험가액의 효력은 양 당사자에게만 국한된다.

가액으로 한다.

67) 영국해상보험법 제27조 (기평가보험증권) (1) 보험증권은 기평가보험증권이나 또는 미평가보험증권일 수 있다. (2) 기평가보험증권은 보험의 목적의 협정보험가액을 기재한 보험증권이다. (3) 본 법에 별도의 규정이 있는 경우를 제외하고, 그리고 사기가 없는 경우에 보험증권에 의해 정해진 가액은 보험자와 피보험자 사이에서는 손해가 전손이든 분손이든 관계없이 보험에 가입하려고 의도한 보험목적물의 보험가액으로 결정된다.

68) 영국해상보험법 제28조 (미평가 보험증권) 미평가보험증권은 보험목적물의 가액을 기재하지 않고, 보험금액의 한도에 따라서 앞에서 명시된 방법으로 보험가액이 추후 확정되도록 하는 보험증권이다.

이와 관련하여 영국해상보험법 제27조 3항에서는 사기가 없는 경우 보험증권에 정하여진 가액은 보험자와 피보험자 사이에서는 전손이든 분손이든 관계없이 부보를 의도한 보험목적물의 가액으로서 결정적인 것으로 한다고 규정하고 있다. 보험가액의 협정은 보험계약상의 필요에 의해 행해지는 것이며 보험계약 당사자 이외의 제3자를 구속하는 것은 아니다.

협정된 보험가액은 보험기간 중 변하지 않는 것으로 하고 있는데 이것을 보험가액불변의 원칙 또는 보험가액 불변경의 원칙이라 한다. 따라서 주로 보험기간이 짧거나 경기변동에 큰 영향을 받지 않은 경우에 이용된다.

적하보험에서는 수출자가 작성한 상업송장(commercial invoice)상의 금액이 협정보험가액의 기준이 될 수 있다. 선박보험에서는 통상 선주가 선박에 관한 자세한 명세서와 신고가액을 제출하면 보험자는 선주가 제시한 가액을 보험관련 기관의 선가결정기준과 비교하여 보험가액을 정하기도 한다.

(3) 법정보험가액

보험계약 체결시 당사자 사이에 피보험이익에 대하여 경제적 가치를 평가하지 않는 것을 미평가보험이라 한다. 보험가액은 금전적 평가를 전제로 하기 때문에 당사자간에 협정되지 않을 경우에는 법에서 정한 방법에 의해서 평가를 할 수 밖에 없다. 이렇게 평가된 보험가액을 법정보험가액이라고 한다. 이러한 법정보험가액은 사고 발생시점에서의 객관적인 사실에 기초하므로 손해가 발생한 때와 장소에서의 실제 경제적 가치로 산정된다.

우리나라 상법 제697조에서는 적하보험의 보험가액을 선적한 때와 곳의 적하의 가액과 선적 및 보험에 관한 비용을 보험가액으로 한다. 상법 제696조에서는 선박보험에서는 보험자가 책임이 개시될 때의 선박의 경제적 가치를 보험가액으로 정하고 있다.

영국해상보험법 제16조에서는 보험가액의 산정기준을 다음과 같이 규정하고 있다.

보험증권에 명시규정 또는 평가액을 따를 것을 조건으로 하여 보험목적물에 대한 보험가액은 다음과 같이 산정되어야 한다.

① 선박보험에서 보험가액은 선박의 의장(艤裝), 선구(船具), 선원의 식료품과 소모품, 선원의 급료에 대한 선불금 및 보험증권에 의해 예정된 항해 또는 해상사업을 위하여 선박이 감항능력을 유지하기 위하여 지출한 기타 선비(지출한 경우)를 포함하여 선박의 보험개시시의 가액에 그 전체에 대한 보험비용을 가산한 금액이다. 증기선의 경우에 보험가액은 상기 이외에 기계와 기관 및 석탄을 포함하며, 또한 피보험자의 소유인 경우 석탄과 기관용 소모품을 포함하며, 특수사업에 종사하는 선박의 경우에는 그 사업에 필요한 통상적인 의장용품을 포함한다.

② 운임보험에서는 운임이 선급이든 아니든 불문하고, 운임보험가액은 피보험자의 위험에 속하는 운임의 총액에 보험비용을 가산한 금액이다.

③ 화물 또는 상품에 관한 보험에 있어서 보험가액은 피보험재산의 원가에 선적비용과 선적의 부수비용 및 그 전체에 대한 보험비용을 가산한 금액이다.
④ 일체의 기타 보험목적물에 관한 보험에서 보험가액은 보험계약의 효력이 개시되는 때에 피보험자의 위험에 속하는 금액에 보험비용을 가산한 금액이다.

2) 보험금액

보험목적물의 실제 가치로서 보험사고가 발생한 경우 피보험자가 입을 수 있는 최대한도의 손해액을 보험가액(insurable value)이라고 하는데, 보험금액(insured amount)은 손해가 발생한 경우 보험자가 피보험자에게 지급하기로 약정한 최고한도액이며 보험계약의 체결에 있어서 보험자와 피보험자간에 약정한 금액을 말한다. 따라서 보험금액은 보험가액을 초과할 수 없다. 다만 손해방지비용에 대해서는 영국해상보험법 제78조 1항[69]과 상법 제680조 1항[70]에 의거 다른 손해액과 합산하여 보험금액을 초과해도 보상한다.

보험금액 범위 내에서 보험금이 지급된다. 보험금은 실제 보험사고로 인하여 보험자가 실손보상의 원칙에 따라 보상해 주는 금액을 말한다.

3) 보험가액과 보험금액의 관계

보험자와 피보험자 두 당사자간의 보험가액과 보험금액에 대한 합의에 의해 다음과 같이 구분할 수 있다.

- 전부보험(full insurance) : 보험가액 = 보험금액
- 일부보험(under insurance) : 보험가액 〉 보험금액
- 초과보험(over insurance) : 보험가액 〈 보험금액
- 중복보험(double insurance) : 보험가액 〈 보험금액(1) + 보험금액(2) + …………
- 공동보험(coinsurance) : 보험가액 ≥ 보험금액(1) + 보험금액(2) + …………

---

69) 영국해상보험법 제78조 (손해방지약관) (1) 보험증권에 손해방지약관이 포함되어 있는 경우에는, 이 약관에 의하여 체결된 합의는 보험계약을 보충하는 것으로 간주하며 보험자가 전손에 대하여 보험금을 지급하였거나 또는 보험목적물이 전부 또는 일정비율 미만의 단독해손부담보의 조건으로 부보되어 있는 경우일지라도 피보험자는 이 약관에 따라서 정당하게 지출한 일체의 비용을 보험자로부터 보상받을 수 있다.

70) 상법 제680조 (손해방지의무) ① 보험계약자와 피보험자는 손해의 방지와 경감을 위하여 노력하여야 한다. 그러나 이를 위하여 필요 또는 유익하였던 비용과 보상액이 보험금액을 초과한 경우라도 보험자가 이를 부담한다.

(1) 전부보험

보험가액과 보험금액이 일치하는 손해보험을 전부보험(full insurance)이라고 한다. 전부보험의 경우 이상적인 보험형태이며 보험자는 보험사고로 인한 실손해액의 전액을 지급해야 한다. 적하보험에서는 협정보험가액을 그대로 보험금액으로 하고 있는 것이 보통이므로 원칙적으로 전부보험이다.

동일한 목적물에 대한 위험을 분산하기 위하여 보험기간에 대하여 둘 이상의 보험자와 보험계약을 체결하고 전체적으로 보험가액과 보험금액을 일치시키는 보험도 전부보험에 속하며 보통 공동보험이라 한다. 각 보험자가 책임지는 보험금액의 합계는 보험가액을 초과해서는 안된다. 공동보험에서 각 보험자는 자신이 인수한 보험금액에 대해서만 책임을 진다.

(2) 일부보험

보험금액이 보험가액보다 적은 경우의 손해보험을 일부보험(under insurance)이라 한다. 일부보험의 경우 보험자는 비례부담의 원칙에 의거하여 보험금액의 보험가액에 대한 비율에 따라 보상하는데, 상법 第674조[71]에 의하면 손해액에 보험금액의 보험가액에 대한 비율을 곱하여 얻어진 금액으로 지급하는 비례보상방법을 채택하고 있으며, 영국해상보험법 제71조 3항[72]에서도 비례보상방식을 채택하고 있다. 예를 들면 보험가액이 $100,000인 화물을 보험금액 $60,000의 일부보험으로 적하보험계약을 체결했는데 화물이 해난사고를 당하여 $30,000의 손해가 발생하였을 경우 보험자는 비례부담의 원칙에 의하여 피보험자에게 보험금 $18,000 (30,000×60,000/100,000)만을 보상한다.

그러나 일부보험의 경우라 할지라도 당사자간의 특약에 의하여 보험자가 보험금액의 범위 안에서 항상 손해액 전부를 지급하기로 약정할 수 있는데 이를 1차 위험보험 또는 실손보상계약이라 한다. 일부보험은 보험료를 절약하기 위하여 보험계약자의 의도로 부보되거나 또는 계약 후 물가의 등귀로 인해서 자연적으로 발생한다.

(3) 초과보험

일부보험과는 반대로 보험금액이 보험가액을 초과하는 경우의 보험을 초과보험(over insurance)이라 한다. 이 경우 그 초과되는 부분의 보험계약은 선의의 경우를 제외하고는 무효[73]로 간주

---

71) 상법 제674조 (일부보험) 보험가액의 일부를 보험에 붙인 경우에는 보험자는 보험금액의 보험가액에 대한 비율에 따라 보상할 책임을 진다. 그러나 당사자간에 다른 약정이 있는 때에는 보험자는 보험금액의 한도내에서 그 손해를 보상할 책임을 진다.

72) 영국해상보험법 제71조 3항 보험에 가입된 화물이나 상품의 전부 또는 일부가 손상되어 목적지에서 인도되는 경우에 손해보상의 한도는 도착장소에서의 총정품가액과 총손상가격과의 차액의 총정품가격에 대한 비율을, 기평가보험증권의 경우에 있어서는 보험증권에 정한 금액에 곱한 금액이며, 미평가보험증권의 경우에 있어서는 법정보험가액에 곱한 금액이다.

한다. 그 이유는 보험의 도박화 및 고의적인 보험사고의 발생을 방지하기 위해서이다.

우리나라 상법 제669조 4항에서는 보험계약자의 사기로 인하여 체결된 경우 계약 전체를 무효로 하고 보험자는 그 사실을 안 때까지의 보험료를 청구할 수 있다고 규정하고 있다. 한편 영국해상보험법 제84조 e호에서는 피보험자가 미평가보험증권에 의해서 초과보험이 되었을 경우에는 보험료의 비례부분이 환급된다고 규정하고 있으며 계약의 유·무효에 대하여는 아무런 규정을 두고 있지 않다.

즉 사기에 의하여 초과보험이 된 경우에는 그 보험계약은 초과부분뿐만 아니라 계약전체가 무효로 되고 보험사고가 발생하더라도 보험자는 전체 보험계약상의 책임을 지지 않는다. 반면에 보험기간 중에 시세의 변동, 가격의 하락 등에 의해 보험가액이 현저하게 감소하여 선의에 의한 초과보험이 되는 경우에 보험계약자는 보험자에게 보험료와 보험금액의 감액을 청구할 수 있다.

4. 중복보험

1) 개념

중복보험(double insurance)은 피보험자가 여러 보험자와 동일한 보험목적물에 대하여 둘 이상의 보험계약을 체결한 결과 총 부보된 보험금액의 합계가 여러 개의 보험계약 중에서 가장 높게 평가된 보험가액을 초과한 보험[74]을 말한다. 선박보험의 경우에는 선박가액이 크기 때문에 복수의 보험자가 위험을 분담하기 위해 동일한 피보험이익에 대하여 보험가액의 일정비율 또는 일정금액을 분담해서 인수하는 경우가 많은데 총보험금액이 보험가액을 초과하지 않는 경우에는 중복보험이라 하지 않고 공동보험(coinsurance)이라 한다.

중복보험은 많은 보험금을 수령하기 위하여 고의적으로 체결하기도 하겠지만 대부분 선의로 체결되는 경우가 많다. 예를 들면 매도인이 그의 창고로부터 매수인의 창고까지 적하보험계약을 체결하고 매수인이 별도로 보험계약을 체결했다면 중복보험에 의한 초과보험이 된다.

---

73) 상법 제669조 (초과보험) ① 보험금액이 보험계약의 목적의 가액을 현저하게 초과한 때에는 보험자 또는 보험계약자는 보험료와 보험금액의 감액을 청구할 수 있다. 그러나 보험료의 감액은 장래에 대하여서만 그 효력이 있다. ② 제1항의 가액은 계약 당시의 가액에 의하여 정한다. ③ 보험가액이 보험기간중에 현저하게 감소된 때에도 제1항과 같다. ④ 제1항의 경우에 계약이 보험계약자의 사기로 인하여 체결된 때에는 그 계약은 무효로 한다. 그러나 보험자는 그 사실을 안 때까지의 보험료를 청구할 수 있다.

74) 영국해상보험법 제32조 (중복보험) 동일한 해상사업과 동일한 이익 또는 그 일부에 대하여 피보험자 또는 그 대리인이 둘 이상의 보험계약을 체결한 경우 그 보험금액의 합계액이 이 법에서 허용하는 손해보상액을 초과하는 경우, 피보험자는 중복보험에 의한 초과보험이 되었다고 말한다.

중복보험의 경우 복수의 보험계약의 보험금액의 합계가 보험가액을 초과하는 이상 그 초과부분에 대해서는 보험자는 보상하지 않는다.

2) 성립요건

중복보험은 피보험자가 동일한 보험목적물과 동일한 담보위험 및 동일한 피보험이익을 갖고 두 개 이상의 보험자와 보험계약을 체결할 것을 성립요건으로 하고, 그 결과 초과보험이 되어야 중복보험으로 성립한다.

중복보험이 되기 위해서는 다음과 같은 요건을 충족해야 한다.

(1) 피보험이익의 동일성

동일한 보험목적물이라 하더라도 피보험이익이 다르면 중복보험이 성립하지 않는다. 화물의 소유이익에 대해서 여러 보험자와 보험계약을 체결할 경우 중복보험이 성립한다.

(2) 담보위험의 동일성

보험종류가 다르더라도 동일한 담보위험이어야 한다. 화주가 보험목적물인 화물을 화재보험과 해상보험을 각각 체결한 경우 담보위험이 공통되는 부분에 한하여 중복보험이 성립한다.

(3) 보험기간의 동일성

보험기간이 중복되는 기간이 있을 경우 그 기간에 한하여 중복보험이 성립한다.

(4) 보험자가 복수이고 복수의 보험계약이 존재

중복보험이 성립하기 위해서는 둘 이상의 보험자와 보험계약이 체결되어야 한다.

(5) 보험금액의 합계가 보험가액 초과

둘 이상의 보험계약에서 보험금액의 합계가 보험가액보다 높아야 한다.

3) 중복보험 보상원칙

중복보험이 피보험자에 의한 사기로 인하여 체결된 때에는 그 보험계약은 무효로 한다. 그러나 중복보험이 사기로 체결되지 아니하고 적법한 중복보험일 경우에는 법적으로 보호를 받을 수 있다.

(1) 우선주의

중복보험의 경우 각 보험자의 책임액을 결정할 때 보험계약 체결시기가 빠른 보험자가 우선 손해를 보상하고 뒤의 보험자는 부족한 부분만을 보상하는 방법이 우선주의 방식이다.

(2) 비례보상주의

보험계약 체결시기와 관계없이 각 보험자가 인수한 보험금액의 비율에 따라서 보상책임을 지는 방식을 비례보상주의라고 한다.

(3) 연대책임주의

연대책임주의를 채택하면 피보험자는 보험금액을 한도로 어느 보험자에게 먼저 보험금을 청구할 수 있고, 보험금을 지급한 보험자는 다른 보험자에 대하여 각 보험자의 인수 보험금액에 따라서 비율 구상권을 행사할 수 있다. 이 주의는 피보험자에게 가장 유리한 입법주의이다. 영국해상보험법은 연대책임주의를 채용하고 있다.

(4) 혼합주의(절충주의)

보험자는 자기가 인수한 보험금액을 한도로 연대책임을 지며 동시에 각자의 보험금액의 비율에 따라서 보상책임을 진다. 우리나라는 연대책임주의와 비례주의를 절충한 연대비례보상주의를 채택하고 있다.

(5) 타보험주의

타보험주의는 타 보험자가 먼저 보상책임을 지는 것이다. 구해상적하보험증권의 이면약관과 신해상적하보험증권 본문에는 타보험약관(other insurance clause)이 있다. 손해가 발생한 경우 그 손해를 담보하는 타 보험이 있는 경우 우선 타 보험이 1순위로 손해를 보상하고 그 보상액이 손해액에 부족할 경우 이 보험증권에 의해서 부족분을 보상하는 주의이다. 영국해상보험법은 연대책임주의를 채용하지만 이것은 보험증권에 별도의 규정이 없는 경우에 적용되는 것이다. 그러나 타보험약관은 보험증권상의 별도의 규정에 해당된다. 따라서 적하보험의 경우에는 이 타보험주의에 의해 보상된다.

4) 상법과 영국해상보험법

우리나라 상법에서는 중복보험의 경우 각 보험자는 각자의 보험금액의 비율에 따라 보험금액의 한도 내에서 보상할 책임을 지고 각자의 보험금액의 한도 내에서 연대책임을 진다고 규정[75] 하고 있다. 다만 중복보험이 보험계약자의 사기에 의한 경우에는 그 계약의 전부를 무효로 한다.

---

75) 상법 제672조 (중복보험) ① 동일한 보험계약의 목적과 동일한 사고에 관하여 수개의 보험계약이 동시에 또는 순차로 체결된 경우에 그 보험금액의 총액이 보험가액을 초과한 때에는 보험자는 각자의 보험금액의 한도에서 연대책임을 진다. 이 경우에는 각 보험자의 보상책임은 각자의 보험금액의 비율에 따른다.

영국해상보험법 제32조 2항에서는 피보험자가 중복보험에 의해 초과보험이 되는 경우 피보험자는 보험증권에 별도의 합의가 없는 한, 자기가 적당하다고 생각하는 순서에 따라 각 보험자에게 보험금을 청구할 수 있다. 단, 피보험자는 이 법에서 허용하는 손해보상액을 초과한 금액을 청구할 권리는 없다. 피보험자가 보험금을 청구하는 보험증권이 기평가보험증권인 경우 피보험자는 보험목적물의 실제가액에 관계없이 다른 보험증권에 의해서 지급받을 금액을 그 보험가액의 총액으로부터 공제하여야 한다고 규정하고 있다.

제7장 해상위험

주요내용

해상보험은 해상위험에 의해 발생하는 손해를 보상할 것을 목적으로 하는 보험이다. 보험자의 보상범위와 방식을 이해하고 보험계약 체결 당시의 위험이 변경될 경우 피보험자와 보험자의 관계를 살펴보도록 한다.

- 해상위험의 개념
- 해상위험의 종류
- 해상위험의 담보방식
- 해상위험의 변경

1. 해상위험의 개념

1) 해상위험의 의미

(1) 위험의 요건

보험계약의 전제 요소는 "위험이 없으면 보험이 없다"(no risk, no insurance)는 원칙을 근거로 한다. 즉 보험제도의 바탕은 보험이 위험을 전제로 성립한다는 의미이다. 보험과 관련하여 위험이란 우연한 사고를 말한다.

위험의 요건으로는 다음과 같다.[76)]

① 해상보험에서 보험자는 담보위험에 의한 손해를 보상하기 때문에 위험은 손해의 원인이어야 한다.

② 위험은 그 발생이 우연적이어야 한다.

③ 위험은 장래뿐만 아니라 과거의 사건이라 하더라도 보험계약 체결시 보험계약자가 임의에

76) 한낙현, 「국제해상운송과 해상화물보험」, 두남, 2012. p.290.

의한 개입 없이 직접적이고 자연적인 원인에 의한 사고로서 상당한 예방수단을 강구하더라도 방지할 수 없는 사고를 말한다.

④ 위험은 반드시 불가항력적인 사건이어야 할 필요는 없다. 해상위험은 항해사업에 관련된 것으로서 항해에 기인하거나 부수적인 것을 의미한다.

(2) 해상위험의 개념

해상보험이란 해상위험에 의해 발생하는 손해를 보상할 것을 목적으로 하는 보험으로서 손해보험의 일종이다.

우리나라 상법 제693조에서는 해상위험에 대한 해상보험자의 책임에 대하여 해상보험계약의 보험자는 해상사업에 관한 사고로 인하여 생길 손해를 보상할 책임이 있다고 규정하고 있다. 상법에서 규정하고 있는 해상사업에 관한 사고란 침몰(sinking), 좌초(stranding), 충돌(collision), 등 해상고유의 위험(perils of the sea)뿐만 아니라 화재(burning), 도난(theft), 포획(captures), 압류(detainment), 선원의 불법행위(barratry) 등 해상위험(perils on the sea)도 포함된다.

영국해상보험법 제3조에서는 해상위험은 바다의 항해에 기인하거나 부수하는 위험을 의미하며, 즉 해상고유의 위험, 화재, 전쟁위험, 해적, 강도, 절도, 포획, 나포, 군주와 국민의 억류 및 억지, 투하, 선원의 악행, 및 이와 동종의 또는 보험증권에 기재되는 일체의 기타위험을 말한다고 규정하고 있다.

따라서 상법에서는 해상사업에 관한 사고로 규정하고 영국해상보험법에서는 해상위험이란 용어로 표현하고 있으나 양자 모두 해상보험사고를 의미하는 것으로 동의어로 사용되고 있다. 즉 보험자가 담보하는 위험은 해상위험 또는 해상사업에 관한 사고이다.

2. 해상위험의 종류

1) 담보위험과 면책위험

(1) 담보위험

담보위험(perils covered)이란 보험자가 해상위험에 의하여 발생한 손해를 보상할 것을 약속하는 위험이다. 보험자의 보상책임은 손해가 담보위험에 기인하여 발생하고 담보위험과 일정한 인과관계(causation)를 가지는 손해이어야 한다.

담보위험에 해당하더라도 면책위험에 해당될 경우 보험자는 보상하지 않는다. 왜냐하면 담보위험과 면책위험이 상충하는 경우 면책위험이 우선하기 때문이다.

선박보험에서 이용되고 있는 협회기간약관(ITC-hulls)과 적하보험의 구약관 ICC 제5조의 W/A

clause, FPA clause과 신약관 ICC(B), ICC(C)의 제1조에서 보험자는 보험증권에 구체적으로 열거한 특정의 위험만을 부담한다는 열거책임주의를 취하고 있다.

적하보험에 있어서의 담보위험에 대하여는 제3편 해상보험약관에서 자세히 살펴보기로 한다.

(2) 면책위험

면책위험(excepted or excluded perils)이란 손해가 발생하더라도 위험의 제한이나 일정 사유로 보험자의 책임이 면제되는 위험을 말한다. 따라서 보험자의 보상책임을 적극적으로 제한하는 효과를 가지는 위험이다.

면책위험은 법에 의해서 규정될 경우도 있고 보험약관에 의해서 정해질 경우도 있다. 법정면책위험은 대부분 보험약관에 수용된다. 실제로는 특정의 위험을 면책사유로 정하고 그 위험에 기인하여 발생한 손해는 보상하지 않는다는 제한을 첨부하는 것이 일반적이다.

면책위험을 절대적 면책위험과 상대적 면책위험으로 구분하고 있다. 절대적 면책위험은 어떠한 경우에 있어서도 면책되는 위험을 말하며 상대적 면책위험은 특약이 없는 한 면책되는 위험을 의미한다.

적하보험에서 사용되는 구약관 ICC All Risks(A/R) clause와 신약관 ICC(A) clause에서 보험자는 포괄책임주의를 취하고 있다.

ICC(A)에서 보험자는 일체의 위험(all risks of loss or damage)을 담보하지만 일반면책(exclusion), 선박의 불감항 · 부적합면책(unseaworthiness and unfitness exclusion), 전쟁위험면책(war exclusion), 동맹파업위험면책(strikes exclusion), 그리고 영국해상보험법 제55조의 면책규정 등에 의하여 그 담보범위가 제한되고 있다. 보험목적물의 특성에 따라서 특정위험을 면책위험으로 정하고 있는 경우가 있으므로 보험계약 당사자간 특약에 의해 면책위험을 추가할 것인지 여부를 결정하여 부가약관 또는 부가보험조건을 부보해야 한다.

3. 면책조항

1) 법정면책조항

법률로 구성된 면책조항이 법정면책조항이다. 법정면책규정에 의하여 면책되는 주요 위험은 다음과 같다.

① 상법의 법정 면책사유

- 보험계약자 및 피보험자의 의무해태가 있는 경우(상법 제655조)
- 피보험자의 고의 또는 중대과실에 의한 보험사고(상법 제659조 1항)

- 특약이 없으면서 전쟁 기타 변란에 의한 경우(상법 제660조)
- 선박 불감항의 경우(상법 제706조 1호)
- 용선자, 송하인, 수하인의 고의 또는 중대과실에 의한 경우(상법 제706조 2호)
- 항해중의 통상적인 비용(도선료, 등대료, 검역료 등)(상법 제706조 3호)
- 항해변경의 경우(상법 제701조)
- 이로의 경우(상법 제701조 2)
- 발항 또는 항해 지연의 경우(상법 제659조 1항)
- 선박 변경의 경우(상법 제703조)

② 영국해상보험법의 법정 면책사유

- 담보(warranty)위반 이후의 일체의 위험(영국해상보험법 제33조 3항)
- 항해 변경 후의 일체의 위험(영국해상보험법 제45조 2항)
- 이로 후의 일체의 위험(영국해상보험법 제46조 1항)
- 부당한 항해지연 후의 일체의 위험(영국해상보험법 제48조)
- 담보위반에 의한 불감항(영국해상보험법 제39조 5항)
- 간접적 손해(영국해상보험법 제55조 1항)
- 고의적 보험사고(영국해상보험법 제55조 2항 a호)
- 항해의 지연(영국해상보험법 제55조 2항 b호)
- 통상적인 자연소모, 누손, 파손 및 고유의 성질 또는 하자 위험(영국해상보험법 제55조 2항 c호)
- 비담보위험에 의한 공동해손(영국해상보험법 제66조 6항)

2) 약정면책조항

약관으로 규정된 면책조항이 약정면책조항이다. 약정면책은 법정면책조항이 없는 경우 또는 법정면책조항의 변경을 위해 보완적으로 면책사유를 규정하는데 있으며, 이 경우 약정면책조항이 법정면책조항보다 우선하여 적용된다.

적하보험약관의 전쟁위험면책(war exclusion), 동맹파업위험면책(strikes exclusion) 등이 면책사유를 규정하고 있다.

영국해상보험법과 협회적하약관상의 일반면책사항을 비교하면 다음 〈표 7-1〉과 같다. 즉 피보험자의 고의적인 불법행위 등에 의한 손해는 모두 면책으로 인정된다. 그러나 영국해상보험법상에는 통상의 부족손, 포장의 불충분, 선주 등의 파산, 원자핵무기에 대해서는 명시된 규정이 없다. 그러나 이러한 위험에 의한 손해에 대해서 보험자는 면책되는 것이 일반적이다.

〈표 7-1〉 영국해상보험법과 협회적하약관 일반면책위험 비교

일반면책사항	영국해상보험법	협회적하약관
피보험자의 고의적인 불법행위	○	○
지연	○	○
자연소모	○	○
통상의 누손	○	○
통상의 파손	○	-
통상의 부족손	-	○
고유의 하자, 성질	○	○
쥐 혹은 벌레	○	-
기관손해	○	-
포장의 불충분	-	○
선주 등의 파산	-	○
원자핵무기	-	○

4. 해상위험의 보험자 담보원칙

1) 열거책임주의

보험증권에 보험자가 담보하는 위험을 열거하고 그로 인한 손해만을 보험자가 보상책임을 부담하는 원칙을 열거책임주의라 한다. 피보험자는 화물의 종류, 성질, 포장방법, 항로 등을 감안하여 필요한 경우에는 열거위험 이외의 위험에 대하여 특약에 의해서 추가담보를 요청해야 한다.

열거책임주의하에서 피보험자는 보험금을 청구하기 위해서는 부보된 피보험이익에 손해가 발생하고, 위험약관에 열거된 위험으로 인하여 손해가 발생했다는 사실을 입증하면 보험자의 보상책임이 결정된다.

2) 포괄책임주의

보험증권에 면책위험을 명시하고 이를 제외한 모든 위험을 보험자가 보상책임을 부담할 것을 약속하는 원칙을 포괄책임주의라 한다.

포괄책임주의가 법정 및 약정면책위험을 제외한 일체의 해상위험을 담보하고 있기 때문에 피보험자는 면책사유에 해당되지 않은 한 해상위험으로부터 손해가 발생하였다는 사실을 입증하면 된다. 그러나 보험자는 보험사고 발생 시 사고의 원인이 면책위험에 속한다는 사실을 보험자가 입증하면 면책이 인정된다.

우리나라 상법 제693조는 해상보험계약의 보험자는 해상사업에 관한 사고로 인하여 생길 손해를 보상할 책임이 있다고 규정하여 모든 해상위험을 보험자가 포괄적으로 부담하는 포괄책임주의를 채택하고 있다. 포괄책임주의는 프랑스, 독일, 일본 등 대부분 국가에서 채택하고 있다. 그러나 영국은 영국해상보험법 제3조에서 해상위험의 종류를 구체적으로 열거하고 있으며 또한 Lloyd's SG policy의 본문 중 위험약관(perils clause)에서도 해상위험 중 보험자가 보상책임을 부담하는 위험을 열거하고 있어 열거책임주의를 채택하고 있다.

5. 위험의 제한

위험의 제한이란 해상보험에서 보험자가 모든 해상위험을 담보하지 않고 보험자의 손해보상책임이 제한되는 경우를 말한다. 다음과 같은 경우 담보위험을 제한하고 있다.

① 미풍양속에 반하는 경우

② 보험의 본질을 해하는 경우

③ 보험사업 경영의 합리화 및 거래의 형편상

④ 민·상법상의 면책규정에 의한 제한

보험자의 위험담보를 제한하는 경우에는 다음과 같은 방법이 있다.

① 조건적 제한

일정의 조건이 충족되지 않거나 특정의 사실이 발생하는 경우에 보험자가 위험부담책임을 면제받는 경우를 말한다. 예를 들면 영국해상보험법 제18조에서는 보험계약자가 고지의무를 위반할 경우 보험자는 보험계약을 취소할 수 있도록 규정하고 있으며, 영국해상보험법 제33조에서 제41조까지 각종의 명시 및 묵시담보를 규정하고 위반시 보험자의 면책을 규정하고 있는 경우이다.

② 장소적 제한

일정지역 또는 장소 내에서 발생되는 각종의 해상위험을 부담하지 않는 경우를 말한다. 예를 들면 갑판적화물인 경우에 발생되는 일체의 위험을 부담하지 않는 것, 즉 일정한 장소에서 발생된 일체의 위험을 면책하는 경우 또는 일정 해역 내에서 유수(流水)의 위험을 제외한다는 것, 즉 일정한 장소에서 발생되는 특정의 보험사고를 면책하는 경우 등이다.

③ 종류적 제한

위험의 종류적 제한이란 보험자가 일단 담보한 위험 중 일정 종류의 것을 면책하는 것을 말한다. 예를 들면 열거책임주의에서 위험조항 열거대상에 누락된 해상위험은 종류적 제한이 가

해지고 있다. 또한 보험자가 담보위험에 의해서 발생된 직접손해에 대하여 소손해, 단독해손, 분손 등 손해의 종류 및 범위를 제한하여 보상책임을 면하는 조항이 사용되는 경우가 있다.

④ 시간적 제한

보험자가 보험계약에서 담보하는 위험은 보험기간 내에 발생하는 위험을 말한다. 이러한 보험기간은 소급보험이나 포괄예정보험으로 인해 보험계약기간과 반드시 일치하지 않을 수 있다. 보험기간은 보험자의 위험부담 책임이 존속되는 기간으로 보험자와 피보험자는 보험기간에 제한을 받는다.

⑤ 원인적 제한

원인적 제한은 보험계약자 또는 피보험자 스스로 초래한 위험, 즉 보험사고의 원인이 피보험자측에 있는 경우 보험자의 위험부담책임이 제한되는 것을 말한다.

6. 위험의 변경

1) 위험변경의 의미

보험자는 보험계약을 체결할 때 피보험자의 고지사항과 회사 자체의 조사 결과를 종합하여 위험을 측정, 평가하여 보험의 인수여부 및 보험료율을 산정한다. 이것은 어디까지나 계약 당시의 위험상태를 기초로 하고 있는 것으로 보험자의 보상책임이 발생하고 있는 기간동안은 이 위험사정이 자연적인 변화를 제외하고는 변경하지 않을 것을 전제로 한 것이다.

그러나 위험이라는 것은 불확실하기 때문에 계약 체결 후 새로운 위험이 등장할 수도 있고 또한 피보험자가 고의로 위험을 고지하지 않아 보험자가 위험을 정확하게 평가하지 못하는 경우도 있을 수 있다. 이와 같이 보험계약을 체결하던 당시의 위험이 계약체결 후에 변동할 수 있는데 이것을 위험의 변경(change of risk)이라 한다.

보험기간 중에 이러한 위험이 현저하게 변경 또는 증가하는 경우에는 보험자의 위험부담과 그 대가인 보험료와의 균형관계가 파괴되고 보험계약의 효력에도 영향을 주게 된다. 이 경우에는 형평의 관점에서 보험자와 피보험자는 새로운 계약관계의 조정을 필요로 한다.

위험이 변경된다는 것은 위험이 증가할 수도 있고 감소 및 소멸할 수도 있다. 위험이 현격하게 감소하는 경우 피보험자를 보호할 필요가 있다. 이 경우 피보험자는 필요이상의 보험료를 지급한 것이기 때문에 보험자에게 통지하고 보험료의 감액을 청구할 수 있다. 반대로 위험이 증가하게 되면 형평의 원칙상 보험자를 보호하기 위한 조치가 필요하다. 위험이 증가하는 경우 보험자의 입장에서는 아주 불리하기 때문에 위험이 변경되는 시점부터 법률 또는 약관으로 보험계약의 효력을 상실케 하거나 보험자에게 계약의 해지권을 주어 이후 면책을 할 수 있는 권한을 부여하고 있다.

위험변경에 대하여 상법 제652조에서는 위험변경증가의 통지의무와 계약해지에 대하여 다음과 같이 규정하고 있다.

① 보험기간 중에 보험계약자 또는 피보험자가 사고발생의 위험이 현저하게 변경 또는 증가된 사실을 안 때에는 지체 없이 보험자에게 통지하여야 한다. 이를 해태한 때에는 보험자는 그 사실을 안 날로부터 1월 내에 한하여 계약을 해지할 수 있다.

② 보험자가 제1항의 위험변경(증가)의 통지를 받은 때에는 1월 내에 보험료의 증액을 청구하거나 계약을 해지할 수 있다.

보험계약자 등의 고의나 중과실로 인한 위험증가에 대하여 상법 제653조에서는 보험기간 중에 보험계약자, 피보험자 또는 보험수익자의 고의 또는 중대한 과실로 인하여 사고발생의 위험이 현저하게 변경 또는 증가된 때에는 보험자는 그 사실을 안 날부터 1월 내에 보험료의 증액을 청구하거나 계약을 해지할 수 있다고 규정하고 있다.

상법에서는 위와 같이 위험변경에 관한 일반적인 규정을 마련하고 위험변경을 별도로 제701조 항해변경의 효과, 이로, 제702조 발항 또는 항해지연의 효과, 제703조 선박변경의 효과에 관해 규정하고 있다.

영국해상보험법(제42조 위험개시에 관한 묵시조건, 제46조 이로, 제47조 다수의 양하항, 제48조 항해의 지연, 제59조 환적 등의 효과)에서는 위험의 불변경을 보험계약에 있어서의 묵시조건으로 간주하여 구체적인 위험변경의 경우에 대하여 규정을 마련하고 있다. 이 법에서 피보험자의 행위에 기인하든 않든간에 위험이 변경되면 보험계약의 효력도 변경되는 것으로 규정하고 있다. 그러나 불가항력에 의하여 위험이 변경될 경우에는 계속 담보를 허용하여 선의의 피보험자를 보호하고 있다.

해상보험에서 위험의 변경에는 대표적으로 이로, 항해의 지연, 항해의 변경, 선박의 변경 등이 있다.

2) 위험변경의 효과

(1) 주관적 위험변경

주관적 위험변경이란 피보험자가 고의나 중대한 과실로 인하여 위험이 현저하게 증가하거나 변경되는 경우를 말한다.

이 경우 상법 및 영국해상보험법에서는 보험자가 위험변경 이후의 사고에 대하여 당연히 면책된다. 그러나 면책위험변경 이전의 사고에 대해서는 보험자가 면책되지 않는다.

(2) 객관적 위험변경

객관적 위험변경이란 피보험자의 귀책사유 없이 위험이 변경되거나 증가되는 경우를 말한다. 이러한 경우의 위험변경은 일종의 불가항력에 의한 것이다.

보험기간 중에 객관적 위험변경이 발생한 경우 피보험자는 위험이 현저하게 변경 또는 증가된 사실을 지체없이 보험자에게 통지하여야 한다. 상법에서는 피보험자가 통지의무를 해태한 때에는 보험자는 그 사실을 안 날로부터 1월 내에 계약을 해지할 수 있으며, 피보험자가 통지의무를 이행한 때에는 1월 내에 보험료의 증액을 청구하거나 계약을 해지할 수 있다고 규정하고 있다.

3) 위험변경의 형태

(1) 이로

① 이로의 의의

일반적으로 선박이 항해를 하는데 있어 경험이나 관습에 의하여 확정된 일정한 항로로 항해를 한다. 해상보험계약에서 선박이 관습상 정하고 있는 항로를 벗어나지 않는 것이 하나의 묵시조건으로 되어 있는데, 선박이 정당한 사유 없이 항로를 벗어나거나 또는 보험증권에 정해진 순서 혹은 지리적 순서에 따르지 않고 기항하는 것을 이로(離路, deviation)라 한다.

상법 제701조의 2에서 이로는 선박이 정당한 사유 없이 보험계약에서 정하여진 항로를 이탈한 경우에는 보험자는 그때부터 책임을 지지 아니한다. 선박이 손해발생 전에 원항로로 돌아온 경우에도 같다고 규정하고 있다.

영국해상보험법 제46조에는 이로에 관하여 다음과 같이 규정하고 있다.

(1) 선박이 적법한 이유없이 보험증권에 정해진 항로에서 이탈하는 경우 보험자는 이로 시점부터 책임이 면제된다. 선박이 손해발생 전에 원래의 항로에 복귀하더라도 마찬가지 이다.

(2) 다음의 경우에는 보험증권에 정해진 항로로부터 이로가 있는 것으로 본다.
  (a) 항로가 보험증권에 특별히 지정되어 있는 경우에는 그 항로를 이탈했을 때 또는
  (b) 항로가 보험증권에 특별히 지정되어 있지 않는 경우에는 통상적이고 관습적인 항로를 이탈했을 때

(3) 이로 할 의사는 중요하지 아니하다. 즉 보험자가 계약상 책임을 면하기 위해서는 반드시 실제로 이로가 있어야 한다.

이로라는 위험변경이 성립하기 위해서는 다음의 요건이 필요하다.

첫째, 보험증권상의 지정항로 또는 통상적인 항로를 벗어날 것을 영국해상보험법 제46조 2항에 규정하고 있다.

둘째, 현실적으로 항로의 변경이 있어야 한다. 이로를 하겠다는 의사는 중요한 것이 아니며 실제로 항로의 변경이 따라야 이로가 성립된다고 영국해상보험법 제46조 3항에 규정하고 있다. 예를 들면 선장이 임의로 항로변경의 의사를 갖고 있거나 또는 선주가 항로의 변경을 지시했더라도 선박이 현실적으로 정해진 항로에서 벗어나지 않는 한 이로가 성립되지 않는다.

셋째, 영법에서는 이로가 구성되기 위해서는 반드시 피보험자의 행위에 기인할 것을 요하지 않고 제3자에 의한 이로행위도 동일하게 취급하고 있다.

② 이로의 형태

㉠ 정당하지 않은 항로이탈

㉡ 정당하지 않은 기항

③ 이로의 효과와 허용

선박이 적법한 사유 없이 보험증권에 정해진 항로에서 벗어날 경우 보험자는 이로시점부터 보험계약이 무효가 되기 때문에 보험자는 보상책임에서 해제된다. 예를 들면 이로를 한 선박이 원래의 항로로 복귀하더라도 복귀 이후의 사고에 대하여 보험자는 책임을 지지 않는다.

영국해상보험법 제49조 1항에서 정당한 사유가 있을 경우에는 다음과 같이 이로가 허용된다고 규정하고 있다.

(a) 보험증권의 특약에 의해 인정되는 경우
(b) 선장 및 그의 고용주의 지배권 외의 사정에 의하여 생긴 경우
(c) 명시담보 또는 묵시담보를 충족하기 위해 합리적으로 필요한 경우
(d) 선박 또는 보험목적물의 안전을 위해 합리적으로 필요한 경우
(e) 인명을 구조하거나 인명이 위험에 빠질 우려가 있는 조난선을 구조하기 위한 경우
(f) 선박에 승선한 자에게 내·외과 치료를 실시하기 위해서 합리적으로 필요한 경우
(g) 선장 또는 선원의 악행이 담보위험의 하나일 때 이러한 악행에 의하여 일어나는 경우

그러나 이로를 허용하는 사유가 소멸되면 선박은 지체 없이 본래의 항로로 복귀하여 항해를 수행해야 한다.[77)]

적하보험은 ICC 제8조 운송약관에 어떠한 이로가 발생하더라도 보험자의 책임이 계속된다고 규정하여 보험계약의 효력에는 전혀 영향을 미치지 않는다. 이로는 화주와 상관없이 발생하기 때문에 선의의 피보험자인 화주를 보호하고 있다.

선박보험은 ITC-hulls 제3조 담보위반약관에서 이로와 같은 위험변경에 대해 보험조건 및 추

77) 영국해상보험법 제49조 2항.

가보험료에 대한 합의가 이루어지는 경우 이를 허용하고 있다.

(2) 항해지연

① 항해지연(航海遲延)의 의의

해상보험에 있어서 항해의 지연은 위험변동의 원인이 되고 또한 손해의 원인이 된다. 통상의 항해보험에 있어 항해는 계약성립 후 상당한 기간 내에 개시, 계속, 완료될 것을 전제로 한다. 따라서 적법한 이유 없이 항해가 지연되면 위험의 변경이 발생한다.

② 항해지연의 종류

㉠ 항해개시의 지연(delay in commencing the voyage) : 항해의 개시가 부당히 지연되는 것으로 출항을 늦추는 것을 말한다. 영국해상보험법 제42조 1항에 항해는 적당한 기간 내에 개시되어야 하고 만일 항해가 적당한 기간 내에 개시되지 않으면 보험자는 계약을 취소할 수 있다고 규정하고 있다. 예를 들면 보험자가 여름항해로 보험계약을 체결했으나 선박이 지연으로 겨울항해가 되었다면 위험의 변경으로 보험자는 계약을 취소할 수 있다.

㉡ 항해 수행상의 지연(delay in the course of the voyage) : 발항항을 출발한 선박은 상당히 신속하게(with reasonable despatch) 항해를 수행하여야 하며 적법한 이유없이(without lawful excuse) 부당하게 지연되었을 때에는 항해 수행상의 지연이 생기는 것이다.

㉢ 항해종료의 지연(delay at the termination of the voyage) : 항해종료의 지연은 항해 수행의 지연과 같은 의미로 적법한 이유없이 부당한 것일 때이다.

③ 항해지연의 효과와 허용

선박의 기간보험에서는 보험자의 책임기간이 명시되어 있으므로 선박이 항해를 하든지 정박을 하고 있든지 보험자의 보상책임이 계속된다. 그러나 항해보험에서는 선박이 곧 항해할 것을 예정으로 하고 일정한 항구에서 항구까지 담보하기 때문에 항해보험에서는 선박은 적당한 기간 내에 항해를 개시해야 한다.

영국해상보험법 제48조에서는 항해의 지연에 대하여 항해보험증권의 경우 보험에 가입된 해상사업은 반드시 모든 항해과정에서 상당히 신속하게 수행되어야 하고, 만약 적법한 사유없이 지연되면 보험자는 지연이 부당하게 되었을 때부터 보상책임이 해제된다고 규정하고 있다.

영국해상보험법[78]과 ICC[79] 등의 보험약관에서는 항해지연에 의한 손해를 면책손해로 규정

78) 영국해상보험법 제55조 (b) 보험증권에 별도로 규정하고 있는 경우를 제외하고 선박 또는 화물에 관한 보험자는 지연이 담보위험에 기인한 경우라도 지연에 근인한 모든 손해에 대해서는 책임을 지지 않는다.

79) ICC 제4조 일반면책.

하고 있다.

상법 제702조에서는 발항 또는 항해 지연의 효과에 대해서 피보험자가 정당한 사유없이 발항 또는 항해를 지연한 때에는 보험자는 발항 또는 항해를 지체한 이후의 사고에 대하여 책임을 지지 아니한다고 규정하고 있다.

항해지연도 이로와 마찬가지로 정당한 사유가 있는 경우에 허용된다. 그러나 정당한 사유가 소멸되면 지체 없이 항해를 속행해야 한다. 적하보험은 ICC 제8조 운송약관에 이로와 마찬가지로 피보험자가 좌우할 수 없는 항해의 지연이 발생하더라도 보험자의 보상책임은 계속된다고 규정하고 있다.

(3) 항해의 변경

① 항해변경의 의의

보험증권상의 발항항과 도착항 중 하나 또는 모두를 변경시키는 것을 말한다.

상법 제701조에는 선박이 보험계약에서 정하여진 발항항이 아닌 다른 항에서 출항하거나 도착항이 아닌 다른 항을 향하여 출항한 때 항해의 변경이 있는 것으로 본다고 규정하고 있다. 그러나 영국해상보험법 제45조 1항에서는 항해의 변경에 대해서 위험 개시 후 선박의 목적항이 보험증권에 정하여진 목적항이 아닌 다른 곳으로 임의로 변경되었을 경우를 항해의 변경으로 규정하고 있다.

항해의 변경과 이로를 구분하면 항해의 변경은 발항항 및 도착항의 하나 또는 모두를 변경하는 경우인데 비하여 이로는 발항항 및 도착항은 그대로 두고 일정한 항로만을 변경하는 것이다.

② 항해변경의 효과

항해가 변경되면 보험자의 보상책임은 없어진다.

상법 제701조에서 항해변경의 효과에 대해 다음과 같이 규정하고 있다.

㉠ 선박이 보험계약에서 정하여진 발항항이 아닌 다른 항에서 출항한 때에는 보험자는 책임을 지지 아니한다.

㉡ 선박이 보험계약에서 정하여진 도착항이 아닌 다른 항을 향하여 출항한 때에도 제1항의 경우와 같다.

㉢ 보험자의 책임이 개시된 후에 보험계약에서 정하여진 도착항이 변경된 경우에는 보험자는 그 항해의 변경이 결정된 때부터 책임을 지지 아니한다.

영국해상보험법 제45조 2항에서는 보험증권에 별도의 규정이 있는 경우를 제외하고 항해의 변경이 있는 경우에는 보험자는 그 변경시점부터 즉, 항해를 변경할 의사가 명백해졌을 때부터 보험자는 보상책임이 해제된다. 그리고 손해발생시 선박이 보험증권에 정하여진 항로를 실제 떠난 일이 없었다 하더라도 보험자의 책임은 해제된다고 규정하고 있다.

즉 상법과 영국해상보험법에서 발항항의 변경에 대하여 살펴보면, 항해를 개시하지 않았기 때문에 보험자는 책임을 지지 않는다. 즉 보험자의 책임이 개시하기 전에 발항항을 변경하는 경우 보험자의 책임이 개시하지 않는다는 것은 보험계약은 처음부터 무효가 된다는 것이다. 보험자의 책임이 개시되고 도착항을 변경한 경우에 보험자는 항해의 변경후에 발생된 사고에 대하여 이후 면책된다.

적하보험에 있어서 ICC 제10조 항해변경을 허용하는 조항에서 보험이 개시된 후 목적항이 피보험자에 의하여 변경된 경우에는 보험자에게 지체없이 통지할 것을 조건으로 추후에 협정되는 추가보험료 및 보험조건에 의하여 담보가 계속된다고 규정함으로써 선의의 피보험자를 보호하고 있다. 따라서 보험자 책임이 개시되기 전에 목적항을 변경하는 경우와 발항항을 변경하는 경우는 이에 해당되지 않는다.

(4) 선박의 변경

① 선박변경의 의의

선박의 변경에는 광의와 협의의 의미가 있다. 광의의 의미는 처음부터 화물이 보험계약에서 약정된 선박에 적재되지 않고 다른 선박에 적재되는 경우이고 협의의 선박변경은 화물이 항해중에 보험증권에 기재된 선박으로부터 다른 선박에 환적(transshipment)되는 경우이다.

적재선박, 운송용구는 위험을 측정, 평가하는데 있어서 중요한 사항이다. 즉 선박의 감항능력이 보험자가 부담하는 위험발생에 중요한 영향을 미치기 때문이다. 따라서 보험증권상의 선박명칭과 실제 선박이 다른 경우, 즉 선박이 변경되는 경우 위험의 변경이 발생한다.

② 선박변경의 효과

선박이 변경되면 그 이후 사고에 대하여 이후면책을 규정하고 있다. 상법 제703조 선박변경의 효과에 대해서 적하를 보험에 붙인 경우에 보험계약자 또는 피보험자의 책임 있는 사유로 인하여 선박을 변경한 때에는 그 변경 후의 사고에 대하여 책임을 지지 아니한다고 규정하고 있다. 영국해상보험법에서는 선박의 변경에 대해 규정이 없으나 보험증권에 특정된 선박을 변경해서는 안된다는 묵시담보가 있다.

적하보험에 있어서 ICC 제8조 운송약관에서는 피보험자인 화주를 보호하기 위하여 피보험자가 좌우할 수 없는 사정에 의해서 발생하는 부득이한 양하, 재선적 또는 환적 등에 대해서 보험자의 위험부담이 계속됨을 규정하고 있다.

7. 인과관계

1) 인과관계의 의의

인과관계(causation)란 일반적으로 원인으로서의 어떤 상태와 사실이 발생한다면 그 결과로서 다른 상태나 사실이 발생한다는 원인과 결과와의 관계를 말한다.

해상보험은 보험자가 담보하는 위험으로 인하여 발생한 손해를 보상하는 것이다. 보험자가 손해보상을 하기 위해서는 담보위험과 발생된 손해 사이에 연결된 인과관계가 존재할 것을 요건으로 한다.

2) 인과관계의 형태

인과관계의 형태로는 다음과 같은 경우가 있다.

① 손해발생 조건이 한가지인 경우

이 경우 해당조건이 담보위험으로 보험자는 담보위험과 손해 사이에 일정한 인과관계가 성립되면 보상책임을 지고 면책위험과 비담보위험인 경우 보상책임을 면한다. 가장 단순한 인과관계의 형태이다.

② 복수위험이 시간적으로 전후하여 발생되는 경우

손해발생에 협력한 복수의 위험이 시간적으로 전후하여 발생하는 경우로 A위험이 B위험을 발생시키고, B위험이 C라는 결과를 초래하는 경우이다. 이것을 전후계속적 인과관계, 이시협력적 인과관계(異時協力的 因果關係), 선후계속적 인과관계(先後繼續的 因果關係) 또는 간접적 인과관계라고 한다.

이와 같이 발생되는 위험에 대해 다음 네 가지로 분류할 수 있다.

㉠ 손해의 사고는 비담보이지만 비담보위험의 원인이 담보위험인 경우

㉡ 손해의 사고는 담보이지만 담보위험의 원인이 비담보위험인 경우

㉢ 손해의 사고는 담보위험이지만 담보위험의 원인이 면책위험인 경우

㉣ 손해의 사고는 면책위험이지만 면책위험의 원인이 담보위험인 경우

③ 복수위험이 협력하여 손해를 발생시킨 경우

복수위험의 협력에 의하여 손해가 발생하며 협력위험 중 한 가지만으로는 손해를 발생시킬 수 없고 각 위험의 협력에 의하여만 손해를 발생시키는 경우에는 인과관계를 보완적 인과관계(補完的 因果關係), 보충적 인과관계(補充的 因果關係), 동시협력적 인과관계(同時協力的 因果關係)라고 한다.

④ 복수위험이 단독으로도 손해를 발생시킨 경우

복수의 위험이 동시에 협력하여 손해를 발생시키고 특히 각 협력위험이 단독적으로도 그와 같은 손해를 발생시킬 수 있는 경우가 있다. 이 경우 인과관계를 중복적 인과관계(重複的 因果關係)라 한다.

3) 인과관계 제학설

보험자는 담보위험으로 발생한 손해에 대하여 보상책임이 있는데 여러 위험이 서로 인과관계를 가지고 손해발생에 영향을 미치고 있을 경우 어느 원인을 근인으로 볼 것인가에 대해 다양한 학설이 존재한다.

(1) 근인설

근인설(近因說)은 "原因을 볼 때에는 近因을 보고 遠因을 보지 말라"는 원칙에 의거하여 손해보상 여부를 결정한다는 이론으로 여러 조건 중에서 손해발생에 직접적 효력을 갖는 것이 무엇인가를 판단해야 한다는 이론이다. 즉 손해의 발생과 위험의 인과관계에 있어서 근인주의의 입장을 취하고 있다. 근인은 사건발생과 시간적으로 가까운 원인이 아니며 지배력과 효과면에서 비중이 가장 큰 원인을 뜻한다.

해상보험계약에서 보험자는 담보위험에 근인하여(proximately caused) 발생하는 손해만 보상한다. 만약 근인이 면책위험에 속하면 보험자는 보상하지 않는다. 손해에 대하여 피보험자가 보상을 받기 위해서는 그 손해와 담보위험 사이에 인과관계가 성립되어야 한다.

영국해상보험법 제55조 1항에서 보험자의 보상원칙을 다음과 같이 규정하고 있다.

MIA 제55조 Included and Excluded Losses

(1) Subject to the provisions of this Act, and unless the policy otherwise provides, the insurer is liable for any loss proximately caused by a peril insured against, but, subject as aforesaid, he is not liable for any loss which is not proximately caused by a peril insured against.

제55조 보상되는 손해와 면책되는 손해

(1) 이 법과 보험증권에 별도의 규정이 있는 경우를 제외하고 보험자는 담보위험에 근인하여 발생하는 일체의 손해에 대하여 책임이 있다. 그러나 상기의 조건에 따라 보험자는 담보위험에 근인하여 발생하지 않는 일체의 손해에 대해서는 보상 책임을 지지 않는다.

해상보험은 해상위험으로 인한 사고를 보상하지만 보험계약상 담보위험과 면책위험이 포함되어 있으므로 사고의 원인(原因)이 두 개 이상 존재하는 경우에 보험자의 책임결정이 곤란해질 수 있다. 이러한 경우에 영국해상보험법의 보상원칙은 근인설 또는 근인주의에 의하여 보험자의 손해보상책임을 결정한다.

① 최후조건설

"최후의 원인을 주시하고 앞의 원인을 보지 말라"는 격언처럼 손해가 복수의 원인에 의하여 발생했을 경우에 시간적으로 손해에 가장 근접한 최후의 원인을 손해의 원인으로 인정한다는 이론이다. 즉 최후조건이 그 손해의 원인이며 그것이 담보위험인가의 여부에 의하여 보험자의 책임이 결정된다. 그러나 사고의 시간적 순서에 의해서만 손해의 원인을 결정하면 그 적용이 간단한 반면 너무나 기계적이며 단순하기 때문에 가끔 불합리한 결론을 가져올 수 있다.

② 최유력조건설

최후조건설에서 변화된 최유력조건설(最有力條件設)은 영국에서 시간적 순서에 관계없이 결과를 발생시킨 효과면에서 가장 가까운 원인을 손해발생의 근인(近因)으로 보는 이론이다.

우연하게 일치된 시간적인 최후의 조건보다도 효과면에서 손해에 가장 근접한 또는 손해발생에 가장 유력한 조건을 원인으로 인정하는 것이 공정하고 거래의 통념상 적합하다고 볼 수 있다. 현재 해상보험에서 보험자의 보상책임 결정에 가장 광범위하게 적용되고 있다.

③ 불가피설

불가피설(不可避設)은 근인의 결정기준을 사고와 손해 사이의 불가피적인 관계에서 구하는 것으로 복수의 위험이 시간적으로 전후 계속해서 소급하여 前위험의 불가피한 결과로 판단되는 경우에는 그 위험을 손해의 원인으로 인정한다는 이론이다. 손해발생시로부터 소급하여 손해의 원인은 하나로 한정되는데 이에 대해 많은 반론이 제기되고 있다.

④ 개연설

개연설(蓋然設)은 어떤 조건이 특정의 결과를 발생시키는데 객관적 또는 일반적인 입장에서 개연성 또는 불가피적이라고 판단되면 그 조건을 결과의 근인으로 하는 이론이다.

(2) 상당인과관계설

상당인과관계설(相當因果關係說)은 어떤 결과의 발생에 있어서 불가결한 조건을 이룬 것 중에서 현실적으로 발생한 특정의 경우뿐만 아니라 다른 일반적인 경우에도 동일한 결과를 발생시킬 가능성이 있는 조건을 적당조건으로 하고 그 적당조건만을 결과의 원인으로 보는 이론이다.

손해발생의 조건 중에서 인과관계상 원인은 반드시 하나로 한정되지 않고 손해의 원인이 둘 이상이 될 수 있다. 해상보험에서는 상당인과관계설을 적용시키면 손해의 원인이 복수로 인정되는 경우가 있어 보험자의 책임 유무를 하나의 원인에 의해 결정하려고 하는 거래 통념상 적합하지 않기 때문에 근인설이 적용되고 있다.

① 계약당사자의 의사해석설

담보위험과 면책위험이 복수로 협력하여 손해를 발생시킨 경우 보험자의 보상책임에 관한 계약당사자의 진의(眞意)를 확인해야 하는 것이다. 손해의 원인을 결정하는데 계약당사자의 의사가 명백한 경우 또는 거래상의 관행이 확립되어 있는 경우에는 이 방법이 계약당사자의 의사와 상거래의 관행은 존중한다는 면에서 합리적일 수 있으나 그렇지 않을 경우에는 보상책임의 결정이 곤란하게 된다.

② 비율분담설

비용분담설은 손해가 복수위험의 협력에 의하여 발생된 경우 담보위험의 손해 전체에 대한 기여율에 따라서 보험자에 대한 보상책임을 분담시키는 것이다. 그러나 현실적으로 협력위험의 손해발생에 대한 영향력을 정확히 측정하는 것이 곤란할 수 있다. 따라서 다음의 균등분담설이 보다 용이할 것이다.

③ 균등분담설

균등분담설은 손해 발생의 원인이 복수의 위험일 경우 그러한 위험이 담보위험과 면책위험으로 구성되어 있어서 과실의 비율을 계량할 수 없을 경우에는 보험자의 보상책임을 두 개의 위험의 비중을 균등하다고 보고 보상책임도 1/2로 결정한다는 것이다. 예를 들면 두 가지 협력위험 중에서 하나가 담보위험이고 다른 하나는 면책위험일 경우 전손해의 1/2만 보험자가 보상하는 방법이다.

제8장 해상손해

주요내용

해상위험으로 인한 해상손해, 즉 보험목적물 자체의 물적 손해와 간접적으로 발생하는 비용지출의 비용손해, 제3자에게 배상해야 할 손해배상책임을 살펴보고자 한다.

- 해상손해의 의미
- 전손과 분손
- 위부와 대위
- 공동해손
- 손해방지비용, 구조비, 특별비용
- 배상책임손해

• 제1절 해상손해의 개념

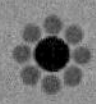

1. 해상손해의 의미

해상보험에서의 손해(loss)는 위험발생의 객체인 즉 항해사업(marine adventure)에 관련된 선박, 적하, 운임, 기타 보험의 목적이 해상위험으로 인하여 피보험이익의 전부 또는 일부의 멸실 또는 손상으로 피보험자가 입게 되는 경제적 불이익을 말한다. 영국해상보험법에서 흔히 "loss or damage"는 항상 일정하게 해석되어지는 것은 아니지만, 위험의 발생상태, 즉 보험목적물이 멸실 또는 손상되는 것 자체를 의미한다.

해상손해(marine loss)란 보험목적물에 대한 손해와 같은 물적 손해뿐만 아니라 비용손해와 배상책임손해까지도 포함된다. 따라서 해상손해라고 하여 반드시 해상에서 발생하는 손해만을 의미하지 않으며, 여기에는 해상항해에 부수되는 내수로(inland waters) 및 육상의 손해도 포함된다.[80)]

2. 해상손해의 분류

해상손해의 분류는 보는 관점에 따라 다르나 일반적으로 물적 손해(物的損害), 비용손해(費用損害), 배상책임손해(賠償責任損害)로 분류된다.

- 물적 손해(physical loss)는 보험에 부보된 보험목적물 그 자체에 생긴 손해로서 피보험위험이 직접적인 원인이 되어 생긴 재산 및 금전상의 손해를 의미한다. 물적손해는 전손과 분손으로 구분된다. 전손은 보험목적물의 전부 멸실을 뜻하고, 실질적인 전손이 발생했느냐, 혹은 실제적인 전손은 아니지만 경제적인 의미에서 전손으로 취급해야 하느냐에 따라 현실전손(actual total loss)과 추정전손(constructive total loss)으로 분류된다. 그리고 분손(partial loss)은 보험목적물, 즉 피보험이익의 일부분의 멸실 · 손상을 의미하며, 이것은 단독해손(particular average)과 공동해손(general average)으로 구분된다.
- 비용손해(expense)는 보험목적물의 파손이나 멸실과는 관련이 없고 보험목적물이 해상보험증권상의 담보위험에 처해 있을 때 손해를 경감 혹은 방지하기 위하여 지출된 비용 또는 보수 등 부득이하게 지출된 비용을 의미한다. 비용손해는 구조료 또는 구조비, 손해방지비용 및 특별비용 등으로 구분된다.
- 배상책임손해(liability loss)는 피보험자의 과오 · 태만 등으로 인하여 제3자가 입는 손실을 말한다. 해상보험에서는 선박보험약관인 충돌약관에서 담보하는 충돌손해배상책임을 의미한다. 이상과 같은 해상손해를 분류하면 〈표 8-1〉과 같다.

〈표 8-1〉 해상손해의 분류

물적손해 (physical loss)	전손(total loss)	현실전손(actual total loss)
		추정전손(constructive total loss)
	분손(partial loss)	단독해손(particular average)
		공동해손(general average)
비용손해(expense)		구조비(salvage charge)
		손해방지비용(sue & labour charge)
		특별비용(particular charge)
배상책임손해(liability loss)		선박충돌손해배상책임(collision liability)

80) 영국해상보험법 제2조 (해륙혼합위험) 해상보험계약은 명시된 특약 또는 상관습에 의해 해상항행에 수반할 수 있는 내수로 또는 육상위험의 손해에 대하여 피보험자를 보호하기 위해서 그 담보 범위를 확장할 수 있다.

• 제2절 물적 손해

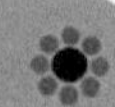

1. 전손

전손(全損, toltal loss)은 담보위험으로 인하여 보험목적물이 전부 멸실하거나 혹은 손상정도가 심하여 구조하거나 수리하는 것보다 오히려 전손보험금을 지급하는 것이 경제적으로 유익한 경우를 말한다.

해상보험에서는 전손[81]을 현실전손(actual total loss)과 추정전손(constructive total loss)으로 구분하며 추정전손은 해상보험에서만 유일하게 인정되는 전손이다.

1) 현실전손

(1) 현실전손의 개념

현실전손(現實全損, actual total loss: ATL)은 보험목적물이 멸실되거나, 혹은 동 보험목적물이 부보할 당시의 성질을 그대로 갖지 못할 정도로 심한 손상을 입은 경우, 또는 피보험자가 회복할 수 없도록 보험목적물을 박탈당하였을 경우 현실전손이 성립된다. 즉 피보험사고로 피보험이익이 전부 상실되는 것을 말한다.

따라서 현실전손의 구체적인 형태로는 실질적인 멸실(physical destruction), 성질의 상실(alteration of species), 회복가능성이 없는 박탈(irretrievable deprivation), 선박의 행방불명(missing Ship) 등이 있다.

영국해상보험법에서는 현실전손을 다음과 같이 규정하고 있다.

> **MIA 제57조 Actual Total Loss**
>
> Where the subject-matter insured is destroyed, or so damaged as to cease to be a thing of the kind insured, or where the assured is irretrievably deprived thereof, there is an actual total loss. In the case of an actual total loss no notice of abandonment need be given.
>
> **제57조 현실전손**
>
> 보험의 목적이 파괴되거나 또는 보험에 가입된 종류의 물건으로서 존재할 수 없을 정도로 손상을 입은 경우, 또는 피보험자가 회복할 수 없도록 보험목적물의 점유를 박탈당하는 경우에는, 현실전손이 있는 것이다. 현실전손의 경우에는 위부의 통지를 할 필요가 없다.[82]

---

81) 영국해상보험법 제56조 2항 전손은 현실전손이거나 또는 추정전손인 경우도 있다.

MIA 제58조 Missing ship

Where the ship concerned in the adventure is missing, and after the lapse of a reasonable time no news of her has been received, an actual total loss may be presumed.

제58조 선박의 행방불명

해상사업에 종사하는 선박이 행방불명되고, 상당한 기간이 경과한 후에도 그 선박에 대한 소식을 모를 경우에는, 현실전손으로 추정할 수 있다.

① 실질적인 멸실

보험목적물이 담보위험에 의하여 완전히 파괴(physical destruction)된 경우를 말한다. 선박이나 적하 등이 항해 중에 태풍 또는 충돌로 인한 심해(深海) 침몰, 좌초로 완전히 파괴되어 복구가능성이 전혀 없는 상태, 선박이나 적하의 화재에 의해 전소되는 경우 현실전손에 해당된다.

② 보험목적물 본래의 성질 상실

보험목적물이 부보된 종류의 물건으로서 성질을 상실(alteration of species)한 경우로 예를 들면 시멘트를 적재하고 항해 도중 해수에 젖어 시멘트가 완전히 응고되면 시멘트는 그대로 있지만 더 이상 시멘트로서 상품가치가 없는 경우나, 선박이 난파하여 항해능력을 상실하고 수리장소로 회항이 불가능한 경우 등이 현실전손으로 인정될 수 있다.

③ 회복가능성이 없는 박탈

피보험자가 보험목적물에 대한 소유권이나 점유권을 상실하여 그 회복이 불가능하게 된 경우이다. 예를 들면 선박이나 적하 등이 적에게 포획 또는 몰수되었을 때, 금괴의 해저침수와 같이 피보험자가 더 이상 보험목적물을 실제로 찾을 수 없기 때문에 현실전손이 된다.

④ 선박의 행방불명

선박이 행방불명(missing ship)되고 상당한 기간이 경과할 때까지(after the lapse of reasonable time) 아무런 소식이 없을 경우에는 현실전손으로 추정할 수 있다. 다만 여기서 어떠한 기간을 상당한 기간으로 간주하느냐는 여러 가지 여건이 감안된 사실문제(question of fact)이다.[83] 즉 이것은 선박의 종류, 적하 및 항해의 성질과 기간, 계절, 기상조건에 따라 결정된다.

우리나라 상법[84]에서도 선박의 행방불명을 전손으로 추정하고 있으나 선박이 출항 후 2개월이 경과되면 행방불명으로 규정하고 있는 점에서 영국해상보험법과 다소 차이가 있다.

82) 위부의 통지가 필요 없다는 것이 추정전손(CTL)과의 차이점이다.

83) 영국해상보험법 제88조 (상당한 기간 등 사실문제) 본법에서 상당한 시간, 상당한 보험료 또는 상당한 주의에 대하여 언급되어 있는 경우에 무엇이 상당한 것인가의 문제는 사실문제이다.

84) 상법 제711조 (선박의 행방불명) 1) 선박의 존부가 2개월간 분명하지 아니한 때에는 그 선박의 행방이 불명한 것으로 한다. 2) 제1항의 경우에는 전손으로 추정한다.

(2) 화물의 현실전손

① 선박의 현실전손으로 인한 화물의 전손

선박이 침몰 · 좌초 · 화재 · 행방불명 등으로 현실전손이 발생하면 그 선박에 적재되어 있는 화물을 인양할 수 없는 경우에는 화물은 현실전손이 성립된다. 그러나 선박의 구조는 불가능하더라도 화물을 인양할 수 있다면 화물은 현실전손이 성립되지 않는다.

선박이나 보관창고의 화재로 전소될 경우에도 화물의 대부분이 전소되기 때문에 화물의 현실전손이 성립되며, 행방불명된 선박의 경우에도 적재화물만 다시 찾는다는 것은 거의 불가능하므로 화물의 현실전손이 발생할 수 있다.

② 화물의 투하

선박이 항해 중 침몰이 예상될 경우 선박을 가볍게 하기 위하여 적재화물을 바다에 버리거나, 담보위험의 발생으로 화물을 투하하는 경우가 있다. 화물이 투하되어 구조될 가능성이 없는 경우에는 화물만 현실전손이 성립된다.

③ 화물의 매각

항해 중 담보위험으로 인하여 화물이 손상을 입었을 경우 목적지까지 운송하는 것보다 중간항에서 매각처분하는 것이 오히려 합리적일 수도 있다. 이런 경우 화물은 현실전손이 성립된다.

④ 화물인도의 과실

화물이 목적항에 도착하면 수하인은 선하증권(bill of lading: B/L)을 선사에 제출하고 화물인도지시서(delivery order: D/O)를 교부받아 본선의 선장 앞으로 제시하여 화물을 수령한다. 그러나 선장 또는 선원이 화물을 원래의 수하인에게 인도하지 않고 제3자에게 인도하여 다시 찾을 가능성이 없는 경우에는 현실전손이 인정된다.

(3) 운임의 현실전손

상법과 영국해상보험법에서 운임의 현실전손에 관하여 별도의 규정을 두지 않고 있으나 담보위험에 의하여 운임을 취득할 수 없는 경우에 운임의 현실전손이 있다고 할 수 있다. 운임은 해상운송계약의 내용에 따라서 선급(prepaid) 운임과 후급(collect) 운임으로 나누어지므로 운임의 성질에 따라서 운임의 현실전손이 달라진다.

선급 운임의 경우에는 해상 운송인이 이미 화주로부터 지급받았으므로 선박의 멸실 또는 항해의 중단을 이유로 하여 운임의 전손을 주장할 수 없다. 그러나 선박이 현실전손이 되고 선박이 멸실될 때에 적하가 있었고, 적하의 일부 또는 전부를 대체선으로 계속 운송할 수 없다면 운임은 현실전손으로 인정된다.

① 화물의 전손

운임이 선급된 경우에 만약 화물의 전손이 발생하게 되면 화주는 화물만 잃어버리는 것이 아니라 이미 지급한 운임까지도 상실하게 된다. 그리고 운임도착지불인 경우는 선주가 화물을 수하인이나 대리인에게 인도해야만 운임을 징수할 수 있는데 화물의 전손으로 인도해 줄 화물이 없는 경우에는 운임을 받을 수 없게 된다. 이와 같이 화물의 전손이 발생하게 되면 곧 운임의 전손이 인정된다.

② 손상품의 인도 거부

후급 운임 조건의 경우 화물이 심하게 손상되어 판매가 불가능할 경우 선주는 운임을 받을 수 없게 된다. 이와 같은 경우도 운임은 현실전손으로 인정된다.

③ 용선계약의 중절

항해보험계약에서 용선 선박이 선적항에 상당한 기간 늦게 도착하였기에 용선자가 용선계약을 해제한 경우에는 선박 소유자는 그 용선료를 취득할 수가 없으므로 전손으로 취급할 수 있다. 따라서 피보험자인 선주는 보험자에게 용선료의 전액을 보상 청구할 수 있다. 항해 용선료가 선급으로 약정하고 이미 선주가 수령한 때에는 피보험이익이 성립하지 아니한다.

(4) 선박의 현실전손

① 선박의 매각

침몰상태로 방치된 선박이 그 후 구조자에 의해 항구로 예인되고, 법원의 명령에 따라 구조비용보다 낮은 가격에서 매각된 경우 (abortive salvage expense) 매각은 현실 전손이다.

② 선박의 행방불명

선박이 출항한 후 상당한 기간 경과 후(after the lapse of reasonable time) 연락 두절 시 행방불명으로 간주하고 현실전손으로 인정한다(MIA 제58조).

행방불명된 선박을 현실전손으로 처리하는 데 필요한 기간은 대부분의 유럽 국가들은 통상적으로 선박의 출항일로부터 1년, 우리나라(상법 제711조)에서는 선박이 출항 후 2개월이 경과되면 행방불명으로 간주하고 있다. 선박이 행방불명되어 현실전손이 되었다고 보험자가 이를 보상하는 것이 아니라 인과관계가 확인되어야 한다. 그러나 이러한 확인이 어렵기 때문에 전시에는 전쟁을 근인으로 보고 전쟁을 담보위험으로 한 보험계약에서만 보상하고, 평화시에는 보험증권의 담보위험으로 보는 것이 일반적 관행이다.

③ 선박의 화재

선박이 화재로 인하여 전소되거나 또는 잔해만 남아서 선박으로서의 기능을 완전히 상실한 경우에는 현실전손이 인정된다.

④ 침몰선박의 인양 거부

선박의 침몰(sinking)은 모두 현실전손으로 인정되는 것은 아니다. 왜냐하면 선박이 심해에 침몰한 경우도 있고 비교적 얕은 바다에 침몰하는 경우도 있기 때문이다. 침몰된 선박의 인양이 기술적으로 불가능하거나, 또는 인양비용이 선박의 가액을 초과하는 경우에 한하여 현실전손이 성립된다. 선박이 침몰하여 인양이 가능하고 인양비용이 선박의 가액을 초과하지 않는 경우에는 분손으로 처리된다.

2) 추정전손

(1) 추정전손의 개념

해상보험에만 존재하는 특수한 제도인 추정전손(推定全損, constructive total loss : CTL)은 법률상으로 전손이나 사실상의 전손이 아니고 피보험자가 보험자에게 정당한 위부(abandonment)의 통지에 의하여 전손에 대한 보험금을 청구함으로써 사실상의 전손으로 전환되는 것이다.

피보험자가 손해보상을 청구하기 위해서는 보험자가 부담하는 사고에 의하여 손해가 발생하였음을 입증하여야 한다. 그러나 해상보험에 있어서는 보험사고에 의하여 피보험이익에 전손이 발생하였거나 전손이 발생할 것이라는 점을 개연적으로는 알 수 있으나, 보험사고가 발생하였다는 사실 및 전손이 발생하였음을 증명하는 것이 불가능하거나 어려운 경우가 종종 있을 수 있다. 이러한 경우 현실적으로 손해를 입증할 수 없거나 또는 전손의 여부가 확실하지 않더라도 피보험자에 대한 보상을 인정하는 편의적인 방법으로 사용된다.

추정전손은 보험목적물이 현실적으로는 전손이 아니지만, 손상된 선박 또는 화물의 회복을 위해 소요되는 수선 및 복구비용이 오히려 보험목적물의 가액을 초과하는 비현실성 때문에 위부를 통하여 현실전손으로 처리하는 것이 경제적일 경우 성립되는 손해이다.

영국해상보험법 제60조에서는 추정전손을 다음과 같이 규정하고 있다.

MIA 제60조 Constructive Total Loss Defined

(1) Subject to any express provision in the policy, there is a constructive total loss where the subject-matter insured is reasonably abandoned on account of its actual total loss appearing to be unavoidable, or because it could not be preserved from actual total loss without an expenditure which would exceed its value when the expenditure had been incurred.

(2) In particular, there is a constructive total loss

(i) Where the assured is deprived of the possession of his ship or goods by a peril insured against, and

(a) it is unlikely that he can recover the ship or goods, as the case may be, or

(b) the cost of recovering the ship or goods, as the case may be, would exceed their value when recovered; or

(ii) In the case of damage to a ship, where she is so damaged by a peril insured against that the cost of repairing the damage would exceed the value of the ship when repaired. In estimating the cost of repairs, no deduction is to be made in respect of general average contributions to those repairs payable by other interests, but account is to be taken of the expense of future salvage operations and of any future general average contributions to which the ship would be liable if repaired; or

(iii) In the case of damage to goods, where the cost of repairing the damage and forwarding the goods to their destination would exceed their value on arrival.

第60조 추정전손의 정의

(1) 보험증권에 명시규정이 있는 경우를 제외하고, 보험목적물의 현실전손이 불가피하다고 보이거나, 또는 현실전손을 면하기 위하여 비용이 발생할 경우 보험목적물의 가액을 초과하는 비용이 소요되기 때문에 합리적으로 위부 했을 경우에는 추정전손이 성립된다.

(2) 특히, 다음의 경우에는 추정전손으로 된다.

(i) 피보험자가 선박 또는 화물을 담보위험으로 인하여 소유하지 못하게 되었을 경우에,

(a) 피보험자가 선박 또는 화물을 회복할 가망이 없거나, 또는

(b) 선박 또는 화물을 회복하는 데 소요되는 제 비용이 회복한 후의 선박 또는 화물의 가액을 초과할 경우, 또는

(ii) 선박이 손상되었을 경우에는, 선박이 담보위험으로 인하여 심하게 손상되어서 그 손상을 수리하는 비용이 수리 후의 선박가액을 초과할 때이다. 수리비를 산정할 때는 수리비에 대하여 다른 당사자의 분담이익에 의하여 지불될 공동해손분담금은 공제하지 않는다. 그러나 장래의 구조작업경비와 선박이 수리될 때 선박이 부담하게 될 장래의 공동해손분담금은 수리비에 가산되어야 한다. 또는

(iii) 화물이 손상되었을 경우에는, 화물을 수리하는 비용과 그 화물을 최종목적지까지 운송하는데 소요되는 비용이 도착시의 화물가액을 초과할 때이다.

(2) 주요 추정전손

① 선박과 화물의 소유를 상실한 때(영국해상보험법 제60조 제2항 i 호)(상법 제710조 1)

보험목적물이 현실적으로 멸실하지는 않았지만, 피보험자가 선박 또는 화물의 소유를 박탈당하여 회복할 가능성이 없거나 또는 회복을 위한 비용이 회복하였을 때의 가액을 초과할 것으로 예상되는 경우

② 선박의 손상(MIA 제60조 제2항 ii 호) (상법 제710조 2)

담보위험으로 선박이 심하게 손상되어 수선하는 데 소요되는 비용이 수선 후의 선박가액을

초과할 것으로 예상되는 경우

③ 화물의 손상(MIA 제60조 제2항 iii호) (상법 제710조 3)

담보위험으로 화물이 손상되었을 경우에는 화물을 수선하는 비용과 그 화물을 최종 목적지까지 계속 운송하는데 소요되는 비용이 도착 시의 화물가액을 초과할 것으로 예상되는 경우

(3) 추정전손과 위부

① 위부의 개념

현실전손은 위부(委付)를 필요로 하지 않지만 추정전손은 반드시 위부가 수반되어야 한다. 위부(abandonment)란 추정전손의 사유로 피보험자가 보험자에게 보험목적물에 대한 손해를 전손으로 추정토록 하기 위하여 소유권과 제3자에 대한 구상권을 보험자에게 이전하고 현실전손의 경우와 마찬가지로 보험금액 전액을 청구[85]하는 제도이다.

추정전손의 실질적 요건이 존재하는 경우에 피보험자가 이것을 추정전손으로 처리하기 위해서는 피보험이익을 위부하여야 한다. 영국해상보험법(제60조 1항)에서도 합리적으로 위부 했을 경우에 추정전손이 성립된다고 규정하여 위부는 이러한 의미에서 추정전손의 형식적 요건으로서, 위부에 의하여 추정전손이 완전하게 성립한다.

따라서 보험금액 전액 청구권의 발생은 위부의 직접적 효과가 아니라 위부에 의하여 추정전손이 유효하게 성립한 것에 대한 효과로서 위부의 간접적 효과에 불과하다.

〈표 8-2〉 현실전손과 추정전손의 비교

현실전손의 사유	추정전손의 사유
• 실질적인 멸실 • 보험목적물 본래의 성질 상실 • 회복가망성이 없는 박탈 • 선박의 행방불명	• 선박 또는 적하의 소유를 상실한 때 • 선박의 수리비가 선박의 가액을 초과할 것으로 예상되는 경우 • 적하의 수리비용 및 운송비용이 적하의 가액을 초과할 것으로 예상되는 경우

영국해상보험법 제61조에서는 추정전손의 효과를 다음과 같이 규정하고 있다.

MIA 제61조 Effect of constructive total loss

Where there is a constructive total loss the assured may either treat the loss as a partial loss, or abandon the subject-matter insured to the insurer and treat the loss as if it were an actual total loss.

85) 영국해상보험법 제61조.

제61조 추정전손의 효과

추정전손이 있을 경우, 피보험자는 그 손해를 분손으로 처리할 수도 있고, 보험목적물을 보험자에게 위부하고 그 손해를 현실전손의 경우에 준하여 처리할 수도 있다.

② 위부의 법적 성질

피보험자가 보험자에 대하여 요구하는 위부의 법적 효력 발생은 피보험자의 일방적 위부 통지라는 의사 표시만으로 발생하는지 또는 보험자의 승낙이나 판결의 확정 등이 필요한 지에 대하여 각국의 입법례는 동일하지 않다.

가) 상법

(가) 단독행위 : 상법에서는 위부는 보험자의 승인을 기다리지 않고 피보험자의 의사표시만으로 추정전손이 성립하는 불요식 단독행위로 보고 있다.[86] 따라서 위부와 위부의 의사표시 또는 위부의 통지는 동일 개념이며 위부의 의사표시는 다른 의사표시와 마찬가지로 보험자에게 도달함에 따라 그 효력이 발생한다.

(나) 철회가능성 : 상법에서는 위부의 철회 가능 여부에 대하여 규정하고 있지 않다. 일단 위부 통지만으로 바로 그 효과가 발생하기 때문에 당연히 철회가 불가능한 것으로 해석된다.

나) 영국해상보험법

(가) 단독행위 : 영국해상보험법에서는 피보험자가 위부의 통지를 하면 보험자가 이것을 승인하거나 또는 판결에 의하여 확정되었을 때 비로소 위부의 효과가 발생하기 때문에 단독행위가 아니라[87]는 주장도 있다.

영국해상보험법에서 위부통지는 위부의 신청(tender of abandonment)과 같으며, 위부의 통지가 승인될 때까지 피보험자는 자유로이 철회할 수 있으며 승인을 받고 나면 철회가 불가능한 점으로 보아 단독행위는 아닌 것으로 보인다.[88]

(나) 철회가능성 : 위부가 승인된 때에는 그 후 보험자나 피보험자가 취소할 수 없음은 분명하다.[89] 하지만 보험자의 승인이 있을 때까지는 철회가 가능한 것으로 보고 있다.

86) 第710조 (보험위부의 원인) 다음의 경우에는 피보험자는 보험의 목적을 보험자에게 위부하고 보험금액의 전부를 청구할 수 있다. 第716조 (위부의 승인) 보험자가 위부를 승인한 후에는 그 위부에 대하여 이의를 하지 못한다. 第717조 (위부의 불승인) 보험자가 위부를 승인하지 아니한 때에는 피보험자는 위부의 원인을 증명하지 아니하면 보험금액의 지급을 청구하지 못한다.

87) 이은섭, 「해상보험론」, 신영사, 1996, p.410.

88) 박병호, 「관세사 신무역실무 II」, 고시연구원, 2001. p.1160.

89) 영국해상보험법 第62조 第6항.

보험자가 승낙하면 손해배상책임을 결정적으로 인정한 결과가 되며 일단 위부의 통지가 승낙되면 위부는 철회될 수 없다(영국해상보험법 제62조 6항)[90](상법 제716조).[91]

(4) 위부의 요건

피보험자가 위부권을 행사하기 위한 위부의 성립 요건으로서는 첫째, 위부는 무조건이어야 한다. 둘째, 위부는 보험목적물의 전부에 대하여 행하여야 한다. 그러나 위부의 원인이 보험목적물의 일부에 대하여 생긴 때에는 그 부분에 대하여서만 위부를 할 수 있다고 규정하고 있다(상법 제714조).[92]

① 보험목적물에 추정전손이 있을 것

위부를 하기 위해서는 추정전손의 실질적 요건이 성립되었을 때 추정전손의 형식적 요건인 위부를 할 수 있다.

영국해상보험법 및 상법에서 규정하고 있는 요건은 선박 또는 적하의 점유상실, 선박 수리비의 선박가액 초과, 적하의 수선 및 운송비용의 적하가액 초과가 예상될 경우이다.

② 위부통지는 무조건적일 것

위부는 무조건이어야 한다(영국해상보험법 제62조 2항, 상법 제714조). 피보험자가 위부한 경우 피보험자가 보험목적물에 가진 모든 이익을 보험자에게 이전하는 효력을 가진 행위이기 때문에 피보험자는 보험목적물을 보험자에게 위부할 때에 어떠한 조건이나 기한을 붙여서는 할 수 없다. 이를 위부통지의 절대적 무조건성이라고 한다. 예를 들면 위부시 선박의 행방이 알려진 경우 이것을 취소한다고 한 경우 위부는 무효이다.

③ 위부의 불가분성(위부의 범위)

위부는 보험목적물의 전부에 대하여 행하여져야 한다. 이를 전부 위부의 원칙이라고 한다. 그 이유는 위부는 추정전손을 현실전손으로 본 것으로 그로 인한 손해와 보험보상은 불가분이기 때문이다.[93]

---

90) 영국해상보험법 제62조 (위부의 통지) 6항 위부의 통지가 승낙되는 경우에는, 위부는 철회할 수 없다. 위부 통지의 승낙은 손해에 대한 책임과 충분한 요건을 갖춘 통지임을 결정적으로 인정하는 것이다.

91) 상법 제716조 (위부의 승인) 보험자가 위부를 승인한 후에는 그 위부에 대하여 이의를 하지 못한다.

92) 상법 제714조 (위부권 행사의 요건) ① 위부는 무조건이어야 한다. ② 위부는 보험의 목적의 전부에 대하여 이를 하여야 한다. 그러나 위부의 원인이 그 일부에 대하여 생긴 때에는 그 부분에 대하여서만 이를 할 수 있다. ③ 보험가액의 일부를 보험에 붙인 경우에는 위부는 보험금액의 보험가액에 대한 비율에 따라서만 이를 할 수 있다.

93) 박용섭, 「해상보험법」, 효성출판사, 1999, p.640.

(5) 위부의 실행

추정전손이 성립될 수 있는 사유가 발생한 경우 피보험자는 추정전손으로 처리하기 위해서는 보험자에게 위부를 통지하여야 한다. 그러나 무조건 위부해야 하는 강제성은 없다. 피보험자가 먼저 위부를 하겠다는 의사표시를 하고 보험자가 이를 승낙해야 한다.

위부의 의사표시에 관해 상법에는 규정이 없으며, 영국해상보험법에서는 서면으로 하거나 구두로 할 수 있고, 또는 일부는 서면으로 일부는 구두로 해도 관계가 없는 것으로 규정(영국해상보험법 제62조 2항)하고 있다.

위부의 통지시기와 관련하여 상법에서는 위부발생사유를 안 날로부터 상당한 기간내에 하도록 규정(상법 제713조)[94]하고 있으며, 영국해상보험법에서는 부당한 지체 없이 통지하도록 규정(영국해상보험법 제62조)하고 있다.

피보험자가 위부를 보험자에게 통지하면 보험자는 위부를 승인할 수도 있고 불승인할 수도 있다. 위부의 승낙은 명시적으로나 묵시적으로나 가능하나 보험자의 단순한 침묵은 위부의 승낙이 아니다.[95] 보험자가 일단 위부를 승낙한 이상 이의를 제기할 수 없기 때문에 실무에서는 확실한 경우를 제외하고는 보험자는 일단 위부를 대부분 거절하는 것이 관행이다.

영국해상보험법 제62조에서는 위부통지를 다음과 같이 규정하고 있다.

MIA 제62조 Notice of abandonment

(1) Subject to the provisions of this section, where the assured elects to abandon the subject-matter insured to the insurer, he must give notice of abandonment. If he fails to do so the loss can only be treated as a partial loss.
(2) Notice of abandonment may be given in writing, or by word of mouth, or partly in writing and partly by word of mouth, and may be given in any terms which indicate the intention of the assured to abandon his insured interest in the subject-matter insured unconditionally to the insurer.
(3) Notice of abandonment must be given with reasonable diligence after the receipt of reliable information of the loss, but where the information is of a doubtful character the assured is entitled to a reasonable time to make inquiry.
(4) Where notice of abandonment is properly given, the rights of the assured are not prejudiced by the fact that the insurer refuses to accept the abandonment.
(5) The acceptance of an abandonment may be either express or implied from the conduct of the insurer. The mere silence of the insurer after notice is not acceptance.

94) 상법 제713조 (위부의 통지) ① 피보험자가 위부를 하고자 할 때에는 상당한 기간내에 보험자에 대하여 그 통지를 발송하여야 한다.
95) 영국해상보험법 제62조 제5항.

(6) Where notice of abandonment is accepted the abandonment is irrevocable. The acceptance of the notice conclusively admits liability for the loss and the sufficiency of the notice.
(7) Notice of abandonment is unnecessary where, at the time when the assured receives information of the loss, there would be no possibility of benefit to the insurer if notice were given to him.
(8) Notice of abandonment may be waived by the insurer.
(9) Where an insurer has re-insured his risk, no notice of abandonment need by given by him.

제62조 위부의 통지

(1) 본 조의 규정에 따라, 피보험자가 보험목적물을 보험자에게 위부 할 것을 선택한 경우, 피보험자는 위부의 통지를 하여야 한다. 피보험자가 위부의 통지를 하지 아니하면, 그 손해는 오로지 분손으로만 처리될 수 있다.
(2) 위부의 통지는 서면으로 하거나, 구두로도 할 수 있고, 또는 일부는 서면으로 일부는 구두로 할 수 있으며, 보험목적물에 대한 피보험자의 피보험이익을 보험자에게 무조건 위부한다는 피보험자의 의사를 나타내는 것이면 어떠한 용어로도 할 수 있다.
(3) 위부의 통지는 손해에 관한 신뢰할 수 있는 정보를 수취한 후에 상당한 주의로서 이를 통지하여야 한다. 그러나 그 정보가 의심스러운 성질을 가지고 있는 경우에, 피보험자는 상당히 신속하게 이를 조사할 권리가 있다.
(4) 위부의 통지가 정당하게 행하여지는 경우, 피보험자의 권리는 보험자가 위부의 승낙을 거부한다는 사실로 인하여 피해를 입지 아니한다.
(5) 위부의 승낙은 보험자의 행위에 의하며 명시적 또는 묵시적으로 할 수 있다. 위부의 통지 후 보험자의 단순한 침묵은 승낙이 아니다.
(6) 위부의 통지가 승낙되는 경우에 위부는 철회할 수 없다. 위부 통지의 승낙은 손해에 대한 책임과 충분한 요건을 갖춘 통지임을 결정적으로 인정하는 것이다.
(7) 피보험자가 손해의 정보를 받았을 때, 위부의 통지를 보험자에게 행하였다고 할지라도 보험자에게 이득의 가능성이 없었을 경우, 위부의 통지는 필요하지 아니하다.
(8) 위부의 통지는 보험자가 이를 면제할 수 있다.
(9) 보험자가 자기의 위험을 재보험한 경우, 보험자는 위부의 통지를 할 필요가 없다.

상법 제713조 (위부의 통지) ① 피보험자가 위부를 하고자 할 때에는 상당한 기간 내에 보험자에 대하여 그 통지를 발송하여야 한다.

(6) 위부의 효과

보험위부의 효과는 보험자와 피보험자의 권리와 의무의 법률효과로 나타나는데, 보험자는 보험목적물에 잔존하는 이익과 소유권을 양도받을 수 있으며 피보험자는 위부가 승인된 경우에는 철회하지 못하며 보험금액 전부를 지급 청구할 수 있다.

① 직접적인 효과(이전효과)

보험자는 위부를 통하여 보험목적물에 관한 피보험자의 모든 권리를 취득한다. 이러한 권리에는 잔존이익뿐만 아니라 제3자에 대한 청구권도 포함된다.

② 간접적인 효과(피보험자의 보험금액 전부청구권)

위부를 통해 추정전손의 형식적 요건을 충족함에 따라 피보험자는 보험자에게 보험금액 전부를 지급 청구할 수 있다.

MIA 제63조 Effect of abandonment

(1) Where there is a valid abandonment the insurer is entitled to take over the interest of the assured in whatever may remain of the subject-matter insured, and all proprietary rights incidental thereto.

(2) Upon the abandonment of a ship, the insurer thereof is entitled to any freight in course of being earned, and which is earned by her subsequent to the casualty causing the loss, less the expenses of earning it incurred after the casualty; and, where the ship is carrying the owner's goods, the insurer is entitled to a reasonable remuneration for the carriage of them subsequent to the casualty causing the loss.

제63조 위부의 효과

(1) 유효한 위부가 있을 경우, 보험자는 보험목적물에 잔존할 수 있는 피보험자의 일체의 이익과 보험목적물에 부수하는 소유권에 속하는 일체의 권리를 양도받을 수 있는 권리가 있다.

(2) 선박의 위부가 있을 경우, 그 선박의 보험자는 선박이 취득중에 있는 운임과 손해를 초래한 재난 이후에 취득되는 운임에서 그 사고 이후에 운임을 취득하기 위해 지출된 비용을 공제한 운임을 취득할 권리가 있다. 그리고 그 선박이 선주의 화물을 운송하고 있는 경우, 보험자는 손해를 초래한 재난 이후의 그 화물의 운송에 대해 상당한 보수를 받을 권리가 있다.

상법 제718조 (위부의 효과) ① 보험자는 위부로 인하여 그 보험의 목적에 관한 피보험자의 모든 권리를 취득한다.

② 피보험자가 위부를 한 때에는 보험의 목적에 관한 모든 서류를 보험자에게 교부하여야 한다.

2. 대위

1) 대위의 개념

해상보험계약은 손해보험계약이기 때문에 보험자는 보험사고로 인하여 발생한 실제의 손해만을 보상하고, 피보험자는 손해 보상과 보험목적물이 가진 경제적 이익을 향유하는 이중이득을 방지하기 위하여 대위의 원칙이 적용된다.

대위(代位, subrogation)란 보험자가 손해를 입은 피보험자에게 보험금을 지급한 경우, 보험목적물에 대한 일체의 권리와 손해발생에 과실이 있는 제3자에 대한 청구권 등 피보험자를 대신하여 보험자가 취득하는 일체의 권리행위이다. 우리나라 상법은 보험자대위를 보험목적물에 관한 대위(잔존물 대위)와 제3자에 대한 대위(구상권 대위)의 두 가지로 구별하여 규정하고 있다.

영국해상보험법 제79조는 다음과 같이 대위를 정의한다.

MIA 제79조 Right of subrogation

(1) Where the insurer pays for a total loss, either of the whole, or in the case of goods of any apportionable part, of the subject-matter insured, he thereupon becomes entitled to take over the interest of the assured in whatever may remain of the subject-matter so paid for, and he is thereby subrogated to all the rights and remedies of the assured in and in respect of that subject-matter as from the time of the casualty causing the loss.

(2) Subject to the foregoing provisions, where the insurer pays for a partial loss, he acquires no title to the subject-matter insured, or such part of it as may remain, but he is thereupon subrogated to all rights and remedies of the assured in and in respect of the subject-matter insured as from the time of the casualty causing the loss, in so far as the assured has been indemnified, according to this Act, by such payment for the loss.

제79조 대위권

(1) 보험자가 보험목적물의 전부에 대한 전손보험금을 지급하였거나, 또는 보험목적물을 분할할 수 있는 적하에 대해 전손보험금을 지급한 경우, 보험자는 전손보험금이 지급된 보험목적물에 잔존할 수 있을 피보험자의 이익을 승계할 권리를 갖는다. 그리고 손해를 야기한 사고의 발생시부터 보험목적물에 존재하며 또 보험목적물과 관련한 피보험자의 일체의 권리와 구제수단에 대위한다.

(2) 전항에 규정한 경우를 제외하고, 보험자가 분손보험금을 지급한 경우, 보험자는 보험목적물에 대한 권리 또는 잔존할 수 있을 부분의 보험목적물에 대한 권리를 취득할 수 없다. 그러나 보험자는 손해에 대한 지급을 함으로써, 피보험자가 본법에 따라 보상받을 한도 내에서,

손해를 야기한 사고의 발생시부터 보험목적물에 존재하며, 또 보험목적물과 관련한 피보험자의 일체의 권리와 구제수단을 대위한다.

상법 제681조 (보험목적에 관한 보험대위) 보험의 목적의 전부가 멸실한 경우에 보험금액의 전부를 지급한 보험자는 그 목적에 대한 피보험자의 권리를 취득한다. 그러나 보험가액의 일부를 보험에 붙인 경우에는 보험자가 취득할 권리는 보험금액의 보험가액에 대한 비율에 따라 이를 정한다.

상법 제682조 (제3자에 대한 보험대위) 손해가 제3자의 행위로 인하여 생긴 경우에 보험금액을 지급한 보험자는 그 지급한 금액의 한도에서 그 제3자에 대한 보험계약자 또는 피보험자의 권리를 취득한다. 그러나 보험자가 보상할 보험금액의 일부를 지급한 때에는 피보험자의 권리를 해하지 아니하는 범위 내에서 그 권리를 행사할 수 있다.

(1) 보험목적물에 대한 대위

보험목적물에 대한 대위는 보험목적물의 전부가 멸실한 경우에 보험금액의 전부를 지급한 보험자는 그 잔존물에 대한 권리를 취득하는 것이다. 분손보험금을 지급한 경우 잔존물에 대한 소유권을 취득할 수 없다.

① 요건

㉠ 보험목적물이 전부 멸실될 것 : 보험목적물에 대한 대위는 보험목적물의 전부의 멸실을 요건으로 하고 있다. 상법이나 영국해상보험법에서도 피보험이익의 전부가 멸실된 경우나 전손의 경우 잔존이익이 존재함을 전제로 하여 대위에 관한 규정을 두고 있다(상법 제681조, 영국해상보험법 제79조 1항). 분손의 경우 현실적인 손해산정이 가능하므로 대위를 인정하지 않는다.

㉡ 보험자가 보험금액 전부를 지급할 것 : 보험자가 전손 또는 멸실된 보험목적물의 대위권을 주장하기 위해서는 그 손해에 대하여 보험금액을 전부 지급할 것을 요건으로 한다. 여기에는 피보험자가 지출한 손해방지비용도 포함된다.

② 효과

대위의 효과는 보험자가 대위권을 행사할 권리가 보장되어 있다. 보험자가 보험금액을 피보험자에게 전부 지급하면 상법에서는 보험금액 지급시로부터 그 목적물에 대한 인도나 등기의 이전 없이 당연한 법률 효과로서 그 권리가 이전된다. 영국해상보험법에서는 전손보험금이 지급되더라도 잔존이익은 보험자에게 법률상 당연히 이전되지 않는다. 보험자는 대위권을 가지게 되지만 대위권을 행사하거나 포기할 수 있다. 또한 그 취득시점은 보험사고가 발생한 때로 소급함을 규정하고 있다.

보험자는 자신이 지급한 보험금의 한도 내에서 잔존물의 권리를 취득한다.[96)]

(2) 제3자에 대한 대위

제3자에 대한 보험자 대위는 피보험자의 손해가 제3자의 행위로 인하여 생긴 경우에 보험금액을 지급한 보험자가 그 지급한 한도에서 제3자에 대한 피보험자의 권리를 법률상 당연히 취득하는 제도를 말한다(상법 제682조, 영국해상보험법 제79조 제1항). 이것을 구상권대위 또는 청구권대위라고도 한다.

보험사고가 제3자의 행위로 말미암아 생긴 때에는 피보험자는 보험자에 대한 보험금청구권과 그 제3자에 대한 손해배상청구권을 가지게 되는데, 이 경우에 보험자가 피보험자에게 보험금을 지급하여 손해의 보상을 한 때에는 피보험자의 제3자에 대한 손해배상청구권을 보험자가 대신하여 그 권리를 가지는 것은 피보험자의 이중이득을 방지하기 위한 것이다.

예를 들면 적하보험의 경우 화물의 손실이 해상운송인의 귀책 사유로 생긴 때에 피보험자에게 그 손해를 보상하여 준 보험자가 해상운송인에 대하여 피보험자의 손해배상청구권을 대위하여 취득하는 것이라고 할 수 있다.

① 요건

㉠ 제3자의 불법행위로 손해가 발생하였을 것 : 제3자의 행위로 인하여 보험사고가 발생하여 피보험자가 손해를 입어야 한다. 제3자의 행위란 보험목적물에 대하여 일으키는 행위로서 불법행위와 채무 불이행과 같은 위법 행위뿐만 아니라 선장의 공동해손 처분으로 인한 경우와 같은 적법 행위도 포함된다. 일반적으로 제3자란 보험자와 피보험자 또는 보험계약자 이외의 사람을 말한다.

㉡ 보험자가 보상하였을 것 : 보험자는 피보험자가 제3자의 불법 행위로 손해를 입은 경우 보험계약의 내용에 따라 지급한 보험금액을 한도로 하여 제3자에 대한 피보험자의 권리를 취득하게 된다. 즉 보험자대위권의 발생 시기는 보험자가 피보험자에게 보험금액을 지급한 때이다. 예를 들면 선박보험에서 상대방 선박의 과실에 의하여 충돌이 발생한 경우, 보험자는 피보험자인 선박소유자에게 보상할 의무가 있고, 보험자는 피보험자가 가진 상대 선박에 대한 손해배상청구권을 대위한다. 그 결과로 보험자는 제3자에 대하여 구상권을 행사할 수 있다.

② 효과

제3자의 책임 있는 사유로 보험사고가 발생하여 보험자가 보험금을 지급하면 피보험자가 가지는 제3자에 대한 권리는 법률상 당연히 발생하는 것으로 권리이전의 통지 또는 승낙을 필요

---

96) 피보험목적물의 권리 전부를 보험자에게 승계한다.

로 하지 않는다.

제3자에 대한 대위권은 전손 또는 분손에 상관없이 보험자가 피보험자에게 지급한 금액한도 내에서 제3자에 대한 손해배상청구권을 취득한다.

2) 위부와 대위의 차이점

위부와 대위의 차이점은 위부는 피보험자가 전손보험금을 청구하기 위한 추정전손의 성립을 위하여 보험자에게 위부 통지를 발송하고 보험자가 이를 승낙할 것을 요건으로 하여 보험목적물에 대한 일체의 권리를 보험자에게 이전하는 것을 의미하며, 대위는 보험목적물이 손해(전손 또는 분손)를 입고 보험자가 이에 대하여 피보험자에게 보험금을 지급함으로써 보험목적물에 관련되는 일체의 권리가 보험자에게 이전하는 것을 말한다.

위부와 대위를 비교하면 다음 〈표 8-3〉과 같다.

〈표 8-3〉 대위와 위부의 비교

구 분	대 위	위 부
개 념	보험사고에 의해 손해가 발생한 경우 보험자가 보험금전액을 지급한 후 잔존물청구권을 보험자에게 이전하여 이중이득 방지 • 보험금지급 후 → 대위권행사	추정전손의 실질적 요건을 충족한 때 위부를 통하여 추정전손이 성립, 즉 위부는 추정전손의 형식적 요건 • 위부를 통해 추정전손 성립 → 보험금지급
인정범위	해상보험을 비롯한 모든 손해보험	추정전손의 개념이 필요한 해상보험
법적성질	① 상법에서는 당연한 권리의 이전으로 보고 있으나 ② 영국해상보험법에서는 보험자에게 대위권이 있음을 규정(대위권을 행사하지 않아도 됨)	① 상법에서는 위부를 단독행위로 보고 있으나 ② 영국해상보험법에서는 보험자의 승인을 필요로 하는 것으로 규정
요 건	① 잔존물대위의 요건 • 전손의 발생(분손의 경우 현실전손산정이 가능하므로 대위인정하지 않음) • 보험금액의 전부지급: 보험자의 책임(보험금지급)이 완료된 후에 대위가 가능 ② 청구권대위의 요건 • 제3자에 대한 피보험자의 권리가 존재할 것 • 보험금액의 전부지급: 보험자의 책임(보험금지급)이 완료된 후에 대위가 가능	① 무조건적: 위부는 피보험자가 가지는 보험의 목적에 관한 모든 이익을 보험자에게 이전해야 한다. 따라서 조건부나 기한부로 해서는 안된다. ② 위부의 불가분성: 위부는 보험목적의 전부에 대해 불가분적으로 이뤄져야 한다.

효 과	① 잔존물에 대한 권리 이전 ② 제3자에 대한 배상청구권 이전	① 직접적 효과(이전효과): 보험자는 위부를 통하여 보험의 목적에 관한 피보험자의 모든 권리를 취득. 이러한 권리에는 잔존이익 뿐만 아니라 제3자에 대한 청구권도 포함 ② 간접적 효과(피보험자의 보험금액전액 청구권): 위부를 통해 추정전손의 형식적 요건을 충족함에 따라 피보험자는 보험자에게 보험금액전액을 청구할 수 있다.
취득대상	① 잔존물에 대한 피보험이익 ② 제3자에 대한 청구권	① 잔존물에 대한 피보험이익 ② 제3자에 대한 청구권(상법: ○, 영국해상보험법: ×)
취득범위	배상금 〉 보험금 → 보험금의 범위 내에서만 취득	배상금 〉 보험금 → 배상금 전체를 보험자가 취득

출처: 박병호, 관세사 무역실무II, 고시연구원, 2001, p.1170

3. 분손

1) 분손의 개념

분손(分損, partial loss 또는 average)이란 전손에 대한 상대적인 개념으로 보험목적물 일부의 멸실 또는 일부의 손상을 의미한다. 즉 전손에 속하지 않는 모든 손해는 분손으로 처리되며(영국해상보험법 제56조 1항) 단독해손과 공동해손으로 구분한다. 비용손해인 구조료, 특별비용, 손해방지비용, 손해조사비용 등은 그러한 비용이 발생한 상황에 따라서 단독해손 혹은 공동해손으로 처리된다.

단독해손(particular average)은 공동해손과 대응되는 의미를 내포하며, 공동해손 손해가 아닌 분손을 의미한다. 피보험이익 일부의 멸실 혹은 손상이 담보위험으로 우연히 발생하고 그 손해는 보험목적물에 이해관계를 갖는 자는 단독으로 부담하게 되는 것이다.

공동해손(general average)은 공동의 해상사업의 수행과정에서 재산을 위험으로부터 보존할 목적으로 공동의 안전을 위하여 이례적인 희생이나 비용을 임의적, 합리적으로 발생하거나 지출한 경우에 한하여 성립한다. 이러한 손해와 비용은 공동 해상사업의 이해관계자들이 공동으로 분담하는 된다.

해상보험에서 분손의 형태는 주로 선박의 파손, 화물의 일부손실, 운임의 미취득부분 등으로 나타난다. 예를 들면 barge선에 쌀을 싣고 오다가 barge선의 침몰로 침수손을 입은 경우에 다시 건조시켜 약 1/4 가격으로 매각한 경우 쌀은 여전히 동종의 물건 쌀로서 존재하므로 현실 전손이 아닌 분손이다(Francis v. Boulton [1895]).

영국해상보험법 제64조 제1항에서는 다음과 같이 단독해손을 정의한다.

MIA 제64조 Particular average loss

(1) A particular average loss is a partial loss of the subject-matter insured, caused by a peril insured against, and which is not a general average loss.

제64조 단독해손손해

(1) 단독해손은 담보위험으로 인하여 발생한 보험목적물의 분손이며, 공동해손이 아닌 것을 말한다.

2) 선박보험의 분손

해상위험으로 선박의 일부분이 손상될 경우 분손이 발생한다. 선박의 단독해손의 보험보상에 관하여 상법은 선박이 일부 손해를 입은 경우에 영국해상보험법 제69조와 동일한 내용으로서 보험자는 보상책임이 있음을 규정하고 있다(상법 제707조의 2).[97]

MIA 제69조 Partial loss of ship

Where a ship is damaged, but is not totally lost, the measure of indemnity, subject to any express provision in the policy, is as follows:

(1) Where the ship has been repaired, the assured is entitled to the reasonable cost of the repairs, less the customary deductions, but not exceeding the sum insured in respect of any one casualty:

(2) Where the ship has been only partially repaired, the assured is entitled to the reasonable cost of such repairs, computed as above, and also to be indemnified for the reasonable depreciation, if any, arising from the unrepaired damage, provided that the aggregate amount shall not exceed the cost of repairing the whole damage, computed as above:

(3) Where the ship has not been repaired, and has not been sold in her damaged state during the risk, the assured is entitled to be indemnified for the reasonable depreciation

97) 상법 제707조의2(선박의 일부손해의 보상) ① 선박의 일부가 훼손되어 그 훼손된 부분의 전부를 수선한 경우에는 보험자는 수선에 따른 비용을 1회의 사고에 대하여 보험금액을 한도로 보상할 책임이 있다. ② 선박의 일부가 훼손되어 그 훼손된 부분의 일부를 수선한 경우에는 보험자는 수선에 따른 비용과 수선을 하지 아니함으로써 생긴 감가액을 보상할 책임이 있다. ③ 선박의 일부가 훼손되었으나 이를 수선하지 아니한 경우에는 보험자는 그로 인한 감가액을 보상할 책임이 있다.

arising from the unrepaired damage, but not exceeding the reasonable cost of repairing such damage, computed as above.

제69조 선박의 분손

선박이 손상되었으나 전손이 아닌 경우, 손해보상의 한도는 보험증권에 어떠한 명시적인 규정이 있는 경우를 제외하고 다음과 같다.

(1) 선박이 수선되었을 경우, 피보험자는 관습상의 공제액을 차감한 합리적인 수리비를 보상받을 수 있는 권리가 있다. 그러나 매 1회의 사고에 대하여 보험금액을 초과하지 아니한다.
(2) 선박이 손상의 일부분만이 수리되었을 경우, 피보험자는 수리부분에 대하여는 전호에 의하여 계산된 상당한 수리비를 보상받을 수 있는 권리가 있으며, 미수리된 손상으로부터 발생되는 합리적인 감가가 있을 경우, 상당한 감가에 대하여 손해보상을 받을 권리가 있다. 단, 그 총액은 전호에 의하여 계산된 전체 손상의 수리비를 초과하지 아니한다.
(3) 선박이 수리되지 아니하고 위험기간 중에 손상상태로 매각되지 않았을 경우, 피보험자는 미수리 손상으로부터 발생하는 합리적인 감가에 대하여 손해보상을 받을 권리가 있다. 단 그 금액은 제1호에 의하여 계산된 손상의 합리적인 수리비를 초과하지 아니한다.

(1) 합리적인 수리비

선박이 수리된 경우, 피보험자는 수리부분에 대해서 관습상의 공제액을 제외한 합리적인 수리비를 보상받을 수 있는 권리가 있다. 그러나 매 1회의 사고에 대하여 보험금액을 초과하지 못한다. 합리성의 기준은 보험에 가입하지 않은 신중한 선주(prudent uninsured owener)가 취하는 합리성이다. 다시 말해 보험사고시 과잉 수리가 예상될 수 있는데, 선주가 선박을 부보하지 않아서 모든 비용을 부담해야 하는 경우 아주 경제적으로 수리하려고 하는 행위가 합리성의 기준이라 볼 수 있다.

합리적인 수리비의 일부로 처리되는 몇 가지 항목을 영국해손정산인실무규칙(Rules of Practice of the Association of Average Adjuster)에서 인용해 보면 다음과 같다.[98]

① 임시수리

선박이 정박하고 있는 항구에서 영구수리가 불가능하고 수리가능항구까지 항해하는데 필요한 감항성(seaworthiness)을 가지도록 하기 위해 임시수리(cost of temporary repair)가 실시되는 경우, 그 임시수리비는 합리적인 수리비의 일부로 보상된다.

② 회항비

어떤 항구에서 수리할 필요가 있는 경우, 수리를 목적으로 그 항구로 선박을 옮겨가는데 발

98) 김정수, 「해상보험론」, 박영사, 2003, pp.421-434.

생된 비용, 즉 회항비(removal expenses)도 수리비의 일부로 간주된다.

③ 연료 및 저장품

선박이 수리되고 있는 동안 수리작업을 돕기 위해 소비된 연료 및 기관실의 저장품(fuel and stores)은 수리비의 일부로 보상된다.

④ 건선거비용

선박수리를 실시하는데 건선거가 필요한 경우, 선박을 건선거하는 비용(dry dock expense)과 건선거기간 중에 지급해야 할 비용은 보통 수리비의 일부를 형성한다.

⑤ 시간 외 작업

시간 외 작업(overtime) 때문에 건선거기간이 단축되어 건선거비용이 감액되는 경우와 같이 다른 비용이 절약되는 효과를 가져 오는 경우, 절감된 비용의 한도까지 시간 외 작업비용을 합리적인 수리비의 일부로 간주한다.

보험사고가 발생할 경우 보험자는 자기가 부담할 선박수리비를 합리적으로 산출하기 위하여 여러 개의 입찰에 붙일 수 있고 또한 피보험자에게 그렇게 하도록 요구할 수도 있다. 피보험자는 수리자와 공모하여 수리비를 시장가액보다 인상시키거나 또는 부당이득을 추구하는 사례가 종종 있었다. 보험자는 이러한 불공정 행위를 억제하기 위하여 선박보험약관에 사고통지와 입찰약관을 두어서 보험자에게 수선 간섭권과 입찰 거부권을 보장하고 있다(ITC 제10조).

(2) 미수리손해

선박이 손상을 입은 후 보험기간 중에 손상상태로 매각되지 않았을 경우, 피보험자는 미수리손상(unrepaired damage)으로부터 발생하는 합리적인 감가에 대하여 손해보상을 받을 권리가 있다(영국해상보험법 제69조 3항). 합리적인 감가란 ITC-hull의 미수리손상약관에서 선박의 정상가액에서 손상가액을 차감한 금액을 말한다고 규정하고 있다.[99)]

그리고 선박이 손상의 일부분만이 수리되었을 경우에 피보험자는 수리부분에 대하여 합리적인 수선비를 회수할 권리가 있다. 또한 미수리손상으로부터 생기는 감가가 있을 경우 합리적인 감가에 대하여 손해보상을 받을 수 있다(영국해상보험법 제69조 2항).

3) 적하보험의 분손

(1) 손해액의 의미

적하보험의 분손은 화물의 일부가 멸실 또는 손상될 경우 성립된다. 영국해상보험법에서 적

---

99) 협회기간약관(ITC-hull) 제18조 미수리손상약관.

하의 단독해손의 보상한도는 적하보험이 기평가보험인가 아니면 미평가보험인가에 따라서 보상의 기준이 달라진다. 기평가보험에서 적하의 일부가 전손이 된 일부 멸실의 경우(영국해상보험법 제71조 1항), 미평가보험에서 일부가 전손이 된 경우(영국해상보험법 제71조 2항) 그리고 적하가 목적항에서 손상되어 인도된 경우(영국해상보험법 제71조 3항)로 구분하여 규정하고 있다.

(2) 손해액의 산정

화물의 단독해손의 보상은 적하가 훼손되어 목적항에 도착한 때에는 보험자는 그 훼손된 상태의 가액과 훼손되지 아니한 상태의 가액과의 비율에 따라 보험가액의 일부에 대한 손해를 보상할 책임이 있다(상법 제708조). 그리고 적하의 일부를 매각한 경우에는 매각가액에서 비용을 공제한 후 보험가액과[100]의 차액을 보상하여야 한다(상법 제709조 1항).

① 적하의 일부 멸실된 경우

발하(pilferage)나 수량부족, 선적 또는 하역 중의 멸실, 선박에 해수 유입에 의한 화물 일부의 유실, 선박의 장애물과의 접촉, 화재 등이 있다. 이러한 경우 손해보상의 한도에 관해서는 영국해상보험법 제71조[101]에 규정하고 있다. 손해보상한도액은 멸실된 부분과 전체 수량과의 비율을 보험금액에 곱한 금액이다.

분손보상액 = 보험금액 × (멸실된 수량/전체의 수량)

예를 들면 컴퓨터 100상자(1상자당 4대가 들어 있음)의 협정보험가액이 $850,000이고 모두 동일가액인데 담보위험에 의해 1상자가 전손이 된 경우 피보험자는 1상자의 전손에 대하여 $8,500 = ($850,000 × 4/400) 보험금을 청구할 수 있다.

② 적하가 손상된 상태로 인도되는 경우

화물의 일부가 손상되어 목적지에서 인도되는 경우 손해보상의 한도는 도착장소에서의 총정품가액과 총손상가격과의 차액의 총정품가격에 대한 비율을, 기평가보험증권의 경우에 있어서는 보험증권에 정한 금액에 곱한 금액이며, 미평가보험증권의 경우에 있어서는 법정보험가액에

---

100) 영국해상보험법 제16조 (보험가액의 평가기준) (3)항 화물 또는 상품에 관한 보험에서 보험가액은 피보험재산의 원가에 선적비용과 선적의 부수비용 및 그 전체에 대한 보험비용을 가산한 금액이다.

101) 영국해상보험법 제71조 (화물, 상품 등의 분손) 화물이나 상품 또는 기타 동산의 분손이 있는 경우, 손해보상의 한도는 보험증권에 어떠한 명시적인 규정이 있는 경우를 제외하고는 다음과 같다.

(1) 기평가보험증권에 의하여 부보된 화물, 상품 또는 기타 동산의 일부가 전손이 되는 경우, 손해보상의 한도는 멸실한 부분의 법정보험가액의 전부의 법정보험가액에 대한 비율을 미평가보험증권의 경우에서와 같이 확정하여 보험증권에 확정되어 있는 금액에 곱한 금액이다.

(2) 미평가보험증권에 의해 보험 가입된 화물, 상품 또는 기타 동산의 일부가 전손이 되는 경우, 손해보상의 한도는 전손의 경우와 같이 확정된 멸실부분의 법정보험가액이다.

곱한 금액이다(영국해상보험법 제71조 3항). 보험증권에서 담보하는 기간 중에 담보위험에 의한 손해의 원인 및 손해의 정도를 확정하기 위해 검정인(surveyor)이 항상 임명된다. 검정인은 보험금청구자와 토의한 후 손상된 화물의 감가율(depreciation)을 정하며, 이 감가율에 의해 보험증권에 기재된 평가액과 조건에 따라 손해보상액이 결정된다.

감가율 = 손해액(정상품 시가 - 손상품 시가)/정상품 시가

예를 들면 설탕 100포의 협정보험가액이 $9,900인데 20포가 해수침손해를 입고 도착되었으며 합의된 감가율이 20%이다. 20포의 협정보험가액은 $1,980($9,900×20포/100포)이며 피보험자는 $396 = ($1,980 × 20%) 보험금을 청구할 수 있다.

4) 운임보험의 분손

운임의 분손은 화물의 일부가 멸실·손상을 입어 운임의 일부를 취득할 수 없을 때 발생한다. 보험증권에 명시적인 규정이 있는 경우를 제외하고, 운임의 분손이 있는 경우, 손해보상의 한도는 보험증권상 담보위험에 속하는 전체의 운임에 대한 피보험자가 상실한 운임의 비율을, 기평가보험증권의 경우에는 보험증권에 확정되어 있는 금액에 곱한 금액이며, 미평가보험증권의 경우에는 보험가액에 곱한 금액이다(영국해상보험법 제70조).

5) 공동해손

(1) 공동해손 개념

공동해손(共同海損, general average : GA)이란 보험목적물이 공동의 안전을 위하여 취해진 공동해손행위(general average act)로 인하여 발생하여 희생된 손해를 말하며 공동해손희생손해와 공동해손비용손해로 구분된다.

공동해손행위란 적하·선박·운임 등 공동의 해상사업으로 해상에서 사고를 당했을 때 위험에 처한 공동의 안전을 위해서 선장 및 선주의 적절한 조치를 의미하며, 그러한 조치로 인해 발생한 손해와 비용을 이해관계자가 모두 공동으로 균등하게 그 손해액을 분담하는 것을 공동해손분담금[102](general average contribution)이라 한다.

공동해손분담금은 보험증권에 명시적인 규정이 있는 경우를 제외하고, 피보험자가 보험목적물에 대하여 공동해손분담금을 지급하였거나 또는 지급할 책임이 있을 경우, 피보험자는 그러한 분담금을 보험자로부터 보상받을 수 있다(영국해상보험법 제66조 4항).

---

102) 상법 제694조 (공동해손분담액의 보상) 보험자는 피보험자가 지급할 공동해손의 분담액을 보상할 책임이 있다. 그러나 보험의 목적의 공동해손분담가액이 보험가액을 초과할 때에는 그 초과액에 대한 분담액은 보상하지 아니한다.

해상보험의 공동해손이 발생할 경우 이를 정산하는데 사용되는 국제규칙은 요크 앤트워프 규칙(York Antwerp Rules, 2016)이다.

영국해상보험법 제66조는 공동해손의 정의에 대해 다음과 같이 규정하고 있다.

MIA 제66조 General average loss

(1) A general average loss is a loss caused by or directly consequential on a general average act. It includes a general average expenditure as well as a general average sacrifice.

(2) There is a general average act where any extraordinary sacrifice or expenditure is voluntarily and reasonably made or incurred in time of peril for the purpose of preserving the property imperilled in the common adventure.

제66조 공동해손손해

(1) 공동해손손해란 공동해손행위로 인하여 발생한 손해 또는 공동해손행위의 직접적인 결과로 발생하는 손해를 말한다. 공동해손손해는 공동해손비용손해 및 공동해손희생손해를 포함한다.

(2) 공동의 해상사업의 수행과정에서 위험에 직면한 재산을 보존할 목적으로 위험이 발생한 과정에서 이례적인 희생 또는 비용이 임의적으로 그리고 합리적으로 발생한 경우에는 공동해손행위가 존재한다.

YAR(York Antwerp Rules) 2016 제A조는 공동해손의 정의에 대해 다음과 같이 규정하고 있다.

Rule A

There is a general average act when, and only when, any extraordinary sacrifice or expenditure is intentionally and reasonably made or incurred for the common safety for the purpose of preserving from peril the property involved in a common maritime adventure.

제A조 (공동해손의 요건)

공동해손행위는 공동의 해상사업에 속하는 재산을 위험으로부터 보존할 목적으로 공동의 안전을 위하여 이례적인 희생이나 비용을 임의적, 합리적으로 발생하거나 지출한 경우에 한하여 성립한다.

(2) York Antwerp Rules(YAR), 2016

공동해손은 해상법의 여러 제도 중 가장 일찍부터 존재하여 온 것으로 어떤 학자는 구약성서의 요나서에서 선박과 인명의 피해를 방지하기 위하여 적재된 화물을 바다에 투하했다는 구절에서 그 기원을 찾고 있기도 한다. 그런데 공동해손이 발생하는 경우 그 이해관계자들이 많기 때문에 세계 각국에서는 나름대로의 공동해손에 관한 법규들을 제정해왔다. 그 최초의 법규는 기원전 3~4세기경 로오드인의 투하법[103]인 것으로 전해 오고 있다. 그러나 화물의 이동 또는 선박의 활동 등이 국제화되고 공동해손에 관한 세계 각국의 법과 관습이 모두 달라서 공동해손을 정산하는데 많은 어려움으로 인해 국제적인 통일규칙이 필요하게 되었다.

1864년 영국 요크(York)시에서 개최된 국제공동회의에서 11개의 요크규칙(York Rules)이 채택되었다. 그 후 1877년 앤트워프(Antwerp)회의에서 범선에 대한 공동해손 정산문제를 주제로 한 12개 조항의 공동해손규칙이 제정되었는데 이것이 요크 규칙에 기초를 둔 것이라 하여 요크-앤트워프 규칙으로 불리게 되었다. 그 후 수차례에 걸친 수정·보완을 거쳐 오늘날 공동해손의 정산에 관해서는 York Antwerp Rules, 2016이 적용되고 있다. 따라서 현재 각국에서 사용하고 있는 선하증권과 해상보험증권에 공동해손의 정산을 YAR 2016에 따른다는 약관이 삽입되어 있다.

현재 사용되고 있는 요크-앤트워프 규칙(York Antwerp Rules, 2016)의 전문은 해석규정(Rule of Interpretation)과 최우선규정(Rule of Paramount)의 2개 규정으로 구성되어 있고, 해석규정은 문자규정 A부터 G까지 7개 규정으로 그리고 숫자규정은 제1조부터 제23조까지의 규정으로 구성되어 있다. 공동해손에 관하여는 YAR 규칙을 채용하는 한 이는 다른 법률이나 관습에 우선적으로 적용되며, 이 규칙 중에서도 최우선규정과 숫자규정이 문자규정에 우선하여 적용된다.

(3) 공동해손 성립요건

공동해손의 성립요건은 첫째, 해상사업을 위협하는 절박한 공동 위험이 현실로 존재해야 하고, 둘째, 이 위험으로부터 보호하기 위하여 공동안전을 위한 선장의 고의적이고 합리적인 처분행위가 있어야 하고, 셋째 처분행위로 인해 손해와 비용이 발생할 것을 공동해손의 성립요건으로 한다.

① 위험요건

㉠ 위험의 공동성 : 해상사업을 구성하는 선박과 적하의 공동안전을 위협하는 현실적인 공동의 위험이 존재하여야 한다. 적하의 일부에만 위험이 존재하고 선박에는 위험이 없다면 공동위험이라고 할 수 없으면 이 경우에는 공동해손으로 인정되지 않고 단독해손으로 처리된다.

103) Rhodian law를 인용한 유스티니아법전에 공동해손에 관한 조항으로 "만일 선박의 무게를 가볍게 하기 위해 화물의 일부를 해중에 투하하였을 때 이에 대한 희생은 전체가 분담해야 한다."라고 기록되어 있다.

㉡ 위험의 현실성 : 공동해손이 성립되기 위해서는 실제로 절박한 위험이 존재하여야 한다. 그 위험은 반드시 현실적이어야 하지 상상적이어서는 안 된다. 위험에 직면할 가능성이 있어 그것이 두려워 취한 행위는 공동해손이 될 수 없으며, 또한 실제로는 위험이 존재하지 않는 데도 위험이 존재한다고 잘못 판단하여 행한 행위는 공동해손으로 인정되지 않는다.[104)]

② 처분요건

㉠ 처분의 임의성 : 공동해손이 성립되기 위해서는 해상사업인 선박과 적하를 공동 위험으로부터 보호하기 위하여 공동안전을 위한 고의적인 공동해손행위가 있어야 한다. 따라서 우연히 일어나는 행위는 공동해손행위로 인정되지 않는다. 예를 들면 선원의 과실로 인한 좌초는 우연히 일어나는 것으로 공동해손행위로 볼 수 없지만 화재를 진압시키기 위하여 선박을 고의로 좌초시키는 행위는 공동해손행위로 인정받을 수 있다.

㉡ 처분의 이례성(異例性) : 공동해손행위를 발생시키기 위해 희생이나 비용은 그 성질상 이례적(extraordinary)이어야 한다. 통상적인 운송과정에서 발생하는 비용은 공동해손으로 인정되지 않는다. 예를 들면 선박이 악천후에 조우한 뒤 그 악천후가 더 악화될 우려가 있어 선장이 선박의 속력을 더 높이기로 결정한 후 소모된 부가연료비는 공동해손으로 인정받을 수 없다.

㉢ 처분의 합리성 : 공동 위험으로부터 보호하기 위하여 공동안전을 위해 취한 행위이며 인위적이고 합리적인 희생 및 비용이 발생해야 한다. 선박과 화물의 희생도 합리적이어야 하고 필요한 최소한의 경비가 지출되어야지 필요 이상의 비용이 발생되어서는 안 된다. 예를 들면 선박의 침몰을 피하기 위해서는 5만 톤만 투하하면 충분한데 20만 톤을 투하하는 것은 필요 이상의 처분이 된다.

③ 손해와 비용부담의 범위

공동해손은 공동안전을 위한 공동해손행위로 손해와 비용이 발생한 것이어야 한다. 공동해손의 손해와 비용 부담의 범위와 관련하여 세가지의 입법주의를 살펴보면 다음과 같은 문제점을 알 수 있다.

㉠ 공동안전주의 : 공동안전주의는 공동해손의 목적을 공동의 안전을 확보하는 것에 두고 공동해상사업을 위협하는 현실적 공동위험을 회피하는 것이다. 즉 선박 및 적하의 물

104) Joseph Watson and Son, Ltd. v. Fire msn's Fund Insurance Co. of San Francisco 1992, 2KB 355; 항해 중 resin이 적부된 선창에서 연기가 나오는 것을 보고 선장이 그 선창에 증기를 주입시켜 적하에 상당한 손해가 발생되었다. 목적지에 도착 후 화재가 발생된 증거가 없어 법정에서는 실제로 위험이 존재하지 않았는데도 선박과 적하가 위험이 놓여 있었다는 잘못된 생각 때문에 손해가 발생했다는 이유로 공동해손희생이 아니라고 판결되었다.

리적 안전의 달성까지를 공동해손의 범위[105]로 하고 있다. 예를 들면 손상된 선박이 피난항에 입항할 때에 소요된 비용과 피난항에서 선박 수리 또는 적하 처리의 비용만을 공동해손으로 인정한다는 주의이다. 이 주의에 따르면 공동해손으로 인정되는 비용은 피난항에서 공동의 안전이 확보되면 종료한다는 의미로 공동안전주의만을 주장할 경우에는 운송인은 항해 포기를 선언할 수도 있다.

ⓛ 공동이익주의 : 공동이익주의는 공동해손의 목적을 공동 이익의 확보에 두고 그 범위를 현실적 공동 위험에 대한 구조행위에 한정하지 않고 공동해상사업의 목적 달성에 필요한 것까지 확대하는 원칙[106]이다. 즉 공동해손의 행위가 시작된 때부터 발생된 희생과 비용을 공동해손 당사자의 공동 이익으로 인정함으로써 그 범위를 공동안전주의보다도 확대하자는 견해이다. 예를 들면 피난항과 관련된 비용이 공동해손으로 인정될 경우에 이 주의를 바탕으로 할 경우 운송인은 항해 포기를 선언하지 않을 수 있다.

ⓒ 절충주의 : 공동해손의 손해와 비용 부담의 범위와 관련하여서는 공동안전주의는 범위가 매우 좁고, 공동이익주의는 범위가 매우 넓기 때문에 양 주의의 중용을 취하는 것이 절충주의이다. YAR은 공동안전주의와 공동이익주의의 절충형을 채택하고 있다.

(4) 공동해손 손해의 구성

공동해손은 선체·장비·화물 등의 전부 또는 일부가 희생되는 공동해손희생손해(general average sacrifice)와 공동해손행위로 인하여 비용 지출이 발생하는 공동해손비용손해(general average expenditure)로 구분된다.

① 공동해손 희생손해

㉠ 적하의 투하(jettison of cargo) : 투하(jettison)는 선박이 폭풍·좌초 등의 위험에 직면하여 선박을 가볍게 하기 위하여 선박의 부속물·화물 등을 바다에 버리는 것으로 가장 단순한 형태의 공동해손행위이다.

갑판적화물을 투하했을 때 상관습상 갑판에 적재되어 운송되었을 경우 공동해손희생으로 인정된다(YAR 제1조). 그러나 상관습상 갑판적재화물이 아닌데도 갑판에 적재하고 운송하던 중 투하는 공동해손희생이 될 수 없다.

그리고 공동의 안전을 위하여 투하할 목적으로 잠시 열었던 해치(hatch)나 기타의 열린 문으로 유입된 해수에 의해 선박·화물 등이 입은 손해는 공동해손으로 인정된다(YAR 제2조).

㉡ 선박 내의 화재 소화(extinguishing fire on shipboard) : 공동안전을 위해 선박내의 화

105) 영국의 통설이다.
106) 미국 및 대륙법계에서 채택하고 있는 원칙이다.

재를 소화함에 있어서 물 또는 다른 물체에 의하여 선박·화물 등이 입은 손해와 불이 붙은 선박을 해안에 끌어올리거나 또는 배 밑에 구멍을 내어 발생한 손해는 공동해손으로 보상된다. 그러나 원인 여부를 불문하고 화재의 연기 또는 열로 인하여 생긴 손해는 배상에서 제외한다(YAR 제3조).

ⓒ 고의적인 좌초에 의한 손해(voluntary stranding) : 공동의 안전을 위하여 선박을 고의로 해안에 얹힌 경우 또는 선박이 그 당시 사정으로 불가피하게 해안이나 암초에 얹히게 된 경우처럼 고의적인 좌초에 의해서 선박·화물·운임 등이 입은 손해는 공동해손으로 인정한다(YAR 제5조).

ⓓ 기계와 기관의 손해(damage to machinery and the boilers) : 해안에 얹혀서 위험한 상태에 있는 선박을 다시 뜨게 하려고 노력하는 중에 선박의 기계와 기관에 생긴 손해는 공동해손으로 인정한다. 그러나 선박이 정상적인 운항 중에 발생한 기계와 기관이 입은 손해는 공동해손으로 인정되지 않는다(YAR 제7조).

ⓔ 양륙 등에 있어서의 화물의 손해(damage to cargo in discharging, etc) : 화물의 취급, 양륙, 보관, 재선적 및 적부의 결과로서 입은 손해는 이러한 작업에 소요되는 비용이 공동해손으로 인정되는 경우에 한하여 공동해손을 성립한다(YAR 제12조).

ⓕ 운임의 희생손해(loss of freight) : 화물의 손상 또는 멸실로 발생한 운임의 손해는 공동해손행위로 인하여 발생하거나 또는 화물의 손해가 공동해손으로 배상되는 경우 공동해손희생손해로 인정된다(YAR 제15조).

② 공동해손 비용손해

ⓐ 구조비(salvage remuneration) : 구조의 성질상 구조와 관련하여 구조가 계약에 의한 것인지 여부와 상관없이, 구조행위가 공동해상사업 단체에 속하는 재산을 위험으로부터 보존할 목적으로 실행된 것이라면 해상사업의 당사자가 구조비의 성질로 지출한 비용은 공동해손으로 인정한다(YAR 제6조).

ⓑ 피난항비용(expenses at port of refuge, etc.) : 선박이 공동안전을 위하여 부득이하게 피난항에 입항하거나 또는 피난항에서 수리할 수 없어 다른 장소로 이동하는데 소요되는 비용은 공동해손으로 인정된다. 피난항에 기항하였을 때 발생할 비용으로는 피난항까지 운항비용·도선료·입항료하역비·재적재비·원항로로 복귀하는 비용 등이다(YAR 제10조).

ⓒ 대체비용(substitute expenses) : 선박이 피난항에 입항하고서 필요한 조치를 할 때에, 여러 가지 방법 가운데 보다 더 경제적인 방법을 선택하여 공동해손비용이 절약되었다면 그 비용을 대체비용으로 처리하여 절약된 비용만큼 공동해손으로 인정된다. YAR 제14조[107]가 대체비용과 관계가 있으며 공동의 안전을 위해 희생된 선박의 손상

부분을 선적항·기항항 또는 피난항에서 임시수리를 할 경우 지급되는 임시수리비도 공동해손으로 인정된다.

㉣ 자금조달비용(provision of value) : 선장, 고급선원과 일반선원의 급료와 부양비 및 항해 중에 보급되지 않은 연료와 선용품 이외의 공동해손비용을 지급하기 위하여 선불된 금액의 보험료도 공동해손으로 인정한다(YAR 제20조).

공동해손 인정액에 대하여 공동해손정산서의 발행일로부터 3개월까지 리보(LIBOR)[108] 금리에 4%를 더한 비율의 이자를 공동해손으로 인정한다. 이 경우에는 분담 이해관계자에 의하여 또는 공동해손 공탁금으로부터 중간 지급한 것은 그 상당액을 공제한다(YAR 제21조).

㉤ 정산비용 : 공동해손을 정산하기 위해 발생하는 비용으로 관습적으로 공동해손비용으로 인정하고 있다. 주요 정산비용으로는 해난보고서 작성비용, 공동해손손해 감정비용, 정산인의 보수, 정산인의 여비 및 통신비 등이 있다.

㉥ 분담금 청구권 기한 : 공동해손이 발생하여 공동해손 정산서가 발행된 날부터 1년이 경과하면 공동해손 분담금 청구권은 소멸한다.

(5) 공동해손의 구상

① 공동해손 선언·통지

공동해손이 발생한 경우 선사는 공동해손선언(declaration of general average)을 하고 이에 따라 선사가 공동해손 발생 사실을 각 화주에게 통지한다. 선사의 공동해손선언통지서(notice of general average declaration)에는 공동해손의 발생경위, 선임된 공동해손정산인, 공동해손분담의 확보를 위한 보증장 등 화주의 구비서류, 기타 공동해손에 따라 화주가 취하여야 할 절차 등에 대한 사항이 기재되어 있다.

화주는 위의 공동해손선언통지서를 접수하면 즉시 보험자에게 이를 통지하고 다음의 서류를 구비하여 필요한 절차를 취해야 한다.

㉠ 공동해손구상장(claim letter on general average)

㉡ 보험증권(insurance policy) - 원본

㉢ 선하증권(bill of lading) - 서명된 사본

---

107) YAR 제14조 (임시수리비) 선적항·기항항 또는 피난항에서 공동의 안전을 위하여 또는 공동해손희생에 의하여 발생한 손상을 임시 수리할 경우 그 수리비용은 공동해손으로 인정한다. 항해를 완수하기 위하여 우발적인 사고로 인한 손상을 임시 수리하는 경우에 그러한 수리비용은 만일 그곳에서 임시 수리를 하지 않았더라면 지출하게 되어 공동해손으로 인정되었을 비용이 절약된 범위 안에서만 다른 이해관계인의 절약액의 유무를 묻지 아니하고 이를 공동해손으로 인정한다. 공동해손으로 인정할 수 있는 임시수리비는 신·구교환 차익을 공제하지 아니한다.

108) 리보(LIBOR: London Inter-Bank Offered Rate)금리는 런던은행간 대출시 적용되는 금리를 말한다.

㉣ 상업송장(commercial invoice) - 서명된 사본

㉤ 공동해손선언통지서(notice of general average declaration)

② 공동해손의 정산

선사가 공동해손을 선언하게 되면 그에 따라 발생된 공동해손희생 및 비용, 즉 공동해손손해를 추후 공동해손 정산방식에 따라 공동해손행위로 인하여 이익을 받게 된 각 이해당사자들은 각자가 받은 혜택에 비례하여 분담하게 되는데 이때 각 이해당사자가 분담하는 금액을 공동해손분담금(general average contribution)[109]이라 한다.

그리고 공동해손분담금 산출의 기초가 되는 최종도착지에서의 선박, 화물 등의 구조된 가액을 공동해손분담가액(general average contributory value)[110], 공동해손분담가액과 공동해손분담금의 비율을 공동해손분담비율(general average contributory ratio)이라고 한다.

공동해손의 정산, 즉 공동해손분담금의 산출은 선사측에서 선임한 공동해손정산인(general average adjuster)이 공동해손규칙(YAR) 또는 운송약관에 정하는 바에 따라 공동해손을 정산하여 공동해손정산서(statement of general average)를 작성하며, 이를 모든 이해당사자에게 통지하고 분담금을 회수한다.

③ 공동해손금액의 분담

공동해손 정산에는 상당한 시일이 소요된다. 따라서 만약 선사가 공동해손으로 채권을 보전하기 위해 공동해손분담금이 확정될 때가지 화주에게 화물을 인도해 주지 않을 경우 화주는 어려움을 겪게 된다. 따라서 선사는 화주에게 화물을 인도하기에 앞서 분담금의 안전한 회수를 위해 최종적으로 공동해손공탁금(general average deposit) 또는 이에 대신하여 보험자가 발행하는 공동해손보증장(general average guarantee)을 제출할 것을 요구한다.

공동해손보증장에는 보통 무제한보증장(unlimited guarantee)과 보험금액제한보증장(limited guarantee)의 두 종류가 있지만, 선사가 요구하는 것은 무제한보증장이다. 무제한보증장은 화물의 공동해손분담가액이 보험금액을 초과하더라도 분담금의 전액을 지급할 것을 보증하는 것이고, 보험금액제한보증장은 공동해손분담가액의 보험금액에 대한 비율에 따라 분담금을 지급할 것을 보증하는 것이다. 보험자는 이를 발행하기에 앞서 피보험자로부터 역보증장(counter guarantee)

---

109) YAR A조 (공동해손의 요건) 공동해손 행위는 공동 해상 재산을 위험으로부터 보존할 목적으로 공동 안전을 위하여 이례적인 희생 또는 비용을 의도적, 합리적으로 발생하거나 지출한 경우에 한하여 성립한다. 공동해손 희생과 비용은 다음에 규정하는 기준에 따라서 각 분담 이해관계인이 부담하여야 한다.
영국해상보험법 제66조 (공동해손손해) 3항 공동해손손해가 존재하는 경우, 그 손해를 부담하는 당사자는 해법에 의하여 부과되는 조건에 따라 다른 이해관계자들에 대하여 비례적인 분담금을 청구할 수 있는 권리가 있으며, 그러한 분담금을 공동해손분담금이라고 한다.

110) YAR G조 (공동해손분담가액) 공동해손은 손해와 분담의 양자에 관하여 그 항해가 종료한 때와 곳의 가액을 기초로 하여 이를 정산한다.

을 접수함으로써 공탁금이 보험금액을 초과할 경우에 면책근거로 삼는다.

공동해손공탁금(general average deposit)은 선주가 공동해손정산서에 의한 정확한 분담금을 계산하기까지는 1년 혹은 수 년이 소요되므로 간단한 공동해손율(ratio of general average)에 의해서 충분하고 여유 있게 산출한 공탁금을 요구한다. 선사는 화물인도의 조건으로 영수한 공탁금은 은행에 예치해서 이자와 함께 지급보증을 관리하고 최종적으로는 공동해손분담금을 지급한 잔액은 화주에게 반환한다. 그러나 실제로는 화물이 보험에 부보되어 있는 경우 대부분 보험자의 보증장을 받고 화물을 인도하는 것이 일반적이며, 공탁금을 요구하는 것은 무보험의 경우나 보험자가 신용이 없는 경우이다.

결국 보험자는 공동해손희생손해를 화주에게 직접 보상하고, 나중에 공동해손정산서에 의하여 공동해손정산인으로부터 회수하게 된다.

4. 비용손해

비용손해(expenses)란 단독해손과 같이 보험목적물 자체의 손해가 아니고 손해방지를 위해 지출된 비용이다. 단독이익을 위한 비용이므로 공동해손도 아니다. 비용손해에는 구조비, 손해방지비용, 특별비용 등이 있다.

1) 구조비

(1) 구조비 개념

구조비(salvage charges: S/C)란 구조자가 구조계약과는 관계없이 임의로 구조한 자가 해상법상 회수할 수 있는 비용을 말한다. 구조비는 구조행위로 인하여 발생한 비용으로 보험자가 피보험자를 대신하여 구조자에게 지급한다.

해상보험에서 구조비가 성립되기 위한 구조는 순수구조이다. 우리 상법[111]에서도 순수구조인 경우에 한하여 그 결과에 대해서 상당한 보수를 청구할 수 있는 구조비청구권을 구조자에게 인정해주고 있다.

보험자가 피보험자에게 지급하는 구조비는 보험금액을 한도로 보상된다.[112] 또한 일부보험

111) 상법 제882조 (해난구조의 요건) 항해선 또는 그 적하 그 밖의 물건이 어떠한 수면에서 위난에 조우한 경우에 의무 없이 이를 구조한 자는 그 결과에 대하여 상당한 보수를 청구할 수 있다. 항해선과 내수항행선 간의 구조의 경우에도 동일하다.

112) 영국해상보험법 제65조 1항 (구조비) 및 상법 제694조의2(구조료의 보상) 보험자는 피보험자가 보험사고로 인하여 발생하는 손해를 방지하기 위하여 지급할 구조료를 보상할 책임이 있다. 그러나 보험의 목적물의 구조료분담가액이 보험가액을 초과할 때에는 그 초과액에 대한 분담액은 보상하지 아니한다.

인 경우 보험자의 손해보상은 일부보험의 비율만큼 감액된다. 그리고 전손이 된다면 구조자에 대한 지급책임이 없으므로 보험자 또한 보상하지 않는다.

정보통신기술 발달로 오늘날에는 선박이 해난에 조우한 경우, 선장이 곧 바로 구조를 요청하고 구조계약에 의해 구조를 하는 것이 보통이며, 이 경우의 구조비는 여기서 말하는 구조비가 아니고 손해방지비용 또는 공동해손 비용으로 취급된다.

영국해상보험법 제65조에서는 구조비를 다음과 같이 정의하고 있다.

MIA 제65조 Salvage charges

(1) Subject to any express provision in the policy, salvage charges incurred in preventing a loss by perils insured against may be recovered as a loss by those perils.

(2) 'Salvage charges' means the charges recoverable under maritime law by a salvor independently of contract. They do not include the expenses of services in the nature of salvage rendered by the assured or his agents, or any person employed for hire by them, for the purpose of averting a peril insured against. Such expenses, where properly incurred, may be recovered as particular charges or as a general average loss, according to the circumstances under which they were incurred.

제65조 구조비용

(1) 보험증권에 명시규정이 있는 경우를 제외하고 담보위험으로 인하여 발생하는 손해를 방지하기 위하여 지출한 구조비는 담보위험에 기인한 손해로서 보상받을 수 있다.

(2) 구조비라 함은 구조자가 구조계약과는 상관없이 해상법상으로 회수할 수 있는 비용을 말한다. 이 구조비는 피보험자나 그 대리인 또는 보수를 받고 그들에 의해 고용된 자가 담보위험을 피하기 위하여 행한 구조의 성질을 띤 노무의 비용을 포함하지 않는다. 그러한 비용은 적절하게 발생한 비용이라면 비용이 발생한 사정에 따라서 특별비용 혹은 공동해손손해로서 보상받을 수 있다.

(2) 구조비의 보상요건

구조자가 구조한 재산에 대하여 선주나 화주에게 구조비를 청구할 경우 선박보험자나 적하보험자가 이를 지급한다. 구조비는 담보위험으로 인한 손해를 방지하기 위하여 발생된 구조비만 보험자가 보상한다. 그러나 보험조건에 따라 보상되지 않는 경우도 있다. 적하보험에서는 담보위험으로 발생한 구조비는 모두 보험자가 보상하지만 선박보험에서 전손만(total loss only)의 조건으로 가입한 경우, 이 보험조건은 오로지 선박의 전손만 보상하는 조건이기 때문에 그 외의 일체에 대해서는 보상될 수 없다. 구조비를 보상받기 위해서는 "including salvage charge"라는 문언을 특별약관으로 삽입하여야 한다.

① 위험의 존재

구조행위가 성립하기 위해서는 먼저 선박·적하 등 보험목적물이 실제로 위험한 상태에 있어야 한다. 즉 구조행위가 없었다면 선박이 멸실될 우려가 있는 위험한 상태를 의미한다. 구조자는 위험의 존재를 입증해야 한다.

② 구조행위의 임의성

구조행위의 임의성은 구조자가 법적 의무로서 구조를 하는 것이 아니라 자기 의사대로 구조행위를 하는 것을 말한다. 즉 구조비는 계약에 의하지 않고 반드시 제3자의 임의적 구조행위에 대한 보상이다. 여기서 제3자란 보험목적물의 소유자·대리인·사용인·양수인을 제외한 자를 의미한다.

③ 구조행위의 성공

구조비(salvage charges)는 구조(salvage)가 반드시 성공한 경우에만 인정된다. 즉 구조행위가 성공하지 못하면 보수도 없다(no cure, no pay)는 원칙이 적용된다. 구조자는 구조행위를 한 결과 구조물의 전부 혹은 일부를 취득해야 구조비를 청구할 수 있다. 손해방지비용은 손해방지행위의 성공 여부에 상관없이 보상된다.[113]

2) 특별비용

(1) 특별비용의 개념

특별비용(particular charges: P/C)이란 보험목적물의 손해를 담보위험으로부터 보호하기 위하여 피보험자 혹은 그 대리인이 지출한 비용으로 공동해손비용과 구조비 이외의 비용이다(영국해상보험법 제64조 2항). 행위의 주체가 제3자인 경우는 구조비이고, 행위의 주체가 피보험자 및 그 대리인 등의 경우는 특별비용이다. 특별비용은 선박이나 적하에 단독으로 발생하는 비용으로서 일반적으로 손해방지약관이 첨부된 보험증권 하에서 보상된다.

특별비용에 포함되는 비용은 적하보험의 경우 항해 중의 사고로 인해 피난항에서 화물을 양륙한 경우의 양륙비·창고보관료·재포장비용·재선적비용 등이 있다. 선박보험에서는 실무적으로 분손과 관련되는 비용을 모두 수리비에 포함하므로 특별비용이 발생하지 않는다.

3) 손해방지비용

(1) 손해방지비용의 개념

손해방지비용(sue and labour charges: S/L)은 보험목적물에 해상위험이 발생한 경우 이를

113) 손해방지비용은 보험금액을 초과하여 보상이 가능하지만, 구조비는 보험금액을 한도로 보상된다.

방지, 경감하기 위해 피보험자 또는 그의 대리인이 합리적으로 지출한 비용이다. 보험자는 이러한 비용을 별도로 보상해 줌으로써 피보험자들로 하여금 스스로 손해방지를 위해 노력하도록 유도할 수 있다.

보험사고발생시 피보험자 또는 그의 대리인은 손해방지에 노력을 해야 하는 손해방지, 경감 의무[114]를 진다. 이러한 손해방지행위는 보험자를 위한 의무이기 때문에 비용은 당연히 보험자가 보상해야 한다. 손해방지행위를 시도하다 실패한 경우에도 이 비용을 보상한다. 왜냐하면 만약 손해방지가 실패할 경우 이를 보상하지 않는다면 손해방지행위를 하지 않을 것이다. 그러나 피보험자가 자신의 의무[115]를 소홀히 할 경우에는 보험금 지급이 거절될 수도 있다.

보험목적물의 손해 이외에 추가로 보상되는 비용이므로 보험목적물의 손해액과 손해방지비용의 합계액이 보험금액을 초과할 수 있다.

영국해상보험법 제78조에서는 손해방지약관으로 처리하도록 다음과 같이 규정하고 있다.

MIA 제78조 Suing and labouring clause

(1) Where the policy contains a suing and labouring clause, the engagement thereby entered into is deemed to be supplementary to the contract of insurance, and the assured may recover from the insurer any expenses properly incurred pursuant to the clause, notwithstanding that the insurer may have paid for a total loss, or that the subject-matter may have been warranted free from particular average, either wholly or under a certain percentage.

(2) General average losses and contributions and salvage charges, as defined by this Act, are not recoverable under the suing and labouring clause.

(3) Expenses incurred for the purpose of averting or diminishing any loss not covered by the policy are not recoverable under the suing and labouring clause.

(4) It is the duty of the assured and his agents, in all cases, to take such measures as may be reasonable for the purpose of averting or minimising a loss.

제78조 손해방지약관

(1) 보험증권에 손해방지약관이 포함되어 있는 경우에는, 이 약관에 의하여 체결된 합의는 보험계약을 보충하는 것으로 보며, 보험자가 전손에 대하여 보험금을 지급하였거나 또는 보험목적물이 단독해손의 전부 또는 일정 비율 미만의 단독해손부담보 조건으로 보험에 붙인 경우일지라도, 피보험자는 이 약관에 따라서 정당하게 지출한 일체의 비용을 보험자로부터 보상

114) 상법 제680조 (손해방지의무) ① 보험계약자와 피보험자는 손해의 방지와 경감을 위하여 노력하여야 한다. 그러나 이를 위하여 필요 또는 유익하였던 비용과 보상액이 보험금액을 초과한 경우라도 보험자가 이를 부담한다.

115) ICC 제16조 (피보험자의 의무약관).

받을 수 있다.
(2) 피보험자는 이 법이 규정한 공동해손손해와 공동해손분담금 및 구조비용은 손해방지약관에 의하여 보상될 수 없다.
(3) 피보험자는 보험증권에 의해서 담보될 수 없는 손해를 방지하거나 경감할 목적으로 지출한 비용은 손해방지약관에 의하여 보상받을 수 없다.
(4) 피보험자와 대리인은 손해를 방지하거나 경감하기 위하여 합리적인 조치를 강구할 의무가 있다.

(2) 손해방지비용의 보상요건

① 손해방지약관의 존재

보험증권에 피보험자가 보험금액 이상으로 보상받을 수 있도록 해 주는 별개의 독립된 손해방지약관이 있는 경우 손해방지비용이 될 수 있으며 손해방지약관에 따라서 정당하게 지출한 비용을 보험자로부터 보상받을 수 있다.

② 피보험자나 대리인의 손해방지행위

손해방지비용은 손해방지행위의 주체자가 반드시 피보험자와 그의 대리인으로서 손해를 방지하거나 경감하기 위하여 합리적으로 지출된 비용일 경우 보험자로부터 보상받을 수 있다. 따라서 제3자나 보험자가 손해방지행위를 했다면 보상받을 수 없다.

③ 담보위험의 발생

담보위험에 해당되는 위험으로 발생하는 손해를 방지하거나 최소화하기 위한 목적으로 지출된 비용만 손해방지비용으로 보상받을 수 있다.

④ 합리적인 비용

손해방지약관에 따라서 적절하고 합리적으로 발생된 것이라면 한도액에 상관없이 보험자로부터 보상받을 수 있다.

⑤ 위험의 실제

보험목적물이 멸실이나 손상을 입을 수 있는 현실적으로 위험에 처했을 때 절박한 손해를 방지하기 위하여 지출한 비용만 손해방지비용으로 보상된다. 만약 안전하고 정상적인 상태에서 발생한 비용은 보상받을 수 없다.

⑥ 손해조사비용

손해조사비용(extra charges)이란 손해가 발생했을 경우 손해사정인에 의해 손해의 원인 및 정도를 조사하는데 소요되는 비용을 말한다. 영국해상보험법에 별도로 규정이 없지만 관습적으로 보험자가 보상하고 있으며, 상법[116]에서도 보험자의 부담으로 규정하고 있다.

〈표 8-4〉 비용손해의 구분

구 분	공동해손비용	구조비용	손해방지비용	특별비용
행위주체	선장	제3자	피보험자 및 피보험자의 대리인(손해방지경감의무자)	피보험자 및 피보험자의 대리인
목 적	공동이익	단독이익(공동이익인 경우 공동해손손해)	단독이익	단독이익
종 류 (예시)	① 피난항 입항비 ② 피난항 양륙비 ③ 예인선비 ④ 공동해손행위에 의한 구조비	자발적인 지출목적	① 목적지 도착 전 비용 ② 소송비용	① 피난항 비용 ② 목적지 도착 후 비용 ③ 계약구조비
보상책임한도	실지출비	실구조비	전부보상	보험금액한도

출처: 박병호, 관세사 무역실무II, 고시연구원, 2001, p.1154.

5. 배상책임손해

1) 배상책임손해의 개념

배상책임손해는 자신의 과실·과오·부주의 등으로 인하여 제3자가 입은 손실에 대해서 법적으로 배상해 줄 책임을 말한다.

해상보험[117]에서는 담보위험으로 인한 보험목적물의 물적 손해나 비용손해 이외에 선원의 과실에 의하여 부보선박이 타선박과 충돌하여 부보선박 자체가 입은 물적 손해는 물론 그 충돌로 인하여 상대선박의 선주 및 화주에 대하여 피보험자가 책임져야 할 배상책임손해[118]까지 보상한다. 책임손해는 공동해손의 분담금과 선박보험의 충돌배상책임손해를 포함하지만 선박보험 약관인 충돌약관(衝突約款, collision liability clause; running down clause: RDC)에서 담보하는 충돌배상책임손해만을 의미한다.

116) 상법 제676조 (손해액의 산정기준) ① 보험자가 보상할 손해액은 그 손해가 발생한 때와 곳의 가액에 의하여 산정한다. 그러나 당사자간에 다른 약정이 있는 때에는 그 신품가액에 의하여 손해액을 산정할 수 있다. ② 제1항의 손해액 산정에 관한 비용은 보험자의 부담으로 한다.

117) 영국해상보험법 제3조 2항은 선박·화물 등을 소유함으로써 이의 소유자가 제3자에 대해서 배상책임을 부담하게 될 경우에 대비한 해상보험계약이 체결될 수 있음을 규정하고 있다.

118) 영국해상보험법 제74조 (제3자에 대한 배상책임) 피보험자가 제3자에 대한 배상책임을 명시적인 조건으로 보험계약을 체결한 경우에 그 손해보상의 한도는 보험증권에 명시적 규정이 있는 경우를 제외하고 피보험자가 그러한 책임에 대하여 제3자에게 지불하였거나 또는 지불하지 않으면 안 될 금액인 것이다.

협회적하약관(ICC) 제3조 쌍방과실충돌약관(both to blame collision clause)에서는 화주가 상대선박으로부터 배상받은 금액 중 자신이 적재한 적재선박의 과실비율에 해당하는 부분을 운송인으로부터 청구가 있게 되면, 피보험자의 불이익을 보호하기 위해 보험자가 보상한다는 취지를 규정하고 있다.

협회선박약관(ITC-hulls) 제8조 3/4충돌배상책임손해약관(both to blame collision clause)에서는 보험자는 부보된 선박이 다른 선박과 충돌할 경우 선박자체 손해뿐만 아니라 피보험자가 법적으로 배상책임을 지고 손해배상금조로 상대 선주에게 지급한 금액 중의 3/4을 초과하지 않는 범위 내에서 피보험자에게 보상해 줄 것을 규정하고 있다.

보험자가 손해배상책임을 전액 보상하지 않고 3/4만 보상하는 이유는 주로 선원의 과실로 인해 선박의 충돌이 많이 발생하기 때문에 그 일부에 대한 책임을 선주에게 부담시킴으로써 충돌을 다소나마 예방하기 위해서이다. 만약 배상책임손해를 전액 보상하게 되면 정신적 위태가 증가하여 선주·선장·선원 등은 선박의 충돌에 자연히 무관심할 수 있다.

나머지 1/4의 배상책임손해는 선주들이 자발적으로 운영하는 단체인 P&I club(protection & indemnity club)에서 손해를 보상해 준다.

2) 선박 충돌

1910년 "선박충돌규정의 통일에 관한 국제조약"(international convention for the unification of certain rules of law in regards to collision)에 의하면, 선박의 충돌과 책임에 관해 과실비율을 정할 수 없는 경우에는 균등의 원칙에 따라 50%씩 적용되지만 그렇지 않은 경우에는 과실의 비율에 따라 배상책임을 결정하도록 다음과 같이 책임의 한계를 규정하고 있다.

① 무과실충돌

선박 충돌이 불가항력(act of god)으로 발생하거나 원인 불명인 경우 각 선주는 어느 누구의 과실이 없으므로 피해 선주는 충돌(neither to blame collision)로 인한 손해배상을 청구하지 못한다.

② 일방과실충돌(one to blame collision)

어느 일방의 과실로 인한 충돌이 발생한 경우 과실 있는 선주는 충돌손해에 대하여 배상책임을 진다. 예를 들면 정박중인 선박과 충돌하게 되면 일방과실이 성립되고 가해 선주는 피해 선주에게 배상책임이 있다.

③ 쌍방과실충돌

쌍방의 과실로 선박의 충돌(both to blame collision)이 발생한 경우를 말한다. 이 경우에 과실비율을 정할 수 없는 경우에는 균등의 원칙에 따라 50%씩 적용되지만 그렇지 않은 경우에는 과실의 비율에 따라 배상하며 충돌사고를 관제하는 국가의 법률과 관습에 따른다. 최근에는 국제조약의 원칙을 따르고 있다.

영국·독일·일본·프랑스·이탈리아 등 주요 해운국가에서는 선박충돌규정에 관한 통일을 위한 국제조약을 실시하고 있으며 우리나라 상법[119]에서도 국제조약과 동일한 내용을 법규화하고 있다.

---

119) 제877조 (불가항력으로 인한 충돌) 선박의 충돌이 불가항력으로 인하여 발생하거나 충돌의 원인이 명백하지 아니한 때에는 피해자는 충돌로 인한 손해의 배상을 청구하지 못한다.
제878조 (일방의 과실로 인한 충돌) 선박의 충돌이 일방의 선원의 과실로 인하여 발생한 때에는 그 일방의 선박소유자는 피해자에 대하여 충돌로 인한 손해를 배상할 책임이 있다.
제879조 (쌍방의 과실로 인한 충돌) ① 선박의 충돌이 쌍방의 선원의 과실로 인하여 발생한 때에는 쌍방의 과실의 경중에 따라 각 선박소유자가 손해배상의 책임을 분담한다. 이 경우 그 과실의 경중을 판정할 수 없는 때에는 손해배상의 책임을 균분하여 부담한다. ② 제1항의 경우에 제3자의 사상에 대한 손해배상은 쌍방의 선박소유자가 연대하여 그 책임을 진다.

제3편

해상보험증권과 약관

제9장 해상보험증권

주요내용

해상보험증권의 개념과 해석원칙을 알아보고 해상보험증권의 양식과 구성내용을 구증권과 신증권으로 나누어 살펴본다.

- 해상보험증권
- 해상보험증권의 해석원칙
- 해상보험증권의 양식
- 해상보험증권의 기재사항

1. 해상보험증권의 개념

해상보험계약이 체결되면 보험자는 보험증권[120]을 보험계약자(피보험자)에게 발급한다. 보험증권(insurance policy)은 보험계약의 성립과 그 내용을 증명하기 위하여 보험자가 보험계약의 내용을 기재하고 기명·날인하여 보험계약자에게 교부[121]하는 증거서류이다. 보험증권의 교부는 엄격한 의미에서 보험계약의 성립요건은 아니다. 보험자와 보험계약자(피보험자)간의 의무와 권리관계를 명시하고 있어서 증거증권으로서 기능을 가지고 있다. 영국해상보험법[122]에서도

120) 상법 제666조 (손해보험증권) 손해보험증권에는 다음의 사항을 기재하고 보험자가 기명날인 또는 서명하여야 한다. 1. 보험의 목적, 2. 보험사고의 성질, 3. 보험금액, 4. 보험료와 그 지급방법, 5. 보험기간을 정한 때에는 그 시기와 종기, 6. 무효와 실권의 사유, 7. 보험계약자의 주소와 성명 또는 상호, 8. 보험계약의 연월일, 9. 보험증권의 작성지와 그 작성년월일.

121) 상법 제640조 (보험증권의 교부) ① 보험자는 보험계약이 성립한 때에는 지체없이 보험증권을 작성하여 보험계약자에게 교부하여야 한다. 그러나 보험계약자가 보험료의 전부 또는 최초의 보험료를 지급하지 아니한 때에는 그러하지 아니하다.

위와 같이 설명하고 있다.

2. 해상보험증권의 해석원칙

해상보험증권의 일부 용어나 표현은 영국해상보험법[123] 제1부칙인 보험증권 해석에 관한 규칙(Rules for Construction of Policy : RCP)에서 정의하고 있는 특정한 의미를 갖는 것으로 해석하여야 한다. 해석(construction)이란 말은 재판에 의한 사법상의 해석(judicial interpretation)을 의미한다.

1) 수기문언우선의 원칙

동일 증권의 각 약관내용이 서로 다른 경우 어느 약관의 내용이 우선할 것인가에 관한 규정이 없으면, 분쟁이 발생할 경우 수기문언(handwritten wording)을 가장 우선시 한다는 원칙이다. 보험계약 체결시 통상 인쇄된 문언, 즉 약관을 중심으로 체결되지만, 그 내용을 수정할 필요가 있다거나 새로운 내용을 첨가시킬 필요가 있는 경우에는 스탬프·타자 등을 이용하기도 하고 육필로 직접 증권에 그 내용을 기재하기도 한다. 이때에 수기문언은 보험계약자가 특별히 의사표시를 한 것이므로 기타의 약관에 비해 우선하여 적용한다.

각 약관이 존재하고 있을 때 약관의 우선 순위는 수기문언 〉 타자문언 〉 스탬프문언 〉 특별약관 〉 협회적하약관 〉 난외약관 〉 이탤릭 서체약관 〉 본문약관 순이다.

---

122) 영국해상보험법 제22조 (보험계약은 보험증권에 구현되어야 한다) 다른 성문법에 별도 규정이 있는 경우를 제외하고 해상보험계약은 본 법에 따라 해상보험증권에 구현되지 않는 한 증거로서 인정되지 않는다. 보험증권은 계약이 성립된 때 또는 그 후에 작성되고 발행될 수 있다.
제23조 (보험증권의 필수 기재사항) 해상보험증권은 다음의 사항을 반드시 기재하여야 한다. (1) 피보험자의 성명, 또는 피보험자를 위하여 보험계약을 체결하는 자의 성명 (2) 보험의 목적 및 담보위험 (3) 보험에서 담보하는 항해 또는 항해기간, 경우에 따라서는 둘다. (4) 보험가입금액 (5) 보험자 상호.
제24조 (보험자의 서명) (1) 해상보험증권은 반드시 보험자에 의해 서명되거나 또는 보험자를 대리하여 서명되어야 한다. 단, 법인의 경우 법인의 인장으로 충분하다. 그러나 본 조의 규정은 법인의 서명이 인장으로 날인되는 것을 요구하는 것으로 해석해서는 안된다. (2) 하나의 보험증권이 2인 이상의 보험자에 의해 서명되거나 또는 2인 이상의 보험자를 대리하여 서명되는 경우에는 반대의 의사가 없는 한 각각의 서명은 피보험자와 별도의 계약을 구성한다.

123) 영국해상보험법 제30조 (보험증권의 용어의 해석) (1) 보험증권은 본 법의 제1부칙에 있는 양식이 사용될 수 있다. (2) 본 법에 별도로 규정하고 있는 경우를 제외하고, 그리고 보험증권의 문맥상 별도의 해석을 필요로 하지 않는 한, 본 법의 제1부칙에서 언급된 용어와 어구는 그 부칙에 정하고 있는 범위와 의미를 갖는 것으로 해석하여야 한다.

2) 판례 및 계약당사자 의사 존중의 원칙

보험증권상의 문언을 해석할 때 과거의 판례(case)와 보험계약 당사자의 의도하였던 본래의 의도가 무엇인가를 알아내어, 그 의도에 맞게 해석해야 한다. 만약 판례와 당사자간의 의사가 불일치할 경우에 판례를 우선 적용한다. 그러나 판례나 관습이 없을 경우에는 보험계약당사자의 의사를 존중한다.

역사적으로 해상보험은 영국을 중심으로 발전되어 왔고 영국은 관습과 판례를 존중하는 불문법 국가이기 때문에 해상보험에 관한 문제점들을 관련되는 판례(case)에 따라 해석하려는 경향이 있다.

3) POP원칙

보험증권의 약관이나 문언은 학문적·이론적으로 해석되지 않고 평범하고(plain), 보통의 의미(ordinary), 그리고 통속적인 의미(popular)로 해석한다는 원칙이다. 이들 단어의 첫 글자를 따서 POP원칙이라 한다.

다수의 보험계약자가 동일한 보험약관을 계속적, 반복적으로 사용하고 있기 때문에 보험약관의 내용은 보험계약 당사자 1인의 주관적인 사정이나 인지의 능력 등을 감안하여 해석하지 아니하며 보험계약자의 평균적 이해도를 중심으로 해석하여야 하며, 또한 약관의 내용은 단어에 집착하지 말고 전체적으로 체계적이고 일관된 해석을 하여야 한다.

예를 들면 화학자들은 폭발을 매우 급속한 화재의 일종으로 전문적인 해석을 하여 폭발과 화재를 똑같은 것으로 해석할 수 있다. 그러나 화재는 보통 사람들이 생각하는 것처럼 화염이나 실제로 불에 타는 정도로 해석되어야 한다.

4) 동종제한의 원칙

보험증권에 서로 비슷한 뜻을 지닌 단어들이 나열되는 경우, 이들 단어들은 다른 뜻을 지니고 있는 것이 아니라 앞의 단어와 유사한 뜻을 지니고 있는 동일한 종류로서 해석하는 것을 동종제한의 원칙(principle of ejusdem generis)이라 한다.

예를 들면 관습적으로 선박을 표현할 때 “good ship or vessel” 일 경우 전혀 다른 뜻의 단어가 아니며 vessel은 앞의 ship과 같거나 유사한 것으로 해석되어야 한다.

동종[124]이란 위험의 성질은 동일하여야 하고, 사고 발생의 빈도나 심도의 크기 등이 어느 정도 동질적 범위에 있어야 한다. 동종제한의 원칙이 적용되고 있는 것이 전쟁위험이나 자연재이

124) RCP 제12조에서 모든 기타 위험(all other perils)이라는 것은 오직 보험증권에 특별히 열거한 위험과 유사한 동종의 위험만을 포함한다고 규정하고 있다.

다. 전쟁, 혁명, 내란, 사변, 폭동, 소요, 기타 이와 유사한 사태 또는 지진, 분화, 태풍, 홍수, 해일 또는 이들과 유사한 자연재해 등이다.

5) 문언작성자 불이익의 원칙

애매한 문언이 있는 경우에 작성자인 보험자에게 불리하게 해석한다는 것을 문언작성자 불이익(contra proferentem)의 원칙이라 한다.

보험에 대해 전문가인 보험자는 단어의 선택을 적절히 하여 그 뜻을 분명하게 할 의무가 있다. 따라서 보험자가 일방적으로 만든 보험약관의 의미가 불분명한 경우 자기과실책임의 원리를 적용하여 보험자에게 불리하도록 해석하는 것은 당연한 것이다. 만약 이러한 해석원칙이 지켜지지 않는다면 보험자는 다의적으로 해석될 수 있도록 의도적으로 약관을 모호하게 만들어 계약 체결시에는 보상이 될 것처럼 해석되게 하고 사고가 나면 면책으로 해석하여 자기 이익을 추구할 우려가 있다. 이런 의미에서 문언작성자불이익의 원칙을 두고 있는 것이다.

3. 해상보험증권의 양식

1) Lloyd' s SG보험증권

(1) Lloyd's SG보험증권의 의의

해상보험증권으로 Lloyd's SG(Ships & Goods) 보험증권이 1779년 1월 영국의 로이즈 보험자(Lloyd's underwriters) 총회에서 공식적으로 인정된 이후 세계의 해상보험시장에서 사용되었다.

한편 영국의 회사형태의 보험자들은 Lloyd's SG보험증권을 사용하지 않고 런던보험자협회(Institute of London Underwriters: ILU)에서 제정한 회사용 보험증권(companies' combined policy, hull and cargo)을 사용해 왔으나 그 내용은 Lloyd's SG보험증권과 실질적으로 동일하다.

Lloyd's SG보험증권의 문장은 고어체와 성경식으로 서술되어 내용이 어려워 비판을 받아왔다. 시대 흐름에 따라 Lloyd's SG보험증권에는 많은 약관이 첨부되었는데 보험증권이 제정될 당시부터 있었던 본문약관(body clause), 그 이후 본문약관과 구별하기 위하여 이태릭서체로 인쇄된 이탤릭서체약관, 여백에도 새로운 약관을 표시하여 여백약관 또는 난외약관(marginal)이라 하였다.

20세기 들어와서는 이 보험증권의 약관만으로 적하보험을 인수하기 어려워 기본조건으로 분손부담보조건(Free from Particular Average Clause: 1912년), 분손담보조건(With Average Clause : 1921년), 전위험담보조건(All Risks Clause: 1951년) 등의 특별약관을 첨부하거나 뒷면에 인쇄해서 사용하였다.

〈그림 9-1〉 SG보험증권과 협회적하약관

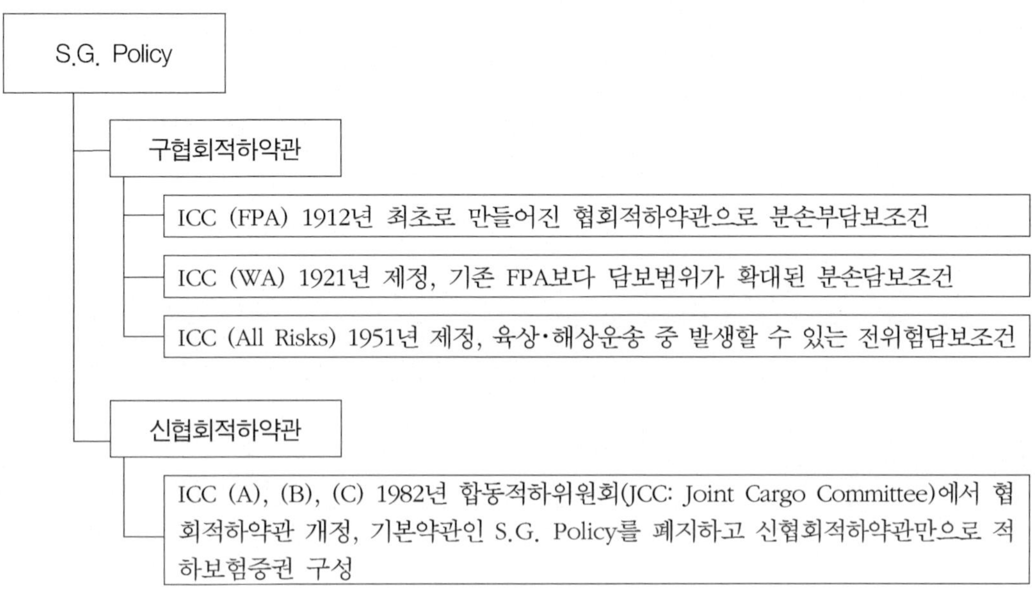

(2) Lloyd's SG보험증권의 구성내용

① 본문약관(body clause) (20개 조항)

㉠ 보험계약 인증 (be it know that)

> Be it know that…
>
> …… 라는 사실을 인증한다.

보험계약을 체결하였다는 사실을 인증한다는 문언이다. Be it know that 다음에는 피보험자를 위해 보험계약을 체결하는 자, 피보험자의 대리인 또는 중개인의 성명이 기재한다. 그러나 오늘날은 보험증권 양식에 기재하므로 실제로 이 공란에 피보험자명 등을 기입하지 않는다.

㉡ 양도약관(assignment clause)

> as well in their own name as for and in the name and names of all and every other person or persons to whom the same doth may, or shall appertain, in part or in all, doth make assurance and cause themselves and them, and every of them, to be insured.
>
> ……는 자기의 명의로서 또한 보험목적물의 일부 또는 전부가 귀속하는, 귀속할지도 모르는, 또

> 는 장차 귀속하게 될 모든 사람을 위하여, 또는 그들 명의로 보험계약을 체결하며, 자기와 상기의 모든 사람을 위하여 부보된 것으로 한다.

보험증권의 양도가 필요한 경우 피보험이익의 이전에 따라 보험증권이 양도[125]됨을 명시한 것이다. CIF나 CIP조건에서 매도인이 부보하고 화물이 본선에 적재되거나 운송인의 관리하에 인도되면 피보험이익이 매수인에게 이전되므로 보험증권을 매수인에게 양도한다.

ⓒ 소급약관(lost or not lost clause)

> lost or not lost,
>
> 멸실 여부는 불문한다.

해상보험계약을 체결할 때 보험목적물의 멸실 여부를 불문하고 해상보험계약을 체결한다는 사실을 명시한 문언이다. 즉 해상보험계약을 체결할 때 보험사고가 이미 발생하였다고 하더라도 계약당사자가 알지 못했다면 보험계약은 유효하다는 취지이다. 신협회적하약관에서는 피보험이익(insurable interest)약관으로 대체되었다.

ⓔ 위험의 개시(attachment of risk)

> at and from……
>
> …… 에서 그리고 … 부터

from 다음에는 항해보험의 경우에는 출항지명, 기간보험의 경우에는 계약개시일자, 혼합보험인 경우에는 둘 다 기재된다. 보험자의 책임개시 시점을 명시한 것이다.

ⓜ 보험목적물(subject-matter of insured)

> upon any kind of Goods and Merchandises, and also upon the Body, Tackle, Apparel, Ordnance, Munition, Artillery, Boat and other Furniture.

125) 영국해상보험법 제50조 (보험증권의 양도) 해상보험증권에 양도를 금지하는 문언이 없으면 손해발생 전후를 불문하고 양도될 수 있다.

> 어떤 종류의 화물, 상품 그리고 선체, 양하기구, 선구, 병기, 군수품, 군용포, 보트 및 기타 의장에 관하여

보험목적물에 적하와 선박에 관한 용어가 열거되어 있다. 적하보험인 경우는 보험목적물이 upon any kind of goods and merchandises로 기재되었고 선박보험은 upon the body, tackle, … 로 기재되어 사용되었다.

㉥ 선박명 표시(the name of ship or vessel)

> in the good ship or vessel called the …
>
> … 라고 하는 양호한 선박에

선박명은 보험자가 보험 인수여부에 중요한(material information)[126] 사항이기 때문에 정확한 선박명의 고지는 피보험자의 의무이다. 만약 명시된 선박과 다른 선박에 화물이 적재된다면 고지의무위반으로 보험계약이 취소될 수 있다. good ship or vessel은 부보된 선박의 감항성(seaworthiness)을 의미한다.

㉦ 선장의 표시(name of master)

> whereof is master under God, for this present voyage, or whosoever else shall go for master in the said ship, or by whatsoever name or names the same ship, or the master thereof, is or shall be named or called;
>
> 본 항해에 대해서 …을/를 신의 보호 아래 선장으로 하고, 본 선장은 장래 다른 선장으로 대체되어도 무방하며, 또한 본 선박 또는 그 선장은 다른 명칭으로 호칭되거나 또는 장래 호칭되어도 무방하다.

---

126) 영국해상보험법 제18조 (피보험자의 고지) (1) 본 조에 별도의 규정이 있는 경우를 제외하고, 피보험자는 자기가 알고 있는 모든 중요사항을 계약이 성립되기 전에 보험자에게 고지하여야 하며, 피보험자는 통상의 업무상 마땅히 알아야 하는 모든 사항을 알고 있는 것으로 간주한다. 피보험자가 그러한 고지를 하지 않은 경우에는 보험자는 계약을 취소할 수 있다. (2) 보험료를 산정하거나 또는 위험의 인수 여부를 결정하는데 있어서 신중한 보험자의 판단에 영향을 미치는 모든 사항은 중요사항이다.

옛날에는 선장의 항해기술에 따라 선박의 안전도가 결정되었지만 오늘날에는 자동항법장치에 의해서 운항되므로 선장명은 기재하지 않는다. 따라서 선장이나 선장의 명의를 변경해도 무방하다고 규정하고 있다.

ⓞ 보험기간약관(duration of risk clause)

> beginning the Adventure upon said Goods and Merchandises from the loading there of aboard the said Ship and so shall continue and endure during her abode there, upon the said Ship, &c, and further, until the said ship, with all her Goods and Merchandises whatsoever, shall be arrived at and until the same be there discharged and safely landed.
>
> 상기 화물 및 상품에 대한 위험은 상기 선박에 적재될 때 개시되고 정박 중에도 계속되며, 화물 및 상품을 적재한 선박이 항구에 도착할 때까지 계속되어 그곳에서 하역되고 안전하게 양륙될 때까지 지속된다.
>
> beginning the adventure upon the said ship, &c., as above …… and shall so continue and endure has abode there; and further, until the said Ship, with all her Ordnance, Tackle, Apparel, & C., shall be arrived at as above, …… and until she both moored at Anchor in good safety.
>
> 상기 선박과 기타에 대한 위험은 상기한 바와 같이 ……에서 개시되고, 선박이 정박중 계속되며, 다시 동선박이 모든 병기, 양하기구, 선구 등을 완비하고 상기한 장소에 도착하여 안전하게 투묘할 때까지 계속된다.

적하보험에서 보험자의 책임을 선적항에서 본선에 적재할 때부터 시작하여 목적항까지로 규정하고 있다. 선박보험에서는 선박이 목적항에 도착하여 투묘(anchoring) 후 안전한 상태에서 24시간 경과할 때까지 계속됨을 명시하고 있지만, 신협회적하약관(ICC)의 제8조 운송약관(transit clause)에서 적출지의 창고로부터 목적지의 창고까지 확장담보한다고 규정하고 있으므로 SG 보험증권에서의 위험의 시기와 종기는 무의미하다.

ⓩ 기항정박약관(touch and stay clause)

> and it shall be lawful for the said Ship &c.. in this voyage to proceed and sail to and touch and stay at any Ports or Places whatsoever and wheresoever for all purposes without prejudice to this insurance.

> 또한 본 선박은 어떠한 ……항구 또는 장소를 향하여 항해·발항·기항 또는 정박하는 것은 합법적이며 본 보험의 효력에 아무런 영향을 미치지 않는다.

선박이 항해 중 중간항구에 기항하거나 정박하는 것을 허용한 약관이다. 그러나 이 약관은 무제한으로 기항·정박을 인정하거나, 이로(deviation)나 항해의 변경(the change fo voyage)을 허용하는 것은 아니다.

㉫ 보험평가약관(valuation clause)

> The said Ship, &c, Goods Merchandises, &c., for so much as concerns the Assured, by agreement between the Assured and Assurers in this policy are and shall be valued at ……
>
> 본 선박·화물 및 상품은 본 증권에 있어서 피보험자와 보험자간의 합의에 의하여 피보험자에 의하여 …… 금액으로 평가되고, 장차에도 동일한 금액으로 평가되는 것으로 한다.

valued at 다음에 협정가액을 기재한다. 협정가액은 부보시 보험목적물의 시가를 계약 당사자간에 합의에 의해 보험평가액을 결정하게 되는데, 이 경우 상호 합의한 평가액을 협정보험가액(agreed insurable value)이라고 한다.

㉪ 담보위험약관(perils clause)

> Touching the adventures and Perils which we the Assurers are consented to bear and to take upon us in this Voyage, they are of the Seas, Men-of-War, Fire, Enemies, Pirates, Rovers, Thieves, Jettisons, Letters of Mart and Countermart, Surprisals, Takings at Sea, Arrests, Restraints and Detainments of all Kings, Princes and People, of what Nation, Condition, or Quality soever, Barratry of the Master and Mariners, and all other Perils, Losses and Misfortunes that have or shall come to the Hurt, Detriment, or Damage of the said Goods and Merchandises and Ship, &c, or any Part thereof.
>
> 본 보험자가 본 항해에 있어서 담보할 것을 약속하는 해상사업 및 위험은 다음과 같다. 즉, 해상고유의 위험·군함·화재·외적·해적·표도·강도·투하·포획면허장 및 보복포획면허장·습격·해상탈취, 국적·상황 또는 성질의 여하를 불문하고 모든 국왕·군주 및 국민의 강류·억지 및 억류, 선장 및 선원의 악행, 상기 화물·상품 및 선박 또는 기타에 대하여 혹은 그들 일부에 대하여 파손·훼손 또는 손상을 발생케 했거나 또는 발생케 할 기타 일체의 위험·멸실 및 불행으로 한다.

이 약관은 보험자가 담보하는 위험이 열거되어 있는데 이들 위험은 오늘날 그 내용이 삭제, 제한 또는 추가 확장 담보되고 있다. 위험약관에 나타난 위험을 분류하면 〈표 9-1〉과 같다.

〈표 9-1〉 Lloyd's SG증권의 담보위험

분 류	담 보 위 험	
해상고유의 위험 (perils of the sea)	S.S.C. 위험	침몰(sinking) 좌초(stranding) 충돌(collision)
	악천후(heavy weather)	
해상 위험 (perils on the sea)	화재(fire) 해적(pirates) 표도(rovers) 강도(thieves) 투하(jettison) 선원의 악행(barratry)	
전쟁위험 (war perils)	군함(men-of war) 외적(enemies) 포획면허장 및 보복포획면허장(letters of mart and counter mart) 습격(surprisals) 해상탈취(takings at sea) 강류, 억지 및 억류(arrests, restraints and detainments)	
기타 일체의 위험(all other perils) (동종제한의 원칙에 따라 위에 열거한 위험과 동종의 모든 것)		

ⓐ 해상고유의 위험(perils of the sea) : 해상고유의 위험은 항해하는 과정에서 발생하는 해상의 우연한 사고 혹은 재해로서 풍파의 통상적인 작용은 포함하지 않는다.[127] 즉 해상의 작용을 원인으로 해서 발생하는 침몰, 좌초, 충돌, 악천후 등을 말한다.

(i) 침몰(sinking) : 상갑판이 수면하에 침몰함을 의미하고 이것에는 침몰선의 인양 가능한 천몰(submersion)과 인양이 불가능한 심몰(foundering)이 있다. 심몰은 현실전손이나 천몰은 추정전손으로 피보험자는 보험자에게 위부통지를 해야 한다.

(ii) 좌초 및 교사(stranding & grounding) : 선박이 수면하의 장애물에 얹혀서 진퇴할 수 없는 사고를 말하는데, 선박이 암초나 기타의 견고한 물체에 얹혀 일정기간 항해가 불가능한 경우는 좌초(stranding)라고 하며, 선박이 모래나 진

127) 영국해상보험법 해석규칙(RCP) 제7조.

흙과 같은 부드러운 물체에 얹혀 일정기간 항해가 불가능한 경우는 교사(grounding)라고 한다.

(iii) 충돌(collision) : 해상보험에서 충돌은 협의로는 선박 상호간의 충돌을 의미하는 것으로 Lloyd's SG보험증권상의 충돌을 의미한다. 광의로는 선박 상호간의 충돌뿐만 아니라 물 이외의 다른 물체와의 충돌도 포함한다. ICC에서는 광의로 해석하여 선박 상호간의 충돌뿐만 아니라 본선, 부선, 또는 운송용구와 물 이외의 타물과의 충돌 또는 접촉을 담보한다고 규정하고 있다.

(iv) 악천후(heavy weather) : 악천후 또는 황천은 풍파의 이례적인 작용(extraordinary action)에 의하여 생기는 손해를 말하며, 해상고유의 위험(perils of the sea)이므로 해상보험 증권상 명백한 담보위험이다. 그러나 실제로 ICC에 의해 보험자의 담보위험을 추가 또는 제한하고 있다. 즉 ICC(FPA)나 ICC(C)약관에서는 악천후의 위험이 담보되지 않는데 반해, ICC(A/R), ICC(WA)나 ICC(A), ICC(B)약관에서는 담보가 된다. 악천후로 인한 손해로는 화물의 해수침손(sea water damage), 갑판적재 화물의 풍랑유실(loss on deck cargo), 기타 곰팡이 손해(mildew damage) 등이 있다.

ⓑ 해상위험(perils on the sea) : 해상위험은 항해하지 않아도 발생할 수 있는 위험으로서 화재, 투하, 선원의 악행, 해적 및 도난위험 등을 말한다.

(i) 화재(fire or burning) : 화재는 여러 가지 원인에 의해서 발생한다. 화재가 직접 작용하여 발생한 손해뿐만 아니라 화재 시의 연기나 열로 인한 손해도 화재로 보상된다.

보험목적물의 고유의 하자나 성질로 인한 화재나 자연발화(spontaneous combustion)는 면책위험[128]으로 보험자가 보상하지 않는다. 그러나 선박내의 다른 화물의 자연발화로 인한 선박 또는 화물에 생긴 손해는 보상된다. 또한 낙뢰손해는 화재에 의한 손해로 보상되지 않지만 낙뢰에 의한 화재손해는 화재로 인한 손해로 보상된다.

실무상 해상의 주요 위험으로는 S.S.B.C 위험을 자주 인용하는데 이는 sinking, stranding, burning, collision의 첫 글자를 지칭하여 사용되는 문구이다.

(ii) 투하(jettison) : 항해 중 해난이 발생한 경우, 선박을 가볍게 하여 속도를 빠르게 하기 위하여 적하의 일부 혹은 선박속구의 일부를 바다에 던져 버리는 것을 의미하며, 이 경우 선박, 적하, 운임의 공동 안전을 위하여 고의적으로 행한 투하의 경우에는 공동해손(general average)으로 처리된다. 그러나 화물이

128) 영국해상보험법 제55조 2항.

부패하거나 화물고유의 하자로 인해 투하된 경우에는 Lloyd's SG보험증권상 담보되지 않는다.

(iii) 선원의 악행(barratry) : 선원의 악행은 선주 또는 용선자에게 손해를 끼치는 선장 또는 선원이 고의적으로 행한 일체의 부정행위를 포함한다.[129)] 예를 들면 선박을 밀수목적으로 사용하거나 방화, 사기의 목적을 가지고 화물을 임의로 매각처분하는 행위, 고의적인 침몰, 좌초 등이 해당한다.

(iv) 해적(pirates) : 해적이란 법률상 권한 없이 자기 이익을 위해 해상에서 타인의 선박을 탈취하거나 무차별적인 약탈 행위를 의미한다. 원래 해적위험은 SG보험증권에서는 위험약관에 포함되어 있어서 보험자가 담보하였지만, 난외약관인 FC&S clause(free from capture and seizure clause : 포획·나포부담보약관)에 의해 보험자의 면책으로 담보되지 않고 담보를 위해서는 전쟁위험 특별약관인 IWC(institute war clause)를 첨부해야 한다.

(v) 표도(rovers) : 표도는 약탈물을 구하려고 해상을 배회하는 자로 pirates와 동의어이다. 역사적으로 16세기부터 19세기에 걸쳐 지중해에 접한 북아라비아의 바바리해안에서 일어난 무어인(moors)이나 아라비아인(arabs)의 해적을 의미한다. 과거에는 해상운송 중 발생하는 중요한 위험이었으나 오늘날에는 선박의 현대화로 인하여 거의 발생하지 않는 위험이 되었다.

(vi) 강도(thieves) : 화주 대신 화물의 감독자가 승선하던 시대에 사용되던 용어로 화물감독자가 습격을 받아 화물을 강탈당하는 것을 의미한다. 강도란 폭력을 수반한 습격이며 은밀한 절도 또는 선원이나 여객 등의 승선자에 의한 절도는 해당되지 않는다. theft는 난외약관인 FC&S clause(free from capture and seizure clause : 포획·나포부담보약관)에 의해 면책되기 때문에 이를 담보하기 위해서는 ICC(B), ICC(C)인 경우 TPND(theft, pilferage & non- delivery : 협회도난·발화·불착약관)약관을 특약으로 부보해야 한다.

ⓒ 전쟁위험(war risks)

(i) 군함(men-of-war) : 군함은 국적을 불문하고 해군의 군함을 의미하며 전쟁시에는 군함에 의한 손해의 발생뿐만 아니라 평화시에 군함이 작전훈련 중 특정선박에게 피해를 주었을 경우에도 전쟁위험에 포함된다. 군함의 가해행위가 전쟁위험이기 때문에 FC&S clause(free from capture and seizure Clause : 포획·나포부담보약관)에 의해 면책이지만 이를 담보하기 위해서는 전쟁위험 특별약관인 IWC(institute war clause)를 첨부해야 한다.

129) 영국해상보험법 해석규칙(RCP) 제11조.

(ii) 외적(enemies) : 군함을 제외한 전쟁에 사용되는 일체의 선박, 항공기, 병기 및 군부대에 의한 위험이다. 즉 이러한 것들에 의한 보험목적물의 나포, 포획, 습격 등으로 발생하는 위험을 의미한다.

(iii) 습격·포획(surprisals·capture) : 전시에 선박이나 적하의 소유자로부터 소유권의 일체를 탈취할 목적으로 행하는 적대행위를 의미하며, 과거에는 surprisals라는 용어로 사용되었으나, 신증권에서는 capture라는 용어로 사용한다.

(iv) 해상탈취·나포(taking at sea·seizure) : 해상탈취는 전시 중 적에게 전시금수품을 운송하려는 혐의가 있는 적국의 선박이나 중립국의 선박을 심판하기 위하여 항구로 회항하는 것을 말한다. taking at sea는 오늘날 seizure로 바뀌어 전쟁위험으로 담보된다.

(v) 국왕, 군주, 인민의 강류, 억지 및 억류(arrests, restraints and detainment of kings, princes and people) : 국왕, 군주, 인민의 강류, 억지 및 억류의 의미는 정치상 또는 행정상의 행위를 뜻하며, 소요 또는 통상의 재판상의 소송절차로 인하여 발생하는 손해는 포함되지 않는다.[130] 즉 재물의 소유권을 탈취할 목적이 아니고 화물의 이동을 일시적으로 정지시키는데 목적이 있으며 종국적으로 석방하는데 목적이 있다.

(vi) 포획면허장 및 보복포획면허장(letters of mart and counter-mart) : 포획면허장은 국가가 개인에게 적국의 상선을 습격하고 포획할 권리를 부여한 일종의 포획권리수여증서이며, 보복포획면허장은 적국의 상선에 대한 보복권한을 정부가 부여한 것이다. 면허증을 소지한 점에서 해적과 구별된다. 이러한 면허증 발행은 1856년 파리선언에 의해 금지되었다.

상기의 전쟁위험은 면책위험이므로 담보되기 위해서는 협회전쟁약관(IWC : institute war clause)을 특약으로 부보해야 한다.

ⓓ 기타 일체의 위험(all other perils) : 위험약관(perils clause)에 열거된 13개 위험 이외에 기타 모든 위험을 의미하는 것 같지만, 영국해상보험법 부칙(제12조)은 기타 모든 위험이라는 것은 보험증권에 열거된 13개의 위험과 유사한 또는 동일한 종류의 위험만을 의미하며, 이것을 동종제한의 원칙이라고 한다. 예를 들면 smoke는 Fire와 동종의 위험이며, 해수(seawater)와 바다얼음과의 접촉은 perils of the sea와 동종의 위험이므로 담보되지만, 담수(freshwater)는 해수와 동종의 위험이

130) 영국해상보험법 해석규칙(RCP) 제11조.

아니므로 본 증권으로서는 담보되지 않는다.[131]

ⓔ 손해방지약관(sue and labour clause)

> and in case of any Loss or Misfortune, it shall be lawful to the Assured, their Factors, Servants and Assigns, to sue, labour, and travel for, in and about the Defence, Safeguard and Recovery of the said Goods and Merchandises and Ship, &c, or any part thereof, without Prejudice to this Insurance ; to the Charges whereof we, the Assurers, will contribute, each one according to the Rate and Quantity of his sum herein assured.
>
> 그리고 어떠한 멸실 또는 불행이 발생한 경우에 피보험자, 그 대리인, 사용인 또는 양수인이 화물, 상품 그리고 선박의 전부 또는 일부에 대하여 방위(defence), 보호(safeguard) 및 회복(recovery)을 위하여 조치를 취하고 노력하고 사고지를 답사하는 것은 적법이며, 보험계약에 영향을 주지 않는다. 그러한 행위에 소요된 비용은 부보된 금액의 비율에 따라 보험자가 부담할 것이다.

이 약관은 피보험자에게 손해방지의 권리와 의무를 부여하는 것이다. 피보험자 또는 그의 대리인으로 하여금 손해의 방지와 경감을 위해서 합리적인 손해방지행위를 이행함에 따라 정당하게 소요된 비용을 보험자가 별도로 지급할 것을 규정하고 있다. 이는 신협회적하약관에서는 피보험자의무(duty of assured)약관으로 흡수되었다.

ⓕ 위부포기약관(waiver clause)

> And it is especially declared and agreed that no acts of the Insurer or Insured in recovering, saving, or preserving the property insured, shall be considered as a waiver of acceptance of abandonment.
>
> 부보재산을 회복하거나 구조, 혹은 보존하기 위하여 보험자나 피보험자가 취하는 여하한 조치도 그것이 곧 위부의 포기나 수락으로 간주하지 않을 것을 특별히 선언하고 약속한다.

위부(abandonment)는 피보험자가 잔존물에 대한 모든 가치와 권리를 보험자에게 이전하고 전손보험금을 청구하는 행위이다. 따라서 피보험자는 추정전손으로 보험금을 보상받기 위해서는 보험자에게 위부통지를 하여야 한다. 그런데 보험자가 위부의 수락 여부를 결정하기 전에

131) R.H. Brown, *Marine Insurance Vol.1—Principles and Basic Practice*, 6th ed., London: Witherby & Co., 1986, pp.116-117.

피보험자가 보험목적물의 회복, 구조 또는 보존을 위하여 필요한 조치를 취했다고 해서 이를 위부철회의 의사표시로 보지 않으며, 반대로 보험자가 필요한 조치를 취했다고 해서 위부의 수락으로 간주하지 않는다는 취지의 약관으로 쌍방이 서로 미루지 않고 손해방지행위를 성실히 수행할 것을 규정한 것이다.

ⓗ 보험증권의 구속력에 관한 약관(the effectiveness of policy)

> And it is agreed by us, the Insurers, that this Writing or Policy of Assurance shall be of as much Force and Effect as the surest Writing or Policy of Assurance heretofore made in Lombard Street, or in the Royal Exchange, or elsewhere in London.
>
> 그리고 이 보험의 서면 또는 보험증권은 롬바르드, 로열 익스체인지 또는 런던의 기타 장소에서 작성된 가장 확실한 서면 또는 증권과 동일한 효력을 갖는 것으로 보험자가 동의한다.

이 약관은 보험자가 보험증권상 규정하고 있는 각종 약속 내용을 책임지고 이행하겠다는 의사표시를 한 것이다. 과거의 역사적 유물을 표시한 것으로 오늘날 실무상으로 적합한 표현은 아니지만 증권의 역사성을 표현한 것으로 볼 수 있다.

㉮ 구속약관(binding clause)

> And so we, the Assurers, are contented, and do hereby promise and bind ourselves each one for this own part, our Heirs Executors and Goods, to the Assured, their Executors, Administrators and Assigns, for the true Performance of the Premises.
>
> 본 보험자는 피보험자, 그 유언집행인, 관리인 및 양수인에 대하여 약속을 충실하게 이행하기 위하여 각자 해당 부분에 대하여 본 보험자 자신, 그 상속인, 유언집행인 및 재산을 구속하는 것을 확약한다.

이 약관은 보험자가 보험증권상 규정하고 있는 각종 약속 내용을 책임지고 이행하겠다는 의사표시를 한 것이다.

㉯ 약인약관(consideration clause)

> confessing ourselves paid the Consideration due unto us for this Assurance by the Assured. at and after the Rate of……

> 이 보험에 대하여 피보험자가 ……의 비율로 보험료를 지불했음을 확인한다.

약인(約因, consideration)은 보험자에 대하여 보험료를 지급하는 것을 의미하고, 보험자는 이 대가로서 위험을 부담하는 것이다. 즉, 보험자는 담보위험에 의하여 손해가 발생되면 그 손해를 보상할 책임을 부담하는 약속이며, 피보험자는 보험료를 납부함으로써 보험자의 위험담보라는 반대급부가 약속된다.

㉰ 소손해 면책률 약관(memorandum clause)

> N.B : Corn, Fish, Salt, Fruit, Flour and Seed are warranted free from Average, unless general, or the Ship be stranded ; Sugar, Tobacco, Hemp, Flax, Hides and Skins are warranted free from Average, unless Five Pounds per Cent ; and all other Goods, also the Ship and Freight, are warranted free from Average under three Pounds per Cent, unless general, or the ship be stranded.
>
> 주의 : 공동해손 혹은 선박의 좌초사고가 발생한 경우를 제외하고는 곡류, 어류, 염, 과실, 곡분 혹은 종자의 해손에 대하여 일체 담보하지 않으며, 사탕, 연초, 대마, 아마 및 피혁에 대하여는 5% 미만, 그리고 기타 모든 화물, 또한 선박 및 해상운임에 대해서는 4% 미만의 해손은 담보하지 않는다.

이 약관은 보험자가 보험금정산비용에도 미치지 못하는 일정비율미만의 소손해를 담보하지 않도록 하여 보험경영의 측면에서 담보범위를 소멸 또는 감소시키기 위하여 규정한 것이다.

담보위험에 발생한 직접손해는 보험자가 전부 보상하는 것이 원칙이지만, 곡류, 어류, 염, 과실, 곡분 혹은 종자 등과 같이 해수손에 민감한 화물은 공동해손을 제외하고 분손을 담보하지 않는 내용과 소손해면책율(franchise) 조항을 두어 단독해손이 일정 손해에 미달하는 경우에는 보상하지 않고 초과하는 경우에는 전부 보상하게 되는 것이다.

excess or deductible franchise(2%)는 손해가 발생한 경우 항상 일정율(2%)을 공제하고 초과액만 보상하는 것을 말한다.

㉱ 준거법약관(governing clause)

> All question of liability arising under this policy are to governed by the laws and customs of England.
>
> 이 보험증권에서 발생하는 모든 책임문제는 영국의 법률과 관례에 따라 처리한다.

이 약관은 보험계약상 책임 문제에 관한 준거법으로 영국의 법과 관례에 따라 해결할 것을 규정한 것이다.

㉮ 선서약관(attestation clause)

in witness whereof, we the assurers, have subscribed our Names and Sums Assured in LONDON. 상기 보험증권의 증빙으로 보험자는 런던에서 자기의 명의로 부보한 금액을 지급할 것을 확인한다.

이것은 보험자가 보험계약체결의 증빙으로 보험증권에 기명하여 발행하므로 자신이 인수하기로 서명한 금액에 대하여는 자신이 책임질 것을 규정한 것이다.

② 이탤릭서체약관

Lloyd's SG보험증권이나 ILU compaines' combined policy(cargo)에는 3개의 약관이 이탤릭서체로 인쇄되어 있다.

이탤릭서체약관은 본문약관보다 우선하므로 본문약관의 위험약관(perils clause)에서 전쟁위험, 습격, 해상탈취 등의 위험이 열거되어 있어도 이탤릭서체약관에 의해 이들 위험이 담보되지 않으며, ICC에서도 제외해두었기 때문에 이를 담보하기 위해서는 협회전쟁약관(institute war clause: IWC)을 특약으로 가입해야 한다.

㉠ 포획·나포부담보약관(free from capture and seizure clause : FC&S clause) : 본문약관에 담보위험으로 열거되어 있는 포획·나포위험을 다시 면책위험으로 규정하기 위한 것이다.

㉡ 동맹파업·폭동·소요부담보약관(free from srikes, riots and civil commotions clause : F.S.R. & C.C. clause) : 동맹파업과 관련되는 모든 손해에 대해서 본문약관에 열거된 동맹파업·폭동·소요위험을 다시 면책위험으로 규정한 것이다.

㉢ 항해좌절부담보약관(frustration clause) : 이 약관은 포획·나포부담보약관(FC&S clause)이 말소되어 이른바 국왕, 군주, 국민, 국권찬탈자, 또는 찬탈을 기도하는 자에 의한 강류, 억지 또는 억류에 의하여 발생하는 피보험항해가 중지된 경우, 그 중지만으로 인한 보험금청구에 대하여 보험자가 보상책임을 지지 않는 것으로 규정한 것이다.

③ 난외약관

보험증권 여백에 인쇄되어 있는 약관을 난외약관(marginal clauses)이라 하며 본문약관을 제한하거나 보충하는 역할을 한다.

㉠ 교사약관(grounding clause) : 본문약관에서 해상고유의 위험인 좌초나 교사가 담보되지만 수에즈운하, 파나마운하, 기타의 운하, 해항 또는 하천 등 특정수역에서의 통상적인 교사나 좌초는 위험약관에서 담보하는 좌초로 인정하지 않는다는 것이다. 즉 보험자의 면책을 규정한 것이다.

㉡ 타보험약관(other insurance clause) : 보험사고 발생 시 화재보험이나 타보험에 가입되어 있는 경우, 타보험에서 먼저 보상 받도록 규정한 것이다. 타보험증권에 의하여 보상될 금액을 공제한 나머지 손해 부분에 대해서만 보상한다는 약관이다.

㉢ 손해통지약관(claim notice clause) : 손해가 발생한 경우에 피보험자가 보험자에게 신속히 통지할 것을 규정한 것이다.

㉣ 협회위험물약관(institute dangerous drugs clause) : 이 약관은 무허가 또는 불법적인 아편 등을 운송할 때 발생하는 손해를 보험자의 면책사항으로 규정한 것이다.

2) 신해상보험보험증권

(1) 신해상보험증권의 의의

Lloyd's SG보험증권은 고어체와 난해한 문장으로 이루어져 있고 시대적 흐름에 따라 낙후된 내용이 많아 항상 보험자와 보험계약자 사이에 많은 분쟁의 소지를 발생시켰다.

1978년 국제무역개발회의(UNCTAD)에서도 이러한 문제점이 지적되는 등 오래 전부터 전면적인 개정이 요구되었다. 이에 따라 런던보험자협회(Institute of London Underwriters: ILU) 및 로이즈보험자협회(Lloyd's Underwriters Association: LUA)는 1981년 7월 1일, 내용이 간단·명료하고 세계 각국에서 공통으로 사용할 수 있는 새로운 양식의 new ILU marine policy form과 new Lloyd's marine policy form을 제정하였고, 신양식 보험증권에 맞도록 협회적하약관 ICC (A), (B), (C) 및 협회전쟁약관(institute war clause), 협회동맹약관(institute strike clause) 등을 정비하여 1982년부터 시행하고 있다.

현재의 신 양식은 기존의 해상보험증권에 있는 약관 중에서 준거법약관(governing law clause), 타보험약관(other insurance clause), 약인약관(consideration clause), 선서약관(attestation clause)을 본문약관으로 두고 있으며, 그 외에 적색으로 인쇄된 중요(난외)약관 등의 일반적인 약관만을 남기고 주요 내용을 개정한 협회적하약관에 포함시킴으로써 단지 보험계약성립의 확인문서 기능만 가지도록 단순화되었다. 따라서 신 양식의 해상보험증권에는 반드시 협회적하약관을 첨부하여 사용하여야 한다.

우리나라에서는 그 동안 런던보험자협회(ILU)에서 제정한 회사용 보험증권을 사용해 왔으나 1983년 3월 1일부터 신 양식의 보험증권과 병행하여 사용하고 있다.

〈표 9-2〉 현행 해상보험증권과 협회적하약관

해상보험증권		협회적하약관	
구증권	Lloyd's SG Form	구협회적하약관	1963년 약관
신증권(1982년)	Marine Policy Form: MAR Form	신협회적하약관	1982년 약관
			2009년 약관

(2) 신해상보험증권의 특징

① 약관중심

Lloyd's SG보험증권은 그 자체가 계약의 중심이 되고 협회약관은 본문약관을 보완하는 특약의 성질을 가진 혼합형태이지만, 신해상보험증권에서는 Lloyd's SG보험증권의 본문약관 중 중요한 것은 모두 협회약관에 포함하여 협회약관이 해상보험계약의 중심을 이루게 되었다.

② 보험계약 입증서류

신해상보험증권에서는 Lloyd's SG보험증권에서 난해하게 표현되어 있던 고어체의 보험증권 본문(policy body)은 폐지하고 간소한 양식이 되었다. 즉 보험계약의 증거서류로서 필요한 최소한의 조항인 약인약관, 난외약관만을 규정하고 있다.

③ 보험증권의 현대화

Lloyd's SG보험증권의 본문약관 중 중세영어로 표현된 담보위험조항과 현대의 보험계약에 불필요한 조항인 선장명 기입조항, 기항정박조항 등은 삭제되었고, 소손해 면책조항(memorandum) 등도 사라졌다.

그리고 협회적하약관(1963년 ICC)을 보완한 본문약관 중 소급조항(lost or not lost clause), 손해방지조항(sue & labour clause), 포기조항(waiver clause), 위험조항 등 주요조항은 MIA 1906의 관련 규정을 기초로 현대어로서, 협회적하약관(Institute Cargo Clauses) 또는 협회기간약관(ITC-hull clauses)에 다시 포함시키고 있다.

④ 스케줄 양식

신해상보험증권에서는 schedule방식[132)]을 도입하여 보험계약 내용을 쉽게 알아볼 수 있도록 하였다.

우리나라를 포함하여 전 세계 대부분 국가에서 신해상보험증권에 해당 보험 종목의 특별약관을 사용하고 있다.

(3) 신해상보험증권의 구성내용

신해상보험증권은 본문약관과 중요(난외)약관으로 구성되어 있으며 본문약관에는 준거법약

---

132) 스케줄방식은 담보위험과 보험금액 등 보험 부보와 관련된 모든 정보를 보험증권의 스케줄란에 기재되도록 하는 방식을 말한다.

관, 타보험약관, 약인약관, 선서약관 등으로 되어 있으며 보험조건을 포함한 기타의 보험계약의 내용은 스케줄 방식을 사용하고 있다.

① 본문약관

㉠ 준거법약관(governing clause) : 모든 해상보험의 클레임에 대한 보험자의 책임 유무와 클레임 정산에 관한 사항에 대해 영국의 법률과 관례에 따르도록 규정한 것이다.

㉡ 타보험약관(other insurance clause) : 보험목적물의 멸실 또는 손상이 발생한 때에 그 보험목적물이 화재보험 또는 타보험과 동시에 계약되었을 경우 타보험증권에 의하여 보상될 금액을 공제한 나머지 손해 부분에 대해서만 보상한다고 규정한 것이다.

㉢ 약인약관(consideration clause) : 보험계약자가 보험료를 지급하고 보험자는 손해발생 시에 보험금을 지급한다는 것을 약속하고 인증하는 약관이다.

㉣ 선서약관(attestation clause) : 보험증권은 보험계약을 체결한 증거로서 보험회사의 책임자가 보험증권에 서명하였음을 나타내는 약관이다.

㉤ 중요약관(important clause) : 클레임 발생 시에 피보험자가 취해야 할 각종 조치와 절차 및 클레임의 구비서류 등을 규정하고 있다.

2) 스케줄 방식

Lloyd's SG 보험증권은 본문약관을 중심으로 계약이 체결되기 때문에 보험계약의 내용이 약관으로 규정되었다. 그러나 신해상보험증권은 보험계약의 내용을 별도로 기재하는 스케줄(schedule) 방식을 사용하고 있어 보험증권 상단에 계약의 내용 즉 피보험자, 선박명, 출항예정일, 보험목적물, 보험조건, 담보조건 및 기타 중요사항을 별도로 명기하고 있다.

우리나라에서 사용하는 해상보험증권의 전면에 해상보험의 주요 내용을 기재하는 스케줄란이 인쇄되어 있고 후면에는 약관이 인쇄되어 있다.

4. 해상보험증권의 기재사항

1) 기재사항의 개념

보험증권이 보험계약의 내용을 증명하는 증거증권으로서의 기능을 수행하려면 보험증권상에 보험계약의 내용에 관한 사항이 기재되어 있어야만 한다. 우리나라 상법 제666조[133], 제695

133) 상법 제66조 (손해보험증권) 손해보험증권에는 다음의 사항을 기재하고 보험자가 기명날인 또는 서명하여야 한다. 1. 보험의 목적, 2. 보험사고의 성질, 3. 보험금액, 4. 보험료와 그 지급방법, 5. 보험기간을 정한 때에는 그 시기와 종기, 6. 무효와 실권의 사유, 7. 보험계약자의 주소와 성명 또는 상호, 8. 보험계약의 연월일, 9. 보험증권의 작성지와 그 작성년월일

조[134]에서는 해상보험증권에 기재되어야 할 사항을 규정하고 있다. 영국해상보험법 제23조[135]에서는 해상보험증권에 반드시 기재할 사항으로 피보험자의 성명 또는 피보험자를 위하여 보험계약을 체결하는 자의 성명 등을 규정하고 있다.

보험증권의 기재사항은 보험자와 피보험자의 보험계약조건을 명시한 것이다. 일반적인 보험증권에는 다음과 같은 사항들이 기재되어 있다.

〈표 9-3〉 보험증권의 기재사항

손해보험증권	해상보험증권
1. 보험의 목적 2. 보험사고의 성질 3. 보험금액 4. 보험료와 그 지급방법 5. 보험기간을 정한 때에는 그 시기와 종기 6. 무효와 실권의 사유 7. 보험계약자의 주소와 성명 또는 상호 8. 보험계약의 연월일 9. 보험증권의 작성지와 그 작성년월일	1. 선박을 보험에 가입한 경우에는 그 선박의 명칭, 국적과 종류 및 항해의 범위 2. 적하를 보험에 가입한 경우에는 선박의 명칭, 국적과 종류, 선적항, 목적항 및 출하지와 도착지를 정한 때에는 그 지명 3. 보험가액을 정한 때에는 그 가액

(1) Assured : 피보험자(또는 보험계약자)의 성명

보험증권의 제일 첫번째 란에는 피보험자 또는 피보험자의 대리인 성명을 기재[136]한다. 피보험자(정식영문명 : 수출입 상사명)는 거래조건에 따라서 수출자와 수입자로 구분된다. 국제무역거래에서 많이 이용되는 FOB 조건, CFR 조건 등에서는 수출자의 책임이 수출국 선적항의 본선에서 끝나기 때문에 해상운송 화물에 대하여 수입자가 적하보험계약을 체결하고 자신의 성명을 기재한다. 그러나 적하보험을 수출자에게 의뢰한 경우에는 수출자는 피보험자의 대리인으로서 자신의 성명을 기재해도 된다. 또한 CIF 조건, CIP조건에서는 수출자의 의무로 수입자를 위하여 적하보험계약을 체결해야 하므로 이 경우 수출자가 보험계약자이고 수입자는 피보험자가 된

134) 상법 제695조 (해상보험증권) 해상보험증권에는 제666조에 게기한 사항 외에 다음의 사항을 기재하여야 한다. 1. 선박을 보험에 가입한 경우 그 선박의 명칭, 국적과 종류 및 항해의 범위, 2. 적하를 보험에 가입한 경우 선박의 명칭, 국적과 종류, 선적항, 양륙항 및 출하지와 도착지를 정한 때에는 그 지명, 3. 보험가액을 정한 때에는 그 가액.

135) 영국해상보험법 제23조 (보험증권의 필수 기재사항) 해상보험증권은 다음의 사항을 반드시 기재하여야 한다. (1) 피보험자의 성명, 또는 피보험자를 위하여 보험계약을 체결하는 자의 성명, (2) 보험의 목적 및 담보위험, (3) 보험에서 담보하는 항해 또는 항해기간, 경우에 따라서는 둘다. (4) 보험가입금액, (5) 보험자 상호.

136) 영국해상보험법 제23조 (보험증권의 필수 기재사항) 해상보험증권은 다음의 사항을 반드시 기재하여야 한다. (1) 피보험자의 성명, 또는 피보험자를 위하여 보험계약을 체결하는 자의 성명.

다. 그러나 실무에서는 신용장등으로 증권상의 피보험자에 대하여 별도의 약정이나 지시가 없으면 수출자 자신(보험계약자)을 피보험자로 하여 보험계약을 체결하고 보험증권은 은행에 수출환어음 매입 시에 백지배서(blank endorsement)에 의해 양도하게 된다.

(2) Policy No : **보험증권번호**

보험자가 피보험자에게 보험증권을 교부할 때 붙이는 일련번호이다.

(3) Claim, if any, payable at/in : **보험금 지급지**

보험금의 지불을 희망하는 장소(통상은 도착지)를 기입하는데, 일반적으로 수출의 경우 화물의 최종목적항에 있는 보험자의 대리점이 기재되고 수입의 경우에는 당해 보험자명이 기재된다.

(4) Survey should be approved by : **보험자가 지정한 감정인**

보험자가 지정한 감정인이 기재되고 손해가 발생한 경우 피보험자는 지체 없이 통지하여 할 곳이다. 손해의 원인 및 손해의 정도를 증명하기 위하여 보험자나 그 대리인이 지정하는 감정인으로부터 감정보고서를 입수하여야 한다. 수출의 경우 최종목적항에 있는 보험자의 대리점의 상호 및 주소가 기재되고, 수입의 경우 보험자명이 기재된다.

(5) Local Vessel or Conveyance**과** From(interior port or place of loading) :
국내선박 또는 운송수단과 (내륙항구 또는 적재항)으로부터

화물의 출하지와 선적지가 다른 경우에 출하지로부터 선적지까지의 운송화물에 대한 부보 시 기재하게 되는데, 국내에서 운송할 경우 Local Vessel or Conveyance는 국내운송 용구를 나타내고, From은 출하항 또는 출하지이다.

(6) Ship or Vessel : **선박명**

화물을 운송할 선박명을 기재한다.

(7) Sailing on or about : **출항예정일**

운송선박이 선적항을 출항하는 연월일 또는 예정 연월일 즉 선적일을 기재한다. 화물을 정기선(liner)으로 운송할 경우에는 선박의 출항일자와 도착일자가 사전에 고시되기 때문에 이 날짜를 기재하면 된다. 그러나 부정기선(tramper)을 이용할 경우에는 선주와 화주 간에 출항일자를 조정하여 날짜를 기재한다. 특히 수출의 경우 선하증권상의 내용과 일치하도록 하여야 한다.

(8) at and from : **선적항과 도착항**

보험증권상에 at and from으로 되어 있어 선적항(출발항)을 기재하고 그 밑에 arrived at란에 도착항을 기재하면 두 항구 간의 운송을 부보한다는 의미이다.

(9) transshipped at : 환적지

운송 중 환적이 있을 경우 환적지를 말한다.

(10) thence to : 최종목적지와 운송용구

최종목적지가 내륙지방에 있어 양륙항과 목적지가 상이한 경우, 운송약관에 따라 목적항에서 최종목적지까지의 운송화물에 대하여 부보할 때 최종목적지와 운송용구를 기재한다. 예를 들면 목적항이 New York이고 최종목적지가 Chicago인데 철도화차를 이용하여 운송한다면, thence to Chicago by rail과 같이 기재하고 운송용구가 불명할 때에는 1and conveyance 또는 any conveyance라고 기입한다.

(11) Subject-matter insured : 보험목적물

화물의 품명, 수량, 하인(mark) 등을 기재하며 포장품은 외장포장의 갯수만이 아니라 내용상품의 갯수도 병기한다. 해상보험은 적하가 운반선의 선창에 적재되어 운송되는 것을 전제로 인수하기 때문에 만약 갑판적이 되는 경우에는 반드시 "on deck"을 표시하며 컨테이너 적재의 경우에는 "in containers"로 표시한다. 상업송장이나 선하증권상의 기재내용대로 기입한다.

(12) Ref. No : 참조번호

보험자가 업무상 참조하기 위한 번호로써 통상 수출인 경우에는 신용장 번호, 상업송장 번호를 기재하고, 수입인 경우에는 수입신고번호, 상업송장 등을 기재한다.

(13) Amount insured hereunder : 보험금액

보험계약자가 부보한 금액으로써 보험사고가 발행하였을 때 보험자가 손해보상액 즉, 보험금(loss or claim paid)으로서 지불하는 최고한도액이다. Incoterms상의 규정과 그 동안의 상관습에 의하면 보험금액은 보통 물품의 CIF[137] 또는 CIP[138] 가격에 10%를 가산한 금액이 된다.[139]

---

137) Incoterms 2020 CIF(Cost, Insurance and Freight) 조건은 "운임보험료포함조건"이라고 하는데, 물품이 선적항에서 본선에 적재(on board)될 때 매도인의 인도의무가 완료되고 동시에 위험도 이전되는 것을 의미한다. 매도인이 지정된 목적항까지 물품을 운송하는데 필요한 비용 및 운임을 지불하여야 하지만, 물품의 멸실 또는 손상의 위험 및 인도 이후에 발생하는 사건에 기인하는 모든 추가비용은 매수인이 부담한다. 또한 CIF조건에서 매도인은 매수인이 부담하는 운송중의 물품의 멸실 또는 손상의 위험에 대해서 해상보험에 가입하여야 한다. 결과적으로 매도인은 보험계약을 체결하고 보험료를 지불한다. 매수인은 CIF조건하에서 별도의 합의가 없으면 매도인이 최소부담의 보험(ICC(C)) 만을 취득하도록 요구된다는 사실에 주의하여야 한다. 따라서 매수인이 보다 광범위한 담보로 자신의 화물에 대한 피보험이익을 보호받고자 하는 경우에는 매도인과 명시적으로 담보 위험의 범위에 대해 합의하거나, 혹은 자신의 부담으로 별도의 보험에 부보해야 한다.

즉 보험금액 = {원가(C. 즉, FOB 가격) + 보험료(I) + 운임(F)} × 1.1이 된다. 그런데 FOB가격과 운임은 알고 있어도 보험료를 알고 있지 않는 한, CIF 가격이나 보험금액을 산출할 수 없는데, 이때의 보험금액 및 보험료를 산출하는 공식은 다음과 같다. 즉 보험료율을 R이라고 하면,

$$\text{보험금액} = \frac{1.1(C+F)}{1-1.1R}\text{이고,}\quad \text{보험료} = \text{보험금액} \times R = \frac{1.1(C+F)}{1-1.1R}$$

그리고 표시통화는 신용장상에 별다른 명시가 없는 한, 신용장과 동일한 통화로 표시되어야 한다.

(14) Conditions and Warranties : 보험조건과 담보

어떠한 보험조건을 선택하느냐 하는 문제는 보통 무역계약을 체결할 때에 매매당사 간의 합의에 의해 결정되며 보험조건 등에 대해서는 매매계약서나 신용장에 명시된다. 그러므로 보험조건은 화물의 종류, 포장, 운송방법, 예상항해기간 등을 감안하여 이상적인 조건으로 결정하도록 하여야 한다. 즉 기본조건과 부가위험 추가 여부와 전쟁위험과 동맹파업위험 가입 여부 등을 고려하여야 한다.

(15) Place and Date signed in : 서명장소 및 일자

보험증권의 발행지와 발행일을 기재한다. 보험증권의 발행일[140)]은 선하증권 발행일보다 이전이어야 한다.

---

138) Incoterms 2020 CIP(Carriage and Insurance Paid to) 조건은 "운송비·보험료지급조건"이라고 하는데, 매도인은 자신이 지명한 운송인에게 물품을 인도함으로써 인도의무가 완료되고 동시에 위험도 이전된다. 그리고 매도인은 지정된 목적지까지 물품을 운송하는데 필요한 운송비와 보험료를 지불하고 수출가격에 산입하는 조건이다. 결국 CIP 조건은 물품이 인도된 후에 발생하는 모든 위험과 추가비용을 매수인이 부담하기 때문에 매도인은 매수인을 위해 운송중의 물품의 멸실 또는 손상의 위험에 대해서 보험에 가입해야 한다. Incoterms 2020에서는 CIP 조건에서의 보험 부보범위를 매도인과 매수인간의 별도의 합의가 없는 한 매도인은 ICC(A) 또는 이와 동등한 조건으로 부보하도록 개정되어 전쟁이나 동맹파업약관을 제외한 최대담보범위로 부보해야 한다.

139) UCP 600 제28조 (보험서류 및 담보범위) f항. i. 보험서류는 보험담보의 금액을 표시하여야 하고 신용장과 동일한 통화이어야 한다. ii. 보험담보가 물품가액 또는 송장가액 등의 비율이어야 한다는 신용장상의 요건은 요구되는 최소담보금액으로 본다. 요구된 보험담보에 관하여 신용장에 아무런 표시가 없는 경우, 보험담보금액은 최소한 물품의 CIF 또는 CIP 가격의 110%이어야 한다. 서류로부터 CIF 또는 CIP 가격이 결정될 수 없는 경우, 보험담보금액은 인수·지급 또는 매입이 요청되는 금액 또는 송장에 표시된 물품의 총가액 중 더 큰 금액을 기초로 하여 산정되어야 한다.

140) UCP 600 제28조 (보험서류 및 담보범위) e항. 보험서류에서 담보가 선적일보다 늦지 않은 일자로부터 유효하다고 보이지 아니하는 한, 보험서류의 일자는 선적일보다 늦어서는 아니 된다.

(16) No. of Certificates issued : 보험증권의 발행통수

보험증권의 필요매수를 L/C 등에서 특별히 지정하고 있는 경우에는 그 발행 통수를 기입한다. 보통 2통(duplicate)[141]이 발행되는데, 보험자가 1통에 대하여 보험금을 지급하면 나머지 1통은 무효가 된다.

(17) 보험자의 서명

해상보험증권은 보험자 또는 보험자의 대리인에 의하여 서명[142]되지 않으면 안된다.[143] 다만 보험자가 법인인 경우에는 법인의 인장으로 충분하다. 우리나라에서는 보험회사의 해상보험 부문의 책임자가 서명하는 것이 보통이다.

〈표 9-4〉 적하보험증권과 선박보험증권의 기재사항

적하보험증권	선박보험증권
1. 피보험자의 성명 2. 선적항과 도착항 3. 선박명 4. 출항예정일 5. 보험금액 6. 보험목적물 등	1. 피보험자의 성명 (1) 소유자(owner) (2) 관리자(manager) (3) 나용선자(bareboat charter) 2. 보험목적물 (1) 선박명 (2) 선종 (3) 건조일 (4) 톤수 (5) 재질(material) (6) 국적(flag) (7) 선급(classification)

---

141) UCP 600 제28조 (보험서류 및 담보범위) b항. 보험서류가 2통 이상의 원본으로 발행되었다고 표시하는 경우, 모든 원본은 제시되어야 한다.

142) 영국해상보험법 제24조 (보험자의 서명) (1) 해상보험증권은 반드시 보험자에 의해 서명되거나 또는 보험자를 대리하여 서명되어야 한다. 단, 법인의 경우 법인의 인장으로 충분하다. 그러나 본 조의 규정은 법인의 서명이 인장으로 날인되는 것을 요구하는 것으로 해석해서는 안된다. (2) 하나의 보험증권이 2인 이상의 보험자에 의해 서명되거나 또는 2인 이상의 보험자를 대리하여 서명되는 경우에는 반대의 의사가 없는 한 각각의 서명은 피보험자와 별도의 계약을 구성한다.

143) UCP 600 제28조 (보험서류 및 담보범위) a항. 보험증권, 포괄예정보험에 의한 보험증명서 또는 통지서와 같은 보험서류는 보험회사, 보험업자 또는 그들의 대리인 또는 그들의 대리업자에 의하여 발행되고 서명된 것으로 보여야 한다. 대리인 또는 대리업자에 의한 모든 서명은 그 대리인 또는 대리업자가 보험회사 또는 보험업자를 위하여 또는 그들을 대리하여 서명하였는지 여부를 표시하여야 한다.

〈양식 9-1〉 해상적하보험증권

MARINE CARGO INSURANCE POLICY

AIG
AIG General Insuran

대한민국정부 인 지 세 100원 종로세무서장 후납승인2006-6

MARINE CARGO INSURANCE POLICY COPY

Policy No.	: 30521D - 00		
Assured Name	:		
Invoice No., etc.	: I/V No. MC-061227	L/C No. C0245	
Amount Insured	: CARGO USD ,789.73(USD ,374.80 * 136.00 %)		
Conveyance	: X-PRESS SINGAPORE 08W	**Sailing on or about**	: Dec , 200
At and From	: INCHON PORT, KOREA	**Transhipped at**	:
Arrived At	: PORT,	**Thence to**	:

Goods and Merchandise :
& OTHER ITEMS

AS PER PROFORMA INVOICE/INDENT NO. 06/684
DATED 15TH OCTOBER 200
CIP

Marks and Number as per Invoice No. specified as above — Valued at the same as Amount Insured

Conditions :

Institute Cargo Clauses (A) - 1/1/82
Label Clause.
Institute War Clauses (Cargo).
Institute Strikes Clauses.
INSURANCE POLICY/CERTIFICATE PAYABLE IN ESTABLISHED TO (BANK) ORDER IN THE CURRENCY OF THIS CREDIT AND FOR THE FULL CIP VALUE PLUS ADDITIONAL MARGIN OF (36) PERCENT COVERING:

MARINE AND WAR RISKS AS COVERED BY INSTITUTE CARGO CLAUSES 'A' "ALL RISKS", EXTENDED COVER, INSTITUTE OF S.R.C.C. CLAUSES, T.P.N.D. CLAUSES AND TRANSHIPMENT CLAUSES.
TRANSFERRING BANK'S REFERENCE : 3041EXL20

Subject to the following Clauses :

- Institute Cargo Clauses (as specified above)
- Institute Classification Clause
- On-deck Clause
- Label Clause (applying to labelled goods)
- Co-Insurance Clause (if applicable)
- U.S Economic and Trade Sanctions Clause
- Special Replacement Clause For secondhand Machinery
- Special Replacement Clause (applying to Machinery)
- Duty Clause(applicable only to import duty insured)
- Other Insurance Clause
- Transit Termination Clause (30 days) (applicable only for cargo imported to Korea)
- Institute Extended Radioactive Contamination Exclusion Clause
- Institute Chemical, Biological, Bio-Chemical, Electromagnetic Weapons and Cyber Attack Exclusion Clause
- Termination of Transit Clause (Terrorism)

Settling Agent : Arabian American Insurance Company
Petroleum Center - Al Rushaid
Al Dammam/Khobar Street P.O. Box 700
Al Khobar, Saudi Arabia 31952
Tel: 9663 801-0400 Fax: 9663 801-0300
Email: Dammam.MarineCLM@aig.com

Claims Representative : Arabian American Insurance Company
Petroleum Center - Al Rushaid
Al Dammam/Khobar Street P.O. Box 700
Al Khobar, Saudi Arabia 31952
Tel: 9663 801-0400 Fax: 9663 801-0300
Email: Dammam.MarineCLM@aig.com

Place and date signed in : SEOUL , KOREA Dec 27, 2006	No. of Policies issued : 2	Typist : BMSMLEE

For the use only with the New Marine Policy From

Notwithstanding anything contained herein or attached hereto to the contrary, this insurance is understood and agreed to be subject to English law and practice only as to liability for and settlement of any and all claims.

This insurance does not cover any loss or damage to the properyt which at the time of the happening of such loss or damage is insured by or would but for the existence of this Policy be insured by any fire or other insurance policy or policies except in respect of any excess beyond the amount which would have been payable under the fire or other insurance policy or policies had this insurance not been affected

We, AMERICAN HOME ASSURANCE KOREA hereby agree, in consideration of the payment to us by or on behalf of the Assured of the premium as arranged, to insure against loss damage liability or expense to the extent and in the manner herein provided.

In Witness whereof, I the Undersigned of AMERICAN HOME ASSURANCE KOREA on behalf of the said Company have subscribed My Name in the place specified as above to the policies, the issued numbers therof being specified as above, of the same tenor and date, one of which being accomplished, the others to be Void, as of the date specified above.

For the use only with the New Marine Policy From

1. Warranted free of capture, seizure, arrest, restraint, or detainment, and the consequences thereof or of any attempt thereat, also from the consequences of hostilities or warlike operations, whether there be a declaration of war or not; but this warranty shall not exclude collision, contact with any fixed or floating object (other than a mine or torpedo), stranding, heavy weather or fire unless caused directly (and independently of the nature of the voyage or service which the vessel concerned or, in the case of a collision, any other vessel involved therein, is performing) by a hostile act by or against a belligerent power; and for the purpose of this warranty "power" includes any authority maintaining naval, military or air forces in association with a power. Further warranted free from the consequences of civil war, revolution, rebellion, insurrection, or civil strife arising therefrom or piracy.

2. Warranted free of loss or damage
(a) caused by strikers, locked-out workmen, or persons taking part in labour disturbances, riots or civil commotions;
(b) resulting from strikes, lock outs, labour disturbances, riots or civil commotions.

3. (a) Should the risks excluded by Clause 1 (F.C.& F. Clause) be reinstated in this Policy by deletion of the said Clause, or should the risks or any of them mentioned in that clause or the risks of mines, torpedoes, bombs or other engines of war be insured under this Policy, Clause (b) below shall become operative and anything contained in this contract which is inconsistent with Clause(b) or which affords more extensive protection against the aforesaid risks than that afforded by the Institute War Clauses relevant to the particular form of transit covered by this insurance is null and void.
(b) This policy is warranted free of any claim based upon loss of, or frustration of, the insured voyage or adventure caused by arrests restraints or detainments of Kings Princes Peoples Usurpers or persons attempting to usurp power.

The descriptions to be inserted in the following clauses are shown as above. *Be it known that* as well in his or their own Name, as for and in the Name and Names of all and every other Person or Persons to whom the same doth, may, or shall appertain, in part or in all, doth make Assurance, and cause himself or themselves and them and every of them, to be Assured, lost or not lost, at and from upon any kind of Goods and Merchandises, in the good Ship or Vessel called the whereof is Master, for this present Voyage. or whosoever else shall go for Master in the said ship, or by whatsoever other Name or Names the said Ship, or the Master thereof, is or shall be named or called, beginning the Adventure upon the said Goods and Merchandises from the loading therof aboard the said Ship as above, and shall so continue and endure during her abode there, upon the said Ship, &c.; and further, until the said Ship with all her Goods and Merchandises whatsoever, shall be arrived at and upon the Goods and Merchandises until the same be there discharged and safely landed; and it shall be lawful for the said Ship, &c., in this Voyage to proceed and sail to and touch and stay at any Ports or Places whatsoever without Prejudice to this Assurance. The said Goods and Merchandises, &c., for so much as concerns the Assured by Agreement between the Assured and Assurers in this Policy are and shall be valued at TOUCHING the Adventures and Perils which the said Company are contented to bear and do take upon themselves in this Voyage, they are, of the Seas Men-of-War, Fire, Enemies, Pirates, Rovers, Thieves, Jettisons, Letters of Mart and countermart, Surprisals, Takings at Sea, Arrest, Restraints and Detainments of all kings, Princes and People, of what Nation, Condition, or Quality soever, Barratry of the Master and Mariners, and of all other Perils, Losses and Misfortunes that have or shall come to the Hurt Detriment or Damage of the said Goods and Merchandises, or any part thereof; and in case of any Loss or Misfortune, it shall be lawful to the Assured, his or their Factors, Servants and Assigns, to sue, labour and travel for, in and about the Defence, Safeguard and Recovery of the said Goods and Merchandises, or any part thereof, without Prejudice to this Assurance; to the charges whereof the said Company will contribute. And it is especially declared and agreed that no acts of the Assurer or assured in recovering saving, or preserving the property assured, shall be considered as a waiver or acceptance of abandonment. And it is agreed that this writing or Policy of Assurance shall be of as much Force and Effect as the surest Writing or Policy of Assurance made in London. And so the said Company are contented. And do hereby promise and bind themselves to the Assured, his or their Executors, Administrator, or Assigns, for the true Perfomance of the Premises; confessing themselves paid the Consideration due unto them for this Assurance, at, and after the rate of as arranged Per Cent

N.B.-Corn, Fish, Salt, Fruit, Flour and seed are warranted free from Average, unless general, or the Ship be stranded;sugar, Tobacco, Hemp, Flax, Hides and Skins are warranted free from Average, under Five Pounds per cent: and all other Goods, also the Ship and Freight, are warranted free from Average, under Three Pounds per cent., unless general, or the Ship be stranded, sunk or burnt. All questions of liability arising under this policy are to be governed by the laws and customs of England.

IN WITNESS whereof, I the Undersigned of The American Home Assurance Korea on behalf of the said company have subscribed my name in to Policies of the same tenor and date, one of Which being accomplished, the others to be void, as of the date specified as above.

☞ In the event of loss or damage arising under this Policy, no claims will be admitted unless a survey has been held with the approval of this Company's Office or Agents specified in this Policy.

In case of loss or damage, please follow the "IMPORTANT" clause printed on the back hereof.

For American Home Assurance Korea
American Home Assurance is a member of AIG

ENCRYPTION No. Yj88I Ohk/Pz8=
For Policy Verification

For a listing of Claim Offices
http://www.aigmarine.com

Authorized Signatory

2006. 0

〈양식 9-2〉 해상적하보험가입증명서

CERTIFICATE OF MARINE CARGO

<table>
<tr><td colspan="2">② Assured(s), etc **THE SAMWON CORPORATION**</td><td></td></tr>
<tr><td colspan="2">① Certificate No.
002599A65334</td><td>③ Ref. No. **Invoice No. DS-070228**
L/C No. IOMP20748</td></tr>
<tr><td colspan="2">⑥ Claim, if any, payable at :
GELLATLY HANKEY MARINE SERVICE
842 Seventh Avenue New York 10018
Tel(201)881-9412
Claims are payable in **America**</td><td>④ Amount insured
USD 65,120
(USD59,200 × 110%)</td></tr>
<tr><td colspan="2">⑦ Survey should be approved by
THE SAME AS ABOVE</td><td rowspan="5">⑤ Conditions
• **INSTITUTE CARGO CLAUSE(A) 1982**
• **CLAIMS ARE PAYABLE IN AMERICA IN THE CURRENCY OF THE DRAFT.**</td></tr>
<tr><td>⑧ Local Vessel or Conveyance</td><td>⑨ From(interior port or place of loading)</td></tr>
<tr><td>⑩ Ship or Vessel called the
KAJA-HO V-27</td><td>⑪ Sailing on or about
MARCH 3, 20XX</td></tr>
<tr><td>⑫ at and from
PUSAN, KOREA</td><td>⑬ transshipped at</td></tr>
<tr><td>⑭ arrived at
NEW YORK</td><td>⑮ thence to</td></tr>
<tr><td colspan="2">⑯ Goods and Merchandiese
16,000YDS OF PATCHWORK COWHIDE LEATHER</td><td>Subject to the following Clauses as per back hereof institute Cargo Clauses Institute War Clauses(Cargo) Institute War Cancellation Clauses(Cargo)
Institute Strikes Riots and Civil Commotions Clauses
Institute Air Cargo Clauses(All Risks)
Institute Classification Clauses
Special Replacement Clause(applying to machinery)
Institute Radioactive Contamination Exclusion Clauses
Co-Insurance Clause Marks and Numbers as</td></tr>
<tr><td colspan="3">Place and Date signed in ⑰ **SEOUL, KOREA MARCH 2, 20XX** No. of Certificates issued. ⑱ **TWO**
⑳ This Certificate represents and takes the place of the Policy and conveys all rights of the original policyholder(for the purpose of collecting any loss or claim) as fully as if the property was covered by a Open Policy direct to the holder of this Certificate.
This Company agrees losses, if any, shall be payable to the order of Assured on surrender of this Certificate.
Settlement under one copy shall render all others null and void.
Contrary to the wording of this form, this insurance is governed by the standard from of English Marine Insurance Policy.
In the event of loss or damage arising under this insurance, no claims will be admitted unless a survey has been held with the approval of this Company's office or Agents specified in this Certificate.

SEE IMPORTANT INSTRUCTIONS ON REVERSE
⑲ **AIG Insurance Co., Ltd.**

AUTHORIZED SIGNATORY

This Certificate is not valid unless the Declaration be signed by an authorized representative of the Assured.</td></tr>
</table>

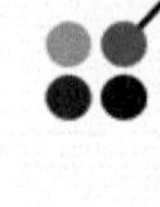

제10장 보험약관

주요내용

협회적하약관, 협회전쟁약관, 협회동맹파업약관 그리고 협회기간약관의 각 개별약관의 내용을 통해 담보범위와 담보기간 및 피보험자의 의무와 권리를 이해하고 보험사고에 대한 손해보상을 살펴보고자 한다.

- 협회적하약관
- 협회전쟁약관
- 협회동맹파업약관
- 협회기간약관

• 제1절 협회적하약관

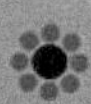

1. 보험약관의 의의

1) 보험약관의 개념

보험약관(insurance clause)이란 해상보험계약을 체결한 후 보험계약자가 보험료를 납부하면 보험자는 보험계약자에게 보험증권을 교부하는데, 보험증권 이면에 보험계약에 관하여 공통되는 표준적 사항을 미리 정하여 명시한 각종 약속과 규정을 말한다.

보험자는 다수의 보험계약자를 상대로 보험계약을 체결하므로 계약을 체결할 때마다 계약내용을 서로 합의하고 결정하는 것이 아니라 보험자가 업무의 효율성을 위하여 미리 작성하여 인쇄한 정형화된 보험약관을 계약내용으로 한다.

2) 보험약관의 종류

(1) 보통약관

보통약관(general clause)이란 보험자가 계약절차를 간소화하기 위하여 보험계약과 관련된 정형화되고 제도화된 표준적 계약조항을 말한다.

보험계약자는 계약을 체결할 때 그 내용을 이해하고 그 약관에 따라 보험계약을 체결하겠다는 의사표시를 반영하는 것이 아니라 특별히 반대 의사표시를 하지 않는 한 보험계약이 성립한다.

(2) 특별약관

특별약관(special clause)이란 보통약관과는 다르게 특정한 사안에 대하여 보험계약자가 의사표시를 하여 결정하는 계약조항을 말한다. 일반적으로 특별약관이 보통약관에 우선하여 적용된다. 예를 들면 협회전쟁약관(Institute War Clauses), 동맹파업약관(Institute Strikes Clauses 등이 있다.

2. 협회적하약관

협회적하약관(Institute Cargo Clause: ICC)이란 영국의 로이즈 및 보험회사를 대표하는 보험자와 해손정산인으로 구성된 기술 및 약관위원회(Technical and Clauses Committee: TCC)에서 제정한 약관으로서 적하보험의 보상범위에 관한 보험조건을 규정하고 있다.

적하보험의 기본조건으로는 구협회적하약관상 분손부담보조건(FPA: Free From Particular Average)이 1912년 채택된 이후, 1921년에 분손담보조건(WA: With Average), 1951년에 전위험담보조건(A/R: All Risks)이 도입되었으며, 이러한 구협회적하약관은 수차례 개정을 거쳐 현재 사용하고 있는 것은 1963년 구협회적하약관이다. 구협회적하약관은 14개 조항으로 구성되어 있는데 이 중에서 위험약관(제5조)을 제외한 13개 조항은 FPA, WA, A/R 조건 모두 그 내용이 동일하다.

그런데 구협회적하약관의 문장이 고어체로 되어 있어서 일반인들이 이해하기 어려워 좀 더 쉽게 이해할 수 있는 적하보험약관에 대한 요구가 반영되어 1982년 신협회적하약관이 제정되었다. 신협회적하약관에서는 구약관상의 보험조건에 대한 명칭을 변경시켰는데, 구약관의 A/R과 담보범위가 유사한 ICC(A), WA와 유사한 ICC(B), FPA와 유사한 ICC(C)로 변경하였다.

이러한 신협회적하약관은 로이즈시장협회(LMA : Lloyd's Market Association)와 합동적하위원회(JCC : Joint Cargo Committee)가 1982년 협회적하약관(ICC)을 제정하여 1983년부터 사용하여 왔었다. 이후 보험시장의 시대적 변화에 따라 2009년 1월 1일자로 협회적하약관의 일부를 개정하여 사용하고 있는데, 이를 협회적하약관(ICC) 2009라고 한다.

우리나라는 보험계약자의 편의를 위해 구협회적하약관 및 신협회적하약관 모두 사용하고 있다.

〈표 10-1〉 신·구협회적하약관의 비교

구협회적하약관	신협회적하약관
전위험담보조건(ICC A/R)	ICC (A)
분손담보조건(ICC WA)	ICC (B)
분손부담보조건(ICC FPA)	ICC (C)

1) 구협회적하약관

(1) 구협회적하약관의 구성

구약관의 전위험담보(A/R)조건은 일체의 위험을 담보하는 포괄책임주의를 채택하고, 분손부담보조건(FPA)과 분손담보조건(WA)은 열거책임주의를 채택하고 있다.

① 전위험담보조건

전위험담보조건(All Risks Clause : A/R)은 특정한 면책위험을 제외하고 일체의 위험을 담보하는 조건이다. 전위험담보의 면책위험으로는 화물 고유의 성질이나 하자로 인한 손해와 항해의 지연으로 인한 손해, 그리고 전쟁 및 동맹파업위험 등이 있다.

그러므로 전위험담보로 부보한 경우라도 전쟁 및 동맹파업위험을 담보받기 위하여는 전쟁위험 등의 담보조건을 추가로 부보하여야 한다. 그러나 화물 고유의 성질이나 하자로 인한 손해나 항해의 지연으로 인한 손해는 어떠한 경우에도 보상되지 아니한다. 이와 같이 전위험담보조건은 보험자가 손해를 면책한도의 적용 없이 보상하는 조건으로 손해보상의 범위가 높고 보험료도 높아 일반적으로 고급 잡화제품의 부보에 주로 이용된다.

② 분손담보조건

분손담보조건(With Average Clause : WA) 또는 단독해손조건(With Particular Average Clause : WPA)이란 보험자가 단독해손을 담보하는 조건이다. 단 이 경우 보험증권 본문의 면책비율이 적용되며 일정비율 미만의 소손해에 대해서는 담보하지 않는다. ICC(B)는 분손의 경우에 손해비율에 관계없이 손해액 전액을 보상한다.

분손부담보(FPA)조건에서 보상하는 손해에 추가하여 악천후로 인한 해수침손(sea water damage)과 갑판유실 등을 추가로 보상해 주는 조건이다.

소손해면책(franchise)의 경우 보험자는 담보위험으로 인하여 생긴 손해가 일정한 비율에 달하지 않는 소손해는 보상하지 않으며 이를 초과하는 경우에는 모든 손해를 보상한다. 예를 들면 WA 3%일 경우, 3% 미만의 손해는 보상되지 않으나 그 이상의 손해는 전부 보상되며, 면책율의 적용을 원하지 않을 경우에는 WAIOP(With Average Irrespective Of Percentage)조건을 사용하면 손해가 발생하였을 때 공제없이 전부 보상한다.

초과공제면책비율(excess deductible or deductible franchise)은 해상보험에서 면책비율이 적용되는 경우 보험자가 담보위험으로 인하여 생긴 손해가 일정한 비율을 초과하는 부분에 대해서만 보상한다. 예를 들면 excess of 3%일 경우 전체 손해금액에서 3%를 공제하고 보상한다.

③ 분손부담보조건

분손부담보조건(Free from Particular Average Clause : FPA)이란 보험목적물의 전손 및 공동해손의 경우와 손해방지비용, 구조료, 특별비용, 특정분손 등의 손해를 보상하는 조건이다. 이는 선박의 좌초(stranding), 침몰(sinking), 화재(burning), 충돌(collision)로 인한 경우 이외의 단독해손 손해를 보상하지 않으므로 단독해손부담보조건이라고도 한다.

분손부담보(FPA)조건에서는 하역작업 중에 발생한 포장단위당의 전손을 보상하고 있으나 신약관 ICC(C)에서는 이를 보상하지 않는 점에서 신·구약관상의 차이가 있다.

④ 전손담보조건

전손담보조건(Total Loss Only: TLO)이란 보험목적물이 전부 손실을 당했을 경우의 손해, 즉 현실전손과 추정전손에 한하여 담보의 책임을 지는 조건이다.

(2) 구협회적하약관의 공통약관

구협회적하약관은 14개의 공통약관과 주의사항으로 구성되어 있으며 본문약관에서 언급하지 않은 적하보험계약에서 중요시되는 부분을 공통약관으로 구성한 것이다.

공통약관의 내용은 다음과 같다.

① 제1조 운송약관(Transit Clause)

창고간 약관(warehouse to warehouse clause)이라고도 한다. 본문약관에서 약정한 보험기간을 연장하거나 이로 등으로 위험의 변경이 발생한 경우에 계속적인 담보가 가능하도록 규정한 것이다.

② 제2조 운송종료약관(Termination of Adventure Clause)

피보험자가 통제할 수 없는 사정에 의해 화물이 목적지에 도달하기 전에 항해가 종료되는 경우, 보험자에게 계속담보의사를 통지하고 추가보험료를 지급함으로써 보험기간이 일정기간 존속한다는 것을 규정한 약관이다.

③ 제3조 부선약관(Craft & C. Clause)

선적항 또는 목적항에서 부선 또는 이와 유사한 운송용구로 운송하는 기간도 보험기간에 포함시킨다는 것을 규정한 약관이다.

④ 제4조 항해변경약관(Change of Voyage Clause)

항해가 변경된 경우 보험자의 책임이 종료되지만 추가보험료를 지급하면 보험이 계속된다는 것을 규정한 것이다.

⑤ 제5조 담보약관(분손부담보약관 FPA Clause, 분손담보약관 WA Clause, 전위험담보약관 All Risks Clause)

보험자가 보상하는 위험의 종류를 규정하고 있는데, A/R 약관은 면책위험만 규정하여 면책위험 이외의 위험에 대해 보상하고, FPA 및 WA약관은 열거된 위험만 규정하여 그 열거된 위험만 보상하고 그 외 위험에 의한 손실은 보상하지 않는다. 즉 약관의 종류에 따라 보험자의 담보범위가 다른데, 〈표 10-2〉에 3가지 약관의 담보범위의 차이점을 상세히 비교하고 있다.

〈표 10-2〉 협회적하약관 비교

담 보 위 험		FPA	WA	A/R
① 전손		○	○	○
② 공동해손		○	○	○
③ 해난구조비 및 손해방지비용		○	○	○
④ 좌초·침몰·대화재가 발생된 경우의 단독해손		○	○	○
⑤ 선적·환적·양하작업중의 매포장 단위당 전손		○	○	○
⑥ 화재·폭발·충돌·접촉 및 피난항에서의 양하로 인한 손해		○	○	○
⑦ 상기④-⑥ 이외의 단독해손		×	○	○
⑧ 악천후에 의한 해수손		×	×	○
⑨ 면책위험 외의 모든 외부적·우발적 손해		×	×	○
면책위험	① 통상적으로 발생되는 부족손해 및 자연소모 ② 보험목적물 잠재하자 및 고유의 성질 ③ 지연을 근인으로 한 손해 ④ 해적행위 ⑤ 피보험자가 실시한 적재 및 포장불량 ⑥ 화물고유의 성질로 인한 습기 손해 ⑦ 선창내부와 외부의 온도차이에 의한 습기 손해 ⑧ 전쟁 및 혁명, 반란으로 인한 적대행위, 제3자의 동맹파업이나 폭동으로 인한 손해			

⑥ 제6조 추정전손약관(Constructive Total Loss Clause)

추정전손의 성립요건으로 정당하게 위부되지 않는 한 전손보험금을 청구할 수 없다는 내용을 규정하고 있다.

⑦ 제7조 공동해손약관(General Average Clause)

공동해손을 처리하기 위한 준거법을 규정한 약관이다. 대부분의 보험증권과 선하증권에는

York-Antwerp Rules에 따라 이를 처리한다고 규정되어 있다.

⑧ 제8조 감항성담보약관(Seaworthiness Admitted Clause)

피보험자가 통제할 수 없는 감항성 묵시담보를 완화하여 화주의 감항성 보장책임을 면제하는 것을 규정한 것이다.

⑨ 제9조 수탁자 약관(Bailee Clause)

운송인, 수탁자 또는 제3자의 책임사유로 손해가 발생한 경우 보험자가 피보험자에게 보상을 한 때, 피보험자가 자기의 명의로 보험자를 위하여 운송인 및 기타 수탁자에 대하여 손해배상 청구권을 적절히 보존하고 확보해 두는 것을 규정한 약관이다.

⑩ 제10조 보험이익불공여약관(Not to Inure Clause)

운송인이 선하증권에 보험이익조항(benefit of insurance clause)을 삽입하여 화주가 운송인의 귀책에 의한 화물의 손해를 보험자로부터 보상을 받으면 운송인이 배상책임을 지지 않는다고 규정함으로써 보험자가 대위권에 의한 구상권을 운송인에게 행사하지 못하게 되는 것을 방지하기 위해 제정된 규정이다. 즉 운송인 및 기타의 수탁자에게 보험계약이 체결되어 있다는 이유로서 이익을 주어서는 안 된다는 약관이다.

⑪ 제11조 쌍방과실충돌약관(Both to Blame Collision Clause)

선하증권의 쌍방과실충돌조항에 의거한 피보험자의 부담액 중 보험증권에 의하여 보상받을 수 있는 손해에 관한 부분을 피보험자에게 보상한다는 약관이다.

⑫ 제12조 포획 · 나포부담보약관(Free from Capture and Seizure Clause : FC&S Clause)

포획 · 나포위험은 보험자가 담보하지 않는다는 약관이다. 이탤릭서체약관과 동일하다.

⑬ 제13조 동맹파업 · 폭동소요부담보약관(Free from Strikes, Riots and Civil Commotions clause : FSR&CC Clause)

동맹파업 · 폭동소요위험은 보험자가 담보하지 않는다는 약관이다. 이탤릭서체약관과 동일하다.

⑭ 제14조 신속조치약관(Reasonable Despatch Clause)

이로, 항해의 변경, 도착항의 변경, 항해의 중지 등의 위험변동이 발생하여도 피보험자가 신속하게 그것에 대응하여 화물을 보호하도록 규정한 약관이다.

(3) 특별약관 - 구협회전쟁약관과 구협회동맹파업 · 폭동 · 소요약관

① 구협회전쟁약관(Institute War Clause)

보험증권이나 협회적하약관상의 포획 · 나포부담보약관(Free from Capture and Seizure Clause : FC&S Clause)으로 면책되는 위험을 담보하기 위하여 협회전쟁약관을 협회적하약관에 추가하는 약관이다.

② 구협회동맹파업 · 폭동 · 소요약관(Institute Strikes, Riots and Civil Commotions Clause)

보험증권이나 협회적하약관상의 동맹파업 · 폭동 · 소요부담보약관(Free from Strikes, Riots and Civil commotions clause : F.S.R. & C.C. Clause)에서 면책되는 위험을 담보하기 위하여 협회적하약관에 추가하여 동맹파업 · 폭동 · 소요약관을 사용하는 약관이다.

(4) 기타 부가위험담보

보험조건 중 분손담보(WA), 분손부담보(FPA)조건은 열거책임주의이므로 이 조건으로 부보하는 경우에는 화물의 종류, 성질, 포장상태 등을 고려하여 추가되는 위험들은 부가위험으로 하여 담보하여야 한다.

2) 신협회적하약관

(1) 신협회적하약관의 구성

2009년부터 사용되고 있는 협회적하약관(Institute Cargo Clauses, 2009)은 담보위험의 내용에 따라서 ICC(A), ICC(B), ICC(C) 3개의 기본약관으로 구성되어 있다. 이 기본약관들은 다시 8개 분야로 분류되고 각각 19개 개별약관으로 구성되어 있지만 제1조의 위험약관, 제4조 일반면책약관, 제6조 전쟁위험약관을 제외하고는 모두 동일하다.

〈표 10-3〉 협회적하약관 1982년과 2009년 비교

구 분	약관명(1982년)	약관명(2009년)
담보위험 (risks covered)	1. 위험약관 2. 공동해손약관 3. 쌍방과실충돌약관	1. 위험 2. 공동해손 3. 쌍방과실충돌약관
면책조항 (exclusions)	4. 일반면책약관 5. 불감항 및 부적합면책약관 6. 전쟁면책약관 7. 동맹파업면책약관	4. 5. 6. 7. 면책
보험기간 (duration)	8. 운송약관 9. 운송계약종료약관 10. 항해변경약관	8. 운송약관 9. 운송계약종료 10. 항해변경
보험금청구 (claims)	11. 피보험이익약관 12. 계반비용약관 13. 추정전손약관 14. 증액약관	11. 피보험이익 12. 계반비용 13. 추정전손 14. 증액
보험이익 (benefit of insurance)	15. 보험이익불공여약관	15. 보험의 이익

구 분	약관명(1982년)	약관명(2009년)
손해경감 (minimizing losses)	16. 피보험자의무약관 17. 포기약관	16. 피보험자의무 17. 포기
지연의 방지 (avoidance of delay)	18. 신속조치약관	18. 지연의 방지
법률 및 판례 (law and practice)	19. 법률 및 관례약관	19. 법률 및 관례

(2) ICC(A)

① 담보위험(Risks Covered)

㉠ 제1조 위험(Risks)

Risks

1. This insurance covers all risks of loss of or damage to the subject-matter insured except as excluded by the provisions of Clauses 4, 5, 6 and 7 below.

위험

1. 이 보험은 보험목적물의 멸실 또는 손상에 관한 일체의 위험을 담보한다. 단 아래의 제4조·제5조·제6조 및 제7조의 규정에 의해 제외되는 위험은 제외한다.

위험약관은 구 양식의 보험증권의 전위험담보약관(All Risks : A/R)과 유사한 것으로서 보험자의 담보범위를 규정하고 있는 약관이다.

ICC(A)는 포괄책임주의 방식을 택하고 있기 때문에 보험자는 면책위험을 제외한 일체의 보험목적물의 멸실 또는 손상의 위험을 담보하며 보험사고가 발생할 경우 그 손해의 입증책임은 보험자에게 있다.

한편, ICC(A)하에서의 면책위험에는 일반면책위험(제4조), 선박 또는 부선, 기타 운송용구의 불감항 및 부적합 위험(제5조), 전쟁위험(제6조), 동맹파업위험(제7조) 등 네 가지가 있다.

ICC(A)에서의 면책위험은 ICC(B)와 ICC(C)의 면책위험과 대체로 동일하나, 다만 ICC(B)와 ICC(C) 제4조 일반면책위험 중 고의적인 손해(deliberate damage)는 ICC(A)의 일반면책위험에는 포함되지 않는다.

㉡ 제2조 공동해손(General Average)

General Average

2. This insurance covers general average and salvage charges, adjusted or determined according to the contract of carriage and/or the governing law and practice, incurred to avoid or in connection with the avoidance of loss from any cause except those excluded in Clauses 4, 5, 6 and 7 below.

공동해손

2. 이 보험은 다음의 제4조 · 제5조 · 제6조 및 제7조에서 표시한 면책위험을 제외한 어떤 다른 원인으로부터 발생하는 손실을 피하기 위해 발생한 경우라면 해상운송약관 혹은 효력이 있는 법률이나 관습에 따라 정산되거나 결정된 공동해손과 구조비를 보상한다.

이 약관은 공동해손이 ICC(A), (C), (C)의 공통사항으로 약관상에 명시된 면책위험을 제외하고는 보험자가 공동해손과 구조비를 보상할 책임이 있음을 명시한 규정이다.

공동해손에는 공동해손희생과 공동해손비용손해 및 공동해손분담금으로 구분할 수 있다. 담보위험에 의한 공동해손이 발생할 경우 운송계약에 따라 피보험자가 부담할 공동해손분담금을 보험자가 부담한다.

공동해손비용은 공동해손행위로 인하여 지출되는 비용으로 구조비, 피난항비용, 정산비용 등이 있다. 항해 중 해상사업 단체의 공동위험이 발생한 경우 제3자의 구조 활동에 따라 피보험자가 구조비의 성질로 지출한 비용은 공동해손으로 인정된다.

공동해손은 해상운송계약, 준거법 및 관습에 따라 정산되거나 결정된다고 규정되어 있으나 선하증권에 공동해손이 발생할 경우 요크 앤트워프 규칙(York Antwerp Rules, 2016)에 의해 정산한다는 약관이 삽입되어 있어서 대부분 국가에서 공동해손은 YAR에 따르고 있다.

㉢ 제3조 쌍방과실충돌약관(Both to Blame Collision Clause)

Both to Blame Collision Clause

3. This insurance indemnifies the Assured, in respect of any risk insured herein, against liability incurred under the any Both to Blame Collision Clause in the contract of carriage. In the event of any claim by carriers under the said Clause, the Assured agree to notify the insurers who shall have the right, at their own cost and expense, to defend the Assured against such claim.

쌍방과실충돌약관

3. 이 보험은 피보험자가 이 보험의 모든 담보위험에 관하여 해상운송계약의 쌍방과실충돌약관에 의해 부담하는 책임액을 보상한다. 위 약관에 따라 운송으로부터 청구를 받았을 경우에 피보험자는 그 취지를 보험자에게 통보할 것을 약속한다. 보험자는 자기의 비용으로 운송인의 청구에 대해 피보험자를 보호할 권리를 가진다.

쌍방과실충돌약관(both to blame collision clause)은 보험자의 손해보상범위를 확장하여 선하증권의 쌍방과실충돌약관에 의하여 피보험자가 부담하는 책임액 가운데 보험증권에서 보상받을 수 있는 손해에 관한 부분을 보험자가 보상함으로써 피보험자를 보호한다는 것이다.

② 면책조항(Exclusion)

㉠ 제4조 일반면책(Exclusion)

Exclusions

4. In no case shall this insurance cover
   - 4.1 loss damage or expense attributable to wilful misconduct of the Assured
   - 4.2 ordinary leakage, ordinary loss in weight or volume, or ordinary wear and tear of the subject-matter insured
   - 4.3 loss damage or expense caused by insufficiency or unsuitability of packing or preparation of the subject-matter insured to withstand the ordinary incidents of the insured transit where such packing or preparation is carried out by Assured or their employees or prior to the attachment of this insurance(for the purpose of these Clauses "packing"shall be deemed to include stowage in a container and "employees" shall not include independent contractors)
   - 4.4 loss damage or expense caused by inherent vice or nature of the subject-matter insured
   - 4.5 loss damage or expense caused by delay, even though the delay be caused by a risk insured against(except expenses payable under Clause 2 above)
   - 4.6 loss damage or expense caused by insolvency or financial default of the owners managers charterers or operators of the vessel where, at the time of loading of the subject-matter insured on board the vessel, the Assured are aware, or in the ordinary course of business should be aware, that such insolvency or financial default could prevent the normal prosecution of the voyage.

     This exclusion shall not apply where the contract of insurance has been assigned to the party claiming hereunder who has bought or agreed to buy the subject-matter insured in good faith under a binding contract.
   - 4.7 loss damage or expense directly or indirectly caused by or arising from the use of any weapon or device employing atomic or nuclear fission and/or fusion or other like

reaction or radioactive force or matter.

면책

4. 어떠한 경우에도 이 보험은 다음의 손해를 담보하지 않는다.
  4.1 피보험자의 고의의 악행에 의한 멸실·손상 또는 비용
  4.2 보험목적물의 통상의 누손, 중량 또는 용적의 부족 또는 자연소모
  4.3 이 보험의 대상이 되는 운송에서 통상 발생하는 사고에 견딜 수 있도록 보험목적물의 포장 또는 준비를 완전하고 적절하게 하지 않음으로 인하여 발생한 멸실·손상 또는 비용. 단, 그러한 포장 또는 준비가 피보험자 또는 사용인에 의해 실행되거나 이 보험의 개시 전에 실행되는 경우에 한한다(이 조항에 있어서 "포장"에는 컨테이너에 적부하는 것을 포함하고, "사용인"에는 독립계약자를 포함하지 아니한다).
  4.4 보험목적물 고유의 하자 또는 성질로 인하여 발생한 멸실·손상 또는 비용
  4.5 지연이 담보위험으로 발생된 경우에도 지연으로 인하여 발생한 멸실·손상 또는 비용(위 제2조에서 지급할 비용은 제외함)
  4.6 본선의 소유자·관리자·용선자 또는 운항자의 지급불능 또는 금전 채무불이행으로 생기는 멸실·손상 또는 비용. 단, 보험목적물을 본선에 적재할 때 피보험자가 지급불능 또는 금전 채무불이행이 그 항해의 정상적인 수행을 방해할 수 있다는 사실을 알고 있었거나, 당연히 알았어야 하는 경우에 한한다.
  이 면책규정은 구속력 있는 계약에 따라 선의로 보험목적물을 구입한 자 또는 구입하는 것에 동의한 자에 보험계약이 양도되어 양수인이 보험금을 청구하는 경우에는 적용되지 아니한다.
  4.7 원자력 또는 핵의 분열 및/또는 융합 혹은 기타 이와 유사한 반응 혹은 방사능이나 방사성물질을 이용한 무기 또는 장치의 사용으로 인하여 직접 또는 간접적으로 발생한 멸실·손상 또는 비용

일반면책위험(general exclusions)은 보험자의 면책위험을 7가지로 구분하여 명시하고 있는데 그 내용은 다음과 같다.

ⓐ 피보험자의 고의적인 위법행위에 기인한 멸실·손상 또는 비용
ⓑ 보험목적물의 통상적인 누손, 통상적인 중량·용적의 부족 또는 자연소모
ⓒ 보험목적물의 포장 또는 준비의 불완전 또는 부적합으로부터 생기는 멸실·손상 또는 비용
ⓓ 보험목적물의 고유의 하자 또는 성질을 근인으로 하는 멸실·손상 또는 비용
ⓔ 항해지연이 피보험위험에 의하여 생긴 경우라도 당해 항해지연에 근인하여 생긴 멸실·손상 또는 비용
ⓕ 본선의 소유자, 관리자, 용선자 또는 운항자의 파산 또는 재정상의 궁핍으로 인한 멸실·손상 또는 비용. 다만 피보험자가 선사의 파산 정보를 알고 있었거나 또는 통상의 업무상 당연히 알고 있었을 경우

⑧ 원자력 또는 핵의 분열, 융합 또는 기타 이와 유사한 반응 또는 방사능이나 방사성물질을 응용한 무기 또는 장치의 사용으로 인하여 발생한 멸실 · 손상 또는 비용

일반면책위험(general exclusions)은 ICC(A)의 경우 상기에 열거한 7가지이지만 ICC(B), ICC(C)의 경우는 보험목적물 또는 그 일부에 대한 어떠한 자의 불법행위에 의한 고의적인 손상 또는 파괴를 면책으로 하는 것을 포함하여 8가지이다. 예를 들면 선원의 악행에 의한 손해는 ICC(B), ICC(C)에서 담보되지 않기 때문에 악의적 손상약관(malicious damage clause)을 첨부할 경우 담보가 가능하다.

〈표 10-4〉 신협회적하약관의 면책위험 비교

조 항	면 책 위 험	ICC		
		A	B	C
제4조	① 피보험자의 고의의 불법행위	×	×	×
	② 통상의 누손, 중량, 용적의 감소·자연소모	×	×	×
	③ 포장·준비의 불충분	×	×	×
	④ 보험목적물의 고유의 하자, 성질	×	×	×
	⑤ 항해지연	×	×	×
	⑥ 선주, 관리자, 용선자, 운항자의 파산, 경제상의 궁핍	×	×	×
	⑦ 보험목적물 또는 그 일부에 대한 제3자에 의한 고의적인 손상, 파괴	○	×	×
	⑧ 원자력 위험, 핵무기	×	×	×
제5조	피보험자가 알고 있는 선박, 컨테이너 등의 불감항, 부적합	×	×	×
제6조	전쟁위험	×	×	×
제7조	동맹파업위험	×	×	×

ⓛ 제5조 불감항, 부적합 면책(Unseaworthiness and Unfitness Exclusion)

5.1 In no case shall this insurance cover loss damage or expense arising from

5.1.1 unseaworthiness of vessel or craft or unfitness of vessel or craft for the safe carriage of the subject-matter insured, where the Assured are privy to such unseaworthiness or unfitness, at the time the subject-matter insured is loaded therein.

5.1.2 unfitness of container or conveyance for the safe carriage of the subject-matter insured, where loading therein or thereon is carried out prior to attachment of this insurance or by the Assured or their employees and they are privy to such unfitness at the time of loading.

5.2 Exclusion 5.1.1 above shall not apply where the contract of insurance has been assigned to the party claiming hereunder who has bought or agreed to buy the subject-matter insured in good faith under a binding contract.

5.3 The Insures waive any breach of the implied warranties of seaworthiness of the ship and fitness of the ship to carry the subject-matter insured to destination.

5.1 이 보험은 어떠한 경우에도 다음 사유로 발생하는 멸실, 손상 또는 비용은 보상하지 않는다.

5.1.1 선박 또는 부선의 불감항 또는 보험목적물의 안전운송을 위한 선박 또는 부선의 부적합. 단, 보험목적물을 적재할 때 피보험자가 그와 같은 불감항 또는 부적합을 알고 있을 경우에 한한다.

5.1.2 보험목적물의 안전운송을 위한 컨테이너 또는 운송용구의 부적합. 단, 그 적재가 이 보험의 개시 전에 실행되는 경우 또는 피보험자 또는 그 사용인에 의해 실행되고 또한 그들이 적재 시에 그러한 부적합을 알고 있을 경우에 한한다.

5.2 상기 5.1.1 면책규정은 구속력 있는 계약에서 선의로 보험목적물을 구입한 자 또는 구매하는 것에 동의한 자에 이 보험계약이 양도되어 양수인이 보험금을 청구하는 경우에는 적용되지 않는다.

5.3 보험자는 선박의 감항 및 보험목적물을 목적지로 운송하기 위한 선박의 적합에 대한 묵시담보의 위반에 대한 권리를 포기한다.

선박의 불감항 및 부적합(unseaworthiness and unfitness exclusion)으로 인한 보험사고에 대해서 보험자가 책임을 지지 않는다는 내용을 규정한 약관으로 다음과 같은 경우에 적용된다.

ⓐ 피보험자가 선적시에 선박 또는 본선 또는 부선의 불감항 또는 부적합을 알고 있는 경우

ⓑ 컨테이너 또는 운송용구가 물품의 안전한 운송에 부적합하고 또한 그 적재가 이 보험의 개시 전에 실행되었거나 또는 그 적재가 피보험자 또는 그 사용인에 의해 실행되고 또한 그들이 그러한 부적합성을 알고 있는 경우

항해보험의 경우 선박의 불감항 및 부적합은 묵시담보(implied warranty)로서 이를 위반할 경우 보험자는 위반시점부터 책임이 면제된다. 기간보험의 경우 발항 당시에 피보험자가 선박의 불감항성을 알고 있을 경우 보험자는 보상 책임이 없다.

㉢ 제6조 전쟁위험면책(War Exclusion)

6 In no case shall this insurance cover loss damage or expense caused by

6.1 war civil war revolution rebellion insurrection, or civil strife arising therefrom, or any hostile act by or against a belligerent power

6.2 capture seizure arrest restraint or detainment (piracy excepted), and the consequences

thereof or any attempt thereat
6.3 derelict mines torpedoes bombs or other derelict weapons of war.

6. 이 보험은 어떠한 경우에도 아래의 사유로 발생한 멸실 · 손상 또는 비용을 담보하지 않는다.
6.1 전쟁 · 내란 · 혁명 · 모반 · 반란 또는 이로 인하여 발생한 국내투쟁, 혹은 교전국에 의하여 또는 교전국에 대하여 행해진 적대행위
6.2 포획 · 나포 · 강류 · 억지 또는 억류(해적행위 제외)및 그러한 행위의 결과 또는 그러한 행위를 하고자 기도한 결과
6.3 유기된 기뢰 · 어뢰 · 폭탄 또는 기타 유기된 전쟁무기

전쟁위험면책(war exclusion)약관에서는 다음과 같이 규정하고 있다.

ⓐ 전쟁, 내란, 혁명, 모반(rebellion), 반란(insurrection) 또는 이로 말미암아 발생하는 국내투쟁, 또는 교전국에 의한 또는 교전국에 대하여 가해진 적대행위
ⓑ 포획, 나포, 강류, 억지 또는 억류와 이러한 행위의 결과 또는 이러한 행위를 하고자 기도한 결과
ⓒ 유기된 기뢰, 어뢰, 폭탄, 기타 유기된 전쟁무기에 의하여 발생된 것

전쟁위험면책(war exclusion)약관은 구약관의 포획 · 나포부담보약관(free from capture and seizure clause : FC&S clause)을 개정한 것으로 매우 간결하고 명료하게 명시하였고, 구약관에 없었던 유기된 기뢰와 어뢰를 포함시켰다. 또한 ICC(A)에서는 해적(piracy)을 전쟁위험에서 제외하여 이에 의한 손해를 보험자가 담보한다. 그러나 ICC(B)나 ICC(C)에서는 특약이 없는 한 보험자가 담보하지 않는다. 전쟁위험은 협회전쟁약관(Institute War clauses)을 첨부할 경우 담보된다.

㉣ 제7조 동맹파업위험면책(Strikes Exclusion)

7. In no case shall this insurance cover loss damage or expense
7.1 caused by strikers, locked-out workmen, or persons taking part in labour disturbances, riots or civil commotions
7.2 resulting from strikes, lock-outs, labour disturbances, riots or civil commotions
7.3 caused by any act of terrorism being an act of any person acting on behalf of, or in connection with, any organisation. which carries out activities directed towards the overthrowing or influencing, by force or violence, of any government whether or not legally constituted
7.4 caused by any person acting from a political, ideological or religious motive.

7. 이 보험은 어떠한 경우에도 아래의 멸실·손상 또는 비용을 담보하지 않는다.
   7.1 동맹파업자·직장폐쇄를 당한 노동자 또는 노동분쟁·폭동 또는 소요에 가담한 자에 의하여 발생한 것
   7.2 동맹파업·직장폐쇄·노동분쟁·폭동 또는 소요의 결과로 생긴 것
   7.3 일체의 테러행위, 즉 정부를 무력 또는 폭력으로 전복 또는 영향력을 미치기 위하여 행동하는 합법적 또는 불법적으로 설립된 일체의 조직을 위하거나 연대하여 행동하는 자의 행위에 의한 것
   7.4 정치적, 사상적 또는 종교적 동기를 가지고 행동하는 자에 의하여 발생한 것

동맹파업위험면책(strikes exclusion)은 다음과 규정하고 있다.

ⓐ 동맹파업, 직장폐쇄, 노동쟁의, 폭동 또는 소요에 가담한 자에 의하여 발생된 것

ⓑ 동맹파업, 직장폐쇄, 노동쟁의, 폭동 또는 소요의 결과로 발생된 것

ⓒ 일체의 테러행위(terrorism), 즉 정부를 무력 또는 폭력으로 전복 또는 영향력을 미치기 위하여 행동하는 합법적 또는 불법적으로 설립된 일체의 조직을 대신하여 또는 그 조직과 연대하여 행동하는 자에 의하여 발생되는 것

ⓓ 정치적, 사상적 또는 종교적 동기에 의하여 행동하는 자에 의하여 발생한 것

동맹파업위험면책(strikes exclusion)약관은 동맹파업·폭동 또는 소요, 일체의 테러행위로 인한 손해 및 정치적, 사상적 또는 종교적 동기에 의하여 행동하는 자에 의한 손해에 대해서 보험자가 면책됨을 규정한 것이다. 동맹파업위험으로 인한 손해는 협회동맹파업약관(Institute Strikes Exclusion clauses)을 첨부할 경우 담보된다.

구약관은 동맹파업·폭동·소요 약관(Institute Strikes, Riots and Civil Commotions clause) 약관으로 표현하였다.

③ 보험기간(Duration)

㉠ 제8조 운송약관(Transit Clause)

Transit Clause

8.1 Subject to clause 11 below, this insurance attaches from the time the subject-matter insured is first moved in the warehouse or at the place of storage (at the place named in the contract of insurance) for the purpose of the immediate loading into or onto the carrying vehicle or other conveyance for the commencement of transit, continues during the ordinary course of transit and terminates either

8.1.1 on completion of unloading from the carrying vehicle or other conveyance in or at the final warehouse or place of storage at the destination named in the contract of insurance,

8.1.2 on completion of unloading from the carrying vehicle or other conveyance in or at any other warehouse or place of storage, whether prior to or at the destination named in the contract of insurance, which the Assured or their employees elect to use either for storage other than in the ordinary course of transit or for allocation or distribution, or

8.1.3 when the Assured or their employees elect to use any carrying vehicle or other conveyance or any container for storage other than in the ordinary course of transit, or

8.1.4 on the expiry of 60 days after completion of discharge overside of the subject-matter insured from the oversea vessel at the final port of discharge, whichever shall first occur.

8.2 If, after discharge overside from the oversea vessel at the final port of discharge, but prior to termination of this insurance, the subject-matter insured is to be forwarded to a destination other than that to which it is insured, this insurance, whilst remaining subject to termination as provided in clauses 8.1.1 to 8.1.4, shall not extend beyond the time the subject-matter insured is first moved for the purpose of the commencement of transit to such other destination.

8.3 This insurance shall remain in force (subject to termination as provided for in clauses 8.1.1 to 8.1.4 above and to the provisions of clause 9 below) during delay beyond the control of the Assured, any deviation, forced discharge, reshipment or transhipment and during any variation of the adventure arising from the exercise of a liberty granted to carriers under the contract of carriage.

운송약관

8.1 이 보험은 아래 제11조를 조건으로 운송개시를 위해 운송차량 또는 기타 운송용구에 보험목적물을 즉시 적재할 목적으로(보험계약에 명시된 장소의) 창고 또는 보관장소에서 보험목적물이 최초로 움직인 때에 개시되고 통상의 운송과정 중에 계속되며

8.1.1 이 증권에 기재된 목적지의 최종창고 또는 보관장소에서 운송차량 또는 기타 운송용구로부터 양하가 완료된 때

8.1.2 이 증권에 기재된 목적지에 도착하기 전후를 불문하고 피보험자 또는 그 사용인이 통상적인 운송과정상의 보관 및 할당 또는 분배를 위해 선택한 기타의 창고 또는 보관장소에서 운송차량 또는 기타 운송용구로부터 양하가 완료된 때, 또는

8.1.3 피보험자 또는 그 사용인이 통상의 운송과정이 아닌 보관을 목적으로 운송차량 또는 기타 운송용구 또는 컨테이너를 사용하고자 선택한 때, 또는

8.1.4 최종 목적항에서 외항선으로부터 보험목적물의 양륙을 완료한 후 60일이 경과한 때 중 어느 것이든 먼저 발생한 때에 종료된다.

8.2 최종 목적항에서 외항선으로부터의 양륙 후 보험이 종료되기 전에, 보험목적물이 부보된 목

적지 이외의 장소로 계속운송되는 경우에는 약관 8.1.1에서 8.1.4에 규정된 보험종료의 규정에 따라 계속되나 보험목적물이 목적지로 운송개시를 위해 최초로 움직인 때 종료한다.

8.3 이 보험의 효력은 피보험자가 좌우할 수 없는 지연 · 이로 · 부득이한 양하 · 재선적 · 환적 및 운송계약상 운송인에게 부여된 자유재량권의 행사로부터 생기는 위험의 변경기간 중(위 약관 8.1.1에서 8.1.4까지에 규정된 보험종료규정 및 아래 제9조의 규정에 따라)에도 유효하게 계속된다.

운송약관(Transit Clause)은 보험자가 손해보상의 책임을 져야 하는 기간에 관한 약관이다. Lloyd's SG보험증권의 보험자의 책임은 화물이 선박에 적재될 때 개시하여 목적항에 양륙될 때까지 소위 항해구간(port to port)으로 규정한다. 이러한 담보구간을 확장하기 위하여 창고간 약관(warehouse to warehouse clause)이 적용됨으로써 보험자의 담보구간은 선적항의 창고에서 목적항의 창고까지 확장되었다.

현행 운송약관의 보험자의 책임개시는 창고 또는 보관 장소에서 보험목적물이 적재할 목적으로 처음 움직인 때 개시된다. 따라서 창고 안에서 적재단계도 보험기간에 포함된다.

보험기간 종기는 다음 4가지 중 가장 먼저 발생한 때로 규정하고 있다.

ⓐ 목적지의 최종창고 또는 기타 운송용구로부터 양하가 완료된 때

ⓑ 피보험자 또는 그 사용인이 통상의 운송과정이 아닌 보관, 할당 또는 분배를 위해서 보관할 장소에서 운송용구로부터 양하가 완료된 때

ⓒ 피보험자 또는 그 사용인이 통상의 운송과정이 아닌 보관을 목적으로 운송차량 또는 기타 운송용구 또는 컨테이너를 사용하고자 선택한 때

ⓓ 최종 목적항에서 양륙을 완료한 후 60일이 경과한 때

운송과정에서 피보험자가 통제할 수 없는 지연 · 일체의 항로이탈 · 부득이한 양하 · 재선적 · 환적 및 운송계약 상 운송인에게 부여된 자유재량권의 행사로부터 생기는 위험의 변경의 경우에도 보험자의 책임은 계속된다.

ⓛ 제9조 운송계약종료(Termination of Contract of Carriage)

Termination of Contract of Carriage

9. If owing to circumstances beyond the control of the Assured either the contract of carriage is terminated at a port or place other than the destination named therein or the transit is otherwise terminated before unloading of the subject-matter insured as provided for in clause 8 above, then this insurance shall also terminate unless prompt notice is given to the Insures and continuation of cover is requested when this insurance shall remain

in force, subject to an additional premium if required by the insurers, either

9.1 until the subject-matter insured is sold and delivered at such port or place, or, unless otherwise specially agreed, until the expiry of 60 days after arrival of the subject-matter insured at such port or place, whichever shall first occur, or

9.2 if the subject-matter insured is forwarded within the said period of 60 days (or any agreed extension thereof) to the destination named in the contract of insurance or to any other destination, until terminated in accordance with the provisions of clause 8 above.

운송계약종료

9. 피보험자가 좌우할 수 없는 사정에 의하여 운송계약서에 기재된 목적지 이외의 항구 또는 지역에서 종료되거나 또는 기타의 사정으로 위의 제8조에 규정된 바에 따라 화물의 인도 이전에 운송이 종료될 경우에는 이 보험도 종료된다. 단, 보험자에게 지체 없이 그 취지를 통지하고 담보의 계속을 요청할 경우에 보험자로부터 청구가 있으면 추가보험료를 지급하는 조건으로 하여 유효하게 계속된다.

9.1 보험목적물이 위의 항구 또는 지역에서 매각된 후 인도되거나, 또는 별도의 합의가 없는 한 항구 또는 지역에 보험목적물이 도착한 후 60일이 경과한 때 중 어느 한 쪽이 먼저 생길 때까지, 또는

9.2 보험목적물이 위의 60일의 기간(또는 합의하에 60일의 기간을 연장한 기간)내에 이 보험증권에 기재된 목적지 또는 기타의 목적지까지 계반될 경우에는 위의 제8조의 규정에 따라 보험이 종료될 때까지 유효하게 존속된다.

운송계약종료(Termination of Contract of Carriage)약관은 피보험자가 통제할 수 없는 사정으로 운송계약상 목적지에 도착하기 전에 항해가 종료되므로 보험의 효력도 종료하게 되는데, 이 경우 다른 목적지까지 계속 담보를 위해 이를 즉시 보험자에게 통지하고 추가보험료를 지급하는 조건으로 계속담보를 받을 수 있도록 규정하고 있다.

구약관 제2조 운송약관에서는 담보기간 60일이 양륙완료 시로 기산되었지만, 신약관에서는 화물이 중간항이나 지역에 도착한 때부터 기산되는 점에 차이가 있다.

ⓒ 제10조 항해변경(Change of Voyage)

10. Change of Voyage

10.1 Where, after attachment of this insurance, the destination is changed by the Assured, this must be notified promptly to insurers for rates and terms to be agreed. Should a loss occur prior to such agreement being obtained cover may be provided but only if cover would have been available at a reasonable commercial marker rate on reasonable market terms.

10.2 Where the subject-matter insured commences the transit contemplated by this insurance (in accordance with clause 8.1), but, without the knowledge of the Assured or their employees the ship sails for another destination, this insurance will nevertheless be deemed to have attached at commencement of such transit.

10. 항해변경

10.1 이 보험이 개시된 후에 목적지가 피보험자에 의하여 변경된 경우에는 지체 없이 그 취지를 보험자에게 통지하고 보험요율과 보험조건을 협정하여야 한다. 그러한 협정 전에 손해가 발생한 경우에는 보험시장에서 타당한 보험조건 및 보험요율에 의한 담보를 받을 수 있는 경우에 한하여 담보한다.

10.2 보험목적물이 이 보험(약관 제8.1조에 따라)에서 예상된 운송을 개시하였으나 피보험자 또는 그들의 사용인이 알지 못하고 선박이 다른 목적지로 향하는 경우에도 이 보험은 운송이 개시된 때에 시작한 것으로 간주된다.

항해변경(Change of Voyage)약관은 위험의 개시 후 선박의 도착항이 의도적으로 변경되었을 때 항해의 변경이 있으므로 그 때로부터 보험자의 책임은 해지된다. 따라서 본 약관은 불가항력으로 항해가 중단되는 경우 피보험자는 즉시 보험자에게 통지하고 추가보험료를 조건으로 계속 담보를 할 수 있도록 규정한 것이다.

④ 보험금청구(Claims)

㉠ 제11조 피보험이익(Insurable Interest)

11. Insurable Interest

11.1 In order to recover under this insurance the Assured must have an insurable interest in the subject-matter insured at the time of the loss.

11.2 Subject to clause 11.1 above, the Assured shall be entitled to recover for insured loss occurring during the period covered by this insurance, notwithstanding that the loss occurred before the contract of insurance was concluded, unless the Assured were aware of the loss and the Insures were not.

11. 피보험이익

11.1 이 보험에서 보상받기 위해서는 피보험자는 손해 발생시에 보험목적물에 대해 피보험이익을 가져야 한다.

11.2 상기 11.1의 규정에 따라 이 보험의 담보기간 중에 일어난 손해는 이 손해가 보험계약체결 전에 발생한 것이더라도 피보험자가 이 손해 발생사실을 알고 있었고 보험자가 몰랐

을 경우를 제외하고는 피보험자는 보상받을 권리가 있다.

피보험이익(Insurable Interest)약관은 구약관의 소급약관(lost or not lost)을 피보험이익약관으로 신설한 것인데, 보험계약 체결 전에 운송이 개시된 경우 손해의 발생 시에 피보험이익이 존재하고 손해발생사실을 피보험자가 몰랐다면 보험자는 이 손해를 보상한다는 규정이다. 즉, 피보험자는 손해발생 시에 피보험이익을 갖고 있어야 함을 규정하고 있다.

ⓛ 제12조 계반비용(Forwarding Charges)

Forwarding Charges

12. Where, as a result of the operation of a risk covered by this insurance, the insured transit is terminated at a port or place other than that to which the subject-matter insured is covered under this insurance, the Insurers will reimburse the Assured for any extra charges properly and reasonably incurred in unloading storing and forwarding the subject-matter insured to the destination to which it is insured.
    This clause 12, which does not apply to general average or salvage charges, shall be subject to the exclusions contained in clauses 4, 5, 6 and 7 above, and shall not include charges arising from the fault negligence insolvency or financial default of the Assured or their employees.

계반비용

12. 이 보험에서 담보위험이 발생하여 부보된 운송이 담보되는 보험목적물의 목적지 이외의 항구 또는 지역에서 종료될 경우에 보험자는 피보험자에 대하여 당해 보험목적물을 양하, 보관하고, 또한 이 보험증권에 기재된 목적지까지 운송하기 위하여 적절하고 합리적으로 지출한 특별비용을 보상한다.
    본 조는 공동해손 또는 구조비에는 적용되지 아니하고 위의 제4조, 제5조, 제6조 및 제7조에 규정된 면책조항의 적용을 받으며, 피보험자 또는 그 사용인의 과실, 태만, 지불불능 또는 금전상 채무불이행으로부터 야기된 비용은 포함하지 않는다.

계반비용(Forwarding Charges)약관은 담보위험으로 항해가 중간항에서 운송이 종료되어 타선박으로 계속 운송되는 경우, 중간항에서 화물이 양륙될 경우 이에 따른 하역비용, 창고보관료, 재포장비, 재선적비 및 처음 약정된 목적지까지의 운반비용 등을 계반비용으로 하여 보험자가 이를 보상한다는 규정이다. 계반비용은 공동해손이나 구조비와는 달리 특별비용(particular charge)으로 표기하며 전쟁위험, 동맹파업위험, 면책위험 등에 의한 계반비용은 보상하지 않는다.

㉢ 제13조 추정전손(Constructive Total Loss)

Constructive Total Loss

13. No claim for Constructive Total Loss shall be recoverable hereunder unless the subject-matter insured is reasonably abandoned either on account of its actual total loss appearing to be unavoidable or because the cost of recovering, reconditioning and forwarding the subject-matter insured to the destination to which it is insured would exceed its value on arrival.

추정전손

13. 추정전손에 대한 보험금 청구는 보험목적물의 현실전손이 불가피하다고 생각되거나, 또는 보험목적물을 회복, 수선하여 목적지까지 계속 운송하는데 소요되는 비용이 그 목적지에 도착했을 때의 보험목적물의 가액을 초과할 것 같기 때문에 보험목적물을 정당하게 위부되지 않는 한 보상되지 않는다.

추정전손(Constructive Total Loss)약관은 현실전손은 아니지만 현실전손을 피할 수 없거나 보험목적물의 회복비용이 오히려 보험가액을 초과하여 전손으로 처리하는 것이 유리한 경우 피보험자는 정당하게 위부를 통지하고 추정전손으로 처리할 수 있음을 규정한 약관이다.

㉣ 증액(Increased Value)

14. Increased Value

14.1 If any Increased Value insurance is effected by the Assured on the subject-matter insured under this insurance the agreed value of the subject-matter insured shall be deemed to be increased to the total amount insured under this insurance and all Increased Value insurances covering the loss, and liability under this insurance shall be in such proportion as the sum insured under this insurance bears to such total amount insured. In the event of claim the Assured shall provide the Insures with evidence of the amounts insured under all other insurances.

14.2 Where this insurance is on Increased Value the following clause shall apply: The agreed value of the subject-matter insured shall be deemed to be equal to the total amount insured under the primary insurance and all Increased Value insurances covering the loss and effected on the subject-matter insured by the Assured, and liability under this insurance shall be in such proportion as the sum insured under this insurance bears to such total amount insured. In the event of claim the Assured shall provide the Insurers with evidence of the amounts insured under all other insurances.

14. 증액

14.1 이 보험의 보험목적물에 대하여 피보험자가 별도의 증액보험에 부보한 경우에는 협정보험가액은 동일한 손해를 보상하는 모든 증액보험의 총보험금액으로 증가된 것으로 간주한다. 그리고 이 보험에서의 보상책임은 총보험금액에 대한 보험금액의 비율로서 부담하게 된다. 보험금의 청구시에 피보험자는 보험금액을 증명할 수 있는 서류를 보험자에게 제출하여야 한다.

14.2 이 보험이 증액보험인 경우에는 다음의 약관을 적용한다. 이 보험목적물의 협정가액은 원보험 및 피보험자가 부보한 모든 증액보험의 합계금액과 동등한 것으로 본다. 이 보험에서 보상책임은 보험금액의 합계보험금액에 대하여 갖는 비율로서 보상책임을 진다. 보험금 청구시에는 피보험자는 다른 모든 타보험의 보험금액을 증명하는 서류를 제출하여야 한다.

증액(Increased Value)약관은 보험계약을 체결한 후 피보험자가 다시 동일한 보험목적물에 대하여 증액보험을 체결한 경우 보험목적물의 평가액은 증액된 보험금액만큼 증가하는 것으로 간주하며 손해보상도 원보험자와 증액보험자가 각각의 보험금액에 비례하여 보상해 줄 것을 규정하고 있다.

보험금 청구의 경우에는 피보험자는 모든 타보험의 보험금액을 증명할 수 있는 서류를 보험자에게 제출하여야 한다.

⑤ 보험이익(Benefit of Insurance)

㉠ 제15조 보험이익불공여(Not to Inure)

15. This insurance

15.1 covers the Assured which includes the person claiming indemnity either as the person by or on whose behalf the contract of insurance was effected or as an assignee,

15.2 shall not extend to or otherwise benefit the carrier or other bailee.

15. 이 보험은

15.1 이 보험계약을 체결하거나 또는 자기를 위해 체결한 자로서 또는 양수인으로 보험금을 청구하는 자를 포함하는 피보험자를 대상으로 한다.

15.2 확장 또는 기타 방법에 의해 운송인 또는 기타의 수탁자에게 유리하게 이용되어서는 안 된다.

보험이익불공여(not to inure)약관은 운송인이나 기타 수탁자에게 보험계약이 체결되어 있다는 이유로 유리하게 이용되어서는 안 된다는 사실을 규정한 약관이다.

운송인은 자신의 책임을 면하기 위해 선하증권이나 운송계약서에 보험이익약관(Benefit of Insurance Clause)을 삽입하는 경우 선주의 잘못으로 운송화물에 손해가 발생하더라도 화물손해를 적하보험자로부터 보상 받지 못하는 손해만 배상하므로 보험자는 대위권을 행사할 수 없게 되어 운송인, 수탁자에게 어떤 이익이나 혜택을 주어서는 안 된다는 것이다.

즉, 이 약관은 운송인 또는 수탁자의 고의 · 과실로 인한 손해 발생시 보험자는 피보험자(양수인 포함)에게 손해보상을 하고 운송인 등 제3자에게 대한 대위권행사를 목적으로 선하증권의 보험이익약관에 대응하여 사용되고 있다.

⑥ 손해경감(Minimizing Losses)

㉠ 제16조 피보험자의무(Duty of Assured)

Duty of Assured

16. It is the duty of the Assured and their employees and agents in respect of loss recoverable hereunder
 16.1 to take such measures as may be reasonable for the purpose of averting or minimising such loss, and
 16.2 to ensure that all rights against carriers, bailees or other third parties are properly preserved and exercised and the Insures will, in addition to any loss recoverable hereunder, reimburse the Assured for any charges properly and reasonably incurred in pursuance of these duties.

피보험자의 의무

16. 이 보험에서 보상하는 손해에 대하여 다음의 사항을 이행하는 것은 피보험자, 그 사용인 및 대리인의 의무이다.
 16.1 손해방지 또는 경감을 위한 합리적인 조치를 강구하는 것, 그리고
 16.2 운송인, 수탁자 또는 기타의 제3자에 대한 모든 권리가 적절히 보전되어 행사되도록 확실히 하는 것. 그리고 보험자는 이 보험에서 보상하는 손해에 추가해서 이러한 의무 수행상 적절히 합리적으로 지출한 비용을 피보험자에게 보상한다.

피보험자의무(Duty of Assured)약관은 손해보상에 관하여 피보험자, 그 사용인 및 대리인의 의무로 다음과 같이 규정한다.

① 보험목적물의 손해방지 및 경감을 위한 조치를 취할 것

② 운송인, 수탁자 또는 제3자에 대하여 손해배상청구권을 확보할 것

피보험자가 상기 의무를 수행함에 있어 적절하고 합리적으로 발생된 일체의 비용을 보험자는 보상한다.

㉡ 제17조 포기(Waiver)

Waiver

17. Measures taken by the Assured or the Insurers with the object of saving, protecting or recovering the subject-matter insured shall not be considered as a waiver or acceptance of abandonment or otherwise prejudice the rights of either party.

포기

17. 보험목적물을 구조 · 보호하거나 또는 회복하기 위하여 피보험자 또는 보험자가 취한 조치는 위부의 포기 또는 승낙으로 간주되지 않으며 또한 각 당사자의 권리를 침해하지도 않는다.

포기(Waiver)약관은 보험목적물을 구조, 보호 또는 복구하기 위한 피보험자 또는 보험자의 조치는 위부의 포기 또는 승낙으로 간주되지 아니하며, 또한 각 당사자의 권리를 침해하지 아니함을 규정한 것이다.

이 약관은 추정전손이 발생하여 위부통지를 하더라도 피보험자나 보험자는 보험목적물에 대해 손해방지행위를 이행할 것을 규정한 것이다.

⑦ 지연의 방지(Avoidance of Delay)

㉠ 제18조 지연의 방지(Avoidance of Delay)

18. It is a condition of this insurance that the Assured shall act with reasonable despatch in all circumstances within their control.

18. 피보험자는 자신이 통제할 수 있는 모든 상황에서 타당, 신속하게 행동하는 것을 이 보험의 조건으로 한다.

지연방지(Avoidance of Delay)약관은 지연으로 보험자가 피해를 입는 것을 방지하기 위하여 피보험자로 하여금 신속하게 행동하여 조치할 것을 규정한 것이다.

⑧ 법률 및 관례(Law and Practice)

㉠ 제19조 영국법률 및 관례(English Law and Practice)

> 19. This insurance is subject to English law and practice.
>
> 19. 이 보험은 영국의 법률 및 관례에 준거한다.

영국의 법률과 관례(English Law and Practice)약관은 준거법(governing law)에 관한 규정으로 영국의 법과 관례에 준거한다는 문언이다. 보험계약에 관한 사항은 우리나라의 법률과 관례에 따르고 보험보상에 관해서는 영국의 법과 관습에 따라야 한다.

⑨ 주의사항(Note)

> NOTE: Where a continuation of cover is requested under clause 9, or a change of destination is notified under clause 10, there is an obligation to give prompt notice to the Insurers and the right to such cover is dependent upon compliance with this obligation.
>
> 주의사항: 약관 제9조에 의해 담보의 계속이 요청되거나, 또는 약관 제10조에 의해 항해의 변경이 통지되는 경우 지체 없이 그 취지를 보험자에게 통지할 의무가 있으며 계속담보를 받을 권리는 이 의무를 이행하였을 경우에 한한다.

피보험자가 유의해야 할 사항으로, 운송계약의 종료(제9조)에 따른 보험기간의 종료에 추가하여 담보기간을 확장하기를 원하거나, 항해의 변경(10조) 등 위험변경이 발생했을 경우 피보험자 또는 그 대리인은 보험자에게 지체없이 통지하여야 한다. 이러한 통지의무가 선행되었을 때에만 보험자의 결정에 따라 피보험자는 계속 담보를 받을 수 있다.

(3) ICC(B)

ICC(B)는 구약관의 분손담보(WA)의 담보위험이 명확하지 않았던 것을 보완하여 보험자가 보상하여야 할 담보위험을 다음과 같이 제1조 위험(Risk)약관상에 피보험자가 담보위험의 범위를 용이하게 이해할 수 있도록 구체적으로 열거되어 있는 열거책임주의 방식을 택하고 있다.

ICC(B)에서 보험자는 앞에서 설명한 ICC(A)에서와 같이 19개의 개별약관으로 구성되어 있으나 제1조, 제4조를 제외하고는 동일하다.

① 제1조 위험(Risks)

> **Risk**
>
> 1. This insurance covers, except as excluded by the provisions of clauses 4, 5, 6 and 7 below, Risks clause

1.1 loss of or damage to the subject-matter insured reasonably attributable to
  1.1.1 fire or explosion
  1.1.2 vessel or craft being stranded grounded sunk or capsized
  1.1.3 overturning or derailment of land conveyance
  1.1.4 collision or contact of vessel craft or conveyance with any external object other than water
  1.1.5 discharge of cargo at a port of distress
  1.1.6 earthquake volcanic eruption or lightning
1.2 loss of or damage to the subject-matter insured caused by
  1.2.1 general average sacrifice
  1.2.2 jettison or washing overboard
  1.2.3 entry of sea lake or river water into vessel craft hold conveyance container or place of storage,
1.3 total loss of any package lost overboard or dropped whilst loading on to, or unloading from, vessel or craft

위험

1. 이 보험은 다음의 손해를 담보한다. 단, 제4조, 제5조, 제6조 및 제7조의 면책조항에 규정된 손해는 제외한다.
  1.1 다음 위험에 정당하게 기인된 보험목적물의 멸실 또는 손상
    1.1.1 선박 또는 폭발
    1.1.2 선박 또는 부선의 좌초, 교사, 침몰 또는 전복
    1.1.3 육상운송용구의 전복 또는 탈선
    1.1.4 선박, 부선 또는 운송용구와 물 이외의 타 물체와의 충돌 또는 접촉
    1.1.5 조난항에서의 적하의 양하
    1.1.6 지진, 분화 또는 낙뢰
  1.2 다음 위험으로 인한 보험목적물의 멸실 또는 손상
    1.2.1 공동해손희생
    1.2.2 투하 또는 파도에 의한 갑판상의 유실
    1.2.3 선박, 부선, 선창, 운송용구, 콘테이너, 또는 보관소에 해수, 호수 또는 하천수의 유입
  1.3 선박 또는 부선에 선적 또는 양하작업 중 해수면으로 낙하하여 멸실되거나 추락하여 발생된 포장당 전손

이 약관은 제4조, 제5조, 제6조 및 제7조 규정에 의한 면책위험을 제외하고 다음의 열거한 사항을 보상한다고 규정한 것이다.

ⓐ 화재 또는 폭발

ⓑ 본선 또는 부선의 좌초, 교사, 침몰 또는 전복

ⓒ 육상운송용기의 전복 또는 탈선

ⓓ 본선, 부선 또는 운송용기와 물 이외의 다른 물체와의 충돌 또는 접촉

ⓔ 조난항에서의 화물의 양하

ⓕ 지진, 화산의 분화, 낙뢰와 상당인과관계가 있는 보험목적물의 멸실·손상

ⓖ 공동해손 희생손해

ⓗ 갑판유실로 생긴 보험목적물의 멸실·손상

ⓘ 본선, 부선, 선창, 운송용구, 컨테이너, 또는 보관장소에 해수, 조수, 강물의 유입

ⓙ 본선 또는 부선에 선적 또는 양하작업 중 해수면으로 낙하하여 멸실되거나 추락하여 발생된 포장당 전손

② 제4조 일반면책(Exclusion)

> 4.7 deliberate damage to or deliberate destruction of the subject-matter insured or any part thereof by the wrongful act of any person or persons.
>
> 어떠한 자의 불법행위에 의해 보험목적물 또는 그 일부에 발생한 고의적인 손상 또는 고의적인 파괴

ICC(A)의 제4조 일반면책약관에서 7가지의 면책위험이 열거되어 있지만 ICC(B), ICC(C)의 경우는 상기의 제3자의 불법행위 면책위험이 추가되어 8가지로 열거되어 있다.[144]

ICC(B), ICC(C)에서 악의적 손상약관(Malicious Damage clause)을 특약으로 첨부할 경우 담보된다.

그리고 ICC(A) 제6조 전쟁면책약관에는 해적행위(piracy)가 전쟁위험에서 제외되어 있지만 ICC(B), ICC(C)의 전쟁면책약관에는 해적행위가 전쟁위험에 포함되어 있다. 따라서 ICC(B)나 ICC(C)에서 해적행위에 대한 위험은 협회전쟁약관(Institute War clauses)을 특약으로 첨부할 경우 담보된다.

(4) ICC(C)

ICC(C)는 보험범위가 가장 제한된 보험조건으로 구약관의 분손부담보(FPA)와 유사하다. 보험자의 면책위험은 ICC(A)와 같으며, 보험자는 다음에 열거한 위험으로 인한 보험목적물의 멸실 또는 손상의 경우에 보상함으로써 열거책임주의를 채택하고 있다. 일반면책위험은 ICC(B)와 동일하다.

144) ICC(A)의 4.7은 ICC(B)와 (C)에서는 4.8에 규정되어 있다.

Risks

1. This insurance covers, except as excluded by the provisions of clauses 4, 5, 6 and 7 below,
   1.1 loss of or damage to the subject-matter insured reasonably attributable to
      1.1.1 fire or explosion
      1.1.2 vessel or craft being stranded grounded sunk or capsized
      1.1.3 overturning or derailment of land conveyance
      1.1.4 collision or contact of vessel craft or conveyance with any external object other than water
      1.1.5 discharge of cargo at a port of distress,
   1.2 loss of or damage to the subject-matter insured caused by
      1.2.1 general average sacrifice
      1.2.2 jettison.

위험

1. 이 보험은 다음의 제4조, 제5조, 제6조 및 제7조에 규정된 사유를 제외하고 다음의 멸실 또는 손상에 관한 위험을 담보한다.
   1.1 다음 위험에 정당하게 기인된 보험목적물의 멸실 또는 손상
      1.1.1 화재 또는 폭발
      1.1.2 본선 또는 부선의 좌초, 교사, 침몰 또는 전복
      1.1.3 육상운송용구의 전복 또는 탈선
      1.1.4 본선, 부선 또는 운송용구와 물 이외의 다른 물건과의 충돌 또는 접촉
      1.1.5 조난항에서의 화물의 하역
   1.2 다음 위험으로 인한 보험목적물의 멸실 또는 손상
      1.2.1 공동해손희생
      1.2.2 투하

이 약관은 다음의 제4조, 제5조, 제6조 및 제7조에 규정된 사유를 제외하고 다음의 멸실 또는 손상에 관한 위험을 담보한다고 규정한 것이다.

① 화재 또는 폭발
② 본선 또는 부선의 좌초, 교사, 침몰 또는 전복
③ 육상운송용구의 전복 또는 탈선
④ 본선, 부선 또는 운송용구와 물 이외의 다른 물체와의 충돌 또는 접촉
⑤ 조난항에서의 화물의 하역
⑥ 공동해손희생
⑦ 투하

ICC(C)는 ICC(B)보다 열거하는 담보위험의 종류가 적다. ICC(B)의 담보위험 중 ICC(C)에서 제외되는 담보위험은 다음과 같다.

① 지진, 화산의 분화, 낙뢰

② 갑판유실

③ 본선 · 부선 · 선창 · 운송용구 · 컨테이너 또는 보관장소에 해수 · 호수 · 강물의 유입

④ 본선 · 부선으로의 선적 또는 양하작업 중 바다에 떨어지거나 갑판에 추락한 포장당 전손 등이다.

〈표 10-5〉 신협회적화약관상의 담보위험 비교

담 보 위 험	ICC		
	A	B	C
화재, 폭발	○	○	○
본선과 부선의 좌초, 교사, 침몰, 전복	○	○	○
육상운송용구의 전복, 탈선	○	○	○
본선, 부선 그 밖의 운송용구의 타물체와의 충돌, 접촉	○	○	○
피난항에서의 화물의 양하	○	○	○
공동해손 희생손해	○	○	○
투하	○	○	○
지진, 화산의 분화, 낙뢰	○	○	×
갑판유실	○	○	×
해수, 호수, 강물의 운송용구, 보관장소에의 유입	○	○	×
선적·하역 중 포장당 추락전손	○	○	×
도난, 발하, 불착	○	×	×
비, 눈 등에 의한 누손	○	×	×
파손, 곡손, 찰손, 갈고리로 인한 손해	○	×	×

3. 협회전쟁약관

전쟁위험은 ICC(A), ICC(B), ICC(C)에서 모두 보험자의 면책으로 하고 있으며 전쟁위험으로 인한 화물 손해를 보상 받으려면 협회전쟁약관을 첨부함으로써 담보된다.

신협회전쟁약관(Institute War Clauses : IWC)에는 다음과 같이 3가지가 있다.

① Institute War Clauses(Cargo)

② Institute War Clauses(Air Cargo)(excluding sendings by Post)

③ Institute War Clauses(sendings by Post)

IWC는 〈표 10-6〉과 같이 14개의 개별약관으로 구성되어 있다. ICC 내용과 동일한 것을 IWC에 중복하여 규정하고 있다. 이것은 전쟁위험만을 단독으로 담보할 경우 필요한 약관을 ICC에서 그대로 인용했기 때문이다.

〈표 10-6〉 IWC와 ICC약관의 비교

약 관 구 분	협회전쟁약관	협회적하약관
담 보 위 험	1. 위험 2. 공동해손	상이 동일
면 책 조 항	3. 면책 4. 불감항, 부적합면책	상이 동일
보 험 기 간	5. 운송 6. 항해변경 7. 저촉사항 무효	상이 동일 상이
보험금 청구	8. 피보험이익 9. 증액	동일 동일
보 험 이 익	10. 보험이익불공여	동일
손 해 경 감	11. 피보험자의무 12. 포기	동일 동일
지연의 방지	13. 지연의 방지	동일
법률 및 관례	14. 영국법률 및 관례	동일

1) 제1조 위험(Risks)

Risks

1. This insurance covers, except as excluded by the provisions of clauses 3 and 4 below loss or damage to the subject-matter insured caused by
   1.1 war civil war revolution rebellion insurrection or civil strike arising therefrom. or any hostile act by or against a belligerent power
   1.2 capture seizure arrest restraint or detainment, arising from risks covered under 1.1 above, and the consequences thereof or any attempt thereat
   1.3 derelict mines torpedoes bombs or other derelict weapons or war.

위험

1. 이 보험은 다음 위험으로 인한 보험목적물의 멸실 또는 손상을 담보한다. 다만 하기 제3조, 제4조, 규정의 의해 면책되는 위험은 제외한다.
   1.1 전쟁, 내란, 혁명, 모반, 반란 또는 이로 인하여 발생한 국내투쟁, 교전국에 의하여 또는 교전국에 대하여 행하여진 적대행위

1.2 상기 1.1에서 담보되는 위험으로 인한 포획, 나포, 강류, 억지 또는 억류 및 그러한 행위의 결과 또는 그러한 행위의 기도
1.3 유기된 기뢰 또는 어뢰, 폭탄, 또는 기타의 유기된 전쟁무기

IWC에서 담보하는 위험은 제1조(위험)와 제2조(공동해손)에 규정하고 있다. IWC 제1조(위험)의 내용은 위와 같으며, IWC 제2조(공동해손)는 ICC의 제2조(공동해손)와 동일하다.

보험자가 담보하는 전쟁위험은 ICC의 전쟁위험면책에서 보험자의 면책으로 규정된 위험이다. 그러나 위험약관에서 보험자가 담보하는 것은 보험목적물의 멸실 또는 손상이며(제3조 면책, 제4조 선박의 불감항 · 부적합면책 제외) 비용이나 전쟁위험의 결과로써 발생한 손해는 담보하지 않는다.

IWC는 ICC 제6조(전쟁위험면책)에서 보험자의 면책으로 하고 있는 전쟁위험을 담보하는 것으로 다음과 같다.

① 전쟁 · 내란 · 혁명 · 모반 · 반란 또는 이로 인하여 생기는 국내 투쟁 또는 교전국에 의한 혹은 교전국에 대해서 행해진 적대행위
② 포획 · 나포 · 강류 · 억지 또는 억류와 이러한 행위의 결과 또는 이러한 행위를 하고자 기도한 결과
③ 유기된 기뢰 · 어뢰 · 폭탄 또는 기타 유기된 전쟁무기

이 약관에 의하여 보상되는 손해는 전쟁이나 적대행위 등으로 발생하는 포획 · 나포 · 강류 등으로 한정하며 전쟁과 관계없는 평상시의 국가권력에 의한 포획 · 나포 등은 전쟁위험으로 포함되지 않는다.

IWC에서 보험자가 담보하는 기간은 목적항에서 본선 또는 부선으로부터 화물이 하역될 때 종료되므로 해상에 있는 동안만 전쟁위험을 담보하는 것을 원칙으로 한다.

2) 제2조 공동해손(General Average)

General Average

2. This insurance covers general average and salvage charges, adjusted or determined according to the contract of affreightment and/or the govering law and practice, incurred to avoid or in connection with the avoidance of lost from a risk covered under these clauses.

공동해손

2. 이 보험은 협회적하전쟁약관에서 담보되는 위험으로 인하여 발생되는 손해를 피하기 위하여

또는 피하는 것과 관련하여 지급된 것으로서 운송계약 및/또는 준거법과 관례에 따라 정산되거나 결정된 공동해손과 구조비를 보상한다.

IWC 공동해손(General Average)약관은 보험자가 공동해손과 구조비를 보상할 책임이 있음을 명시한 규정이다. ICC(A), (B), (C)의 제2조 공동해손(General Average)약관의 내용과 동일하다.

3) 제3조 면책(Exclusion)

Exclusion

3. In no case shall this insurance cover

3.1 loss damage or expense attributable to wiful misconduct of the Assured

3.2 ordinary leakage, ordinary loss in weight or volume, or ordinary wear and tear or the subject-matter insured

3.3 loss damage or expense caused by insufficiency or unsuitability or packing of preparation of the subject-matter insured to withstand the ordinary incidents of the insured transit where such packing or preparation is carried out by the Assured or their employees or prior to the attachment of this insurance (for the purpose of these Clauses "packing" shall be deemed to include stowage in a container and "employees" shall not include independent contractors)

3.4 loss damage or expense caused by inherent vice ornature of the subject-matter insured

3.5 loss damage or expense caused by delay, even though the delay be caused by a risk insured against(except expenses payable under clause 2 above)

3.6 loss damage or expense caused by insolvency or financial default of the owners managers charterers or operators of the vessel where, at the time of loading of the subject-matter insured on board the vessel, the Assured are aware, or in the ordinary course of business should be aware, that such insolvency or financial default could prevent the normal prosecution of the voyage

This exclusion shall not apply where the contract of insurance has been assigned to the party claiming hereunder who has bought or agreed to buy the subject-matter insured in good faith under a binding contract

3.7 any claim based upon loss of or frustration of the voyage or adventure

3.8 loss damage or expense directly or indirectly caused by arising from any hos tile use of any weapon or war employing atomic or nuclear fission and/or fusion or other like reaction or radioactive force or matter.

면책

3. 어떠한 경우에도 이 보험은 다음의 손해를 담보하지 아니한다.
   3.1 피보험자의 고의의 불법행위에 기인하는 멸실, 손상 또는 비용
   3.2 보험목적물의 통상적인 누손, 통상적인 중량손 또는 용적손 또는 자연소모
   3.3 이 보험의 대상이 되는 운송에서 통상 발생하는 사고에 견딜 수 있도록 보험목적물의 포장 또는 준비를 완전하고 적절하게 하지 않음으로 인하여 발생한 멸실·손상 또는 비용. 다만, 그러한 포장 또는 준비가 피보험자 또는 사용인에 의해 실행되거나 이 보험의 개시 전에 실행되는 경우에 한한다(이 조항에 있어서 '포장'에는 컨테이너에 적부하는 것을 포함하고, '사용인'에는 독립계약자를 포함하지 아니한다)
   3.4 보험목적물의 고유의 하자, 또는 성질에 기인하여 발생한 멸실, 손상 또는 비용
   3.5 지연이 담보위험에 기인하여 발생한 경우라도 그 지연에 근인(近因)하여 발생한 멸실, 손상 또는 비용(다만 위의 2에 따라 지급되는 비용은 제외한다)
   3.6 본선의 소유자 · 관리자 · 용선자 또는 운항자의 파산 또는 재정상의 궁핍으로 인한 멸실 · 손상 또는 비용. 다만, 보험목적물을 본선에 적재할 때 피보험자가 그러한 파산 또는 재정상의 궁핍이 그 항해의 정상적인 수행을 방해할 수 있다는 사실을 알고 있었거나 또는 통상의 업무상 당연히 알고 있었을 경우에 한한다.
   이 면책규정은 구속력 있는 계약에 따라 선의로 보험목적물을 구입한 자 또는 구입하는 것에 동의한 자에 보험계약이 양도되어 양수인이 보험금을 청구하는 경우에는 적용되지 않는다.
   3.7 항해 또는 해상운송의 상실 또는 중단에 의한 일체의 보상청구
   3.8 원자력 또는 핵의 분열 및/또는 융합 또는 기타 이와 유사한 반응 또는 방사능이나 방사성의 물질을 응용한 무기의 적대적 사용으로 인하여 직접 또는 간접적으로 발생한 멸실, 손상 또는 비용

IWC에서 면책되는 위험은 제3조와 제4조에 규정하고 있다. 제4조는 ICC(A)의 제5조와 비슷하며 제3조의 내용은 다음과 같으며 보험자는 담보하지 않는다.

① 피보험자의 고의적인 위법행위에 기인한 멸실 · 손상 또는 비용
② 보험목적물의 통상적인 누손, 통상적인 중량 · 용적의 부족 또는 자연소모
③ 보험목적물의 포장 또는 준비의 불완전 또는 부적합으로부터 생기는 멸실 · 손상 또는 비용
④ 보험목적물의 고유의 하자 또는 성질로 인하여 발생한 멸실 · 손상 또는 비용
⑤ 항해지연이 피보험위험에 의하여 생긴 경우라도 당해 항해지연에 근인하여 생긴 멸실 · 손상 또는 비용
⑥ 본선의 소유자, 관리자, 용선자 또는 운항자의 파산 또는 재정상의 궁핍으로 인한 멸실 · 손상 또는 비용.
⑦ 항해 또는 해상사업의 상실 또는 중단에 의거한 일체의 보상청구
⑧ 원자력 또는 핵의 분열, 융합 또는 기타 이와 유사한 반응 또는 방사능이나 방사성물질을

응용한 무기의 적대적 사용으로 인하여 발생한 멸실·손상 또는 비용

IWC 경우 ICC(A)에서 없는 1가지 면책위험이 있다. 3.7에서 규정한 항해중절부담보약관(Frustration Clause)이다. 이 약관에 의해 항해의 중절에 의한 손해는 보험자가 면책이다.

IWC Exclusion

3.7 any claim based upon loss of or frustration of the voyage or adventure.

3.7 항해 또는 해상사업의 상실 또는 중단에 의거한 일체의 보상청구

아래에서 살펴보면 ICC(A) 제4.7조의 the use가 IWC 제3.8조에서는 any hostile use(적대적 사용)로 되어 있다. ICC의 경우는 핵무기나 이와 유사한 무기를 사용함으로써 발생하는 모든 손해는 면책이나 IWC에서는 이들 무기를 전쟁목적으로 사용함으로써 발생하는 손해를 면책으로 하고 있다. 따라서 원자력을 이용한 무기를 실험이나 연습용으로 사용한 경우 보험자는 보상한다.

ICC(A) Exclusion

4.7 loss damage or expense directly or indirectly caused by or arising from the use of any weapon or device employing atomic or nuclear fission and/or fusion or other like reaction or radioactive force or matter.

4.7 원자력 또는 핵의 분열 및/또는 융합 혹은 기타 이와 유사한 반응 혹은 방사능이나 방사성물질을 응용한 무기 또는 장치의 사용으로 인하여 직접 또는 간접적으로 발생한 멸실·손상 또는 비용

IWC Exclusion

3.8 loss damage or directly or in arising from any hostile use of any weapon of war or device employing atomic or nuclear fission and/or fusion or other like reaction or radioactive force or matter.

3.8 원자력 또는 핵의 분열, 융합 또는 기타 이와 유사한 반응 또는 방사능이나 방사성물질을 응용한 무기의 적대적 사용으로 인하여 발생한 멸실·손상 또는 비용

4) 제4조 불감항, 부적합 면책(Unseaworthiness and Unfitness Exclusion)

IWC 선박의 불감항 및 부적합면책(Unseaworthiness and Unfitness Exclusion)약관은 선박의

불감항 및 부적합으로 인한 보험사고에 대해서 보험자가 책임을 지지 않는다는 내용을 규정한 것이다. ICC(A), (B), (C)의 제5조 불감항, 부적합 면책약관의 내용과 동일하다.

5) 제5조 운송(Transit)

5. Duration

5.1 This Insurance

5.1.1 attaches only as the subject-matter insured and as to any part as that part is loaded on an oversea vessel, and

5.1.2 terminates, subject to 5.2 and 5.3 below, either as the subject-matter insured and as to any parrt as that part is discharged from an oversea vessel at the final port or place or discharge, or on expiry of 15 days counting from midnight of the day or arrival or the vessel at the final port or place of discharge whichever shall first occur; nevertheless, subject to prompt notice to the Insurers and to an additional premium, such insurance

5.1.3 reattaches when, without having discharged the subject-matter insured at the final port or place of discharge the vessel sails therefrom, and

5.1.4 terminates, subject to 5.2 and 5.3 below, either as the subject-matter insured and at to any part as that part is thereafter discharged from the vessel at the final (or substituted) bort or place or discharge, or on expiry of 15 days counting from midnight of the day or re-arrival of the vessel at the final port or place of discharge or arrival or the vesses at a substituted port or place or discharge, whichever shall first occur.

5.2 If during the insured voyage the oversea vessel arrivers at an intermediate port or place to discharge the subject-matter insured for on-carriage by oversea vessel or by aircraft or the subject-matter insured is discharge from the vessel at a port or place of refuse, subject to 5.3 below and to an additional premium if required, this insurance continues until the expirty of 15 days counting from midnight of the day of arrival of the vessel at such port or place, but thereafter reattaches as the subject-matter insured and as to any part as that part is loaded on an on-carrying oversea vessel or aircraft. During the period of 15 days the insurance remains in force after discharge only whilst the subject-matter insured and as to any part as that part is at such port or place, If the subject-matter insured is on carried within the said period of 15 days or if the insurance reattaches as provided in this clauses 5.2

5.2.1 where the on-carriage is by oversea vessel this insurance countinues subject to the terms or these clauses, or

5.2.2 where the on-carriage is by aircraft, the current Institute War clauses(Air Cargo; excluding sendings by Post) shall be deemed to form part of this insurance and shall apply to the on-carriage by air.

5.3 If the voyage in the contract of carriage is terminated at a port or place other than the destination agreed therein, such port or place shall be deemed the final port or discharge and such insurance terminates in accordance with 5.1.2 If the subject-matter insured is subsequently reshipped to the original or any other destination, then provided notice given to the Underwriter before the commencement of such subject to an additional premium, such insurance reattaches

5.3.1 in the case of the subject-matter insured having been discharged, as the subject-matter insured and as to any part as that part is loaded on the on-carrying vessel for the voyage,

5.3.2 in the case of the subject-matter not having been discharged, when the vessel sails from such deemed final port or discharge; thereafter this insurance terminates in accordance with 5.1.4.

5.4 The insurance against the risks of mines and derelict torpedoes, floating or submerged, is extended whilst the subject-matter insured or any part thereof is on craft whilst in transit to or from the oversea vessel, but in no case beyond the expiry or 60 days after discharge from the oversea vessel unless otherwise especially agreed by the Insurers.

5.5 Subject to prompt notice to Insurers, and to an additional premium if required this insurance shall remain in force within the provisions of these clauses during any deviation, or any variation of the adventure arising from the exercise of a liberty granted to carriers under the contract of carriage.

(For the purpose of Clause 5 "arrival" shall be deemed to mean that the vessel is anchored, moored or otherwise secured at a berth or place within the harbour Authority area. If such a berth or place is not available, arrival is deemed to have occurred when the vessel first anchors, moors or otherwise secures either at or off the intended port or place of discharge oversea vessel" shall be deemed to mean a vessel carrying the subject-matter from one port or place to another where such voyage involves a sea passage by vessel)

5. 보험기간

5.1 이 보험은

5.1.1 보험목적물이나 보험목적물의 일부에 대하여는 그 일부가 외항선에 적재된 때에 그 효력이 개시되고 또

5.1.2 다음 5.2 및 5.3 조항의 경우 보험목적물이 또 보험목적물의 일부에 대하여는 그 일부가 최종목적항 또는 양륙장소에서 외항선으로부터 양륙된 때 또는 최종목적항 또는 장소에 도착한 날의 자정으로부터 기산하여 15일을 경과한 때 중 어느 한쪽이 먼저 발생한 때에 종료한다.

위의 규정에도 불구하고 지체 없이 보험자에게 통지하고 추가보험료를 지급하는 조건으로 이 보험은

5.1.3 최종목적항 또는 장소에서 보험목적물을 양륙하지 않고 외항선이 거기에서 출항한 때 다시 효력이 개시되고 또

5.1.4 다음 5.2 및 5.3에 따라 보험목적물이 또 보험목적물의 일부에 대하여는 그 일부가 최종목적(또는 그와 대체된)항 또는 장소에서 외항선으로부터 양륙된 때 또는 외항선이 최종목적항 또는 장소에 다시 도착한 날 또는 대체(代替) 목적항 또는 장소에 도착한 날의 자정으로부터 기산하여 15일을 경과한 때 중 빠른 때에 종료한다.

5.2 항해 중 외항선이 보험목적물을 양륙하여 다른 외항선이나 항공기로 계속 운항할 목적으로 중간항구 또는 장소에 도착한 경우 또는 화물이 피난항 또는 피난장소에서 양륙된 경우에는 다음 5.3의 규정과 보험자가 요구하는 경우에는 추가보험료를 지급하는 조건으로 이 보험은 그러한 항구 또는 장소에 원래의 외항선이 도착한 날의 자정부터 기산하여 15일을 경과한 때까지 계속되나 그 후 보험의 목적이 또는 그 일부에 대하여는 그 해당부분이 계속 운반할 외항선 또는 항공기에 적재될 때 다시 효력을 발생한다. 위 15일 기간 중 이 보험은 양륙 후 보험목적물이 또는 그 일부에 대하여는 그 해당부분이 그러한 항구 또는 장소에 있는 동안에 한하여 유효하게 존속된다. 화물이 상기 15일 이내에 계반되거나 또는 이 보험이 5.2의 규정에 따라 다시 효력을 발생한다면

5.2.1 외항선에 의한 계반인 경우에는 이 약관의 조건에 따라 계속되며 또는

5.2.2 항공기에 의한 계반인 경우에는 현행 협회전쟁약관(항공화물; 우송물 제외)이 이 보험의 일부를 구성하는 것으로 간주될 것이며, 항공기에 의한 계반에 적용된다.

5.3 운송계약상의 항해 계약서에 정해진 목적지 이외의 항구 또는 장소에서 종료될 경우 그 항구 또는 장소가 최종목적항으로 간주되며 이 보험은 5.1.2의 규정에 따라 종료한다. 그 후 보험목적물이 원래의 목적지 또는 다른 목적지로 재선적되는 경우에는 그와 같은 계속운송의 개시 전에 보험자에게 통지하고, 추가보험료를 지급하는 조건으로 이 보험은 다음 시점부터 다시 효력이 발생한다.

5.3.1 보험목적물이 양륙되었을 경우에는 보험목적물이 또는 그 일부에 대하여는 그 해당부분이 항해를 위하여 계반외항선에 적재된 때

5.3.2 보험목적물이 양륙되지 아니하였을 경우에는 선박이 최종목적항으로 간주된 곳으로부터 출항한 때 그 후 이 보험은 5.1.4의 규정에 따라 종료된다.

5.4 부유(浮游) 또는 수중에 잠겨 있는 기뢰 및 유기된 어뢰의 위험에 대한 보험은 보험목적물, 또는 보험목적물의 일부가 외항선으로 또는 외항선으로부터 부선으로 운송되는 동안에도 연장 담보된다. 그러나 보험자의 별도의 승낙이 없는 한, 어떠한 경우에도 외항선으로부터 보험목적물의 양하 완료 후 60일을 초과하지 아니한다.

5.5 지체 없이 보험자에게 통지하고 또 추가보험료를 지급하는 조건으로 이 보험은 일체의 이로 또는 해상운송계약상 운송인에게 부여된 자유재량권의 행사로부터 발생하는 위험의 변경에도 유효하게 계속된다.

(제5조의 적용상, "도착"이라는 것은 선박이 항만당국 관할구역 내의 정박묘지(碇迫錨地) 또는 장소의 묘박, 계류 또는 기타의 방법으로 안정하게 고정되는 것을 의미하는 것으로

간주한다. 그와 같은 정박묘지 또는 장소를 이용할 수 없는 경우 도착은 선박이 예정된 목적항 또는 양륙장소에서 또는 그 밖에서 제일 먼저 묘박, 계류 또는 기타의 방법으로 안전하게 고정될 때 발생된 것으로 간주한다. "외항선"이라는 것은 어느 항구 또는 장소로부터 다른 항구 또는 장소로 보험목적물을 운송하는 선박으로서 그 항해가 그 선박에 의한 해상항해를 포함하는 경우의 선박을 의미하는 것으로 간주한다.)

운송약관은 협회전쟁약관에서 보험자가 담보하는 시기와 종기를 규정한 약관이다.

피난항에서 양륙이라는 사항을 새로 도입하여 중간항에서 환적과 동일하게 취급하고 있으며 추가보험료의 납입조건을 전제로 담보를 계속하는 조치를 취하고 있다. 그리고 중간항에서 피난항에서의 항공기에 의한 계반사항을 규정하였다.

보험자의 책임개시는 화물이 외항선에 적재된 때에 효력이 개시된다. 보험의 종기는 보험목적물이 최종목적항 또는 양륙장소에서 외항선으로부터 양륙된 때 또는 최종목적항 또는 장소에 도착한 날의 자정으로부터 기산하여 15일을 경과한 때 중 어느 한쪽이 먼저 발생하면 종료된다.

6) 제6조 항해변경(Change of Voyage)

IWC 항해변경(Change of Voyage)약관은 불가항력으로 항해가 중단되는 경우 피보험자는 즉시 보험자에게 통지하고 추가보험료 납입을 조건으로 계속 담보할 수 있도록 규정한 것이다. ICC(A), (B), (C)의 제10조 항해변경약관의 내용과 동일하다.

7) 제7조 저촉사항 무효(Priority)

Priority

7. Anything contained in this contract which is inconsistent with clause 3.7, 3.8 or 5 shall, to the extent of such inconsistency, be null and void.

우선

7. 이 계약서에 기재된 사항 중에서 3.7, 3.8 또는 5의 약관이 우선 적용되며, 이 규정에 저촉되는 보험계약에 관한 규정은 그 저촉되는 범위 내에서 모두 무효로 한다.

해상보험증권에 협회전쟁약관을 첨부하거나 다른 특별약관이 같이 첨부되는 경우, 하나의 보험사고에 대하여 두 개의 보험약관이 적용될 때의 우선 순위를 정하는 약관이다. 제3조 7항 항해중단 등 면책조항, 제3조 8항 원자핵무기면책조항, 또는 제5조 운송약관의 약관이 우선 적용되며, 또는 이 규정에 저촉되는 당해 보험계약에 관한 규정은 그 저촉되는 범위 내에서 모두 무효가 된다고 규정한 것이다.

8) 제8조 피보험이익(Insurable Interest)

IWC 피보험이익(Insurable Interest)약관은 보험사고가 발생한 경우 피보험자는 보험의 목적에 대하여 피보험이익을 가지고 있다는 것을 증명해야 보험금을 청구할 수 있다는 사항을 규정하고 있다. ICC(A), (B), (C)의 제11조 피보험이익약관 내용과 동일하다.

9) 제9조 증액(Increased Value)

IWC 증액(Increased Value)약관은 피보험자가 다시 동일한 보험목적물에 대하여 증액보험을 체결한 경우 각각의 보험금액에 비례하여 보상해 줄 것을 규정하고 있다. ICC 2009(A), (B), (C)의 제14조 증액약관 내용과 동일하다.

10) 제10조 보험이익불공여(Not to Inure)

IWC 보험이익불공여(Benefit of Insurance)약관은 운송인이나 기타 수탁자에게 보험계약이 체결되어 있다는 이유로 유리하게 이용되어서는 안된다는 사실을 규정하고 있다. ICC(A), (B), (C)의 제15조 보험이익불공여약관 내용과 동일하다.

11) 제11조 피보험자의무(Duty of Assured)

IWC 피보험자의무(Duty of Assured)약관은 손해가 발생한 경우에 피보험자가 취해야 할 행동에 관하여 규정하고 있다. ICC(A), (B), (C)의 제16조 피보험자의무약관 내용과 동일하다.

12) 제12조 포기(Waiver)

IWC 포기유보(Waiver)약관은 추정전손이 발생하여 위부통지를 하더라도 피보험자나 보험자는 보험목적물에 대해 손해방지행위를 이행할 것을 규정한 것이다. ICC(A), (B), (C)의 제17조 포기유보약관과 내용이 동일하다.

13) 제13조 지연의 방지(Avoidance of Delay)

IWC 지연방지(Avoidance of Delay)약관은 지연으로 보험자가 피해보는 것을 방지하기 위하여 피보험자로 하여금 신속하게 행동하여 조치할 것을 규정한 것이다. ICC(A), (B), (C)의 제18조 지연방지약관 내용과 동일하다.

14) 제14조 영국법률 및 관례(English Law and Practice)

IWC 영국법률 및 관례(English Law and Practice)약관은 보험증권의 해석에 있어서 영국법 및 관례에 준거한다는 문언이다. ICC(A), (B), (C)의 제19조 영국법률 및 관례 약관 내용과 동일하다.

4. 협회동맹파업약관

동맹파업위험은 ICC(A), ICC(B), ICC(C)에서 모두 보험자의 면책으로 하고 있으며 동맹파업 위험으로 인한 화물 손해를 보상 받으려면 협회동맹파업약관을 첨부함으로써 담보된다.

신동맹파업약관(Institute Strikes Clauses : ISC)에는 다음과 같이 2가지가 있다.

① Institute Strikes Clauses(Cargo)

② Institute Strikes Clauses(Air Cargo)

IWC는 〈표 10-7〉과 같이 14개의 개별약관으로 구성되어 있다. 제1조 및 제3조를 제외한 나머지 약관은 ICC 내용과 동일하다.

〈표 10-7〉 ISC와 ICC약관의 비교

약 관 구 분	협회동맹파업약관	협회적하약관
담 보 위 험	1. 위험 2. 공동해손	상이 동일
면 책 조 항	3. 일반면책 4. 불감항, 부적합 면책	상이 동일
보 험 기 간	5. 운송약관 6. 항해계약종료 7. 저촉사항 무효	동일 동일 상이
보험금 청구	8. 피보험이익 9. 증액	동일 동일
보 험 이 익	10. 보험이익불공여	동일
손 해 경 감	11. 피보험자의무 12. 포기	동일 동일
지연의 방지	13. 지연의 방지	동일
법률 및 관례	14. 법률 및 관례	동일

1) 제1조 위험(Risks)

Risks

1. This insurance covers, except as excluded by the provisions of clauses 3 and 4 below loss or damage to the subject-matter insured caused by
   1.1 strikers, locked-out workmen, or persons taking part in labour disturbances, riots or civil commotions
   1.2 any act of terrorism being an act of any person acting on behalf of, or in connection with, any organisation which carries out activities directed towards the overthrowing or influencing, by force or violence, of any government whether or not legally constituted
   1.3 any person acting from a political, ideological or religious motive.

위험

1. 이 보험은 다음 위험으로 인한 보험목적물의 멸실 또는 손상을 담보한다. 다만 하기 제3조, 제4조, 규정에 의해 면책되는 위험의 손해는 제외한다.
   1.1 동맹파업자, 직장폐쇄를 당한 노동자 또는 노동분쟁, 소요 또는 폭동에 가담한 자에 의하여 발생한 것
   1.2 일체의 테러행위, 즉 합법적 또는 불법적으로 설립된 일체의 정부를 무력 또는 폭력으로 전복 또는 영향력을 미치기 위하여 행동하는 조직을 대신하여 또는 그 조직과 연대하여 행동하는 자의 행위에 의한 것
   1.3 정치적, 사상적 또는 종교적 동기에 의하여 행동하는 자에 의하여 발생한 것

ISC에서 담보하는 위험은 제1조(위험)와 제2조(공동해손)에 규정하고 있다. 제1조 위험약관은 위의 내용과 같으며, 제2조 공동해손약관은 ICC의 공동해손과 동일하다. 보험자가 담보하는 위험은 ICC의 동맹파업면책위험으로 규정된 위험이다. 그러나 위험약관에서 보험자가 담보하는 것은 보험목적물의 멸실 또는 손상이며(제3조 면책, 제4조 선박의 불감항 · 부적합면책 제외) 비용이나 위험의 결과로서 발생한 손해는 담보하지 않는다.

ISC는 ICC 제5조(동맹파업위험면책)에서 보험자의 면책으로 하고 있는 동맹파업위험을 담보하는 것으로 다음과 같다.

① 동맹파업자, 직장폐쇄노동자 또는 노동쟁의 · 폭동 또는 소요에 가담한 자에 의해 발생된 것
② 테러리스트 또는 정치적 동기를 가지고 행동하는 자에 의해서 발생된 것

ISC의 보험기간은 ICC와 동일하다. IWC는 해상운송 중 발생하는 전쟁위험만 담보하지만 ISC는 전 운송기간에 적용되기 때문에 육상의 창고에서 발생하는 동맹파업위험도 담보한다.

2) 제2조 공동해손(General Average)

ISC 공동해손(General Average)약관은 보험자가 공동해손과 구조비를 보상할 책임이 있음을 명시한 규정이다. ICC(A), (B), (C)의 제2조 공동해손(General Average)약관의 내용과 동일하다.

3) 제3조 일반면책(Exclusion)

Exclusion

3. In no case shall this insurance cover
   3.1 loss damage or expense attributable to wilful misconduct or the Assured
   3.2 ordinary leakage, ordinary loss in weight or volume, or ordinary wear and tear or the subject-matter insured
   3.3 loss damage or expense caused by insufficiency or unsuitability or packing or preparation of the subject-matter insured to withstand the ordinary incidents of the insured transit where such packing or preparation is carried out by the Assured or their employees or prior to the attachment of this insurance (for the purpose or this clause 3.3 "packing" shall be deemed to include stowage in a container and "employees" shall not include independent contractors)
   3.4 loss damage or expense caused by inherent vice or nature of the subject-matter insured
   3.5 loss damager or expense proximately caused by delay, even though the delay be caused by a risk insured against(except expenses payable under clause 2 above)
   3.6 loss damage or expense arising from insolvency or financial default of the owners managers charterers or operators of the vessel where, at the time of loading of the subject-matter insured on board the vessel, the Assured are aware, or in the ordinary course of business should be aware, that such insolvency or financial default could prevent the normal prosecution of the voyage. This exclusion shall not apply where the contract of insurance has been assigned to the party claiming hereunder who has bought or agreed to buy the subject-matter insured in good faith under a binding contract
   3.7 loss damage or expense arising from the absence shortage or withholding of labour of any description whatsoever resulting from any strke, locked-out labour disturbances, riots or civil commotion
   3.8 any claim based upon loss of or frustration or the voyage or adventure
   3.9 loss damage or expense directly or indirectly caused by or arising from any hostile use of any weapon or device employing atomic or nuclear fission and/or fusion or other like reaction or radioactive force or matter

3.10 loss damage or expense caused by war civil war revolution rebellion insurrection, or civil strike arising therefrom, or any hostile act by or against a belligerent power.

면책

3. 이 보험은 어떠한 경우에도 다음의 손해를 담보하지 아니한다.

3.1 피보험자의 고의의 불법행위에 기인하는 멸실, 손상 또는 비용

3.2 보험목적물 통상적인 누손, 통상적인 중량손 또는 용적손, 또는 자연소모.

3.3 이 보험의 대상이 되는 운송에서 통상 발생하는 사고에 견딜 수 있도록 보험목적물의 포장 또는 준비를 완전하고 적절하게 하지 않음으로 인하여 발생한 멸실, 손상 또는 비용. 다만, 그러한 포장 또는 준비가 피보험자 또는 사용인에 의해 실행되거나 이 보험의 개시 전에 실행되는 경우에 한한다(이 조항에 있어서 "포장"에는 컨테이너에 적부하는 것을 포함하고 "사용인" 에는 독립계약자를 포함하지 아니한다)

3.4 보험목적물의 고유의 하자 또는 성실에 기인하여 발생한 멸실, 손상 또는 비용

3.5 지연이 담보위험에 기인하여 발생한 경우라도, 그 지연에 근인하여 발생한 멸실·손상 또는 비용(다만, 위의 제2조에 따라 지급되는 비용은 제외함)

3.6 본선의 소유자, 관리자, 용선자 또는 운항자의 파산 또는 재정상의 궁핍으로 인한 멸실, 손상 또는 비용. 다만 보험목적물을 본선에 적재할 때 피보험자가 그러한 파산 또는 재정상의 궁핍이 그 항해의 정상적인 수행을 방해할 수 있다는 사실을 알고 있었거나 또는 통상의 업무상 당연히 알고 있었을 경우에 한한다.
이 면책규정은 구속력 있는 계약에 따라 선의로 보험목적물을 구입한 자 또는 구입하는 것에 동의한 자에, 보험계약이 양도되어 양수인이 보험금을 청구하는 경우에는 적용되지 않는다.

3.7 동맹파업, 직장폐쇄, 노동분쟁, 소요, 또는 폭동기간 중 모든 종류의 노동력의 결핍, 부족 또는 공급방해로 발생한 멸실, 손상 또는 비용

3.8 항해 또는 해상운송의 상실 또는 중단에 의한 일체의 보상청구

3.9 원자력 또는 핵의 분열 및/또는 융합 또는 기타 이와 유사한 반응 또는 방사능이나 방사성의 물질을 응용한 무기의 사용으로 인하여 직접 또는 간접적으로 발생한 멸실, 손상 또는 비용

3.10 전쟁, 내란, 혁명, 반역, 반란, 또는 이로 인하여 발생하는 국내투쟁, 또는 교전국에 의하거나 또는 교전국에 대하여 가해진 일체의 적대행위로 인하여 멸실이나 손상 또는 비용

ISC에서 면책되는 위험은 제3조와 제4조에 규정하고 있다. 이들 면책위험의 내용은 아래의 2가지 면책위험이 추가되는 점을 제외하고는 IWC의 면책위험과 동일하다.

① 동맹파업 · 직장폐쇄 · 노동분쟁 · 폭동 또는 소요의 결과로 발생한 모든 종류의 노동력의 결핍 · 부족 또는 공급방해로 생긴 멸실 · 손상 또는 비용

② 전쟁 · 내란 · 혁명 · 모반 · 반란 또는 이로 인하여 발생한 국내투쟁, 혹은 교전국에 의하여 또는 교전국에 대하여 행해진 적대행위로 인하여 발생한 멸실 · 손상 또는 비용

이 약관은 동맹파업자 등에 직접적으로 기인하여 발생한 멸실 · 손상은 담보하지만 동맹파업 결과로 발생하는 모든 비용과 재정상의 손실은 담보하지 않는다. 그 결과 이 약관에서는 ICC에 존재하는 계반비용약관이 존재하지 않는다. 그리고 ②항에 열거된 전쟁위험은 IWC에 의해서만 담보가 가능하다는 의미이다.

4) 제4조 불감항 · 부적합 면책(Unseaworthiness and Unfitness Exclusion)

ISC 선박의 불감항 및 부적합면책(Unseaworthiness and Unfitness Exclusion)약관은 선박의 불감항 및 부적합으로 인한 보험사고에 대해서 보험자가 책임을 지지 않는다는 내용을 규정한 것이다. ICC(A), (B), (C)의 제5조 불감항 · 부적합 면책약관의 내용과 동일하다.

5) 제5조 운송(Transit)

ISC 운송(Transit)약관은 ICC(A), (B), (C)의 제8조 운송(Transit)약관의 내용과 동일하다.

6) 제6조 항해변경(Change of Voyage)

ISC 항해변경(Change of Voyage)약관은 불가항력으로 항해가 중단되는 경우 피보험자는 즉시 보험자에게 통지하고 추가보험료를 조건으로 계속 담보를 할 수 있도록 규정한 것이다. ICC(A), (B), (C)의 제10조 항해변경약관의 내용과 동일하다.

7) 제7조 저촉사항 무효(Priority)

ISC 저촉사항 무효(Priority)약관은 IWC 제7조 저촉사항 무효 약관의 내용과 동일하다.

8) 제8조 피보험이익(Insurable Interest)

ISC 피보험이익(Insurable Interest)약관은 보험사고가 발생한 경우 피보험자는 보험의 목적에 대하여 피보험이익을 가지고 있다는 것을 증명해야 보험금을 청구할 수 있다는 사항을 규정하고 있다. ICC(A), (B), (C)의 제11조 피보험이익약관 내용과 동일하다.

9) 제9조 증액(Increased Value)

ISC 증액(Increased Value)약관은 피보험자가 다시 동일한 보험목적물에 대하여 증액보험을 체결한 경우 각각의 보험금액에 비례하여 보상해 줄 것을 규정하고 있다. ICC 2009(A), (B), (C)의 제14조 증액약관 내용과 동일하다.

10) 제10조 보험이익불공여(Not to Inure)

ISC 보험이익불공여약관(Not to Insure)약관은 운송인이나 기타 수탁자에게 보험계약이 체결되어 있다는 이유로 유리하게 이용되어서는 안된다는 사실을 규정하고 있다. ICC(A), (B), (C)의 제15조 보험이익불공여약관 내용과 동일하다.

11) 제11조 피보험자의무(Duty of Assured)

ISC 피보험자의무(Duty of Assured)약관은 손해가 발생한 경우에 피보험자가 취해야 할 행동에 관하여 규정하고 있다. ICC(A), (B), (C)의 제16조 피보험자의무약관 내용과 동일하다.

12) 제12조 포기(Waiver)

ISC 포기유보(Waiver)약관은 추정전손이 발생하여 위부통지를 하고 피보험자나 보험자는 보험목적물에 대해 손해방지행위를 이행할 것을 규정한 것이다. ICC(A), (B), (C)의 제17조 포기유보약관 내용과 동일하다.

13) 제13조 지연의 방지(Avoidance of Delay)

ISC 지연방지(Avoidance of Delay)약관은 지연으로 보험자가 피해 보는 것을 방지하기 위하여 피보험자로 하여금 신속하게 행동하여 조치할 것을 규정한 것이다. ICC (A), (B), (C)의 제18조 지연방지약관 내용과 동일하다.

14) 제14조 영국법률 및 관례(English Law and Practice)

ISC 영국법률 및 관례(English Law and Practice)약관은 보험증권의 해석에 있어서 영국법 및 관례에 준거한다는 문언이다. ICC(A), (B), (C)의 제19조 영국법률 및 관례 약관 내용과 동일하다.

5. 특별약관

1) 일반부가조건약관

적하보험의 기본조건에는 A/R조건과 ICC(A)조건, WA와 ICC(B), FPA와 ICC(C) 등 신·구약관 각각 3가지가 있다. 보험계약을 체결함에 있어서는 일정한 보험조건을 선택하고 화물의 종류, 성질, 포장상태 등을 고려하여 필요한 경우에는 담보위험 이외의 위험에 대하여 추가담보를 요청할 필요가 있다. 이와 같이 특약에 의하여 추가보험료를 지급하는 것을 조건으로 담보되는 위험을 부가위험이라 한다. 부가조건의 종류 및 유형을 살펴보면 〈표 10-8〉과 같다.

〈표 10-8〉 부가조건의 종류 및 유형

부가위험 담보조건	특 징	대상
theft, pilferage & non-delivery(TPND) (도난 · 발화 · 불착손)	• ICC(A), A/R 이외의 조건에서는 TPND를 특약으로 추가해야 보상 가능 • theft : 일반적 도난을 의미 • pilferage : 좀도둑에 의해 화물의 일부가 소실되는 것을 의미 • non-delivery : 포장 단위의 화물이 전부 목적지에 도착하지 않은 것을 의미	모든 화물
rain and/or fresh water damage(RFWD) (비 · 담수손)	• 담수(淡水), 빗물에 의한 손해를 의미. 단, ICC(B)조건에서는 "본선, 부선, 선창 등의 보관장소에 해수, 호수, 강물의 침입으로 인한 손해"만 담보되며, 우천으로 인한 담보를 원할 경우 추가 가입해야 한다.	모든 화물(섬유, 잡화)
breakage (파손)	• 깨지는 화물의 경우 반드시 담보 여부를 밝혀야 함	유리 이사화물
sweating & heating damage (열손, 땀손)	• 선창 내의 습기의 응축(sweating), 곡물류가 내포하고 있는 습기가 통풍불량으로 자체적인 발열(heating) 등으로 발생하는 손해	곡물류, 피혁
leakage/shortage (누손 및 부족손)	• 누손 : 액체 또는 기체화물이 용기에서 새어나간 손해 • 부족손 : 중량의 감소나 수량 부족의 개념 곡물 및 액체화물의 경우 통상적 감량이 많으므로 실무적으로는 excess 적용	유류, 곡물류, gas
jettison and washing over board (JWOB: 투하 및 갑판유실)	• 투하 및 갑판유실 담보 • 해상운송화물은 선창 내 운송이 원칙이나 일부 품목에 대해 갑판적 화물 허용. ICC(C), FPA조건 경우 FPA+JWOB로 부보	갑판적 화물
denting/bending (곡손)	• 운송 중 충격으로 찌그러지거나 구겨지는 손해	기계류
spontaneous combustion (자연 발화)	• MIA상의 법정면책위험이나 우연성이 있을 경우는 부가위험으로 담보	석탄, 양모, 곡물류
mould & mildew (곰팡이 손해)	• 습도가 올라감에 따라 곰팡이로 인한 손해를 입을 경우를 대비하여 담보되는 부가위험	곡물류, 연초
rust (녹에 의한 손해)	• 해수, 담수에 의해 녹을 입는 손해	금속류

부가위험 담보조건	특 징	대상
hook and hole (갈쿠리에 의한 손해)	• 하역 작업 중 갈쿠리를 사용함으로써 발생되는 손해	직물류
contact with oil & other cargo(COOC) (유류, 타화물과의 접촉 손해)	• 유류, 윤활유 등의 선내의 청소불량으로 인한 오손 및 타화물과의 접촉으로 인한 손해	선박의 연료류

2) 특수화물에 대한 부가약관

(1) 원산지 손해약관(country damage clause)

주로 원면(raw cotton)이 원산지에서 습기 및 비바람에 노출되어 입는 손해를 보상하는 약관이다. 면화인 경우에 이 약관을 첨부할 경우 면화류의 특성상 운송하기 이전, 원산지에서 발생이 불분명한 면화의 해충손 등의 담보가 가능하다. 이는 발생된 손해에 대해 실제 해상운송 중 발생된 부분을 명확히 확정하기 어렵기 때문에, 면화의 경우에는 원산지에서 발생된 것이 명백하게 입증되지 않는 한 보상이 가능하다는 것이다. 외항선 적재전의 홍수, 해일, 호우에 의한 손해 및 외항선의 적재 시 명백한 손해는 담보되지 않는다. 또한 country damage 손해는 반드시 보험회사가 지정한 surveyor의 입회조사를 받아야만 보험금 청구가 가능하다.

(2) 관세담보약관(custom duty clauses)

해상운송 또는 육상운송 중 입은 손해(담보위험으로 발생한 손해)가 있음에도 불구하고 관세통관 전에 화물의 이상 유무를 살피지 못하였다면, 피보험자는 손상된 화물에 대한 경제적 손실을 입음에도 불구하고 관세를 부담하게 되는 경우가 발생할 수 있다. 이러한 세금 납부에 대한 손실분을 보상하여 주는 것이 관세담보약관이며, 관세담보약관을 첨부할 경우 주의할 점은 어떠한 경우라도 실제로 관세를 납부하지 않은 경우는 보상에서 제외되며, 보상액도 보험 계약 시 설정한 관세 납부액을 한도로 보상이 되므로 주의하여야 한다.

(3) 냉동창고보관약관(refrigerating machinery clauses, refrigerated cargo clauses)

육류 및 생선 등 식품류의 경우 냉동 혹은 냉장 상태로 수출입이 이루어지는 경우가 많으며, 또한 냉동제품의 변질이나 부패 등은 손해원인이 협회적하약관으로 담보가 되지 않는 위험이기 때문에 이러한 냉동 기계의 고장으로 인한 식품류의 변질과 같은 손해의 경우 이 약관을 첨부하여야만 담보가 가능하다. refrigerated cargo clauses의 경우는 24시간 이상 냉동기의 고장으로 발생한 손해만 보상이 되며, refrigerating machinery clauses의 경우는 손해의 원인이 냉동기의 우발적인 고장이나 미작동으로 인하여 발생한 손해를 보상해 주는 약관이다.

(4) **내륙저장위험확장담보약관**(inland storage extension clauses)

협회적하약관의 담보위험종료는 warehouse to warehouse로 최종목적지에 도착할 때까지 담보가 되나, 담보기간이 무한정 늘어날 수 없으므로 수출인 경우 담보기간을 양하 후 60일로 제한을 하고 있다. 따라서 양하 후 어쩔 수 없는 사정으로 담보기간을 연장할 경우 반드시 보험자에게 고지하여야 하며, 그 기간 연장에 따른 담보기간 확장은 추가 보험료를 납부하고 위의 특약을 첨부함으로써 가능하게 된다.

(5) **통관거부위험담보약관**(rejection clause)

통관거부 위험의 경우 수입국 정부 또는 F.D.A.(Food and Drug Association)과 같은 기관의 품질검사에서 수입 불합격 판정에 따른 피보험자의 경제적 손실을 보상하는 약관이다. 위 약관의 담보내용은 정부 당국, 검사 대행기관 또는 정부기관에 의하여 입국항에서 화물의 통관이 거부되거나 몰수로 인하여 피보험자가 입은 손해를 담보한다. 적하보험에 가입할 수 있는 모든 품목이 해당될 수 있으나, 주로 식료품이나 냉동 어류가 주된 품목이며 통상정책에 따른 수입금지로 인한 손해는 면책이다.

(6) **생동물약관**(livestock clause)

생동물을 운송할 경우 통상적으로 운송중의 스트레스로 인해 사망이나 안락사를 당하는 경우가 많이 발생한다. 대부분 협회적하약관의 경우 사망(mortality)은 기본조건에서 제외되어 있으므로 이를 담보받기 위해서는 반드시 보험자에게 사망위험담보에 대한 부보 요청을 하여야 한다. 검역소에서 30일까지, 최종목적지에 도착 후 7일까지 담보되며 생동물의 사망 및 사망에 이를 수밖에 없는 상태, 안락사 손해를 담보한다. 전염병에 의한 사망 및 도살, 상해는 면책이다.

(7) **기계류수선약관**(special replacement clause)

기계제품일 경우 파손이나 고장이 일어났을 경우 보험자는 피보험자에게 그 부보화물을 수리하는 비용, 부품비, 부품조달비용을 담보해주는 약관이다.

(8) **상표약관**(label clause)

캔통조림, 술 등 라벨이 붙은 화물에는 원칙적으로 이 약관이 첨부된다. 상표가 훼손될 경우 상품가치가 떨어져 피보험자가 손해 보는 품목에 한해 상표 재부착비용만 담보하는 약관이다.

• 제2절 협회기간약관

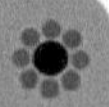

1. 선박보험의 개요

1) 선박보험의 개념

해상사업을 영위하는 선박소유자, 선박관리자 또는 나용선자 등은 선박을 사용하던 중에 해상위험 등으로 우연한 사고가 발생하면 물적손해, 비용손해 또는 다른 선박과 충돌에 의한 배상책임손해 및 선박을 이용하여 얻어야 할 운임과 같은 수익의 상실이라는 경제적 손해가 발생하게 된다. 이와 같이 선박의 건조, 운항 또는 계선 중에 해상위험 등에 의하여 피보험자가 입는 경제적 손해를 소정의 보험료를 대가로 하여 보험자가 피보험자에게 계약당시에 합의한 방법과 범위에 따라 보상하는 보험이 선박보험(hull insurance)이다. 선박보험에서 많이 이용되고 있는 약관은 협회기간약관(ITC-hulls : Institute Time Clauses)을 기본으로 하여 각종 특별약관을 첨부하여 선체의 물적손해 또는 선체사고로 인하여 발생하는 비용손해를 담보하고 있다. 또한 타 선박과 충돌사고가 발생할 경우 상대 선박에 대한 법적배상책임손해를 담보하고 있다.

2) 선박보험의 담보위험

(1) 위험담보의 방식

① 포괄책임주의

약관에 면책위험만 열거하고 있는 것으로 면책위험 이외의 일체의 해상위험을 담보위험으로 하는 것을 포괄책임주의라고 한다.

② 열거책임주의

해상위험 중 약관에 열거되어 있는 위험만을 담보위험으로 하는 것을 열거책임주의라고 하는데, 선박보험은 열거책임주의를 채택하고 있다.

(2) 담보위험(Perils)

① 항해 가능한 수면에서의 위험

② 화재, 폭발

③ 선박 외부로부터 침입한 자에 의한 폭력을 수반한 도난

④ 투하

⑤ 해적

⑥ 핵장치나 원자로의 고장이나 사고
⑦ 항공기 또는 이와 유사한 물체 또는 그로부터 추락하는 물체, 육상운송용구, 도크 또는 항만시설이나 장비와의 접촉
⑧ 지진, 화산의 분화 또는 낙뢰
⑨ 적하 또는 연료의 선적, 양하 또는 이동 중의 사고
⑩ 기관의 파열, 차축의 파손 또는 기관이나 선체의 잠재적 하자
⑪ 선장, 직원, 부원 또는 도선사의 과실
⑫ 수리자 또는 용선자의 과실
⑬ 선장, 직원, 부원의 악행

2. 협회기간약관의 해설

1) 협회기간약관의 개념

세계해상보험시장의 중심은 영국의 London이며 영국의 선박보험에서 많이 이용되고 있는 약관은 협회기간약관(Institute Time Clauses-Hulls : ITC-hulls)이다. 우리나라에서도 500톤 미만 선박의 일부 경우를 제외하고, 영국의 해상보험증권과 ITC-Hulls 약관을 기본으로 하여 인수되고 있다. 다른 선박약관도 모두 ITC-hulls을 기본으로 하여 변화된 것이다.

ITC-hulls은 런던보험자협회(ILU : Institute of London Underwriters)가 제정한 것이며 그동안 여러 차례 개정되어 오면서 1983년 신양식의 해상보험증권 출현과 함께 대폭 개정된 후 1995년 국제해사법규의 변화와 선박의 운항관리상의 변화 등으로 인하여 ITC-hulls이 부분적으로 개정되었으나 선박보험시장에서 환영을 받지 못하고 있는 실정이다. 신해상보험증권과 같이 사용하는 협회기간약관의 특징은 다음과 같다.

① 협회기간약관의 문언에 대한 의미는 신ICC의 경우와 마찬가지로 명확한 어구를 사용하여 포괄적이며 공정한 약관으로 체계화되어 있고 근대적인 해상보험 수요에 부응하고 해상보험계약서류로서 보험증권을 보완하고 있다.
② 유엔무역개발위원회(UNCTAD)의 Working Group on International Shipping Legislation에서 채택한 국제표준약관과 미국의 선박보험약관 American Institute Hull Clause(AIHC)의 일부 조항을 참조하여 그동안 영국 중심의 약관체계에서 탈피하여 국제적으로 사용될 수 있도록 하였다.
③ 보험자의 보상책임에 관해 열거위험을 담보하는 방법으로 표현되어 있다. 그 이유는 선박보험의 보험목적물인 선박에 대해서 피보험자인 선주는 어느 정도 숙지하고 있으나 선박

보험자는 비교적 정보에 부족하기 때문이다. 포괄책임주의에서는 선박의 상태나 동정에 대해서 부족한 보험자는 면책을 주장하기 위해서는 면책약관에 해당하는 사실의 입증을 하는데 어려움이 있으므로 열거책임주의를 채택하지 않을 수 없다. 열거책임주의에서 보험사고의 입증책임은 피보험자에게 있다.

2) 협회기간약관 구성

협회기간약관(Institute Time Clause)은 다음의 모두(冒頭)약관을 시작으로 모두 26개의 약관으로 구성되어 있다.

> This insurance is subject to English law and practice.
>
> 이 보험은 영국의 법률 및 관례에 준거하는 것으로 한다.

영국의 법률과 관례약관(English Law and Practice)은 영국의 법과 관례에 준거한다는 준거법 약관이다. 보험계약에 관한 사항은 우리나라의 법률과 관례에 따르고 보상에 관해서는 영국의 법과 관습에 따라야 한다.

(1) **제1조 항해약관(Navigation Clause)**

> **1. NAVIGATION**
>
> 1.1 The vessel is covered subject to the provisions of this insurance at all times and has leave to sail or navigate with or without pilots, to go on trial trips and to assist and tow vessels or craft in distress, but it is warranted that the vessel shall not be towed, except as is customary or to the first safe port or place when in need of assistance, or undertake towage or salvage services under a contract previously arranged by the Assured and/or Owners and/or Managers and/or Charterers. This Clause 1.1 shall not exclude customary towage in connection with loading and discharging.
>
> 1.2 In the event of the vessel being employed in trading operations which entail cargo loading or discharging at sea from or into another vessel (not being a harbour or inshore craft) no claim shall be recoverable under this insurance for loss of or damage to the vessel or liability to any other vessel arising from such loading or discharging operations, including whilst approaching, lying alongside and leaving, unless previous notice that the vessel is to be employed in such operations has been given to the Underwriters and any amended terms of cover and any additional premium required by them have been agreed.
>
> 1.3 In the event of the vessel sailing (with or without cargo) with an intention of being (a)

broken up, or (b) sold for breaking up, any claim for loss of or damage to the vessel occurring subsequent to such sailing shall be limited to the market value of the vessel as scrap at the time when the loss or damage is sustained, unless previous notice has been given to the Underwriters and any amendments to the terms of cover, insured value and premium required by them have been agreed. Nothing in this Clause 1.3 shall affect claims under Clauses 8 and/or 11.

1. 항해

1.1 선박은 보험 기간 중 이 보험의 규정에 따라 담보되며, 도선사의 승선 여부와 관계없이 항해하거나 시운전항해를 하거나, 조난을 당한 선박 또는 부선을 구조하거나 예항하여도 무방하다. 그러나 예항되는 것이 관습이거나 또는 구조의 필요상 최초의 안전한 항구 또는 장소까지 예항되지 말것이며 또한 피보험자, 소유자, 관리자, 용선자가 사전 결정한 계약에 따른 예항이나 구조작업을 맡지 않을 것을 확약한다. 이 약관 1.1은 적재 및 양하작업에 관련된 관습적인 예항을 배제하는 것은 아니다.

1.2 선박이 해상에서 타선박(항내 혹은 근해의 부선은 제외)으로부터 또는 타선박에의 적재 혹은 양하작업에 종사하는 경우에는 그 타선박에 접근, 계류 또는 그 타선박으로부터 떠나는 과정을 포함해서 적재 혹은 양하작업으로 인하여 선박이 입은 멸실이나 손상 또는 타선박에 대한 배상책임에 대하여는 이 보험에서는 보상되지 않는다. 다만 선박이 그러한 작업에 종사할 예정이라는 것을 보험자에게 사전 통지하고 보험자가 요구하는 변경된 담보조건 및 추가보험료에 합의를 하였을 경우에는 그러하지 아니하다.

1.3 화물의 적재 유무를 불구하고 선박이 해체하기 위한 의도 또는 해체를 위한 매각을 의도로 항해하는 경우, 그러한 항해에 따라 선박에 발생하는 멸실 또는 손상에 대한 일체의 보상은 멸실 또는 손상을 입은 시점에서 해체선으로서의 시장가격으로 한정한다. 보험자에게 사전 통보하고 보험자가 요구하는 변경된 담보조건, 보험가액 및 필요한 보험료에 대하여 보험자가 합의 하였을 경우에는 그러하지 아니하다. 이 약관 1.3은 약관 8 및 (또는) 약관 11의 보상에 어떠한 영향도 미치지 않는다.

항해약관(Navigation Clause)은 선박의 항해와 관련하여 발생하는 보험자의 책임에 관한 사항을 규정한 것이다.

① 항해의 조건과 도선사, 시운전, 조난선박의 구조 및 예인

선박은 보험기간 중 보험계약상의 각종 규정에 따라 담보(warranty)되며, 즉 담보(warranty)는 위험에 대해서 중요한지 아닌지를 불문하고 정확하게 충족되어야 한다. 만약 담보가 충족되지 않는 경우에는 보험증권상 명시의 특약이 없는 한 보험자는 담보위반시부터 보험자의 보상책임을 면한다. 선박의 불감항성은 묵시담보에 해당되어 보험자가 면책될 수 있는데, 이 약관에서는 도선사 승선 여부를 불문하고 항해, 시운전, 조난선박의 구조 및 예인하는 것 등은 불감항성으로 간주되지 않음을 규정한 것이다. 또한 부보된 선박은 조난 중인 선박, 부선 등을 지원

하거나 예인할 수도 있다.

② 해상에서 화물 이동 금지

항구지역이 아닌 해상에서 선박간에 화물을 적재 또는 양하할 때 발생하는 일체의 손해에 대해서 보험자는 책임지지 않는다. 그러나 사전에 보험자에게 통지하고 추가보험료를 지급할 것을 조건으로 할 경우 보험자는 손해를 보상한다.

③ 선박의 해체 항해

선박이 해체의 목적 또는 해체를 위한 매각을 목적으로 항해하는 경우, 손상을 입은 시점에서 고철화된 선박의 시장가액을 한도로 보험자가 보상하기 위해 피보험자가 고철로 처분하기 위한 항해 취지를 보험자에게 통보하고 보험조건 · 보험금액 · 보험료 등을 추가로 합의할 경우 보험금액만큼 보상받을 수 있다.

(2) 제2조 계속약관(Continuation Clause)

2. CONTINUATION

Should the vessel at the expiration of this insurance be at sea or in distress or at a port of refuge or of call, she shall, provided previous notice be given to the Underwriters, be held covered at a pro rata monthly premium to her port of destination.

2. 계속

이 보험의 만기시 선박이 항해중이거나 조난중이거나 혹은 피난항 또는 기항항에 있을 때는 보험자에게 사전에 통지 했을 경우에 한해 선박이 목적항에 도착할 때까지의 월할보험료를 지급하면 선박이 목적항에 도착할 때까지 계속 담보가 된다.

계속약관(Continuation Clause)은 선박의 보험기간과 관련한 사항을 규정한 것이다. 일반적으로 선박은 1년(12개월) 단위로 부보한다. 이 기간이 끝나는 시점에 선박이 항해 중이거나 조난 중이거나 혹은 피난항 또는 기항항에 있을 때 보험자에게 통지한 후 월할보험료를 지급하면 계속 담보된다.

(3) 제3조 담보위반약관(Breach of Warranty Clause)

3. BREACH OF WARRANTY

Held covered in case of any breach of warranty as to cargo, trade, locality, towage, salvage services or date of sailing, provided notice be given to the Underwriters immediately after receipt of advices and any amended terms of cover and any additional premium required by them be agreed.

3. 담보위반

적하, 거래, 항해구역, 예항, 구조작업 또는 출항일자에 관한 담보상의 위반이 생겼을 경우에는 그 사실을 인지한 후 지체 없이 그 취지를 보험자에게 통지하여 보험자가 요구하는 변경된 담보조건 및 필요한 추가보험료에 합의하였을 때에 한하여 담보가 계속된다.

담보위반약관(Breach of Warranty Clause)은 피보험자의 사정으로 인해 담보위반이 발생할 경우 보험자에게 추가보험료 지급을 조건으로 계속담보를 허용하는 규정이다. 피보험자는 담보(warranty)위반이 생겼을 경우에는 그 사실을 인지한 후 지체 없이 그 취지를 보험자에게 통보하여 보험자가 요구하는 변경된 담보조건 및 필요한 추가보험료에 합의하였을 때에 한하여 보험자의 책임은 계속된다.

(4) 제4조 종료약관(Termination Clause)

4. TERMINATION

This Clause 4 shall prevail notwithstanding any provision whether written typed or printed in this insurance inconsistent therewith. Unless the Underwriters agree to the contrary in writing, this insurance shall terminate automatically at the time of

4.1 change of the Classification Society of the vessel, or change, suspension, discontinuance, withdrawal or expiry of her Class therein, provided that if the vessel is at sea such automatic termination shall be deferred until arrival at her next port. However where such change, suspension, discontinuance or withdrawal of her Class has resulted from loss or damage covered by Clause 6 of this insurance or which would be covered by an insurance of the vessel subject to current Institute War and Strikes Clauses Hulls-Time such automatic termination shall only operate should the vessel sail from her next port without the prior approval of the Classification Society,

4.2 any change, voluntary or otherwise, in the ownership or flag, transfer to new management, or charter on a bareboat basis, or requisition for title or use of the vessel, provided that, if the vessel has cargo on board and has already sailed from her loading port or is at sea in ballast, such automatic termination shall if required be deferred, whilst the vessel continues her planned voyage, until arrival at final port of discharge if with cargo or at port of destination if in ballast. However, in the event of requisition for title or use without the prior execution of a written agreement by the Assured, such automatic termination shall occur fifteen days after such requisition whether the vessel is at sea or in port. A pro rata daily net return of premium shall be made.

4. 종료

이 약관 4는 이 보험에 수기, 타자, 또는 인쇄되어 있는 것을 불문하고 본 약관과 저촉되는 어떠한 조항보다 우선됨. 본 보험약관은 보험자가 그 예외적용을 서면상으로 동의하지 않는 한 아래와 같은 경우에는 자동적으로 종료된다.

4.1 선박이 선급협회의 변경, 선박의 선급 변경, 정지, 중단, 탈급 또는 만기 시. 다만, 선박이 항해중인 경우는 다음 기항지에 도착할 때까지 이 자동 종료는 연기된다.
그러나 선박의 선급 변경, 정지, 중단 또는 탈급이 본 보험계약의 약관 6에서 담보되는 멸실 또는 손상으로 기인되었거나 또는 본 기간보험에서 협회전쟁 및 동맹파업 위험을 담보하는 경우에, 만약 선박이 선급협회의 사전승인 없이 다음 기항지로 출항할 때 자동 종료된다.

4.2 자의(自意) 여부에 관계없이 선주 또는 선적의 변경, 새로운 관리자로 이전, 나용선계약 조건하의 용선 또는 선박의 소유권 또는 사용상의 징발 시. 다만, 보험계약자의 요청이 있으면 선박이 화물을 적재하여 이미 선적항에서 출항한 경우에는 최종 양하항에, 공선으로 항해중인 경우에는 목적항에 도착할 때까지 그 선박이 당초에 예정된 항해를 계속하는 동안은 이 자동종료는 연기된다. 그러나 보험계약자의 서면상의 사전 동의 없는 소유권 또는 사용상의 징발의 경우는, 피보험선박이 항해 중이거나 항내에 정박중이거나를 불문하고 징발 후 15일이 경과하면 자동종료 된다. 보험료는 일할 정미계산에 의해 환급된다.

종료약관(Termination Clause)은 이 약관에 저촉되는 어떠한 규정보다 최우선 적용되는 것으로서 보험계약종료에 관한 것을 규정한 것이다.

① 선급 변경 통지

선급의 어떠한 변동이 있는 경우에도 보험자의 사전 합의를 얻어 두지 않는 한 보험계약은 자동 종료된다.

② 선급협회 변경, 정지 등 통지

선박이 선급협회의 변경, 선박의 선급 변경, 정지, 중단, 탈급 또는 만기의 경우 보험자가 그 예외적용을 서면상으로 동의하지 않은 한 보험계약은 자동적으로 종료된다.

③ 소유권 변경, 징발 통지

자의여부에 관계없이 선주 또는 선적의 변경, 새로운 관리자로 이전, 나용선계약 조건하의 용선 또는 선박의 소유권 또는 사용상의 징발의 경우도 보험자가 그 예외적용을 서면상으로 동의하지 않은 한 보험계약은 자동적으로 종료된다.

(5) 제5조 양도약관(Assignment Clause)

5. ASSIGNMENT

No assignment of or interest in this insurance or in any moneys which may be or become payable thereunder is to be binding on or recognised by the Underwriters unless a dated notice of such assignment or interest signed by the Assured, and by the assignor in the case of subsequent assignment, is endorsed on the Policy and the Policy with such endorsement is produced before payment of any claim or return of premium thereunder.

양도약관

이 보험의 양도 혹은 이 보험의 권리취득 혹은 이 보험에 의거 지불될 수 있는 또는 지불될 모든 금전에 관한 권리취득은 보험자를 구속하는 것도 아니며 또한 보험자가 이를 승인하는 것도 아니다. 단 피보험자 및 재양도의 경우에는 양도인이 서명한 상기 양도 혹은 권리취득일자가 붙은 통보가 당해 보험증권에 배서되며 또한 그 배서가 있는 보험증권이 당해 보험증권에 의한 보험금 혹은 환급보험료의 지불전에 제출된 경우에는 그러하지 아니한다.

양도약관(Assignment Clause)은 피보험자가 보험증권을 양도할 때 양도통지는 확정일부이어야 하고 보험증권에 배서가 있어야 하며, 이러한 사실을 보험자에게 통지하도록 하여 보험금 및 환급보험료를 청구할 수 있음을 규정한 것이다.

(6) 제6조 위험약관(Perils Clause)

6. PERILS

6.1 This insurance covers loss of or damage to the subject-matter insured caused by

- 6.1.1 perils of the seas rivers lakes or other navigable waters
- 6.1.2 fire, explosion
- 6.1.3 violent theft by persons from outside the vessel
- 6.1.4 jettison
- 6.1.5 piracy
- 6.1.6 breakdown of or accident to nuclear installations or reactors
- 6.1.7 contact with aircraft or similar objects, or objects falling therefrom, land conveyance, dock or harbour equipment or installation
- 6.1.8 earthquake volcanic eruption or lightning.

6.2 This insurance covers loss of or damage to the subject-matter insured caused by

- 6.2.1 accidents in loading discharging or shifting cargo or fuel
- 6.2.2 bursting of boilers breakage of shafts or any latent defect in the machinery or hull
- 6.2.3 negligence of Master Officers Crew or Pilots
- 6.2.4 negligence of repairers or charterers provided such repairers or charterers are not an Assured hereunder
- 6.2.5 barratry of Master Officers or Crew, provided such loss or damage has not resulted

from want of due diligence by the Assured, Owners or Managers.

6.3 Master Officers Crew or Pilots not to be considered Owners within the meaning of this Clause 6 should they hold shares in the vessel.

위험

6.1 이 보험은 상기위험으로 인해서 보험목적물에 발생된 멸실 또는 손해를 담보한다.

6.1.1 바다, 하천, 호수 또는 항해 가능한 기타 수역에서의 고유 위험

6.1.2 화재, 폭발

6.1.3 선외로 부터의 폭력적인 도난

6.1.4 투하

6.1.5 해적

6.1.6 핵장치 혹은 원자로의 파괴 또는 고장

6.1.7 항공기 또는 그와 유사한 물체, 육상운송용구, 선거 혹은 항만시설 또는 장치와의 접촉

6.1.8 지진, 화산의 분화 또는 낙뢰

6.2 이 보험은 그 손해가 피보험자, 선박소유자 또는 선박관리인이 상당한 주의를 결여하고 있었던 결과로 생긴 것이 아님을 조건으로, 아래위험으로 인해서 보험의 목적에 발생된 멸실 또는 손해를 담보한다.

6.2.1 화물 또는 연료의 적재, 양하 혹은 환적 작업시의 사고

6.2.2 기관(汽管)의 파열, 차축의 파손 혹은 기관(기기) 또는 선체의 잠재적 하자

6.2.3 선장, 고급선원, 보통선원 또는 도선사의 과실

6.2.4 선박수리업자 또는 용선자의 과실, 다만 그 선박수리업자 또는 용선자가 이 보험의 피보험자가 아님을 조건으로 한다.

6.2.5 선장, 고급선원, 보통선원의 악행

6.3 선장, 고급선원, 보통선원 또는 도선사가 피보험선박의 지분을 보유하고 있어도 이 약관 6의 해석상 선주로 간주되지 않는다.

위험약관(Perils Clause)은 협회기간약관에서 보험자가 보험목적물의 멸실 또는 손상과 관련하여 담보하는 위험을 열거한 것이다.

협회기간약관상의 담보위험

- 바다, 하천, 호수 또는 기타 항해 가능한 수면에서의 고유위험
- 화재 · 폭발
- 선박 외부로부터 침입한 자에 의한 폭력을 수반한 도난
- 투하
- 해적행위
- 핵장치나 원자로의 고장 또는 사고

- 항공기 등과의 접촉
- 지진 · 화산의 분화 또는 낙뢰
- 적하 또는 연료의 선적 · 양하 또는 이동중의 사고
- 기관의 파열, 차축의 파손 또는 기관이나 선체의 잠재적 하자
- 선장 · 고급선원 · 보통선원 또는 도선사의 과실
- 수리자 또는 용선자의 과실
- 선장 · 고급선원 · 보통선원의 악행

(7) 제7조 오염위험약관(Pollution Hazard Clause)

7. POLLUTION HAZARD

This insurance covers loss of or damage to the vessel caused by any governmental authority acting under the powers vested in it to prevent or mitigate a pollution hazard, or threat thereof, resulting directly from damage to the vessel for which the Underwriters are liable under this insurance, provided such act of governmental authority has not resulted from want of due diligence by the Assured, the Owners, or Managers of the vessel or any of them to prevent or mitigate such hazard or threat. Master, Officers, Crew or Pilots not to be considered Owners within the meaning of this Clause 7 should they hold shares in the vessel.

7. 오염위험

이 보험은 보험자가 책임지는 선박손상의 직접적인 결과로 발생한 오염의 위험이나 또는 환경에 대한 손상 또는 위협을 방지 또는 완화하기 위해 권한을 위임받은 정부 당국이 취한 행위로 인한 선박의 멸실 또는 손해를 보상한다. 다만 피보험자, 선주 또는 선박관리자가 오염의 위험이나 위협을 방지 또는 완화하는데 상당한 주의를 결의하고 있었던 결과로 정부 당국의 그러한 행위가 발생한 경우에는 담보하지 않는다. 선원, 고급선원, 보통선원 또는 도선사가 선박의 지분을 보유하고 있어도 이 약관 7에서 의미하는 선주로 간주되지 않는다.

오염위험약관(Pollution Hazard Clause)은 정부 당국의 조치로 인하여 발생된 선박의 멸실 또는 손해를 보상하는 규정이다.

(8) 제8조 3/4충돌배상책임약관(3/4ths Collision Liability Clause)

8. 3/4THS COLLISION LIABILITY

8.1 The Underwriters agree to indemnify the Assured for three-fourths of any sum or sums paid by the Assured to any other person or persons by reason of the Assured becoming legally liable by way of damages for

8.1.1 loss of or damage to any other vessel or property on any other vessel

8.1.2 delay to or loss of use of any such other vessel or property thereon

8.1.3 general average of, salvage of, or salvage under contract of, any such other vessel or property thereon, where such payment by the Assured is in consequence of the vessel hereby insured coming into collision with any other vessel.

8.2 The indemnity provided by this Clause 8 shall be in addition to the indemnity provided by the other terms and conditions of this insurance and shall be subject to the following provisions:

8.2.1 Where the insured vessel is in collision with another vessel and both vessels are to blame then, unless the liability of one or both vessels becomes limited by law, the indemnity under this Clause 8 shall be calculated on the principle of cross-liabilities as if the respective Owners had been compelled to pay to each other such proportion of each other's damages as may have been properly allowed in ascertaining the balance or sum payable by or to the Assured in consequence of the collision.

8.2.2 In no case shall the Underwriters' total liability under Clauses 8.1 and 8.2 exceed their proportionate part of three-fourths of the insured value of the vessel hereby insured in respect of any one collision.

8.3 The Underwriters will also pay three-fourths of the legal costs incurred by the Assured or which the Assured may be compelled to pay in contesting liability or taking proceedings to limit liability, with the prior written consent of the Underwriters.

EXCLUSIONS

8.4 Provided always that this Clause 8 shall in no case extend to any sum which the Assured shall pay for or in respect of

8.4.1 removal or disposal of obstructions, wrecks, cargoes or any other thing whatsoever

8.4.2 any real or personal property or thing whatsoever except other vessels or property on other vessels

8.4.3 the cargo or other property on, or the engagements of, the insured vessel

8.4.4 loss of life, personal injury or illness

8.4.5 pollution or contamination of any real or personal property or thing whatsoever (except other vessels with which the insured vessel is in collision or property on such other vessels).

8. 3/4충돌배상책임

8.1 보험자는 선박이 타선박과 충돌하여 그 결과 피보험자가 다음의 손해에 대하여 법적 배상책

임을 지고 그 손해배상금조로 일정금액을 타인에게 지급한 경우에는 그 금액의 3/4을 피보험자에게는 보상할 것을 동의한다.

8.1.1 타선박 혹은 타선박에 있는 재산의 멸실 또는 손상

8.1.2 타선박 혹은 그 재산의 지연 또는 사용이익의 상실

8.1.3 타선박 혹은 그 재산의 공동해손, 구조 또는 계약에 의한 구조

8.2 이 약관 8에 의한 보상은 이 보험의 다른 조항에 의한 보상에 추가되는 것으로 간주하여야 하며 다음의 규정에 따라야 한다.

8.2.1 선박이 타선박과 충돌하고 쌍방의 선박에 과실이 있을 경우에는 일방 또는 쌍방 선박의 배상책임이 법에 의하여 제한되는 경우를 제외하고 이 약관 8에 의한 보상은 교차책임주의의 원칙에 따라 충돌결과 피보험자가 지급해야 하거나 수취해야 할 상계 차액이나 금액을 산출하는데 있어 적정하게 승인된 쌍방의 손해비율에 따른 손해배상액을 해당 선주가 상대방에게 각각 지급하여야 하는 것으로 간주하여 이를 계산한다.

8.2.2 약관 8.1 및 8.2에 의한 1회의 충돌당 보험자의 배상책임은 어떠한 경우에도 선박의 보험가액의 3/4에 대한 각자의 보험계약인수비율을 초과하지 아니한다.

8.3 보험자는 보험자의 사전 서면동의를 얻어 피보험자가 배상책임에 관하여 다루거나 배상책임 제한을 위한 법적 조치를 취하는 경우 보험자는 또한 피보험자가 지출한 또는 지출하여야 할 법적 비용의 3/4을 역시 보상한다.

면책조항

8.4 이 약관 8은 다음에 정한 사항에 대하여 피보험자가 지급해야 할 일체의 금액은 어떠한 경우에도 보상하지 않는다.

8.4.1 장애물, 난파물, 적하 또는 기타 물체의 제거 혹은 처분

8.4.2 타선박 또는 타선박에 적재되어 있는 재산 이외의 부동산 또는 동산 그 밖의 일체의 물체

8.4.3 선박의 적하, 기타 재물 혹은 채무

8.4.4 사망, 신체상해 또는 질병

8.4.5 부동산, 동산 또는 기타 물체의 오염 또는 오탁(부보선박과 충돌한 타 선박 또는 그 선박에 적재된 재물을 제외한다)

3/4충돌배상책임약관(3/4ths Collision Liability Clause)은 선박의 충돌에 따른 배상책임에 관한 사항을 규정한 것이다. 부보 선박이 타선박과 충돌하여 법적 배상책임을 부담할 경우 손해배상금조로 상대방에게 지급한 금액의 3/4를 보험자가 보상하는 충돌배상책임과 면책 사항이다.

〈표 10-9〉 충돌배상책임약관상의 보상 및 면책손해의 범위

구 분	보상·면책손해의 범위
보상	상대방 선박 또는 상대방 선박에 적재된 재산의 손실
	상대방 선박의 수리비
	상대방 선박 또는 상대방 선박에 적재된 재산의 지연 또는 불가동에서 발생한 재정적인 손해
	상대방 선박에 적재된 재산에 대한 손해의 보상비용
	상대방 선박 또는 상대방 선박에 적재된 재산이 입은 공동해손 · 임의구조 또는 계약구조
	보험자로부터 사전에 서면상의 동의를 얻고 상대방 선박 또는 상대방 선박 내의 재산과 이해관계가 있는 당사자가 제기한 클레임을 방어하는데 지출된 소송비용
면책	장애물 · 난파선 · 화물 또는 그 밖의 물건을 제거 · 처분할 경우
	상대방 선박 또는 상대방 선박에 적재되어 있는 재물 이외의 부동산 · 동산 또는 그 밖의 일체의 물체와 관련되는 경우
	부보된 선박에 적재된 화물 또는 그 밖의 재물 및 부보 선박의 계약상의 채무
	사망 · 신체상해 또는 질병
	부동산 · 동산 또는 그 밖의 일체의 물체에 대한 오염 또는 오탁(단, 부보 선박과 상대방 선박 또는 그 선박에 적재된 재물은 제외한다)

(9) 제9조 자매선약관(Sistership Clause)

9. SISTERSHIP

Should the vessel hereby insured come into collision with or receive salvage services from another vessel belonging wholly or in part to the same Owners or under the same management, the Assured shall have the same rights under this insurance as they would have were the other vessel entirely the property of Owners not interested in the vessel hereby insured; but in such cases the liability for the collision or the amount payable for the services rendered shall be referred to a sole arbitrator to be agreed upon between the Underwriters and the Assured.

9. 자매선

선박의 전부 또는 일부가 동일 선주에게 소유된 혹은 동일 관리하에 있는 타선박과 충돌하거나 또는 그러한 타 선박으로부터 구조를 받았을 경우에, 피보험자는 타선박이 선박에 전혀 이해관계가 없는 소유자의 재산이었다면 피보험자가 마땅히 가질 수 있는 권리와 동일한 권리를 이 보험계약상 갖는 것으로 한다. 그러나 이러한 경우 충돌에 대한 책임 또는 구조를 받았을 경우의 구조행위에 대해 지불하여야 할 금액은 보험자와 피보험자간의 합의하에 선정된 1명의 중재인의 판정에 따른다.

자매선약관(Sistership Clause)은 동일 선주에 속한 두 선박이 충돌하거나 구조를 받았을 경우 발생하는 법적 문제점을 해결하기 위한 약관이다. 충돌에 대한 책임 또는 구조를 받았을 경우의 구조행위에 대해 지불하여야 할 금액은 보험자와 피보험자간의 합의하에 선정된 1명의 중재인의 판정에 따라야 한다고 규정한 것이다.

(10) 제10조 사고통보 및 입찰 약관(Notice of Claim and Tenders Clause)

10. NOTICE OF CLAIM AND TENDERS

10.1 In the event of accident whereby loss or damage may result in a claim under this insurance, notice shall be given to the Underwriters prior to survey and also, if the vessel is abroad, to the nearest Lloyd's Agent so that a surveyor may be appointed to represent the Underwriters should they so desire.

10.2 The Underwriters shall be entitled to decide the port to which the vessel shall proceed for docking or repair (the actual additional expense of the voyage arising from compliance with the Underwriters' requirements being refunded to the Assured) and shall have a right of veto concerning a place of repair or a repairing firm.

10.3 The Underwriters may also take tenders or may require further tenders to be taken for the repair of the vessel. Where such a tender has been taken and a tender is accepted with the approval of the Underwriters, an allowance shall be made at the rate of 30% per annum on the insured value for time lost between the despatch of the invitations to tender required by Underwriters and the acceptance of a tender to the extent that such time is lost solely as the result of tenders having been taken and provided that the tender is accepted without delay after receipt of the Underwriters' approval.

Due credit shall be given against the allowance as above for any amounts recovered in respect of fuel and stores and wages and maintenance of the Master Officers and Crew or any member thereof, including amounts allowed in general average, and for any amounts recovered from third parties in respect of damages for detention and/or loss of profit and/or running expenses, for the period covered by the tender allowance or any part thereof. Where a part of the cost of the repair of damage other than a fixed deductible is not recoverable from the Underwriters the allowance shall be reduced by a similar proportion.

10.4 In the event of failure to comply with the conditions of this Clause 10 a deduction of 15% shall be made from the amount of the ascertained claim.

10. 사고의 통지 및 입찰

10.1 담보위험에 의한 사고로 인하여 이 보험에 의한 구상을 할 수 있는 멸실 혹은 손상이 생겼을 때에는 만약 보험자가 원한다면 보험자를 대리하는 검정인을 선임할 수 있게 하기 위해

서 이재조사에 앞서 보험자에게 혹은 만약 선박이 외국에 있다면 가장 가까운 곳의 Lloyd's 대리점에 사고통지를 하여야 한다.

10.2 보험자는 선박이 입거 또는 수리를 하기 위해 항해하여야 할 항구를 결정할 권리가 있고 (보험자의 요구에 부응함으로써 생기는 항해의 추가실비는 피보험자에게 환급한다) 수리장소 혹은 수리회사에 관해 거부권이 있다.

10.3 또한 보험자는 선박의 수선에 관해 수개의 입찰을 붙일 수 있으며 또는 수개의 입찰에 붙일 것을 요청할 수 있다. 그러한 입찰이 붙여지고 보험자의 승인을 얻어 낙찰되었을 경우에는 보험자가 요구한 입찰에 대한 안내장의 발송시기와 낙찰시기 사이에 낭비된 기간에 대해 그 기간이 전적으로 입찰에 붙혀진 결과 낭비된 한도까지, 또한 입찰이 보험자의 승인을 얻은 후 지체없이 낙찰된 것을 전제조건으로 하여 보험가액의 30%의 비율로서 배상한다. 입찰로 인한 시간의 소요에 대해 보험자가 배상하는 기간 혹은 그 일부에 대하여 공동해손으로서 인정된 금액을 포함한 연료소모품, 선장, 고급선원, 보통선원 및 이들의 일부의 급료 및 유지비에 관해서 회수한 금액과 휴항 및(또는) 이윤의 상실 및(또는) 경상비지출에 대해 손해배상조로 제3자로부터 회수한 금액이 있으면 이를 전항의 배상금에서 공제한다. 소정의 공제금액 이외의 손상수리비의 일부가 보험자로부터 보상되지 않을 경우에는 동일한 비율에 따라 배상금에서 공제한다.

10.4 약관 10의 조건을 불이행 하였을 경우에는 확정된 보상금액에서 15%의 금액을 공제한다.

사고통보 및 입찰약관(Notice of Claim and Tenders Clause)은 보험사고가 발생한 경우 피보험자가 준수해야 할 의무와 보험자의 권리를 규정한 것이다. 일명 입찰약관(Tender Clause)이라고 한다. 즉 이재통지, 보험자의 거부권, 보험자의 입찰권, 벌칙금에 관련된 내용이다.

(11) 제11조 공동해손 및 구조약관(General Average and Salvage Clause)

11. GENERAL AVERAGE AND SALVAGE

11.1 This insurance covers the vessel's proportion of salvage, salvage charges and/or general average, reduced in respect of any under-insurance, but in case of general average sacrifice of the vessel the Assured may recover in respect of the whole loss without first enforcing their right of contribution from other parties.

11.2 Adjustment to be according to the law and practice obtaining at the place where the adventure ends, as if the contract of affreightment contained no special terms upon the subject; but where the contract of affreightment so provides the adjustment shall be according to the York-Antwerp Rules.

11.3 When the vessel sails in ballast, not under charter, the provisions of the York-Antwerp Rules, 1974 (excluding Rules XX and XXI) shall be applicable, and the voyage for this purpose shall be deemed to continue from the port or place of departure until the arrival of the vessel at the first port or place thereafter other than a port or place of refuge or a port or place of call for bunkering only. If at any such intermediate port or place there is an abandonment of the adventure originally contemplated the voyage shall thereupon be deemed to be terminated.

11.4 No claim under this Clause 11 shall in any case be allowed where the loss was not incurred to avoid or in connection with the avoidance of a peril insured against.

11. 공동해손 및 구조

11.1 이 보험은 구조, 구조료 및(또는) 공동해손에 대한 선박의 분담분을 보상하며 일부보험인 경우는 감액된 비율로 보상한다. 그러나 선박의 공동해손희생손해의 경우에는 피보험자는 다른 당사자에 대하여 분담청구권을 행사하기 전에 손해의 전액을 보험자로부터 회수할 수 있다.

11.2 해상운송계약에 그 정산에 관한 특약이 규정되어 있지 않는 경우에는 해상운송사업이 종료되는 지역에서 행해지는 법률 및 관습에 따르는 것으로 한다. 그러나 해상운송계약에 York-Antwerp 규칙에 따른다고 규정되어 있을 경우에는 그 정산은 동 규칙에 의한다.

11.3 선박이 용선되지 않고 공선으로 출항하는 경우에는 1974년 York-Antwerp 규칙의 각 규정(제20조 및 제21조 제외)을 적용하는 것으로 하며, 이 목적을 위해서 항해라고 하는 것은 출항항 또는 해역으로부터 피난항 또는 해역 혹은 연료보급을 유일한 목적으로 하는 기항항구 또는 해역을 제외한 출항 후 최초로 기항하는 항구 또는 해역에 도착할 때까지 계속되는 것으로 간주한다. 만약 최초에 시도한 해상운송사업을 위의 중간항 또는 해역에서 중지한다면 항해는 그때부터 중지된 것으로 간주한다.

11.4 담보위험을 피하기 위하여 또는 담보위험을 피하는 것과 관련하여 발생한 손실이 아닌 경우에는 약관 11하에서 어떠한 보상청구도 허용되지 않는다.

공동해손 및 구조약관(General Average and Salvage Clause)은 보험자가 공동해손 및 구조비를 보상할 것을 규정한 것이다.

① 분담비율

전부보험인 경우는 부보선박의 분담비율, 일부보험인 경우는 감액된 비율만큼 보험자가 보상한다. 부보된 선박이 공동해손으로 희생되었을 경우에는 피보험자는 손해액 전부를 보험자로부터 먼저 보상받는다. 공동해손의 정산이 완료되면 보험자가 다른 당사자에게 분담 청구권을 갖는다.

② 공동해손의 정산(YAR적용)

요크-앤트워프 규칙에 따라 공동해손과 구조비를 정산한다. 만약 해상운송계약서에 정산에 관한 특약이 명시되어 있지 않으면 항해 종료장소의 법률과 관례에 따라 정산한다.

③ 공선운송

공동해손이 성립되려면 선주, 화주 등 공동의 항해단체가 구성되어야 하나 화물을 적재하지 않은 선박도 YAR을 적용하고 보상한다.

④ 위험방지, 회피비용 보상

담보위험을 방지 · 회피하기 위하여 지출된 비용만을 보험자가 보상한다.

(12) 제12조 공제액약관(Deductible Clause)

12. DEDUCTIBLE

12.1 No claim arising from a peril insured against shall be payable under this insurance unless the aggregate of all such claims arising out of each separate accident or occurrence (including claims under Clauses 8, 11 and 13) exceeds {Response} in which case this sum shall be deducted. Nevertheless the expense of sighting the bottom after stranding, if reasonably incurred specially for that purpose, shall be paid even if no damage be found. This Clause 12.1 shall not apply to a claim for total or constructive total loss of the vessel or, in the event of such a claim, to any associated claim under Clause 13 arising from the same accident or occurrence.

12.2 Claims for damage by heavy weather occurring during a single sea passage between two successive ports shall be treated as being due to one accident. In the case of such heavy weather extending over a period not wholly covered by this insurance the deductible to be applied to the claim recoverable hereunder shall be the proportion of the above deductible that the number of days of such heavy weather falling within the period of this insurance bears to the number of days of heavy weather during the single sea passage. The expression "heavy weather" in this Clause 12.2 shall be deemed to include contact with floating ice.

12.3 Excluding any interest comprised therein, recoveries against any claim which is subject to the above deductible shall be credited to the Underwriters in full to the extent of the sum by which the aggregate of the claim unreduced by any recoveries exceeds the above deductible.

12.4 Interest comprised in recoveries shall be apportioned between the Assured and the Underwriters, taking into account the sums paid by the Underwriters and the dates when such payments were made, notwithstanding that by the addition of interest the Underwriters may receive a larger sum than they have paid.

12. 공제액

12.1 이 보험에서 담보위험으로 발생한 손해는 독립된 사고로 인하여 발생한 손해액의 합계(약관 8, 11 및 13에 따른 보상청구 포함)가 …….을 초과하지 않으면 보상하지 않고, 초과하는 경우에는 이 금액을 공제하여 보상한다. 다만 좌초 후의 선저검사비용은 특히 그 목적을 위하여 합리적으로 지급된 것이라면 손상이 발견되지 않았을 경우에도 이를 보상한다. 이

약관 12.1은 선박의 전손 또는 추정전손의 경우 혹은 그러한 보험금을 청구하는 경우의 동일한 사고 또는 사건에서 발생된 약관 13과 관계된 보상청구에도 적용되지 않는다.

12.2 두 개의 연속적인 항구간에서도 편도 항해 중 발생된 악천후로 인한 손해는 1회의 사고로 취급한다. 이 보험기간 중에 전부 담보되지 않은 기간까지 그러한 악천후가 연장되는 경우에 이 보험에서 보상될 수 있는 손해에 적용될 면책금액은 이 보험 기간내에 발생한 악천후 일수의 당해 편도구간 항해 중 발생된 악천후 일수에 대한 비율을 위의 면책금액에 곱한 금액으로 한다. 여기서 악천후란 용어는 부빙과의 접촉을 포함한 것으로 간주한다.

12.3 위의 공제액이 적용된 손해의 회수금은 이자를 제외하고 회수금을 고려하지 않은 보험금의 합계와 위의 공제액과의 차액의 범위 내에서 전액 보험자에게 귀속한다.

12.4 회수금 중에 포함되는 이자는 보험자가 보상한 전액 및 보상일자를 감안하여 피보험자와 보험자가 서로 분배한다. 이 경우 보험자는 이자를 합산함으로써 지급한 보험금을 초과해서 회수할 수 있다.

공제액약관(Deductible Clause)은 보험공제율에 관한 사항을 규정한 것이다.

① 공제액의 적정기준 계산

제8조 충돌손해배상책임, 제11조 공동해손 및 구조비, 제13조 손해방지비용을 포함한 모든 손해액이 공제액을 초과하는 경우에 그 금액을 공제하고 보상한다.

② 편도구간 항해 중의 사고

두개의 연속적인 항구 사이의 한 편도구간 항해 중 발생된 악천후로 인한 손해는 하나의 손해로 적용, 수리비의 합계에서 1회의 공제액만 적용한다.

③ 구상금의 회수

보험자는 공제액을 공제하고 보험금을 지급한 후 대위권을 행사하여 지급한 보험금의 한도 내에서 보상액을 회수할 수 있다.

④ 회수금의 이자 배분

제3자의 과실로 보험사고가 발생할 경우 보험금 지급일자로부터 보험자가 배상금을 회수하는 기간까지의 이자는 보험자에게 귀속된다.

(13) 제13조 피보험자 의무약관(Duty of Assured Clause)

13. DUTY OF ASSURED (SUE AND LABOUR)

13.1 In case of any loss or misfortune it is the duty of the Assured and their servants and agents to take such measures as may be reasonable for the purpose of averting or minimising a loss which would be recoverable under this insurance.

13.2 Subject to the provisions below and to Clause 12 the Underwriters will contribute to charges properly and reasonably incurred by the Assured their servants or agents for such measures. General average, salvage charges (except as provided for in Clause 13.5) and collision defence or attack costs are not recoverable under this Clause 13.

13.3 Measures taken by the Assured or the Underwriters with the object of saving, protecting or recovering the subject-matter insured shall not be considered as a waiver or acceptance of abandonment or otherwise prejudice the rights of either party.

13.4 When expenses are incurred pursuant to this Clause 13 the liability under this insurance shall not exceed the proportion of such expenses that the amount insured hereunder bears to the value of the vessel as stated herein, or to the sound value of the vessel at the time of the occurrence giving rise to the expenditure if the sound value exceeds that value. Where the Underwriters have admitted a claim for total loss and property insured by this insurance is saved, the foregoing provisions shall not apply unless the expenses of suing and labouring exceed the value of such property saved and then shall apply only to the amount of the expenses which is in excess of such value.

13.5 When a claim for total loss of the vessel is admitted under this insurance and expenses have been reasonably incurred in saving or attempting to save the vessel and other property and there are no proceeds, or the expenses exceed the proceeds, then this insurance shall bear its pro rata share of such proportion of the expenses, or of the expenses in excess of the proceeds, as the case may be, as may reasonably be regarded as having been incurred in respect of the vessel; but if the vessel be insured for less than its sound value at the time of the occurrence giving rise to the expenditure, the amount recoverable under this clause shall be reduced in proportion to the under-insurance.

13.6 The sum recoverable under this Clause 13 shall be in addition to the loss otherwise recoverable under this insurance but shall in no circumstances exceed the amount insured under this insurance in respect of the vessel.

13. 피보험자의 의무(손해방지)

13.1 어떠한 멸실 또는 재난이 발생한 경우에 이 보험에서 보상받을 수 있는 손해를 방지 또는 경감시킬 목적으로 합리적인 조치를 취하는 것은 피보험자와 그의 사용인 및 대리인의 의무이다.

13.2 보험자는 아래 조항 및 약관 12에 따라서 피보험자와 그의 사용인, 또는 대리인이 위의 조치를 취하기 위해서 적절하고 합리적으로 지출한 비용을 보상한다. 공동해손, 구조비(약관 13.5에 의하여 규정된 것은 제외한다) 및 충돌손해배상책임의 방어비용 및 청구비용은 이 약관에서는 보상하지 않는다.

13.3 보험목적물을 구조, 보호 또는 회복하기 위한 피보험자 또는 보험자의 조치는 위부의 포기 또는 승낙으로 간주하지 아니하며 또한 어느 일방의 권리도 침해하지 아니한다.

13.4 이 약관 13에 의해 비용을 지출했을 경우 이 보험에 의한 책임액은 그 비용 중에서 이 보험

증권에 기재된 선박가액에 대한 보험금액의 비율 혹은 선박의 정상가액이 보험증권에 기재된 동 선박의 가액을 초과했을 경우 비용지출을 필요로 한 사고 발생시에 선박의 정상가액에 대한 본 보험증권의 보험금액의 비율을 초과할 수 없다. 보험자가 전손금의 청구를 승인했을 경우 이 보험에서 부보된 재산이 구조되었을 때에는 상단의 규정은 손해방지비용이 구조된 위 재산의 가액을 초과하지 않는 한 적용되지 않으며 또한 초과했을 경우에는 구조된 재산의 가액을 초과하는 비용액에 대해서만 적용된다.

13.5 이 보험에서 선박 전손금의 청구가 승인되었을 경우에는 이미 선박 기타의 재산을 구조하기 위해 또는 구조할 것을 시도하기 위해 합리적으로 비용을 지출했으나 취득물이 없거나 비용이 잔존가를 초과할 때에는 이 보험은 그 비용 중 또는 잔존가를 초과하는 비용 중 선박에 관해 지급되었다고 합리적으로 인정받는 비율의 비례부분을 부담한다. 그러나 선박이 비용지출을 필요케 한 사고발생시의 그 정상가액보다 낮은 가액에 대해 부보되었을 경우에는 이 약관에 의거하여 보험자로부터 회수할 수 있는 금액은 일부보험의 비율에 따라 감액된다.

13.6 이 약관 13에 의하여 지급될 금액은 이 보험에 의하여 보상될 다른 손해에 추가되지만 어떠한 경우에도 이 선박의 보험금액을 초과하지 않는다.

피보험자 의무 약관(Duty of Assured Clause)은 보험사고가 발생할 경우 피보험자가 준수해야 할 의무와 보험자의 권리에 관한 사항을 규정한 것이다.

① 피보험자의 의무

피보험자, 그 사용인 및 대리인은 손해의 방지와 경감을 위한 모든 합리적인 노력을 기울여야 한다.

② 손해방지비용의 대상

적절하고 합리적으로 발생한 비용은 보험자가 부담한다.

③ 위부의 포기

피보험자 또는 보험자의 손해방지조치는 위부의 포기 또는 승낙으로 간주하지 아니하며, 또한 어느 일방의 권리도 침해하지 아니한다.

④ 손해방지비용의 부담

선박의 실제 정상가격이 보험증권에 기재된 선박가액을 초과했을 경우에는 선박의 실제 정상가격에 대한 보험금액의 비율로 비례 보상한다.

⑤ 비용의 보상

전손보험금이 지급될 때 손해방지비용도 아니고 구조비도 아닌 애매한 비용에 대해서 보험자가 비례 보상한다.

⑥ 손해방지비용의 한도
손해방지비용 자체가 보험금액을 초과할 수 없다.

(14) 제14조 신구교환차익불공제약관(New for Old Clause)

14. NEW FOR OLD

Claims payable without deduction new for old.

14. 신・구교환차익불공제

보험금은 신・구교환차익의 공제없이 지급한다.

신・구교환차익불공제약관(New for Old Clause)은 선박을 수리할 때 낡은 부품을 새로운 부품으로 교환할 때 발생하는 가격 차액에 관해 보험자의 보상액은 신・구교환차익에 대한 공제를 하지 않고 보상한다고 규정한 것이다.

(15) 제15조 선저처리약관(Bottom Treatment Clause)

15. BOTTOM TREATMENT

In no case shall a claim be allowed in respect of scraping gritblasting and/or other surface preparation or painting of the vessel's bottom except that

15.1 gritblasting and/or other surface preparation of new bottom plates ashore and supplying and applying any "shop" primer thereto,

15.2 gritblasting and/or other surface preparation of: the butts or area of plating immediately adjacent to any renewed or refitted plating damaged during the course of welding and/or repairs, areas of plating damaged during the course of fairing, either in place or ashore,

15.3 supplying and applying the first coat of primer/anti-corrosive to those particular areas mentioned in 15.1 and 15.2 above, shall be allowed as part of the reasonable cost of repairs in respect of bottom plating damaged by an insured peril.

15. 선저처리

선저의 부착물 청소, 모래분사작업 및 기타 표면처리 또는 페인팅에 관해서는 어떠한 경우에도 보험금 청구를 할 수 없다. 다만

15.1 육상에서의 선저 외판의 모래분사작업 및 기타 표면처리와 수리소에서 그 부분에 대한 준비도장

15.2 용접 및 수리 중 손상되어 신환 또는 재의장된 외판에 바로 근접한 외판부분의 모래분사작

업 및 기타 표면처리, 현장 또는 해안에서의 철판의 곡직작업중에 손상된 외판부분의 모래분사작업 및 기타 표면처리

15.3 상기 15.1 및 15.2에 언급된 특정 부분의 최초의 기초도장(프라이머)/방청도장 등은 손상된 선저 외판과 관련된 합리적인 수리비의 일부로 인정한다.

선저처리약관(Bottom Treatment Clause)은 보험자가 보상해 주는 선저부분의 청소 또는 수리의 처리비용을 구체적으로 명시한 규정이다. 보험자의 보상은 해안에서 신조된 선저 외판의 모래분사작업 및 기타 표면처리와 수리소에서 그 부분에 대한 준비도장비용과 용접 및 수리 중에 손상되어 신 · 구 교환 또는 재의장된 외판에 바로 근접한 외판 부분의 모래분사작업 및 기타 표면처리, 현장 해안에서의 철판의 곡직 작업 중에 손상된 외판부분의 모래분사작업 및 기타 표면처리비용, 특정부분의 최초의 기초도장/방청도장 등은 담보위험으로 손상된 선저 외판과 관련된 합리적인 수리비의 일부로 인정한다.

(16) 제16조 급여 및 유지비약관(Wages and Maintenance Clause)

16. WAGES AND MAINTENANCE

No claim shall be allowed, other than in general average, for wages and maintenance of the Master, Officers and Crew, or any member thereof, except when incurred solely for the necessary removal of the vessel from one port to another for the repair of damage covered by the Underwriters, or for trial trips for such repairs, and then only for such wages and maintenance as are incurred whilst the vessel is under way.

16. 급여 및 유지비

선장, 고급선원, 보통선원 또는 기타 선원의 급료 및 유지비에 대하여는 공동해손 외에는 보상하지 않는다. 다만 보험자가 보상하는 손상수리를 위하여 선박을 어떤 항구에서 다른 항구로 이동하는 것이 필요해 오직 이를 위하여 또는 그러한 수리 후의 시운전만을 위하여 선박이 그 항해중에 지급한 급료 및 유지비는 인정한다.

급여 및 유지비약관(Wages and Maintenance Clause)은 선원의 급료에 관한 규정이다. 선원의 급료 및 유지비 등은 공동해손 이외에는 보험자가 보상하지 않는다.

(17) 제17조 대리점수수료약관(Agency Commission Clause)

17. AGENCY COMMISSION

In no case shall any sum be allowed under this insurance either by way of remuneration of the Assured for time and trouble taken to obtain and supply information or documents or in respect of the commission or charges of any manager, agent, managing or agency company or the like, appointed by or on behalf of the Assured to perform such services.

17. 대리점수수료

이 보험에서는 어떠한 경우에도 피보험자가 정보나 서류들을 입수하여 제공하는데 들인 시간과 노력에 대한 대가를 보상하지 않으며 그러한 업무를 수행하기 위하여 피보험자가 지정했거나 피보험자를 대신하는 관리인, 대리인, 관리회사 또는 그와 유사한 회사 등의 수수료 또는 비용에 관해서도 일체 보상하지 않는다.

대리점수수료약관(Agency Commission Clause)은 보험사고 발생시 별도로 대리인을 임명하는데 지급하는 대리점수수료에 대한 사항을 규정한 것이다. 보험자는 대리점에게 지급할 수수료는 보상하지 않는다.

(18) 제18조 미수리손상약관(Unrepaired Damage Clause)

18. UNREPAIRED DAMAGE

18.1 The measure of indemnity in respect of claims for unrepaired damage shall be the reasonable depreciation in the market value of the vessel at the time this insurance terminates arising from such unrepaired damage, but not exceeding the reasonable cost of repairs.

18.2 In no case shall the Underwriters be liable for unrepaired damage in the event of a subsequent total loss (whether or not covered under this insurance) sustained during the period covered by this insurance or any extension thereof.

18.3 The Underwriters shall not be liable in respect of unrepaired damage for more than the insured value at the time this insurance terminates.

18. 미수리 손상

18.1 미수선손상에 대한 보상청구와 관련된 보상액의 산정은 그러한 미수리 손상으로 인해서 이 보험이 종료된 시점의 선박의 시장가액의 합리적인 감가액으로 하되 합리적인 수리비를 초과할 수 없다.

18.2 보험자는 이 보험에서 담보된 기간 중 또는 연장기간 중 후속된 전손 (이 보험계약에서의 담보여부에 관계없이) 전에 생긴 미수리손상에 대해서는 어떠한 경우에도 보상하지 아니한다.

18.3 보험자는 이 보험이 종료된 시점의 보험가액을 초과하는 미수리손상에 대하여는 보상하지 않는다.

미수리손상약관(Unrepaired Damage Clause)은 선박의 미수리 부분에 관한 보상내용을 규정한 것이다.

① 미수리손상액의 산정

보험계약이 종료되는 시점에서 선박정상가액에서 손상상태의 가액을 공제한 잔액은 책임지지만 합리적인 수리비를 초과할 수 없다.

② 전손과 미수리손상액

분손이 생기고 이것이 수리되기 전에 전손이 발생할 경우 실손보상의 원칙에 따라 전손에 대해 보상한다.

③ 미수리손상액 한도액

수리비의 합계가 보험금액을 초과해도 보험자는 보상한다. 선박이 미수리상태인 경우에 보험자의 책임은 보험계약이 종료하는 시점의 보험가액을 한도로 한다.

(19) 제19조 추정전손약관(Constructive Total Loss Clause)

19. CONSTRUCTIVE TOTAL LOSS

19.1 In ascertaining whether the vessel is a constructive total loss, the insured value shall be taken as the repaired value and nothing in respect of the damaged or break-up value of the vessel or wreck shall be taken into account.

19.2 No claim for constructive total loss based upon the cost of recovery and/or repair of the vessel shall be recoverable hereunder unless such cost would exceed the insured value.

In making this determination, only the cost relating to a single accident or sequence of damages arising from the same accident shall be taken into account.

19. 추정전손

19.1 선박이 추정전손 여부를 판단할 때 보험가액을 수리 완료 후의 가액으로 간주하고 선박 또는 난파선의 손상가액 또는 해체가액은 고려하지 않는다.

19.2 선박의 회복 및/또는 수리비용을 기초로 한 추정전손의 청구는 그 비용이 보험가액을 초과하지 않으면 보상되지 않는다. 추정전손의 결정에는 1회의 사고 또는 동일 사고로 인한 연속된 손상에 관련된 비용만을 고려한다.

추정전손약관(Constructive Total Loss Clause)은 추정전손을 결정할 경우 보상의 내용을 규정한 것이다.

① 추정전손의 기준

수리비가 선박가액을 초과하리라고 예상된 경우 추정전손이 성립된다.

② 추정전손 보상

수리후의 가액을 협정보험가액으로 하고 손상가액이나 해체가액은 수리비에 포함하지 않는다. 추정전손의 청구는 그 비용이 협정보험가액을 초과하는 경우 추정전손으로 간주하여 보상한다.

(20) 제20조 운임포기약관(Freight Waiver Clause)

20. FREIGHT WAIVER

In the event of total or constructive total loss no claim to be made by the Underwriters for freight whether notice of abandonment has been given or not.

20. 운임포기

전손 혹은 추정전손의 경우에는 위부 통지 여부를 불문하고 보험자는 운임을 청구하지 않는다.

운임포기약관(Freight Waiver Clause)은 추정전손에 따른 운임은 보험자의 대위권을 금지하고 선주에게 권리가 있음을 규정하고 있다.

(21) 제21조 선비담보약관(Disbursement Warranty Clause)

21. DISBURSEMENTS WARRANTY

21.1 Additional insurances as follows are permitted:

21.1.1 Disbursements, Managers' Commissions, Profits or Excess or Increased Value of Hull and Machinery. A sum not exceeding 25% of the value stated herein.

21.1.2 Freight, Chartered Freight or Anticipated Freight, insured for time. A sum not exceeding 25% of the value as stated herein less any sum insured, however described, under 21.1.1

21.1.3 Freight or Hire, under contracts for voyage. A sum not exceeding the gross freight or hire for the current cargo passage and next succeeding cargo passage (such insurance to include, if required, a preliminary and an intermediate ballast passage) plus the charges of insurance. In the case of a voyage charter where payment is made on a time basis, the sum permitted for insurance shall be calculated on the estimated duration of the voyage, subject to the limitation of two cargo passages as laid down herein. Any sum insured under 21.1.2 to be taken into account and only the excess thereof may be insured, which excess shall be reduced as the freight or hire is advanced or earned by the gross amount so advanced or earned.

21.1.4 Anticipated Freight if the vessel sails in ballast and not under Charter. A sum not exceeding the anticipated gross freight on next cargo passage, such sum to be reasonably estimated on the basis of the current rate of freight at time of insurance plus the charges of insurance. Any sum insured under 21.1.2 to be taken into account and only the excess thereof may be insured.

21.1.5 Time Charter Hire or Charter Hire for Series of Voyages. A sum not exceeding 50% of the gross hire which is to be earned under the charter in a period not exceeding 18 months. Any sum insured under 21.1.2 to be taken into account and only the excess thereof may be insured, which excess shall be reduced as the hire is advanced or earned under the charter by 50% of the gross amount so advanced or earned but the sum insured need not be reduced while the total of the sums insured under 21.1.2 and 21.1.5 does not exceed 50% of the gross hire still to be earned under the charter. An insurance under this Section may begin on the signing of the charter.

21.1.6 Premiums. A sum not exceeding the actual premiums of all interests insured for a period not exceeding 12 months (excluding premiums insured under the foregoing sections but including, if required, the premium or estimated calls on any Club or War etc. Risk insurance) reducing pro rata monthly.

21.1.7 Returns of Premium. A sum not exceeding the actual returns which are allowable under any insurance but which would not be recoverable thereunder in the event of a total loss of the vessel whether by insured perils or otherwise.

21.1.8 Insurance irrespective of amount against: Any risks excluded by Clauses 23, 24, 25 and 26 below.

21.2 Warranted that no insurance on any interests enumerated in the foregoing 21.1.1 to 21.1.7 in excess of the amounts permitted therein and no other insurance which includes total loss of the vessel P.P.I., F.I.A., or subject to any other like term, is or shall be effected to operate during the currency of this insurance by or for account of the Assured, Owners, Managers or Mortgagees. Provided always that a breach of this warranty shall not afford the Underwriters any defence to a claim by a Mortgagee who has accepted this insurance without knowledge of such breach.

21. 선비담보

21.1 다음의 추가보험을 인정한다.

21.1.1 선비, 관리자의 수수료, 이윤 또는 선체 및 기관 초과액 혹은 증가액: 보험금액은 이 보험증권에 기재된 가액의 25%를 초과할 수 없다.

21.1.2 기간보험으로 부보된 운임, 용선료 혹은 희망운임: 보험금액은 본 보험증권에 기재된

가액의 25%에서 명칭의 여하를 불문하고 약관 21.1에 의한 부보된 금액을 공제한 액수를 초과할 수 없다.

21.1.3 항해운송계약에 의한 운임 혹은 용선료: 보험금액은 화물을 적재한 당해 항해구간 및 이어서 계속되는 다음의 화물을 적재한 구간항해(이러한 보험에는 필요시에 준비를 위한 중간의 공선의 구간항해를 포함)에 대한 총운임 혹은 총용선료에 보험의 비용을 가산한 액수를 초과할 수 없다. 기간을 기준으로 용선료가 지불되는 항해용선의 경우에 부보금액은 위에서 규정한 화물을 적재한 2개의 구간항해의 제한에 따라 항해의 견적기간에 기초를 두고 산출하지 않으면 안된다. 상기 21.1.2에 의해 부보된 금액이 있을 경우에는 이를 고려하여 그 초과액으로 부보할 수 있다. 이 초과액은 운임 혹은 용선료가 선급되거나 또는 취득됨에 따라 선급 또는 취득된 총액만큼 감액된다.

21.1.4 선박이 공선으로 그리고 용선되지 않고 출항하는 경우의 희망운임: 보험금액은 화물을 적재한 다음의 항해구간에 있어서의 희망운임 총액을 초과할 수 없다. 이 보험금액은 보험계약 체결시의 운임시가를 기초로 하여 합리적으로 추정한 금액에 보험 비용을 가산한 것으로 한다. 상기 21.1.2에 의해 부보된 금액이 있을 경우에는 이를 고려하여 그 초과금액만을 부보할 수 있다.

21.1.5 기간용선료 혹은 연속된 수 개 항해에 대한 용선료: 보험금액은 18개월을 초과하지 않은 기간 내의 용선계약상 취득할 예정의 용선료 총액의 50%를 초과할 수 없다. 상기 21.1.2에 의거해 부보된 금액이 있을 경우에는 이를 고려하여 그 초과액만을 부보할 수 있다. 그 초과액은 용선료가 선불이거나 또는 취득됨에 따라 선불 또는 취득된 총액의 50%만큼 감액된다. 그러나 21.1.2 및 21.1.5에 의거해 부보된 금액의 합계액이 용선계약상 추후 취득될 총용선료의 50%를 초과하지 않는 경우에는 감액할 필요가 없다. 이 조항에 의한 보험은 용선계약에 서명한 때부터 개시할 수 있다.

21.1.6 보험료: 보험금액은 12개월을 초과하지 않은 기간에 대해 부보된 모든 이익의 실제 보험료를 초과할 수 없다(위의 각 항에 의거해 부보된 보험료는 공제하나 필요시에는 선주상호보험조합의 보험 혹은 전쟁 등 위험보험의 보험료 혹은 추정보험료를 포함한다). 이 보험금액은 월할로 감액되는 것으로 한다.

21.1.7 환급보험료: 보험금액은 모든 보험에서 환급이 인정될 수 있으나, 선박이 담보위험 또는 기타 위험으로 전손이 발생될 경우에는 회수할 수 없게 될 실질적인 환급보험료를 초과할 수 없다.

21.1.8 보험금액의 제한이 없는 보험: 아래의 약관 23. 24. 25 및 26에 의거 면책된 위험

21.2 상기 약관 21.1.1부터 21.1.7까지 열거한 모든 이익의 보험으로서 위 각 조항에서 인정된 금액을 초과하는 보험과 "보험증권 자체가 피보험이익의 존재를 증명함"(P.P.I.: Policy Proof of Itself), "모든 피보험이익을 승인함"(F.I.A.: Full Interests Admitted) 또는 이와 유사한 일체의 기타 조건에 따라 피보험선박의 전손을 포함하는 다른 보험이 피보험자, 소유자, 관리자 또는 저당권자에 의해 또는 이들을 위해서 이 보험의 보험기간 중에 효력을 갖도록 체결되지 않거나 않을 것을 담보한다. 단, 이 담보의 위반은 그 위반사실을 알지 못하고 이 보험을 수취한 저당권자에 의한 보험금 청구에 대해 보험자에게 항변권을 부여하는 것은 아니다.

선비담보약관(Disbursement Warranty Clause)은 피보험자가 부보할 때 추가보험으로 인정하는 부분을 규정하고 있다.

① 선비 · 관리자의 보수 및 이윤 · 선체 및 기관의 초과액 혹은 증가액의 보험금액은 선박보험가액의 25% 범위 내이다.

② 기간보험으로 부보된 운임 · 용선료 혹은 희망운임의 보험금액은 선박보험가액의 25%에서 ①의 보험금액을 차감한 금액을 초과할 수 없다.

③ 항해운송계약에 의한 운임 혹은 용선료는 총운임 및 총용선료에 보험료를 합하여 ②의 보험금액을 차감한 금액을 초과할 수 없다.

④ 선박이 화물을 적재하지 않고 그리고 용선되지 않고 출항하는 경우의 희망운임은 총희망운임에 보험료를 합하여 ②의 보험금액을 차감한 금액을 초과할 수 없다.

⑤ 기간용선료 혹은 연결된 여러 개의 항해에 대한 용선료는 총용선료의 50%에서 ②의 보험금액을 차감한 금액을 초과할 수 없다.

⑥ 12개월을 초과하지 않는 기간보험에 대하여 실제 보험료를 한도로 한다.

⑦ 환급보험료는 실제 환급되는 금액을 초과하지 못한다.

(22) 제22조 계선 및 해지환급약관(Returns for Lay-up and Cancellation Clause)

22. RETURNS FOR LAY-UP AND CANCELLATION

22.1 To return as follows:

22.1.1 Pro rata monthly net for each uncommenced month if this insurance be cancelled by agreement.

22.1.2 For each period of 30 consecutive days the vessel may be laid up in a port or in a lay-up area provided such port or lay-up area is approved by the Underwriters (with special liberties as hereinafter allowed)

(a) {Response} per cent net not under repair

(b) {Response} per cent net under repair.

If the vessel is under repair during part only of a period for which a return is claimable, the return shall be calculated pro rata to the number of days under (a) and (b) respectively.

22.2 PROVIDED ALWAYS THAT

22.2.1 a total loss of the vessel, whether by insured perils or otherwise, has not occurred during the period covered by this insurance or any extension thereof

22.2.2 in no case shall a return be allowed when the vessel is lying in exposed or unprotected waters, or in a port or lay-up area not approved by the Underwriters but, provided the Underwriters agree that such non-approved lay-up area is deemed to be within the vicinity of the approved port or lay-up area, days during which the vessel is laid up in such non-approved lay-up area may be added to days in the approved port or lay-up area to calculate a period of 30 consecutive days and a return shall be allowed for the proportion of such period during which the vessel is actually laid up in the approved port or lay-up area

22.2.3 loading or discharging operations or the presence of cargo on board shall not debar returns but no return shall be allowed for any period during which the vessel is being used for the storage of cargo or for lightering purposes 22.2.4 in the event of any amendment of the annual rate, the above rates of return shall be adjusted accordingly

22.2.5 in the event of any return recoverable under this Clause 22 being based on 30 consecutive days which fall on successive insurances effected for the same Assured, this insurance shall only be liable for an amount calculated at pro rata of the period rates 22.1.2(a) and/or (b) above for the number of days which come within the period of this insurance and to which a return is actually applicable. Such overlapping period shall run, at the option of the Assured, either from the first day on which the vessel is laid up or the first day of a period of 30 consecutive days as provided under 22.1.2(a) or (b), or 22.2.2 above. The following clauses shall be paramount and shall override anything contained in this insurance inconsistent therewith.

22. 계선 및 해지환급

2.1 아래와 같이 환급한다.

22.1.1 합의에 의해 이 보험이 해지되는 경우에는 각 미경과월에 대한 월할 순보험료

21.1.2 선박이 (다음에 인정하는 특별자유재량권의 행사를 조건부로) 보험자가 승인하는 항구 또는 계선구역에서 계선하는 경우에는 30일 연속의 매 기간에 대해서

(a) 수리중이 아닌 경우 : 순 ...... %

(b) 수리중인 경우 : 순 ...... %

만약 보험료의 환급청구를 할 수 있는 기간의 일부만이 수리중이라면 환급보험료는 상기 (a) 및 (b)에 각기 할당하는 일수의 비율에 따라 산출된다.

22.2 다만 아래 조항을 조건으로 한다.

22.2.1 담보위험 또는 기타의 위험에 의해 보험기간 또는 그 연장기간 중 선박이 전손되지 않아야 한다.

22.2.2 어떠한 경우에도 선박이 풍랑에 노출되어 있거나 방파설비가 없는 해역, 혹은 보험자가 승인하지 않은 항구나 계선구역에서 정박했을 경우 보험료의 환급이 인정되지 않는다. 다만, 승인하지 않은 계선구역이 승인된 항내 또는 계선구역의 근처에 있는 것으로 간주한다고 보험자가 동의할 것을 조건으로 당해 선박이 상기 승인되지 않은 구역에 정박하는 기간은 30일 연속기간을 계산할 때, 승인된 항내 또는 계선구역에서의 정박

일수에 가산되고, 보험료는 의당 선박이 승인된 항내 또는 계선구역에서 정박하는 실제 일수의 비율만큼 환급된다.

22.2.3 적재작업, 양하작업 혹은 선내의 화물의 존재는 보험료의 환급을 방해하는 것은 아니다. 그러나 선박이 화물의 보관에 사용되거나 해상하역작업의 목적에 사용되는 기간에 대해서는 보험료의 환급은 인정되지 아니한다.

22.2.4 연간보험료율을 조정하는 경우 위의 환급보험료율도 그 비율에 따라 조정된다.

22.2.5 이 약관 22에 의한 보험료의 환급이 동일 피보험자를 위해 체결되고 연속된 보험계약에 관한 30일 연속일수에 해당되는 경우에는 이 보험에서 담보되는 기간으로서 환급이 실제 적용되는 기간에 대한 상기 약관 22.1.2 (a)호 및 (b)호의 해당일자 비율에 따라 산출되는 금액에 한해 이 보험에서 부담한다. 연속된 위의 보험계약의 기간은 피보험자의 재량에 따라 선박이 휴항한 최초의 일자부터 기산하거나 혹은 약관 22.1.2 (a)호, (b)호 또는 22.2.2에서 규정한 바에 따라 30일연속기간의 최초의 일자부터 기산한다. 다음의 약관들은 절대적인 것이며 이 보험에 포함되어 이것과 저촉되는 일체의 규정에 우선한다.

계선 및 해지환급약관(Returns for Lay-up and Cancellation Clause)은 보험계약의 해지에 따른 미경과한 달에 대하여는 월할 순보험료를 환급하고 휴항환급보험료는 30일 연속의 매 기간 단위로 환불을 규정한 것이다.

(23) 제23조 전쟁면책약관(War Exclusion Clause)

23. WAR EXCLUSION

In no case shall this insurance cover loss damage liability or expense caused by

23.1 war civil war revolution rebellion insurrection, or civil strife arising therefrom, or any hostile act by or against a belligerent power

23.2 capture seizure arrest restraint or detainment (barratry and piracy excepted), and the consequences thereof or any attempt thereat

23.3 derelict mines torpedoes bombs or other derelict weapons of war.

23. 전쟁면책

이 보험은 다음에 기인한 멸실 · 손상 · 배상책임 또는 비용을 어떠한 경우에도 담보하지 않는다.

23.1 전쟁, 내란, 혁명, 모반, 반란 또는 이로 인하여 발생하는 국내투쟁 또는 교전국에 의하거나 교전국에 대한 적대행위.

23.2 포획, 나포, 강류, 억지 또는 억류(악행 및 해적을 제외)및 이러한 행위의 결과 또는 이러한 행위를 하려고 기도한 결과

23.3 유기된 기뢰, 어뢰, 폭탄 또는 기타의 유기된 전쟁무기

전쟁면책약관(War Exclusion Clause)은 전쟁위험에 대해서 보험자의 면책을 규정한 약관이다. 선원 등의 악행 및 해적행위는 제외하여 보험자가 보상한다.

(24) 제25조 동맹파업면책약관(Strikes Exclusion Clause)

24. STRIKES EXCLUSION

In no case shall this insurance cover loss damage liability or expense caused by

24.1 strikers, locked-out workmen, or persons taking part in labour disturbances, riots or civil ommotions

24.2 any terrorist or any person acting from a political motive.

24. 동맹파업면책

이 보험은 다음에 기인한 멸실 · 손상 · 배상책임 또는 비용을 어떠한 경우에도 담보하지 않는다.

24.1 노동쟁의, 폭동 혹은 시민소요에 가담한자, 동맹파업자 혹은 직장폐쇄노동자

24.2 테러리스트 또는 정치적 동기로 행동하는 자

동맹파업면책약관(Strikes Exclusion Clause)은 보험자가 면책되는 동맹파업위험을 규정한 것이다. 테러리스트 또는 정치적 동기로 행동하는 자에 의한 손해도 보험자 면책이다.

(25) 제25조 악의적 행위 면책약관(Malicious Acts Exclusion clause)

25. MALICIOUS ACTS EXCLUSION

In no case shall this insurance cover loss damage liability or expense arising from

25.1 the detonation of an explosive

25.2 any weapon of war

and caused by any person acting maliciously or from a political motive.

25. 악의적 행위 면책약관

이 보험은 다음에 기인한 멸실 · 손상 · 배상책임 또는 비용을 어떠한 경우에도 담보하지 않는다.

25.1 폭발물의 폭발

25.2 여하한 전쟁무기 그리고 악의적으로 행동하는 자에 의하거나 혹은 정치적 동기로부터 발생된 것

악의적 행위 면책약관(Malicious Acts Exclusion clause)은 어떤 사람의 악의적 행위로 발생된 손해와 정치적 동기를 목적으로 발생된 손해에 대해서도 보험자가 면책되는 위험을 규정한 것이다.

(26) 제26조 원자핵위험면책약관(Nuclear Exclusion Clause)

26. NUCLEAR EXCLUSION

In no case shall this insurance cover loss damage liability or expense arising from any weapon of war employing atomic or nuclear fission and/or fusion or other like reaction or radioactive force or matter.

26. 원자핵위험면책

이 보험은 원자 또는 핵분열 및/또는 핵융합 혹은 이와 유사한 반응 또는 방사성의 힘 또는 물질을 사용하는 어떠한 전쟁무기로 인하여 발생되는 멸실 · 손상 · 배상책임 또는 비용을 담보하지 않는다.

원자핵위험면책약관(Nuclear Exclusion Clause)은 방사성 또는 방사성 물질 혹은 기타 이와 유사한 반응 혹은 원자력 또는 핵분열 및/또는 핵융합을 응용한 전쟁무기로 인한 멸실 · 손상 · 책임 또는 비용 등은 보험자의 면책을 규정한 것이다.

INSTITUTE CARGO CLAUSES (ALL RISKS).

1. This insurance attaches from the time the goods leave the warehouse or place of storage at the place named in the policy for the commencement of the transit, continues during the ordinary course of transit and terminates either on delivery *Transit Clause (incorporating Warehouse to Warehouse Clause).*
   (a) to the Consignees' or other final warehouse or place of storage at the destination named in the policy,
   (b) to any other warehouse or place of storage, whether prior to or at the destination named in the policy, which the Assured elect to use either
      (i) for storage other than in the ordinary course of transit
      or
      (ii) for allocation or distribution,
   or (c) on the expiry of 60 days after completion of discharge overside of the goods hereby insured from the oversea vessel at the final port of discharge, whichever shall first occur.

   If, after discharge overside from the oversea vessel at the final port discharge, but prior to termination of this insurance, the goods are to be forwarded to a destination other than that to which they are insured hereunder, this insurance whilst remaining subject to termination as provided for above, shall not extend the commencement of transit to such other destination.

   This insurance shall remain in force (subject to termination as provided for above and to the provisions of Clause 2 below) during delay beyond the control of the Assured, any deviation, forced discharge, reshipment or transhipment and during any variation of the adventure arising from the exercise of a liberty granted to shipowners or charterers under the contract of affreightment.

2. If owing to circumstances beyond the control of the Assured either the contract of affreightment is terminated at a port or place other than the destination named therein or the adventure is otherwise terminated before delivery of the goods as provided for in Clause 1 above, then, subject to prompt notice being given to Underwriters and to an additional premium if required, this insurance shall remain in force until either *Termination of Adventure Clause.*
      (i) the goods are sold and delivered at such port or place, or, unless otherwise specially agreed, until the expiry of 60 days after completion of discharge overside of the goods hereby insured from the oversea vessel at such port or place, whichever shall first occur,
   or (ii) if the goods are forwarded within the said period of 60 days (or any agreed extension thereof) to the destination named in the policy or to any other destination, until terminated in accordance with the provisions of Clause 1 above.

3. Including transit by craft raft or lighter to or from the vessel. Each craft raft or lighter to be deemed a separate insurance. The Assured are not to be prejudiced by any agreement exempting lightermen from liability. *Craft. & c. Clause.*

4. Held covered at a premium to be arranged in case of change of voyage or of any omission or error in the description of the interest vessel or voyage . *Change of Voyage Clause.*

5. This insurance is against all risks of loss of or damage to the subject-matter insured but shall in no case be deemed to extend to cover loss damage or expense proximately caused by delay or inherent vice or nature of the subject-matter insured. Claims recoverable hereunder shall be payable irrespective of percentage. *All Risks Clause.*

6. No claim for Constructive Total Loss shall be recoverable hereunder unless the goods are reasonably abandoned either on account of their actual total loss appearing to be unavoidable or because the cost of recovering, reconditioning and forwarding the goods to the destination to which they are insured would exceed their value on arrival. *Constructive Total Loss Clause.*

7. General Average and Salvage Charges payable according to Foreign Statement or to York-Antwerp Rules if in accordance with the contract of affreightment. *G.A. Clause.*

8. The seaworthiness of the vessel as between the Assured and Underwriters is hereby admitted. *Seaworthiness Admitted*
   In the event of loss the Assured's right of recovery hereunder shall not be prejudiced by the fact

that the loss may have been attributable to the wrongful act or misconduct of the shipowners or their servants, committed without the privity of the Assured. Clause.

9. It is the duty of the Assured and their Agents, in all cases, to take such measures as may be reasonable for the purpose of averting or minimising a loss and to ensure that all rights against carriers, bailees or other third parties are properly preserved and exercised. Bailee Clause.

10. This insurance shall not inure to the benefit of the carrier or other bailee. Not to Inure Clause.

11. This insurance is extended to indemnify the Assured against such proportion of liability under the contract of affreightment "Both to Blame Collision" Clause as is in respect of a loss recoverable hereunder. "Both to Blame Collision" Clause.

In the event of any claim by shipowners under the said Clause the Assured agree to notify the Underwriters who shall have the right, at their own cost and expense, to defend the Assured against such claim.

12. Warranted free of capture, seizure, arrest, restraint or detainment, and the consequences thereof or of any attempt thereat; also from the consequences of hostilities or warlike operations, whether there be a declaration of war or not ; but this warranty shall not exclude collision, contact with any fixed or floating object (other than a mine or torpedo), stranding, heavy weather or fire unless caused directly (and independently of the nature of the voyage or service which the vessel concerned or, in the case of a collision, any other vessel involved therein, is performing) by a hostile act by or against a belligerent power ; and for the purpose of this warranty "power" includes any authority maintaining naval, military or air forces in association with a power. F.C.& S. Clause.

Further warranted free from the consequences of civil war, revolution, rebellion, insurrection, or civil strife arising therefrom, or piracy.

Should Clause No.12 be deleted, the relevant current Institute War Clauses shall be deemed to form part of this insurance.

13. Warranted free of loss or damage F.S.R.&C.C. Clause.

(a) caused by strikers, locked-out workmen, or persons taking part in labour disturbances, riots or civil commotions;

(b) resulting from strikes, lock-outs, labour disturbances, riots or civil commotions.

Should clause No.13 be deleted, the relevant current Institute Strikes Riots and Civil Commotions Clauses shall be deemed to form part of this insurance.

14. It is a condition of this insurance that the Assured shall act with reasonable despatch in all circumstances within their control. Reasonable Despatch Clause.

NOTE.-It is necessary for the Assured when they become aware of an event which is "held covered" under this insurance to give prompt notice to Underwriters and the right to such cover is dependent upon compliance with this obligation.

INSTITUTE CARGO CLAUSES (F.P.A.).

1. This insurance attaches from the time the goods leave the warehouse or place of storage at the place named in the policy for the commencement of the transit, continues during the ordinary course of transit and terminates either on delivery — Transit Clause (incorporating Warehouse to Warehouse Clause).
   (a) to the Consignees' or other final warehouse or place of storage at the destination named in the policy,
   (b) to any other warehouse or place of storage, whether prior to or at the destination named in the policy, which the Assured elect to use either
      (i) for storage other than in the ordinary course of transit
      or
      (ii) for allocation or distribution,
   or (c) on the expiry of 60 days after completion of discharge overside of the goods hereby insured from the oversea vessel at the final port of discharge,
   whichever shall first occur.

If, after discharge overside from the oversea vessel at the final port discharge, but prior to termination of this insurance, the goods are to be forwarded to a destination other than that to which they are insured hereunder, this insurance whilst remaining subject to termination as provided for above, shall not extend beyond the commencement of transit to such other destination.

This insurance shall remain in force (subject to termination as provided for above and to the provisions of Clause 2 below) during delay beyond the control of the Assured, any deviation, forced discharge, reshipment or transhipment and during any variation of the adventure arising from the exercise of a liberty granted to shipowners or charterers under the contract of affreightment, but shall in no case be deemed to extend to cover loss damage or expense proximately caused by delay or inherent vice or nature of the subject-matter insured.

2. If owing to circumstances beyond the control of the Assured either the contract of affreightment is terminated at a port or place other than the destination named therein or the adventure is otherwise terminated before delivery of the goods as provided for in Clause 1 above, then, subject to prompt notice being given to Underwriters and to an additional premium if required, this insurance shall remain in force until either — Termination of Adventure Clause.
   (i) the goods are sold and delivered at such port or place, or, unless otherwise specially agreed, until the expiry of 60 days after completion of discharge overside of the goods hereby insured from the oversea vessel at such port or place, whichever shall first occur,
   or (ii) if the goods are forwarded within the said period of 60 days (or any agreed extension thereof) to the destination named in the policy or to any other destination, until terminated in accordance with the provisions of Clause 1 above.

3. Including transit by craft raft or lighter to or from the vessel. Each craft raft or lighter to be deemed a separate insurance. The Assured are not to be prejudiced by any agreement exempting lightermen from liability. — Craft. & c. Clause.

4. Held covered at a premium to be arranged in case of change of voyage or of any omission or error in the description of the interest vessel or voyage. — Change of Voyage Clause.

5. Warranted free from Particular Average unless the vessel or craft be stranded, sunk, or burnt, but notwithstanding this warranty the Underwriters are to pay the insured value of any package or packages which may be totally lost in loading, transhipment or discharge, also for any loss of or damage to the interest insured which may reasonably be attributed to fire, explosion, collision or contact of the vessel and/or craft and/or conveyance with any external substance (ice included) other than water, or to discharge of cargo at a port of distress, also to pay special charges for landing warehousing and forwarding if incurred at an intermediate port of call or refuge, for which Underwriters would be liable under the standard form of English Marine Policy with the Institute Cargo Clauses (W.A.) attached. — F.P.A. Clause.

This Clause shall operate during the whole period covered by the policy.

6. No claim for Constructive Total Loss shall be recoverable hereunder unless the goods are reasonably abandoned either on account of their actual total loss appearing to be unavoidable or because the cost of recovering, reconditioning and forwarding the goods to the destination to which they are insured would exceed their value on arrival. Constructive Total Loss Clause.

7. General Average and Salvage Charges payable according to Foreign Statement or to York-Antwerp Rules if in accordance with the contract of affreightment. G.A. Clause.

8. The seaworthiness of the vessel as between the Assured and Underwriters is hereby admitted. In the event of loss the Assured's right of recovery hereunder shall not be prejudiced by the fact that the loss may have been attributable to the wrongful act or misconduct of the shipowners or their servants, committed without the privity of the Assured. Seaworthiness Admitted Clause.

9. It is the duty of the Assured and their Agents, in all cases, to take such measures as may be reasonable for the purpose of averting or minimising a loss and to ensure that all rights against carriers, bailees or other third parties are properly preserved and exercised. Bailee Clause.

10. This insurance shall not inure to the benefit of the carrier or other bailee. Not to Inure Clause.

11. This insurance is extended to indemnify the Assured against such proportion of liability under the contract of affreightment "Both to Blame Collision" Clause as is in respect of a loss recoverable hereunder. "Both to Blame Collision" Clause.

In the event of any claim by shipowners under the said Clause the Assured agree to notify the Underwriters who shall have the right, at their own cost and expense, to defend the Assured against such claim.

12. Warranted free of capture, seizure, arrest, restraint or detainment, and the consequences thereof or of any attempt thereat; also from the consequences of hostilities or warlike operations, whether there be a declaration of war or not ; but this warranty shall not exclude collision, contact with any fixed or floating object (other than a mine or torpedo), stranding, heavy weather or fire unless caused directly (and independently of the nature of the voyage or service which the vessel concerned or, in the case of a collision, any other vessel involved therein, is performing) by a hostile act by or against a belligerent power ; and for the purpose of this warranty "power" includes any authority maintaining naval, military or air forces in association with a power. F.C.& S. Clause.

Further warranted free from the consequences of civil war, revolution, rebellion, insurrection, or civil strife arising therefrom, or piracy.

Should Clause No. 12 be deleted, the relevant current Institute War Clauses shall be deemed to form part of this insurance.

13. Warranted free of loss or damage F.S.R.&.C.C. Clause.

(a) caused by strikers, locked-out workmen, or persons taking part in labour disturbances, riots or civil commotions;

(b) resulting from strikes, lock-outs, labour disturbances, riots or civil commotions.

Should Clause No. 13 be deleted, the relevant current Institute Strikes Riots and Civil Commotions Clauses shall be deemed to form part of this insurance.

14. It is a condition of this insurance that the Assured shall act with reasonable despatch in all circumstances within their control. Reasonable Despatch Clause.

NOTE.– It is necessary for the Assured when they become aware of an event which is "held covered" under this insurance to give prompt notice to Underwriters and the right to such cover is dependent upon compliance with this obligation.

(for use only with SG Policy Form)

1/1/63

Institute Cargo Clauses (W.A.)

1. This insurance attaches from the time the goods leave the warehouse or place of storage at the place named in the policy for the commencement of the transit, continues during the ordinary course of transit and terminates either on delivery — Transit Clause(in-Corporating Warehouse to Warehouse Clause).
   (a) to the Consignees' or other final warehouse or place of storage at the destination named in the policy,
   (b) to any other warehouse or place of storage, whether prior to or at the destination named in the policy, which the Assured elect to use either
      (i) for storage other than in the ordinary course of transit
      or
      (ii) for allocation or distribution,
   or (c) on the expiry of 60 days after completion of discharge overside of the goods hereby insured from the oversea vessel at the final port of discharge,

   whichever shall first occur.

   If, after discharge overside from the oversea vessel at the final port of discharge, but prior to termination of this insurance, the goods are to be forwarded to a destination other than that to which they are insured hereunder, this insurance whilst remaining subject to termination as provided for above, shall not extend beyond the commencement of transit to such other destination.

   This insurance shall remain in force (subject to termination as provided for above and to the provisions of Clause 2 below) during delay beyond the control of the Assured, any deviation, forced discharge, reshipment or transhipment and during any variation of the adventure arising from the exercise of a liberty granted to shipowners or charterers under the contract of affreightment, but shall in no case be deemed to extend to cover loss damage or expense proximately caused by delay or inherent vice or nature of the subject-matter insured.
2. If owing to circumstances beyond the control of the Assured either the contract of affreightment is terminated at a port or place other than the destination named therein or the adventure is otherwise terminated before delivery of the goods as provided for in Clause 1 above, then, subject to prompt notice being given to Underwriters and to an additional premium if required, this insurance shall remain in force until either — Termination of Adventure Clause.
   (i) the goods are sold and delivered at such port or place, or, unless otherwise specially agreed, until the expiry of 60 days after completion of discharge overside of the goods hereby insured from the oversea vessel at such port or place, whichever shall first occur,
   or (ii) if the goods are forwarded within the said period of 60 days (or any agreed extension thereof) to the destination named in the policy or to any other destination, until terminated in accordance with the provisions of Clause 1 above.
3. Including transit by craft raft or lighter to or from the vessel. Each craft raft or lighter to be deemed a separate insurance. The Assured are not to be prejudiced by any agreement exempting lightermen from liability. — Craft, &c. Clause.
4. Held covered at a premium to be arranged in case of change of voyage or of any omission or error in the description of the interest vessel or voyage. — Change of Voyage Clause.
5. Warranted free from average under the percentage specified in the policy, unless general, or the vessel or craft be stranded, sunk or burnt, but notwithstanding this warranty the Underwriters are to pay the insured value of any package which may be totally lost in loading, transhipment or discharge, also for any loss of or damage to the interest insured which may reasonably be attributed to fire, explosion, collision or contact of the vessel and/or craft and/or conveyance with any external substance (ice included) other than water, or to discharge of cargo at a port of distress. — Average Clause.

   This Clause shall operate during the whole period covered by the policy.
6. No claim for Constructive Total Loss shall be recoverable hereunder unless the goods are reasonably abandoned either on account of their actual total loss appearing to be unavoidable or because the cost of recovering, reconditioning and forwarding the goods to the destination to which they are insured would exceed their value on arrival. — Constructive Total Loss Clause.
7. General Average and Salvage Charges payable according to Foreign Statement or to York-Antwerp Rules if in accordance with the contract of affreightment. — G.A. Clause.
8. The seaworthiness of the vessel as between the Assured and Underwriters is hereby admitted. In the event of loss the Assured's right of recovery hereunder shall not be prejudiced by the fact that the loss may have been attributable to the wrongful act or misconduct of the shipowners or their servants, committed without the privity of the Assured. — Seaworthiness Admitted Clause.
9. It is the duty of the Assured and their Agents, in all cases, to take such measures as may be reasonable for the purpose of averting or minimising a loss and to ensure that all rights against carriers, bailees or other third parties are properly preserved and exercised. — Bailee Clause.
10. This insurance shall not inure to the benefit of the carrier or other bailee. — Not to Inure

11. This insurance is extended to indemnify the Assured against such proportion of liability under the contract of affreightment "Both to Blame Collision" Clause as is in respect of a loss recoverable hereunder.
In the event of any claim by shipowners under the said Clause the Assured agree to notify the Underwriters who shall have the right, at their own cost and expense, to defend the Assured against such claim. Clause. "Both to Blame Collision" Clause.

12. Warranted free of capture, seizure, arrest, restraint or detainment, and the consequences thereof or of any attempt thereat; also from the consequences of hostilities or warlike operations, whether there be a declaration of war or not; but this warranty shall not exclude collision, contact with any fixed or floating object (other than a mine or torpedo), stranding, heavy weather or fire unless caused directly (and independently of the nature of the voyage or service which the vessel concerned or, in the case of a collision, any other vessel involved therein, is performing) by a hostile act by or against a belligerent power; and for the purpose of this warranty "power" includes any authority maintaining naval, military or air forces in association with a power. F.C. & S. Clause.
Further warranted free from the consequences of civil war, revolution, rebellion, insurrection, or civil strife arising therefrom, or piracy.
Should Clause No.12 be deleted, the relevant current Institute War Clauses shall be deemed to form part of this insurance.

13. Warranted free of loss or damage F.S.R. & C.C. Clause.
(a) caused by strikers, locked-out workmen, or persons taking part in labour disturbances, riots or civil commotions;
(b) resulting from strikes, lock-outs, labour disturbances, riots or civil commotions.
Should Clause No.13 be deleted, the relevant current Institute Strikes Riots and Civil Commotions Clauses shall be deemed to form part of this insurance.

14. **It is a condition of this insurance that the Assured shall act with reasonable despatch in all circumstances within their control.** Reasonable Despatch Clause.

NOTE. --- It is necessary for the Assured when they become aware of an event which is "held covered" under this insurance to give prompt notice to Underwriters and the right to such cover is dependent upon compliance with this obligation.

1/1/09

INSTITUTE CARGO CLAUSES (A)

RISKS COVERED

Risks

1. This insurance covers all risks of loss of or damage to the subject-matter insured except as excluded by the provisions of Clauses 4, 5, 6 and 7 below.

General Average

2. This insurance covers general average and salvage charges, adjusted or determined according to the contract of carriage and/or the governing law and practice, incurred to avoid or in connection with the avoidance of loss from any cause except those excluded in Clauses 4, 5, 6 and 7 below.

"Both to Blame Collision Clause"

3. This insurance indemnifies the Assured, in respect of any risk insured herein, against liability incurred under any Both to Blame Collision Clause in the contract of carriage. In the event of any claim by carriers under the said Clause, the Assured agree to notify the Insurers who shall have the right, at their own cost and expense, to defend the Assured against such claim.

EXCLUSIONS

4. In no case shall this insurance cover
   4.1 loss damage or expense attributable to wilful misconduct of the Assured
   4.2 ordinary leakage, ordinary loss in weight or volume, or ordinary wear and tear of the subject-matter insured
   4.3 loss damage or expense caused by insufficiency or unsuitability of packing or preparation of the subject-matter insured to withstand the ordinary incidents of the insured transit where such packing or preparation is carried out by the Assured or their employees or prior to the attachment of this insurance (for the purpose of these Clauses "packing" shall be deemed to include stowage in a container and "employees" shall not include independent contractors)
   4.4 loss damage or expense caused by inherent vice or nature of the subject-matter insured
   4.5 loss damage or expense caused by delay, even though the delay be caused by a risk insured against (except expenses payable under Clause 2 above)
   4.6 loss damage or expense caused by insolvency or financial default of the owners managers charterers or operators of the vessel where, at the time of loading of the subject-matter insured on board the vessel, the Assured are aware, or in the ordinary course of business should be aware, that such insolvency or financial default could prevent the normal prosecution of the voyage
   This exclusion shall not apply where the contract of insurance has been assigned to the party claiming hereunder who has bought or agreed to buy the subject-matter insured in good faith under a binding contract
   4.7 loss damage or expense directly or indirectly caused by or arising from the use of any weapon or device employing atomic or nuclear fission and/or fusion or other like reaction or radioactive force or matter.

5. 5.1 In no case shall this insurance cover loss damage or expense arising from
      5.1.1 unseaworthiness of vessel or craft or unfitness of vessel or craft for the safe carriage of the subject-matter insured, where the Assured are privy to such unseaworthiness or unfitness, at the time the subject-matter insured is loaded therein
      5.1.2 unfitness of container or conveyance for the safe carriage of the subject-matter insured, where loading therein or thereon is carried out
      prior to attachment of this insurance or
      by the Assured or their employees and they are privy to such unfitness at the time of loading.
   5.2 Exclusion 5.1.1 above shall not apply where the contract of insurance has been assigned to the party claiming hereunder who has bought or agreed to buy the subject-matter insured in good faith under a binding contract.
   5.3 The Insurers waive any breach of the implied warranties of seaworthiness of the ship and fitness of the ship to carry the subject-matter insured to destination.

6. In no case shall this insurance cover loss damage or expense caused by
   6.1 war civil war revolution rebellion insurrection, or civil strife arising therefrom, or any hostile act by or against a belligerent power
   6.2 capture seizure arrest restraint or detainment (piracy excepted), and the consequences thereof or any attempt thereat
   6.3 derelict mines torpedoes bombs or other derelict weapons of war.

7. In no case shall this insurance cover loss damage or expense
   7.1 caused by strikers, locked-out workmen, or persons taking part in labour disturbances, riots or civil commotions
   7.2 resulting from strikes, lock-outs, labour disturbances, riots or civil commotions
   7.3 caused by any act of terrorism being an act of any person acting on behalf of, or in connection with, any organisation which carries out activities directed towards the overthrowing or influencing, by force or violence, of any government whether or not legally constituted

7.4 caused by any person acting from a political, ideological or religious motive.

DURATION

Transit Clause

8. 8.1 Subject to Clause 11 below, this insurance attaches from the time the subject-matter insured is first moved_in the warehouse or at the place of storage (at the place named in the contract of insurance) for the purpose of the_immediate loading into or onto the carrying vehicle or other conveyance for the commencement of transit,

continues during the ordinary course of transit

and terminates either

8.1.1 on completion of unloading from the carrying vehicle or other conveyance in or at the final warehouse or place of storage at the destination named in the contract of insurance,

8.1.2 on completion of unloading from the carrying vehicle or other conveyance in or at any other warehouse or place of storage, whether prior to or at the destination named in the contract of insurance, which the Assured or their employees elect to use either for storage other than in the ordinary course of transit or for allocation or distribution, or

8.1.3 when the Assured or their employees elect to use any carrying vehicle or other conveyance or any container for storage other than in the ordinary course of transit or

8.1.4 on the expiry of 60 days after completion of discharge overside of the subject-matter insured from the oversea vessel at the final port of discharge,

whichever shall first occur.

8.2 If, after discharge overside from the oversea vessel at the final port of discharge, but prior to termination of this insurance, the subject-matter insured is to be forwarded to a destination other than that to which it is insured, this insurance, whilst remaining subject to termination as provided in Clauses 8.1.1 to 8.1.4, shall not extend beyond the time the subject-matter insured is first moved for the purpose of the commencement of transit to such other destination.

8.3 This insurance shall remain in force (subject to termination as provided for in Clauses 8.1.1 to 8.1.4 above and to the provisions of Clause 9 below) during delay beyond the control of the Assured, any deviation, forced discharge, reshipment or transhipment and during any variation of the adventure arising from the exercise of a liberty granted to carriers under the contract of carriage.

Termination of Contract of Carriage

9. If owing to circumstances beyond the control of the Assured either the contract of carriage is terminated at a port or place other than the destination named therein or the transit is otherwise terminated before unloading of the subject-matter insured as provided for in Clause 8 above, then this insurance shall also terminate *unless prompt notice is given to the Insurers and continuation of cover is requested when this insurance shall remain in force, subject to an additional premium if required by the Insurers*, either

9.1 until the subject-matter insured is sold and delivered at such port or place, or, unless otherwise specially agreed, until the expiry of 60 days after arrival of the subject-matter insured at such port or place, whichever shall first occur,

or

9.2 if the subject-matter insured is forwarded within the said period of 60 days (or any agreed extension thereof) to the destination named in the contract of insurance or to any other destination, until terminated in accordance with the provisions of Clause 8 above.

Change of Voyage

10. 10.1 Where, after attachment of this insurance, the destination is changed by the Assured, *this must be notified promptly to Insurers for rates and terms to be agreed. Should a loss occur prior to such agreement being obtained cover may be provided but only if cover would have been available at a reasonable commercial market rate on reasonable market terms.*

10.2 Where the subject-matter insured commences the transit contemplated by this insurance (in accordance with Clause 8.1), but, without the knowledge of the Assured or their employees the ship sails for another destination, this insurance will nevertheless be deemed to have attached at commencement of such transit.

CLAIMS

Insurable Interest

11. 11.1 In order to recover under this insurance the Assured must have an insurable interest in the subject-matter insured at the time of the loss.

11.2 Subject to Clause 11.1 above, the Assured shall be entitled to recover for insured loss occurring during the period covered by this insurance, notwithstanding that the loss occurred before the contract of insurance was concluded, unless the Assured were aware of the loss and the Insurers were not.

Forwarding Charges

12. Where, as a result of the operation of a risk covered by this insurance, the insured transit is terminated at a port or place other than that to which the subject-matter insured is covered under this insurance, the

Insurers will reimburse the Assured for any extra charges properly and reasonably incurred in unloading storing and forwarding the subject-matter insured to the destination to which it is insured.

This Clause 12, which does not apply to general average or salvage charges, shall be subject to the exclusions contained in Clauses 4, 5, 6 and 7 above, and shall not include charges arising from the fault negligence insolvency or financial default of the Assured or their employees.

Constructive Total Loss

13. No claim for Constructive Total Loss shall be recoverable hereunder unless the subject-matter insured is reasonably abandoned either on account of its actual total loss appearing to be unavoidable or because the cost of recovering, reconditioning and forwarding the subject-matter insured to the destination to which it is insured would exceed its value on arrival.

Increased Value

14. 14.1 If any Increased Value insurance is effected by the Assured on the subject-matter insured under this insurance the agreed value of the subject-matter insured shall be deemed to be increased to the total amount insured under this insurance and all Increased Value insurances covering the loss, and liability under this insurance shall be in such proportion as the sum insured under this insurance bears to such total amount insured.

In the event of claim the Assured shall provide the Insurers with evidence of the amounts insured under all other insurances.

14.2 **Where this insurance is on Increased Value the following clause shall apply:**
The agreed value of the subject-matter insured shall be deemed to be equal to the total amount insured under the primary insurance and all Increased Value insurances covering the loss and effected on the subject-matter insured by the Assured, and liability under this insurance shall be in such proportion as the sum insured under this insurance bears to such total amount insured.

In the event of claim the Assured shall provide the Insurers with evidence of the amounts insured under all other insurances.

BENEFIT OF INSURANCE

15. This insurance

15.1 covers the Assured which includes the person claiming indemnity either as the person by or on whose behalf the contract of insurance was effected or as an assignee,

15.2 shall not extend to or otherwise benefit the carrier or other bailee.

MINIMISING LOSSES

Duty of Assured

16. It is the duty of the Assured and their employees and agents in respect of loss recoverable hereunder

16.1 to take such measures as may be reasonable for the purpose of averting or minimising such loss, and

16.2 to ensure that all rights against carriers, bailees or other third parties are properly preserved and exercised

and the Insurers will, in addition to any loss recoverable hereunder, reimburse the Assured for any charges properly and reasonably incurred in pursuance of these duties.

Waiver

17. Measures taken by the Assured or the Insurers with the object of saving, protecting or recovering the subject-matter insured shall not be considered as a waiver or acceptance of abandonment or otherwise prejudice the rights of either party.

AVOIDANCE OF DELAY

18. It is a condition of this insurance that the Assured shall act with reasonable despatch in all circumstances within their control.

LAW AND PRACTICE

19. This insurance is subject to English law and practice.

NOTE:- Where a continuation of cover is requested under Clause 9, or a change of destination is notified under Clause 10, there is an obligation to give prompt notice to the Insurers and the right to such cover is dependent upon compliance with this obligation.

CL382
01/01/2009

1/1/09

INSTITUTE CARGO CLAUSES (B)

RISKS COVERED

Risks

1. This insurance covers, except as excluded by the provisions of Clauses 4, 5, 6 and 7 below,
   - 1.1 loss of or damage to the subject-matter insured reasonably attributable to
     - 1.1.1 fire or explosion
     - 1.1.2 vessel or craft being stranded grounded sunk or capsized
     - 1.1.3 overturning or derailment of land conveyance
     - 1.1.4 collision or contact of vessel craft or conveyance with any external object other than water
     - 1.1.5 discharge of cargo at a port of distress
     - 1.1.6 earthquake volcanic eruption or lightning,
   - 1.2 loss of or damage to the subject-matter insured caused by
     - 1.2.1 general average sacrifice
     - 1.2.2 jettison or washing overboard
     - 1.2.3 entry of sea lake or river water into vessel craft hold conveyance container or place of storage,
   - 1.3 total loss of any package lost overboard or dropped whilst loading on to, or unloading from, vessel or craft.

General Average

2. This insurance covers general average and salvage charges, adjusted or determined according to the contract of carriage and/or the governing law and practice, incurred to avoid or in connection with the avoidance of loss from any cause except those excluded in Clauses 4, 5, 6 and 7 below.

"Both to Blame Collision Clause"

3. This insurance indemnifies the Assured, in respect of any risk insured herein, against liability incurred under any Both to Blame Collision Clause in the contract of carriage. In the event of any claim by carriers under the said Clause, the Assured agree to notify the Insurers who shall have the right, at their own cost and expense, to defend the Assured against such claim.

EXCLUSIONS

4. In no case shall this insurance cover
   - 4.1 loss damage or expense attributable to wilful misconduct of the Assured
   - 4.2 ordinary leakage, ordinary loss in weight or volume, or ordinary wear and tear of the subject-matter insured
   - 4.3 loss damage or expense caused by insufficiency or unsuitability of packing or preparation of the subject-matter insured to withstand the ordinary incidents of the insured transit where such packing or preparation is carried out by the Assured or their employees or prior to the attachment of this insurance (for the purpose of these Clauses "packing" shall be deemed to include stowage in a container and "employees" shall not include independent contractors)
   - 4.4 loss damage or expense caused by inherent vice or nature of the subject-matter insured
   - 4.5 loss damage or expense caused by delay, even though the delay be caused by a risk insured against (except expenses payable under Clause 2 above)
   - 4.6 loss damage or expense caused by insolvency or financial default of the owners managers charterers or operators of the vessel where, at the time of loading of the subject-matter insured on board the vessel, the Assured are aware, or in the ordinary course of business should be aware, that such insolvency or financial default could prevent the normal prosecution of the voyage
     This exclusion shall not apply where the contract of insurance has been assigned to the party claiming hereunder who has bought or agreed to buy the subject-matter insured in good faith under a binding contract
   - 4.7 deliberate damage to or deliberate destruction of the subject-matter insured or any part thereof by the wrongful act of any person or persons
   - 4.8 loss damage or expense directly or indirectly caused by or arising from the use of any weapon or device employing atomic or nuclear fission and/or fusion or other like reaction or radioactive force or matter.

5. 5.1 In no case shall this insurance cover loss damage or expense arising from
     - 5.1.1 unseaworthiness of vessel or craft or unfitness of vessel or craft for the safe carriage of the subject-matter insured, where the Assured are privy to such unseaworthiness or unfitness, at the time the subject-matter insured is loaded therein
     - 5.1.2 unfitness of container or conveyance for the safe carriage of the subject-matter insured, where loading therein or thereon is carried out
       prior to attachment of this insurance or
       by the Assured or their employees and they are privy to such unfitness at the time of loading.
   - 5.2 Exclusion 5.1.1 above shall not apply where the contract of insurance has been assigned to the party claiming hereunder who has bought or agreed to buy the subject-matter insured in good faith under a binding contract.
   - 5.3 The Insurers waive any breach of the implied warranties of seaworthiness of the ship and fitness of the ship to carry the subject-matter insured to destination.

6. In no case shall this insurance cover loss damage or expense caused by
   - 6.1 war civil war revolution rebellion insurrection, or civil strife arising therefrom, or any hostile act by or against a belligerent power

6.2 capture seizure arrest restraint or detainment, and the consequences thereof or any attempt thereat
6.3 derelict mines torpedoes bombs or other derelict weapons of war.

7. In no case shall this insurance cover loss damage or expense
7.1 caused by strikers, locked-out workmen, or persons taking part in labour disturbances, riots or civil commotions
7.2 resulting from strikes, lock-outs, labour disturbances, riots or civil commotions
7.3 caused by any act of terrorism being an act of any person acting on behalf of, or in connection with, any organisation which carries out activities directed towards the overthrowing or influencing, by force or violence, of any government whether or not legally constituted
7.4 caused by any person acting from a political, ideological or religious motive.

DURATION

Transit Clause

8. 8.1 Subject to Clause 11 below, this insurance attaches from the time the subject-matter insured is first moved in the warehouse or at the place of storage (at the place named in the contract of insurance) for the purpose of the immediate loading into or onto the carrying vehicle or other conveyance for the commencement of transit,

continues during the ordinary course of transit

and terminates either

8.1.1 on completion of unloading from the carrying vehicle or other conveyance in or at the final warehouse or place of storage at the destination named in the contract of insurance,
8.1.2 on completion of unloading from the carrying vehicle or other conveyance in or at any other warehouse or place of storage, whether prior to or at the destination named in the contract of insurance, which the Assured or their employees elect to use either for storage other than in the ordinary course of transit or for allocation or distribution, or
8.1.3 when the Assured or their employees elect to use any carrying vehicle or other conveyance or any container for storage other than in the ordinary course of transit or
8.1.4 on the expiry of 60 days after completion of discharge overside of the subject-matter insured from the oversea vessel at the final port of discharge,

whichever shall first occur.

8.2 If, after discharge overside from the oversea vessel at the final port of discharge, but prior to termination of this insurance, the subject-matter insured is to be forwarded to a destination other than that to which it is insured, this insurance, whilst remaining subject to termination as provided in Clauses 8.1.1 to 8.1.4, shall not extend beyond the time the subject-matter insured is first moved for the purpose of the commencement of transit to such other destination.
8.3 This insurance shall remain in force (subject to termination as provided for in Clauses 8.1.1 to 8.1.4 above and to the provisions of Clause 9 below) during delay beyond the control of the Assured, any deviation, forced discharge, reshipment or transhipment and during any variation of the adventure arising from the exercise of a liberty granted to carriers under the contract of carriage.

Termination of Contract of Carriage

9. If owing to circumstances beyond the control of the Assured either the contract of carriage is terminated at a port or place other than the destination named therein or the transit is otherwise terminated before unloading of the subject-matter insured as provided for in Clause 8 above, then this insurance shall also terminate *unless prompt notice is given to the Insurers and continuation of cover is requested when this insurance shall remain in force, subject to an additional premium if required by the Insurers*, either

9.1 until the subject-matter insured is sold and delivered at such port or place, or, unless otherwise specially agreed, until the expiry of 60 days after arrival of the subject-matter insured at such port or place, whichever shall first occur,
or
9.2 if the subject-matter insured is forwarded within the said period of 60 days (or any agreed extension thereof) to the destination named in the contract of insurance or to any other destination, until terminated in accordance with the provisions of Clause 8 above.

Change of Voyage

10. 10.1 Where, after attachment of this insurance, the destination is changed by the Assured, *this must be notified promptly to Insurers for rates and terms to be agreed. Should a loss occur prior to such agreement being obtained cover may be provided but only if cover would have been available at a reasonable commercial market rate on reasonable market terms.*
10.2 Where the subject-matter insured commences the transit contemplated by this insurance (in accordance with Clause 8.1), but, without the knowledge of the Assured or their employees the ship sails for another destination, this insurance will nevertheless be deemed to have attached at commencement of such transit.

CLAIMS

Insurable Interest

11. 11.1 In order to recover under this insurance the Assured must have an insurable interest in the subject-matter insured at the time of the loss.
11.2 Subject to Clause 11.1 above, the Assured shall be entitled to recover for insured loss occurring during the period covered by this insurance, notwithstanding that the loss occurred before the

contract of insurance was concluded, unless the Assured were aware of the loss and the Insurers were not.

Forwarding Charges

12. Where, as a result of the operation of a risk covered by this insurance, the insured transit is terminated at a port or place other than that to which the subject-matter insured is covered under this insurance, the Insurers will reimburse the Assured for any extra charges properly and reasonably incurred in unloading storing and forwarding the subject-matter insured to the destination to which it is insured.

This Clause 12, which does not apply to general average or salvage charges, shall be subject to the exclusions contained in Clauses 4, 5, 6 and 7 above, and shall not include charges arising from the fault negligence insolvency or financial default of the Assured or their employees.

Constructive Total Loss

13. No claim for Constructive Total Loss shall be recoverable hereunder unless the subject-matter insured is reasonably abandoned either on account of its actual total loss appearing to be unavoidable or because the cost of recovering, reconditioning and forwarding the subject-matter insured to the destination to which it is insured would exceed its value on arrival.

Increased Value

14. **14.1** If any Increased Value insurance is effected by the Assured on the subject-matter insured under this insurance the agreed value of the subject-matter insured shall be deemed to be increased to the total amount insured under this insurance and all Increased Value insurances covering the loss, and liability under this insurance shall be in such proportion as the sum insured under this insurance bears to such total amount insured.

In the event of claim the Assured shall provide the Insurers with evidence of the amounts insured under all other insurances.

14.2 **Where this insurance is on Increased Value the following clause shall apply:**
The agreed value of the subject-matter insured shall be deemed to be equal to the total amount insured under the primary insurance and all Increased Value insurances covering the loss and effected on the subject-matter insured by the Assured, and liability under this insurance shall be in such proportion as the sum insured under this insurance bears to such total amount insured.

In the event of claim the Assured shall provide the Insurers with evidence of the amounts insured under all other insurances.

BENEFIT OF INSURANCE

15. This insurance

15.1 covers the Assured which includes the person claiming indemnity either as the person by or on whose behalf the contract of insurance was effected or as an assignee,

15.2 shall not extend to or otherwise benefit the carrier or other bailee.

MINIMISING LOSSES

Duty of Assured

16. It is the duty of the Assured and their employees and agents in respect of loss recoverable hereunder

16.1 to take such measures as may be reasonable for the purpose of averting or minimising such loss, and

16.2 to ensure that all rights against carriers, bailees or other third parties are properly preserved and exercised

and the Insurers will, in addition to any loss recoverable hereunder, reimburse the Assured for any charges properly and reasonably incurred in pursuance of these duties.

Waiver

17. Measures taken by the Assured or the Insurers with the object of saving, protecting or recovering the subject-matter insured shall not be considered as a waiver or acceptance of abandonment or otherwise prejudice the rights of either party.

AVOIDANCE OF DELAY

18. It is a condition of this insurance that the Assured shall act with reasonable despatch in all circumstances within their control.

LAW AND PRACTICE

19. This insurance is subject to English law and practice.

NOTE:- Where a continuation of cover is requested under Clause 9, or a change of destination is notified under Clause 10, there is an obligation to give prompt notice to the Insurers and the right to such cover is dependent upon compliance with this obligation.

CL383
01/01/2009

1/1/09

INSTITUTE CARGO CLAUSES (C)

RISKS COVERED

Risks

1. This insurance covers, except as excluded by the provisions of Clauses 4, 5, 6 and 7 below,

1.1 loss of or damage to the subject-matter insured reasonably attributable to

1.1.1 fire or explosion

1.1.2 vessel or craft being stranded grounded sunk or capsized

1.1.3 overturning or derailment of land conveyance

1.1.4 collision or contact of vessel craft or conveyance with any external object other than water

1.1.5 discharge of cargo at a port of distress,

1.2 loss of or damage to the subject-matter insured caused by

1.2.1 general average sacrifice

1.2.2 jettison.

General Average

2. This insurance covers general average and salvage charges, adjusted or determined according to the contract of carriage and/or the governing law and practice, incurred to avoid or in connection with the avoidance of loss from any cause except those excluded in Clauses 4, 5, 6 and 7 below.

"Both to Blame Collision Clause"

3. This insurance indemnifies the Assured, in respect of any risk insured herein, against liability incurred under any Both to Blame Collision Clause in the contract of carriage. In the event of any claim by carriers under the said Clause, the Assured agree to notify the Insurers who shall have the right, at their own cost and expense, to defend the Assured against such claim.

EXCLUSIONS

4. In no case shall this insurance cover

4.1 loss damage or expense attributable to wilful misconduct of the Assured

4.2 ordinary leakage, ordinary loss in weight or volume, or ordinary wear and tear of the subject-matter insured

4.3 loss damage or expense caused by insufficiency or unsuitability of packing or preparation of the subject-matter insured to withstand the ordinary incidents of the insured transit where such packing or preparation is carried out by the Assured or their employees or prior to the attachment of this insurance (for the purpose of these Clauses "packing" shall be deemed to include stowage in a container and "employees" shall not include independent contractors)

4.4 loss damage or expense caused by inherent vice or nature of the subject-matter insured

4.5 loss damage or expense caused by delay, even though the delay be caused by a risk insured against (except expenses payable under Clause 2 above)

4.6 loss damage or expense caused by insolvency or financial default of the owners managers charterers or operators of the vessel where, at the time of loading of the subject-matter insured on board the vessel, the Assured are aware, or in the ordinary course of business should be aware, that such insolvency or financial default could prevent the normal prosecution of the voyage
This exclusion shall not apply where the contract of insurance has been assigned to the party claiming hereunder who has bought or agreed to buy the subject-matter insured in good faith under a binding contract

4.7 deliberate damage to or deliberate destruction of the subject-matter insured or any part thereof by the wrongful act of any person or persons

4.8 loss damage or expense directly or indirectly caused by or arising from the use of any weapon or device employing atomic or nuclear fission and/or fusion or other like reaction or radioactive force or matter.

5. 5.1 In no case shall this insurance cover loss damage or expense arising from

5.1.1 unseaworthiness of vessel or craft or unfitness of vessel or craft for the safe carriage of the subject-matter insured, where the Assured are privy to such unseaworthiness or unfitness, at the time the subject-matter insured is loaded therein

5.1.2 unfitness of container or conveyance for the safe carriage of the subject-matter insured, where loading therein or thereon is carried out

prior to attachment of this insurance or

by the Assured or their employees and they are privy to such unfitness at the time of loading.

5.2 Exclusion 5.1.1 above shall not apply where the contract of insurance has been assigned to the party claiming hereunder who has bought or agreed to buy the subject-matter insured in good faith under a binding contract.

5.3 The Insurers waive any breach of the implied warranties of seaworthiness of the ship and fitness of the ship to carry the subject-matter insured to destination.

6. In no case shall this insurance cover loss damage or expense caused by

6.1 war civil war revolution rebellion insurrection, or civil strife arising therefrom, or any hostile act by or against a belligerent power

6.2 capture seizure arrest restraint or detainment, and the consequences thereof or any attempt thereat

6.3 derelict mines torpedoes bombs or other derelict weapons of war.

7. In no case shall this insurance cover loss damage or expense

7.1 caused by strikers, locked-out workmen, or persons taking part in labour disturbances, riots or civil commotions
7.2 resulting from strikes, lock-outs, labour disturbances, riots or civil commotions
7.3 caused by any act of terrorism being an act of any person acting on behalf of, or in connection with, any organisation which carries out activities directed towards the overthrowing or influencing, by force or violence, of any government whether or not legally constituted
7.4 caused by any person acting from a political, ideological or religious motive.

DURATION

Transit Clause

8. 8.1 Subject to Clause 11 below, this insurance attaches from the time the subject-matter insured is first moved in the warehouse or at the place of storage (at the place named in the contract of insurance) for the purpose of the immediate loading into or onto the carrying vehicle or other conveyance for the commencement of transit,

continues during the ordinary course of transit

and terminates either

8.1.1 on completion of unloading from the carrying vehicle or other conveyance in or at the final warehouse or place of storage at the destination named in the contract of insurance,
8.1.2 on completion of unloading from the carrying vehicle or other conveyance in or at any other warehouse or place of storage, whether prior to or at the destination named in the contract of insurance, which the Assured or their employees elect to use either for storage other than in the ordinary course of transit or for allocation or distribution, or
8.1.3 when the Assured or their employees elect to use any carrying vehicle or other conveyance or any container for storage other than in the ordinary course of transit or
8.1.4 on the expiry of 60 days after completion of discharge overside of the subject-matter insured from the oversea vessel at the final port of discharge,

whichever shall first occur.

8.2 If, after discharge overside from the oversea vessel at the final port of discharge, but prior to termination of this insurance, the subject-matter insured is to be forwarded to a destination other than that to which it is insured, this insurance, whilst remaining subject to termination as provided in Clauses 8.1.1 to 8.1.4, shall not extend beyond the time the subject-matter insured is first moved for the purpose of the commencement of transit to such other destination.
8.3 This insurance shall remain in force (subject to termination as provided for in Clauses 8.1.1 to 8.1.4 above and to the provisions of Clause 9 below) during delay beyond the control of the Assured, any deviation, forced discharge, reshipment or transhipment and during any variation of the adventure arising from the exercise of a liberty granted to carriers under the contract of carriage.

Termination of Contract of Carriage

9. If owing to circumstances beyond the control of the Assured either the contract of carriage is terminated at a port or place other than the destination named therein or the transit is otherwise terminated before unloading of the subject-matter insured as provided for in Clause 8 above, then this insurance shall also terminate *unless prompt notice is given to the Insurers and continuation of cover is requested when this insurance shall remain in force, subject to an additional premium if required by the Insurers*, either

9.1 until the subject-matter insured is sold and delivered at such port or place, or, unless otherwise specially agreed, until the expiry of 60 days after arrival of the subject-matter insured at such port or place, whichever shall first occur,
or
9.2 if the subject-matter insured is forwarded within the said period of 60 days (or any agreed extension thereof) to the destination named in the contract of insurance or to any other destination, until terminated in accordance with the provisions of Clause 8 above.

Change of Voyage

10. 10.1 Where, after attachment of this insurance, the destination is changed by the Assured, *this must be notified promptly to Insurers for rates and terms to be agreed. Should a loss occur prior to such agreement being obtained cover may be provided but only if cover would have been available at a reasonable commercial market rate on reasonable market terms.*

10.2 Where the subject-matter insured commences the transit contemplated by this insurance (in accordance with Clause 8.1), but, without the knowledge of the Assured or their employees the ship sails for another destination, this insurance will nevertheless be deemed to have attached at commencement of such transit.

CLAIMS

Insurable Interest

11. 11.1 In order to recover under this insurance the Assured must have an insurable interest in the subject-matter insured at the time of the loss.

11.2 Subject to Clause 11.1 above, the Assured shall be entitled to recover for insured loss occurring during the period covered by this insurance, notwithstanding that the loss occurred before the contract of insurance was concluded, unless the Assured were aware of the loss and the Insurers were not.

Forwarding Charges

12. Where, as a result of the operation of a risk covered by this insurance, the insured transit is terminated at a port or place other than that to which the subject-matter insured is covered under this insurance, the

Insurers will reimburse the Assured for any extra charges properly and reasonably incurred in unloading storing and forwarding the subject-matter insured to the destination to which it is insured.

This Clause 12, which does not apply to general average or salvage charges, shall be subject to the exclusions contained in Clauses 4, 5, 6 and 7 above, and shall not include charges arising from the fault negligence insolvency or financial default of the Assured or their employees.

Constructive Total Loss

13. No claim for Constructive Total Loss shall be recoverable hereunder unless the subject-matter insured is reasonably abandoned either on account of its actual total loss appearing to be unavoidable or because the cost of recovering, reconditioning and forwarding the subject-matter insured to the destination to which it is insured would exceed its value on arrival.

Increased Value

14. 14.1 If any Increased Value insurance is effected by the Assured on the subject-matter insured under this insurance the agreed value of the subject-matter insured shall be deemed to be increased to the total amount insured under this insurance and all Increased Value insurances covering the loss, and liability under this insurance shall be in such proportion as the sum insured under this insurance bears to such total amount insured.

In the event of claim the Assured shall provide the Insurers with evidence of the amounts insured under all other insurances.

14.2 **Where this insurance is on Increased Value the following clause shall apply:**
The agreed value of the subject-matter insured shall be deemed to be equal to the total amount insured under the primary insurance and all Increased Value insurances covering the loss and effected on the subject-matter insured by the Assured, and liability under this insurance shall be in such proportion as the sum insured under this insurance bears to such total amount insured.

In the event of claim the Assured shall provide the Insurers with evidence of the amounts insured under all other insurances.

BENEFIT OF INSURANCE

15. This insurance

15.1 covers the Assured which includes the person claiming indemnity either as the person by or on whose behalf the contract of insurance was effected or as an assignee,

15.2 shall not extend to or otherwise benefit the carrier or other bailee.

MINIMISING LOSSES

Duty of Assured

16. It is the duty of the Assured and their employees and agents in respect of loss recoverable hereunder

16.1 to take such measures as may be reasonable for the purpose of averting or minimising such loss, and

16.2 to ensure that all rights against carriers, bailees or other third parties are properly preserved and exercised

and the Insurers will, in addition to any loss recoverable hereunder, reimburse the Assured for any charges properly and reasonably incurred in pursuance of these duties.

Waiver

17. Measures taken by the Assured or the Insurers with the object of saving, protecting or recovering the subject-matter insured shall not be considered as a waiver or acceptance of abandonment or otherwise prejudice the rights of either party.

AVOIDANCE OF DELAY

18. It is a condition of this insurance that the Assured shall act with reasonable despatch in all circumstances within their control.

LAW AND PRACTICE

19. This insurance is subject to English law and practice.

NOTE:- Where a continuation of cover is requested under Clause 9, or a change of destination is notified under Clause 10, there is an obligation to give prompt notice to the Insurers and the right to such cover is dependent upon compliance with this obligation.

CL384
01/01/2009

1/1/09

INSTITUTE STRIKES CLAUSES (CARGO)

RISKS COVERED

Risks

1. This insurance covers, except as excluded by the provisions of Clauses 3 and 4 below, loss of or damage to the subject-matter insured caused by
   1.1 strikers, locked-out workmen, or persons taking part in labour disturbances, riots or civil commotions
   1.2 any act of terrorism being an act of any person acting on behalf of, or in connection with, any organisation which carries out activities directed towards the overthrowing or influencing, by force or violence, of any government whether or not legally constituted
   1.3 any person acting from a political, ideological or religious motive.

General Average

2. This insurance covers general average and salvage charges, adjusted or determined according to the contract of carriage and/or the governing law and practice, incurred to avoid or in connection with the avoidance of loss from a risk covered under these Clauses.

EXCLUSIONS

3. In no case shall this insurance cover
   3.1 loss damage or expense attributable to wilful misconduct of the Assured
   3.2 ordinary leakage, ordinary loss in weight or volume, or ordinary wear and tear of the subject-matter insured
   3.3 loss damage or expense caused by insufficiency or unsuitability of packing or preparation of the subject-matter insured to withstand the ordinary incidents of the insured transit where such packing or preparation is carried out by the Assured or their employees or prior to the attachment of this insurance (for the purpose of this Clause 3.3 "packing" shall be deemed to include stowage in a container and "employees" shall not include independent contractors)
   3.4 loss damage or expense caused by inherent vice or nature of the subject-matter insured
   3.5 loss damage or expense caused by delay, even though the delay be caused by a risk insured against (except expenses payable under Clause 2 above)
   3.6 loss damage or expense caused by insolvency or financial default of the owners managers charterers or operators of the vessel where, at the time of loading of the subject-matter insured on board the vessel, the Assured are aware, or in the ordinary course of business should be aware, that such insolvency or financial default could prevent the normal prosecution of the voyage
   This exclusion shall not apply where the contract of insurance has been assigned to the party claiming hereunder who has bought or agreed to buy the subject-matter insured in good faith under a binding contract
   3.7 loss damage or expense arising from the absence shortage or withholding of labour of any description whatsoever resulting from any strike, lockout, labour disturbance, riot or civil commotion
   3.8 any claim based upon loss of or frustration of the voyage or adventure
   3.9 loss damage or expense directly or indirectly caused by or arising from the use of any weapon or device employing atomic or nuclear fission and/or fusion or other like reaction or radioactive force or matter
   3.10 loss damage or expense caused by war civil war revolution rebellion insurrection, or civil strife arising therefrom, or any hostile act by or against a belligerent power.

4. 4.1 In no case shall this insurance cover loss damage or expense arising from
   4.1.1 unseaworthiness of vessel or craft or unfitness of vessel or craft for the safe carriage of the subject-matter insured, where the Assured are privy to such unseaworthiness or unfitness, at the time the subject-matter insured is loaded therein
   4.1.2 unfitness of container or conveyance for the safe carriage of the subject-matter insured, where loading therein or thereon is carried out
   prior to attachment of this insurance or
   by the Assured or their employees and they are privy to such unfitness at the time of loading.
   4.2 Exclusion 4.1.1 above shall not apply where the contract of insurance has been assigned to the party claiming hereunder who has bought or agreed to buy the subject-matter insured in good faith under a binding contract.
   4.3 The Insurers waive any breach of the implied warranties of seaworthiness of the ship and fitness of the ship to carry the subject-matter insured to destination.

DURATION

Transit Clause

5. 5.1 Subject to Clause 8 below, this insurance attaches from the time the subject-matter insured is first moved in the warehouse or at the place of storage (at the place named in the contract of insurance) for the purpose of the immediate loading into or onto the carrying vehicle or other conveyance for the commencement of transit,

continues during the ordinary course of transit

and terminates either

5.1.1 on completion of unloading from the carrying vehicle or other conveyance in or at the final warehouse or place of storage at the destination named in the contract of insurance,

5.1.2 on completion of unloading from the carrying vehicle or other conveyance in or at any other warehouse or place of storage, whether prior to or at the destination named in the contract of insurance, which the Assured or their employees elect to use either for storage other than in the ordinary course of transit or for allocation or distribution, or

5.1.3 when the Assured or their employees elect to use any carrying vehicle or other conveyance or any container for storage other than in the ordinary course of transit or

5.1.4 on the expiry of 60 days after completion of discharge overside of the subject-matter insured from the oversea vessel at the final port of discharge,

whichever shall first occur.

5.2 If, after discharge overside from the oversea vessel at the final port of discharge, but prior to termination of this insurance, the subject-matter insured is to be forwarded to a destination other than that to which it is insured, this insurance, whilst remaining subject to termination as provided in Clauses 5.1.1 to 5.1.4, shall not extend beyond the time the subject-matter insured is first moved for the purpose of the commencement of transit to such other destination.

5.3 This insurance shall remain in force (subject to termination as provided for in Clauses 5.1.1 to 5.1.4 above and to the provisions of Clause 6 below) during delay beyond the control of the Assured, any deviation, forced discharge, reshipment or transhipment and during any variation of the adventure arising from the exercise of a liberty granted to carriers under the contract of carriage.

Termination of Contract of Carriage

6. If owing to circumstances beyond the control of the Assured either the contract of carriage is terminated at a port or place other than the destination named therein or the transit is otherwise terminated before unloading of the subject-matter insured as provided for in Clause 5 above, then this insurance shall also terminate *unless prompt notice is given to the Insurers and continuation of cover is requested when this insurance shall remain in force, subject to an additional premium if required by the Insurers,* either

6.1 until the subject-matter insured is sold and delivered at such port or place, or, unless otherwise specially agreed, until the expiry of 60 days after arrival of the subject-matter insured at such port or place, whichever shall first occur,

or

6.2 if the subject-matter insured is forwarded within the said period of 60 days (or any agreed extension thereof) to the destination named in the contract of insurance or to any other destination, until terminated in accordance with the provisions of Clause 5 above.

Change of Voyage

7. 7.1 Where, after attachment of this insurance, the destination is changed by the Assured, *this must be notified promptly to Insurers for rates and terms to be agreed. Should a loss occur prior to such agreement being obtained cover may be provided but only if cover would have been available at a reasonable commercial market rate on reasonable market terms.*

7.2 Where the subject-matter insured commences the transit contemplated by this insurance (in accordance with Clause 5.1), but, without the knowledge of the Assured or their employees the ship sails for another destination, this insurance will nevertheless be deemed to have attached at commencement of such transit.

CLAIMS

Insurable Interest

8. 8.1 In order to recover under this insurance the Assured must have an insurable interest in the subject-matter insured at the time of the loss.

8.2 Subject to Clause 8.1 above, the Assured shall be entitled to recover for insured loss occurring during the period covered by this insurance, notwithstanding that the loss occurred before the contract of insurance was concluded, unless the Assured were aware of the loss and the Insurers were not.

Increased Value

9. 9.1 If any Increased Value insurance is effected by the Assured on the subject-matter insured under this insurance the agreed value of the subject-matter insured shall be deemed to be increased to the total amount insured under this insurance and all Increased Value insurances covering the loss, and liability under this insurance shall be in such proportion as the sum insured under this insurance bears to such total amount insured.

In the event of claim the Assured shall provide the Insurers with evidence of the amounts insured under all other insurances.

9.2 **Where this insurance is on Increased Value the following clause shall apply:**
The agreed value of the subject-matter insured shall be deemed to be equal to the total amount insured under the primary insurance and all Increased Value insurances covering the loss and effected on the subject-matter insured by the Assured, and liability under this insurance shall be in such proportion as the sum insured under this insurance bears to such total amount insured.

In the event of claim the Assured shall provide the Insurers with evidence of the amounts insured under all other insurances.

BENEFIT OF INSURANCE

10. This insurance

10.1 covers the Assured which includes the person claiming indemnity either as the person by or on whose behalf the contract of insurance was effected or as an assignee,

10.2 shall not extend to or otherwise benefit the carrier or other bailee.

MINIMISING LOSSES

Duty of Assured

11. It is the duty of the Assured and their employees and agents in respect of loss recoverable hereunder

11.1 to take such measures as may be reasonable for the purpose of averting or minimising such loss, and

11.2 to ensure that all rights against carriers, bailees or other third parties are properly preserved and exercised

and the Insurers will, in addition to any loss recoverable hereunder, reimburse the Assured for any charges properly and reasonably incurred in pursuance of these duties.

Waiver

12. Measures taken by the Assured or the Insurers with the object of saving, protecting or recovering the subject-matter insured shall not be considered as a waiver or acceptance of abandonment or otherwise prejudice the rights of either party.

AVOIDANCE OF DELAY

13. It is a condition of this insurance that the Assured shall act with reasonable despatch in all circumstances within their control.

LAW AND PRACTICE

14. This insurance is subject to English law and practice.

NOTE:- Where a continuation of cover is requested under Clause 6, or a change of destination is notified under Clause 7, there is an obligation to give prompt notice to the Insurers and the right to such cover is dependent upon compliance with this obligation.

CL386
01/01/2009

1/1/09

INSTITUTE WAR CLAUSES (CARGO)

RISKS COVERED

Risks

1. This insurance covers, except as excluded by the provisions of Clauses 3 and 4 below, loss of or damage to the subject-matter insured caused by
   1.1 war civil war revolution rebellion insurrection, or civil strife arising therefrom, or any hostile act by or against a belligerent power
   1.2 capture seizure arrest restraint or detainment, arising from risks covered under 1.1 above, and the consequences thereof or any attempt thereat
   1.3 derelict mines torpedoes bombs or other derelict weapons of war.

General Average

2. This insurance covers general average and salvage charges, adjusted or determined according to the contract of carriage and/or the governing law and practice, incurred to avoid or in connection with the avoidance of loss from a risk covered under these Clauses.

EXCLUSIONS

3. In no case shall this insurance cover
   3.1 loss damage or expense attributable to wilful misconduct of the Assured
   3.2 ordinary leakage, ordinary loss in weight or volume, or ordinary wear and tear of the subject-matter insured
   3.3 loss damage or expense caused by insufficiency or unsuitability of packing or preparation of the subject-matter insured to withstand the ordinary incidents of the insured transit where such packing or preparation is carried out by the Assured or their employees or prior to the attachment of this insurance (for the purpose of these Clauses "packing" shall be deemed to include stowage in a container and "employees" shall not include independent contractors)
   3.4 loss damage or expense caused by inherent vice or nature of the subject-matter insured
   3.5 loss damage or expense caused by delay, even though the delay be caused by a risk insured against (except expenses payable under Clause 2 above)
   3.6 loss damage or expense caused by insolvency or financial default of the owners managers charterers or operators of the vessel where, at the time of loading of the subject-matter insured on board the vessel, the Assured are aware, or in the ordinary course of business should be aware, that such insolvency or financial default could prevent the normal prosecution of the voyage
   This exclusion shall not apply where the contract of insurance has been assigned to the party claiming hereunder who has bought or agreed to buy the subject-matter insured in good faith under a binding contract
   3.7 any claim based upon loss of or frustration of the voyage or adventure
   3.8 loss damage or expense directly or indirectly caused by or arising from any hostile use of any weapon or device employing atomic or nuclear fission and/or fusion or other like reaction or radioactive force or matter.

4. 4.1 In no case shall this insurance cover loss damage or expense arising from
      4.1.1 unseaworthiness of vessel or craft or unfitness of vessel or craft for the safe carriage of the subject-matter insured, where the Assured are privy to such unseaworthiness or unfitness, at the time the subject-matter insured is loaded therein
      4.1.2 unfitness of container or conveyance for the safe carriage of the subject-matter insured, where loading therein or thereon is carried out
      prior to attachment of this insurance or
      by the Assured or their employees and they are privy to such unfitness at the time of loading.
   4.2 Exclusion 4.1.1 above shall not apply where the contract of insurance has been assigned to the party claiming hereunder who has bought or agreed to buy the subject-matter insured in good faith under a binding contract.
   4.3 The Insurers waive any breach of the implied warranties of seaworthiness of the ship and fitness of the ship to carry the subject-matter insured to destination.

DURATION

Transit Clause

5. 5.1 This insurance
      5.1.1 attaches only as the subject-matter insured and as to any part as that part is loaded on an oversea vessel
      and
      5.1.2 terminates, subject to 5.2 and 5.3 below, either as the subject-matter insured and as to any part as that part is discharged from an oversea vessel at the final port or place of discharge,
      or

on expiry of 15 days counting from midnight of the day of arrival of the vessel at the final port or place of discharge,
whichever shall first occur;
nevertheless,
subject to prompt notice to the Insurers and to an additional premium, such insurance

5.1.3 reattaches when, without having discharged the subject-matter insured at the final port or place of discharge, the vessel sails therefrom,
and

5.1.4 terminates, subject to 5.2 and 5.3 below, either as the subject-matter insured and as to any part as that part is thereafter discharged from the vessel at the final (or substituted) port or place of discharge,
or
on expiry of 15 days counting from midnight of the day of re-arrival of the vessel at the final port or place of discharge or arrival of the vessel at a substituted port or place of discharge,
whichever shall first occur.

5.2 If during the insured voyage the oversea vessel arrives at an intermediate port or place to discharge the subject-matter insured for on-carriage by oversea vessel or by aircraft, or the subject-matter insured is discharged from the vessel at a port or place of refuge, then, subject to 5.3 below and to an additional premium if required, this insurance continues until the expiry of 15 days counting from midnight of the day of arrival of the vessel at such port or place, but thereafter reattaches as the subject-matter insured and as to any part as that part is loaded on an on-carrying oversea vessel or aircraft. During the period of 15 days the insurance remains in force after discharge only whilst the subject-matter insured and as to any part as that part is at such port or place. If the subject-matter insured is on-carried within the said period of 15 days or if the insurance reattaches as provided in this Clause 5.2

5.2.1 where the on-carriage is by oversea vessel this insurance continues subject to the terms of these Clauses,
or

5.2.2 where the on-carriage is by aircraft, the current Institute War Clauses (Air Cargo) (excluding sendings by Post) shall be deemed to form part of the contract of insurance and shall apply to the on-carriage by air.

5.3 If the voyage in the contract of carriage is terminated at a port or place other than the destination agreed therein, such port or place shall be deemed the final port of discharge and this insurance terminates in accordance with 5.1.2. If the subject-matter insured is subsequently reshipped to the original or any other destination, then *provided notice is given to the Insurers before the commencement of such further transit and subject to an additional premium,* this insurance reattaches

5.3.1 in the case of the subject-matter insured having been discharged, as the subject-matter insured and as to any part as that part is loaded on the on-carrying vessel for the voyage;

5.3.2 in the case of the subject-matter not having been discharged, when the vessel sails from such deemed final port of discharge;

thereafter this insurance terminates in accordance with 5.1.4.

5.4 The insurance against the risks of mines and derelict torpedoes, floating or submerged, is extended whilst the subject-matter insured or any part thereof is on craft whilst in transit to or from the oversea vessel, but in no case beyond the expiry of 60 days after discharge from the oversea vessel unless otherwise specially agreed by the Insurers.

5.5 *Subject to prompt notice to Insurers, and to an additional premium if required,* this insurance shall remain in force within the provisions of these Clauses during any deviation, or any variation of the adventure arising from the exercise of a liberty granted to carriers under the contract of carriage.

(For the purpose of Clause 5
"arrival" shall be deemed to mean that the vessel is anchored, moored or otherwise secured at a berth or place within the Harbour Authority area. If such a berth or place is not available, arrival is deemed to have occurred when the vessel first anchors, moors or otherwise secures either at or off the intended port or place of discharge
"oversea vessel" shall be deemed to mean a vessel carrying the subject-matter from one port or place to another where such voyage involves a sea passage by that vessel)

Change of Voyage

6. 6.1 Where, after attachment of this insurance, the destination is changed by the Assured, *this must be notified promptly to Insurers for rates and terms to be agreed. Should a loss occur prior to such agreement being obtained cover may be provided but only if cover would have been available at a reasonable commercial market rate on reasonable market terms.*

6.2 Where the subject-matter insured commences the transit contemplated by this insurance (in accordance with Clause 5.1), but, without the knowledge of the Assured or their employees the ship sails for another destination, this insurance will nevertheless be deemed to have attached at commencement of such transit.

7. Anything contained in this contract which is inconsistent with Clauses 3.7, 3.8 or 5 shall, to the extent of such inconsistency, be null and void.

CLAIMS

Insurable Interest

8. 8.1 In order to recover under this insurance the Assured must have an insurable interest in the subject-matter insured at the time of the loss.

8.2 Subject to Clause 8.1 above, the Assured shall be entitled to recover for insured loss occurring during the period covered by this insurance, notwithstanding that the loss occurred before the contract of insurance was concluded, unless the Assured were aware of the loss and the Insurers were not.

Increased Value

9. 9.1 If any Increased Value insurance is effected by the Assured on the subject-matter insured under this insurance the agreed value of the subject-matter insured shall be deemed to be increased to the total amount insured under this insurance and all Increased Value insurances covering the loss, and liability under this insurance shall be in such proportion as the sum insured under this insurance bears to such total amount insured.

In the event of claim the Assured shall provide the Insurers with evidence of the amounts insured under all other insurances.

9.2 **Where this insurance is on Increased Value the following clause shall apply:**
The agreed value of the subject-matter insured shall be deemed to be equal to the total amount insured under the primary insurance and all Increased Value insurances covering the loss and effected on the subject-matter insured by the Assured, and liability under this insurance shall be in such proportion as the sum insured under this insurance bears to such total amount insured.

In the event of claim the Assured shall provide the Insurers with evidence of the amounts insured under all other insurances.

BENEFIT OF INSURANCE

10. This insurance

10.1 covers the Assured which includes the person claiming indemnity either as the person by or on whose behalf the contract of insurance was effected or as an assignee,

10.2 shall not extend to or otherwise benefit the carrier or other bailee.

MINIMISING LOSSES

Duty of Assured

11. It is the duty of the Assured and their employees and agents in respect of loss recoverable hereunder

11.1 to take such measures as may be reasonable for the purpose of averting or minimising such loss, and

11.2 to ensure that all rights against carriers, bailees or other third parties are properly preserved and exercised

and the Insurers will, in addition to any loss recoverable hereunder, reimburse the Assured for any charges properly and reasonably incurred in pursuance of these duties.

Waiver

12. Measures taken by the Assured or the Insurers with the object of saving, protecting or recovering the subject-matter insured shall not be considered as a waiver or acceptance of abandonment or otherwise prejudice the rights of either party.

AVOIDANCE OF DELAY

13. It is a condition of this insurance that the Assured shall act with reasonable despatch in all circumstances within their control.

LAW AND PRACTICE

14. This insurance is subject to English law and practice.

NOTE:- Where a reattachment of cover is requested under Clause 5, or a change of destination is notified under Clause 6, there is an obligation to give prompt notice to the Insurers and the right to such cover is dependent upon compliance with this obligation.

CL385
01/01/2009

제4편

무역보험

제11장 수출보험

주요내용

무역거래에서 발생하는 위험 중 해상보험과 같은 통상의 보험으로는 구제하기 곤란한 위험으로 신용위험, 비상위험, 환위험, 이자율변동위험 등이 있다. 이와 같은 위험을 무역보험인 수출보험과 수입보험으로 구분하여 살펴보고자 한다.

- 수출보험의 개념
- 수출보험의 종류
- 수입보험의 개념
- 수입보험의 종류

• 제1절 수출보험의 개념과 기능

1. 수출보험의 개념

해상보험은 일찍이 14세기부터 지중해를 중심으로 발달했으나 수출보험은 제1차 세계대전이후, 20세기 초에 들어와서 비로소 사용되기 시작하여 보험제도로서의 역사가 해상보험에 비해 매우 짧다.

WTO 체제의 출범 이후 국가간의 장벽이 더욱 낮아진 글로벌화된 시장에서 수출기업의 수출시장은 더욱 다양화되고 있고, 정부의 직접적인 수출지원수단의 축소, 철폐가 불가피해짐에 따라 국제적으로 인정, 합의된 간접수출 지원수단인 수출보험의 역할과 중요성이 더욱 높아지고 있다.

수출보험이란 수출거래에 수반되는 여러 가지 위험 가운데에서 민영보험회사가 부보하는 해상보험과 같은 통상의 보험으로는 구제하기 곤란한 위험, 즉 수입자의 계약파기, 파산, 대금지급지연 또는 거절 등의 신용위험과 수입국에서의 전쟁, 내란, 또는 환거래 제한 등의 비상위험으로 인하여 수출자, 생산자, 또는 수출자금을 대출해 준 금융기관이 입게 되는 손실을 보상함으로써 궁극적으로 수출을 촉진하고 진흥하기 위한 수출지원제도이다. 이 제도는 그 공익적 특수성으로 인하여 위험의 측정이나 보험료의 결정 등이 대수의 법칙[145]에 의하여 이루어지기 보다는 수출 등 대외거래에 대한 지원의 필요성에 따라 이루어지고 보험자 역시 대부분 국가에서 특별법에 의하여 설립된 특수법인으로서 영리를 목적으로 하지 않는다.

2. 수출보험의 기능

1) 수출거래상의 불안제거 기능

수출보험은 수출거래에 따른 수출자의 위험부담을 해소하여 준다는 측면에서 수출거래의 환경 및 조건을 국내상거래의 경우와 동일한 정도로 유리하게 조성하는데 1차적인 기능을 가지고 있다. 즉 수입국에서 발생하는 비상위험[146] 또는 신용위험[147] 등으로 인하여 수출불능이 되거나 수출상품의 대금회수가 어렵게 되어 수출자나 생산자 등이 입게 되는 손실을 보상함으로써 안심하고 수출활동을 할 수 있도록 하는 기능을 갖는다.

2) 금융보완적 기능

수출보험은 수출대금 미회수위험을 담보하므로 금융기관으로 하여금 수출 금융을 공여하게 하는 금융보완적 기능을 가진다. 즉 수출금융에서는 수출대금의 회수가능성 여부가 대출심사의 중요한 기준이 되는 바, 수출보험에 의하여 이를 해결할 수 있으므로 금융기관은 수출자에게 담보요건 등에서 보다 유리한 조건으로 과감하게 수출자금을 제공할 수 있게 된다. 또한 수출계약상대방의 대금지급지체 등과 같은 보험사고가 발생하여 수출대금의 회수 전망이 불투명하거나 회수에 장기간이 소요되는 경우에 있어서도 수출자가 입는 손실을 보상함으로써 기업자금의 유동성을 제고시켜 줄 수 있는 신용공여 기능도 수행한다.

3) 수출경쟁력 강화 기능

수출보험은 수출무역, 기타 대외거래의 촉진 및 진흥을 위하여 정부의 지원하에 운영됨에 따

145) 우연한 사고가 발생할 확률은 샘플의 수가 크면 클수록 일정한 수준으로 수렴한다는 것을 의미, 통상적인 영리보험에 있어서 이러한 통계원리에 따라 보험금액 및 보험료율 등이 산정됨.

146) 수입국에 관련된 위험으로 전쟁, 내란, 혁명, 환거래제한 또는 모라토리움 선언 등으로 인한 수출불능 또는 수출대금 회수불능위험 등을 말한다.

147) 수입자에 관련된 위험으로 수입자 또는 L/C 개설은행의 파산, 지급불능, 지급거절, 지급지체 등으로 수출대금 미회수위험 등을 말한다.

라 보험요율 등을 정함에 있어 장기적 차원에서의 수지균형을 목표로 하여 가능한 한 저율로 책정하는 한편, 보상비율 등에서는 최대한 수출자에게 유리한 형태의 보상제도를 채택하는 등 수출경쟁력을 강화시키고, 결과적으로 수출을 촉진시키는 역할을 하게 되는 수출 진흥 정책수단으로서의 기능을 갖는다. 수출보험의 이러한 기능은 각 국가간 수출지원 경쟁이 심화되고 있는 가운데, 수출금융 및 세제상의 우대조치 등의 직접 수출 지원수단에 대한 국제적 규제가 강화되고 있어, 국제적으로 용인되고 있는 간접지원수단인 수출보험의 역할이 더욱 중요해지고 있다. 또한, 수출보험은 보험인수조건, 즉 담보하는 위험의 범위, 담보율, 보험요율 등을 수출여건에 따라 적절히 조정함으로써 수출자의 활동을 촉진시키거나 제한할 수도 있으므로, 수출 무역 및 대외거래에 대한 인허가 등의 직접적 통제방식을 간접적 통제방식으로 전환시키는 기능도 갖게 된다.

4) 해외수입자에 대한 신용조사 기능

수출보험은 효율적인 인수 및 관리를 기하고 보험사고를 미연에 방지하기 위해 다각적으로 해외수입자의 신용상태와 수입국의 정치·경제사정에 관한 조사활동을 하게 되는 바, 이러한 해외수입자 및 수입국에 관한 신용정보를 제공하여 수출자로 하여금 효과적으로 활용할 수 있도록 함으로써 수출자의 신규 수입선 확보와 수출거래 확대에 기여함과 동시에 건전한 수출거래를 유도하는 부수적 기능을 가지고 있다.

3. 우리나라 수출보험제도

우리나라의 수출보험제도는 1969년부터 시행되었는데, 1969년 2월 18일 수출보험의 운영주체는 정부이면서 그 운영업무만 대한재보험공사가 대행하는 체제로 수출보험업무가 개시되었다. 1968년 12월 31일 수출보험법이 제정 · 공포 되었으며, 대한재보험공사와 한국수출입은행의 정부 대행체제를 거쳐 우리나라 수출보험제도를 전담 · 운영하는 정부출연기관으로 1992년 7월 7일 한국수출보험공사가 설립되었다. 수출보험사업의 독립전담기관 체제가 확립되어 일반적인 영리보험으로는 구제하기 곤란한 수출불능, 수출대금회수불능 등의 위험으로부터 수출자를 보호하고 또한 수출자에게 수출금융을 지원하여 금융기관이 입는 손실을 보상하기 위해 수출보험이 운용되고 있다. 2010년 7월 7일 기관명을 한국수출보험공사에서 K-sure(한국무역보험공사)로 재출범하였다.

한국무역보험공사가 운용하는 수출보험 종목을 살펴보면, 단기성보험으로는 단기수출보험, 중소중견 Plus+보험, 단체보험, 수출안전망보험 등이 있다. 중장기성보험으로는 중장기수출보험, 수출보증보험, 해외공사보험, 해외투자보험, 해외사업금융보험, 서비스종합보험, 이자율변동보험, 수출기반보험 등이 있다. 그리고 환변동보험과 기타 보험으로 탄소종합보험, 녹색산업 종합보험, 해외자원개발펀드보험이 있다. 수출신용보증으로는 선적전보증과 선적후보증 등이 있다.

• 제2절 담보위험과 운영방법

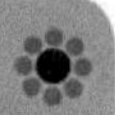

Ⅰ. 수출보험의 담보위험

국제상거래는 기본적으로 상거래라는 측면에서는 국내거래와 차이가 없으나, 무역계약의 체결에서부터 물품의 인도와 대금결제까지 국내거래에 비하여 거리가 멀고, 거래당사자들 간에 잘 알지 못하기 때문에 더 많은 위험성을 내포한다. 수출보험에서 담보하는 위험은 수출과 관련된 비상위험, 신용위험, 상업위험, 환위험 및 이자율변동위험 등으로 분류할 수 있다.

1) 비상위험

비상위험(political risk)은 수출거래를 수행하는 과정에서 수출입 계약 당사자에게 책임 지울 수 없는 사유로 인하여 손실을 입게 되는 위험이다. 즉 무역당사자의 책임이 아닌 불가항력적인 원인으로 무역계약의 이행이 불가능하게 되거나 수출대금회수가 불가능하게 되는 위험이다.

비상위험에는 다음의 두 가지 유형이 있다. 첫째, 경제제재로 인한 외환거래제한, 수입제한, 압수, 국유화, 전쟁 등의 경제정책상 또는 정치적 위험이다. 가장 흔히 발생할 수 있는 비상위험에는 수입자가 자국화폐로는 충분한 대금을 보유하고 있으나, 수입국 정부의 외환보유가 부족해서 수입대금을 지불하지 못하게 되는 경우이다. 둘째, 지진, 태풍 등의 천재지변이다.

현재와 같은 국제정세 하에서는 언제 상대국에서 전쟁이 발발할 것인가 또는 언제 외환거래제한이나 수입제한 같은 조치가 취해질 것인지 예측불가능하다. 민영보험회사가 판매하는 적하보험은 협회적하약관, 협회전쟁약관, 협회동맹파업약관 등에서 화물에 직·간접적으로 손해가 발생하는 경우로 보상범위를 한정하고 있어 화물이 안전하게 수입자에게 도착했으나 비상위험으로 수출자가 수출대금을 수취하지 못하게 된 경우에는 그 손해를 보상받지 못한다.

2) 신용위험

신용위험(credit risk)은 무역계약에 따라 수입자가 당연히 이행하여야 할 의무를 이행하지 않음으로써 발생하는 위험이다. 즉 정부가 관여하지 않는 상태에서 수입자가 대금을 지급하지 않거나 무역계약을 파기하는 위험이다. 수출자가 직면하는 가장 대표적인 위험이다. 신용위험은 예를 들면 수입자의 파산, 지불지체, 계약파기, 계속적인 지급수단부족으로 채무변제를 이행할 수 없는 지급불능, 고의적으로 대금지급을 거절하는 지급거절, 수출어음이 적합하게 제시되었는데도 인수가 유효하게 이루어지지 않는 인수거절 등이 있다.

3) 상업위험

상업위험(commercial risk)은 손해의 원인이 수출자 자신에게 있는 위험으로, 거래에 대한 예측과 실제결과가 다른데서 발생하는 위험으로 기업위험(management risk)이라고도 한다. 이러한 상업위험은 크게 두 가지로 분류해 볼 수 있다. 첫째, 무역거래조건에 대한 교섭의 실패이다. 즉 판단착오 등의 이유로 인해 가격교섭에서 실패한다든지 품질이나 수량의 교섭에 실패하는 경우이다. 둘째, 예측의 실패이다. 즉 가격이 상승하리라고 판단해서 매입해 두었으나, 실제로는 하락한 경우라든지 환율이 상승하리라고 판단했으나 하락한 경우와 같은 가격변동 위험을 말한다. 수출보험에서는 상업위험 중 예측에 관한 위험도 제한적으로 인수하는 경우가 있다.

4) 환위험 및 이자율변동위험

환위험(exchange risk)은 환율변동에 따른 위험을 말한다. 이러한 환위험의 관리는 수출기업들이 원화 강세에 따른 수익성 악화에 대비하여 원가 절감과 비가격경쟁력 확보를 통해 지속적으로 손익분기점 환율을 낮추고 일시적으로 약세가 불가피한 통화의 결제 비중을 축소시키는 것이다. 계약체결시의 환율과 실제 결제시점의 환율의 변동위험(exchange risk)과 금융기관이 고정금리로 대출 후 차주로부터 받은 이자금액과 변동금리대출로 받았을 이자금액을 비교하여 그 차액에 대한 위험(interest risk)을 환위험변동보험이나 이자율변동보험으로 담보한다.

2. 우리나라 수출보험의 운영방법

수출보험은 보험사업의 목적을 효율적으로 운영하기 위하여 정부에서 정하는 바에 따라 수출보험기금을 설치하여 운영하고 있으며, 기금의 결산성 손실이 발생한 때에는 우선적으로 적립금으로 보전하고 그 적립금이 부족할 경우에는 정부가 보전하도록 하여 궁극적으로 국가의 담보력을 근거로 운영하고 있다.

1) 수출보험의 인수

개별보험인수방식과 포괄보험인수방식의 두 가지 방법으로 운영되고 있으므로 이들 중 어느 한 가지 방식에 의하여 보험계약을 체결하면 된다.

(1) 개별보험

개별보험은 수출거래별로 보험계약자가 보험계약을 신청하고 한국무역보험공사가 수출거래별로 보험계약의 인수 여부를 결정한다. 즉 개별보험의 경우는 수입국의 정세, 수입자의 신용상태 등을 보험계약자가 판단하여 위험이 있다고 생각하는 거래에 한하여 개별적으로 부보하기 때문에 보험계약자에게 선택의 자유가 있는 것이 특징이다.

(2) 포괄보험

포괄보험은 보험계약자와 한국무역보험공사가 사전에 포괄보험계약특약을 체결하여 두고 일정기간의 모든 수출거래를 의무적으로 보험에 부보하여 보험자도 이를 자동적으로 인수하는 방식이다. 따라서 보험계약자에게 개별보험에서와 같은 선택의 자유는 없으나 다음과 같은 유리한 점이 있다.

① 포괄보험은 개별보험의 경우보다 보험료율이 할인되어 보험계약자인 수출자 등의 부담이 경감되어 수출경쟁력이 강화된다.

② 저율의 보험료로 수출대금의 미회수위험을 담보 받을 수 있어 수출금융의 혜택을 받기가 쉬워지며, 과감하게 시장개척에 진출할 수 있다.

③ 대상물품의 전부를 보험에 부보하도록 함으로써 특정위험만을 집중적으로 부보하는 이른바 보험의 역선택을 방지할 수 있어 위험의 평준화를 기할 수 있다.

④ 매 건마다 보험계약을 개별적으로 체결할 필요 없이 보험계약관계가 자동적으로 성립되므로 부보절차에 따른 업무가 간소화될 수 있다.

2) 수출보험의 당사자

(1) 보험자

보험자는 K-sure(한국무역보험공사)로 정부재정으로 운영되는 무자본특수법인이다. 한국무역보험공사는 신용조사, 보험인수 및 보상 등 보험관련 업무수행, 수출신용보증제도 운용, 수출보험기금의 관리 및 운용 등의 보험자로서의 기능을 수행한다.

(2) 보험계약자

수출어음보험, 수출신용보증 및 수출보증보험은 은행 등 금융기관이 보험계약을 체결하고 나머지는 수출자 또는 생산자가 보험계약을 체결한다.

(3) 감독기관

산업통상자원부는 정부의 수출보험의 주무부처로서 한국무역보험공사의 예산뿐만 아니라 업무전반에 걸쳐 감독권을 행사하고 있으며, 한국무역보험공사의 심의에 대해 이의가 있는 자로부터 재심청구도 받고 있다.

3) 인터넷을 이용한 수출보험계약체결

K-sure에서 운영하고 있는 사이버영업점을 통해 수출보험계약을 체결하고 있다. 여기서는 수입자 신용조사 의뢰부터 수출보험의 부보까지 수출보험 이용을 쉽고 빠르게 One-Stop으로 처리할 수 있도록 신용조사의뢰, 청약, 수출통지, 결제통지, 대출통지, 보상내역조회, 및 선적후보증료조회, 국별 인수방침조회, 국가등급조회, 국외은행조회, 환율조회 등을 제공하고 있다.

먼저 사용자 등록을 한 후, ID 및 패스워드를 입력하고 수출보험의 청약을 함으로써 수출보험계약을 체결할 수 있다.

• 제3절 우리나라 수출보험 종류

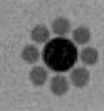

한국무역보험공사는 각종 대외거래와 관련하여 13개의 보험제도와 2개의 보증제도 및 기타 서비스를 제공하고 있다. 수출보험을 크게 구분하면 다음과 같다.

〈표 11-1〉 보험종목별 구분

구 분	대 상	보험 종류
단기성 종목	결제기간 2년 이내의 수출거래 대상	단기수출보험, 수출신용보증(선전적, 선적후, Nego), 중소중견 Plus+보험 등
중장기성 종목	결제기간 2년 초과 수출거래 대상	중장기수출보험(선적전, 공급자신용, 구매자신용), 해외사업금융보험, 해외투자보험(주식, 대출금, 보증채무, 부동산에 대한 권리), 해외자원개발펀드보험, 해외공사보험, 수출보증보험, 이자율변동보험, 서비스종합보험 등
기타 보험종목 및 서비스	수입자 신용조사 서비스, 해외채권 추심대행 서비스 등	환변동보험, 탄소종합보험, 녹색산업 종합보험 등

1. 단기수출보험(선적후)

1) 제도개요 및 상품의 특성

① 제도개요

수출자가 수출대금의 결제기간 2년 이하의 수출계약을 체결하고 물품을 수출한 후, 수입자(L/C거래의 경우 개설은행)로부터 수출대금을 받을 수 없게 된 때에 입게 되는 손실을 보상하는 제도이다.

② 상품특성

대금미회수위험(신용위험, 비상위험)을 담보하기 위한 제도이다.

2) 상품구조

수출보험에 가입절차와 보험금 지급에 대한 구조는 아래 [그림 11-1]과 같다.

[그림 11-1] 수출보험의 거래구조

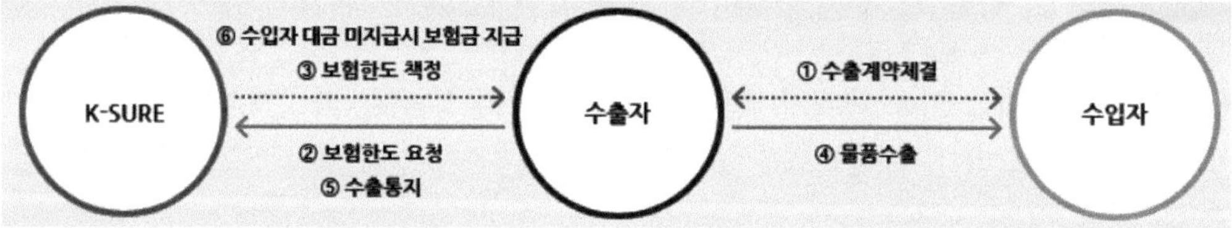

출처: http://www.ksure.or.kr

3) 대상거래

결제기간 2년 이내의 일반수출, 위탁가공무역, 중계무역, 재판매[148] 거래이다. 이때 수출은 수출보험의 성격상 손실의 발생이 있어야 하므로 유상수출에 한정되며, 무상수출은 제외된다.

4) 이용요건 및 보험증권 유효기간

① 이용요건

- 수출자 : 국내에 주소를 둔 수출기업으로 공사 수출자 신용등급 F급 이상

148) 수출자가 해외지사(현지법인 포함)에 물품을 수출하고, 동 해외지사가 당해 물품을 현지 또는 제3국에 재판매하는 거래를 말한다.

• 수입자 : 공사 국별인수방침 인수제한국가에 소재하지 않는 수입자로, 공사 수입자 신용등급 F급 이상149)

② 보험증권 유효기간

• 최종 수출일로부터 1년(수출실적 없을 경우 한도책정일로부터 1년)

5) 주요 계약사항

구 분	내 용
보험계약자	수출자
보험가액	수출대금
부보율	• 일반수출, 위탁가공무역 : 중소기업 100% / 중견기업 97.5% / 대기업 95% • 재판매 : 95% • 중계무역 : 95% 이내 • 상기 부보율은 K-sure가 별도로 정한 국가별인수방침에 따라 달라질 수 있음
보험금액	보험가액 × 부보율
지급보험금	(손실액 - 면책대상손실) × 부보율
보험료	보험금액 × 보험요율(요율은 수입자 신용등급, 결제기간 등에 따라 결정)
보험증권 유효기간	최종 수출일로부터 1년(수출실적 없을 경우 한도책정일로부터 1년)

6) 가입절차

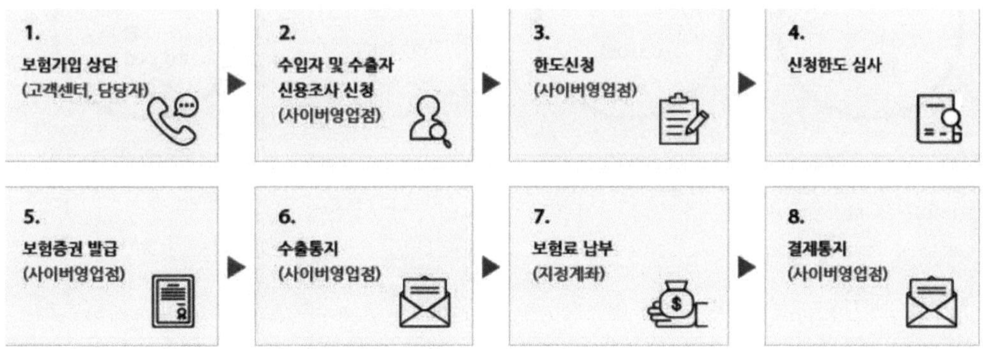

149) 해외신용조사기관으로부터 입수된 국외기업 신용정보를 근거로 K-sure의 평가기준에 따라 평가한 등급으로서 A~F급은 인수가능 등급, G급은 인수제한 등급(보험가입 여부를 협의 후 결정), R급은 신용거래정보 또는 금융질서 문란자, 파산 또는 이에 준하는 자, 보험사고발생 귀책자, 보험료 미납자 등에 해당되어 인수불가 등급으로 되어 있다(한국무역보험공사, 「무역보험 제도해설 I」, 2010. 참조).

7) 보상절차

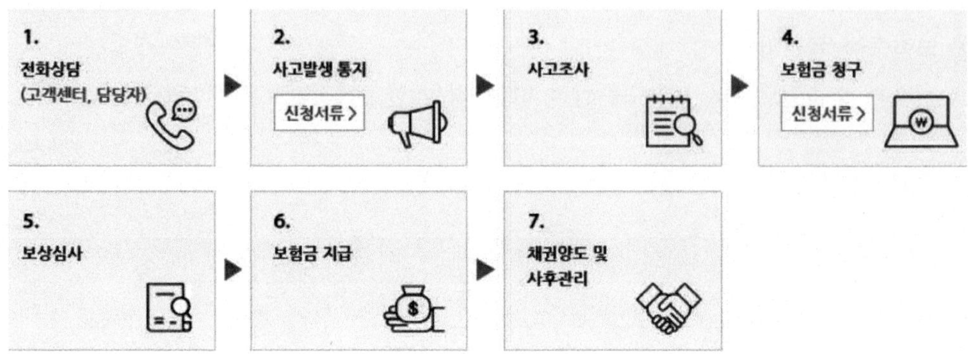

출처: http://www.ksure.or.kr

8) 제도운영 예시

① 한도책정 및 통보

- 신용조사가 완료 후 이용에 제한사항이 없는 수입자에 대하여 보상한도 U$20만 요청
- 수출자가 사이버영업점을 통해 신청한 U$20만 보상한도 책정 후 한도책정 통보문 발송

② 보험관계 성립

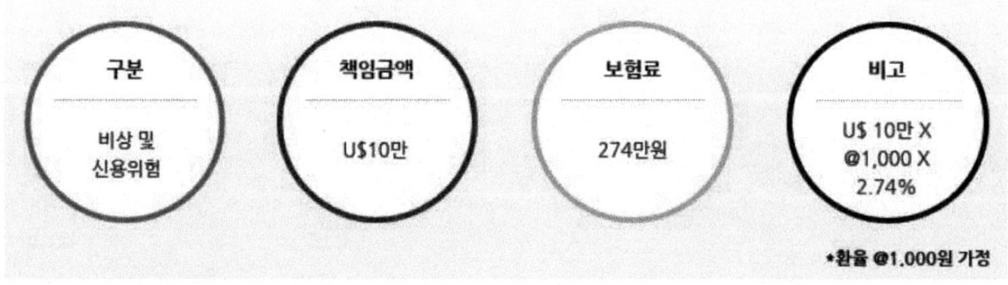

출처: http://www.ksure.or.kr

③ 보험료 납부

- 책임금액 미화 10만 달러일 경우 수출한 다음달 25일 274만 원 납부
- 보험료는 평균 2.74%이며, 기간이 짧을수록 수입자의 신용등급이 우수할수록 저렴

④ 결제기간 만기시

- 입금 : 사이버영업점을 통해 결제통지 등록으로 보험관계 종결
- 미입금 : 수출대금이 결제되지 않을 시 만기일로부터 1개월 이내 사고발생 통지 이후 만기일로부터 2개월 뒤 보험금 지급청구, 보험금 지급청구일로부터 2개월 이내 보험금 지급

9) 면책사례

① 연속수출로 인한 손실

수출건에 대해 결제일이 도래하였으나 수입자가 이를 지급하지 않고 있는 경우 약관은 향후 수출건에 대한 대금결제능력이 없는 것으로 간주한다. 즉 수출자가 동일한 수입자에게 계속적으로 수출하는 경우, 이전 선적건의 수출대금이 결제일로부터 30일이 경과한 날까지 수출대금이 결제되지 않은 상태에서 추가적으로 수출한 거래(연속수출)에서 발생한 손실에 대해서는 보험금을 지급하지 않는다.

② 보험계약자(수출자), 보험계약자의 대리인이나 피사용인의 고의 또는 과실로 인하여 발생한 손실

물품하자, 선적기일 미준수, 계약조건 위배 등 수출계약 이행과정에서 수출자의 귀책이 있는 경우이다.

③ 물품의 멸실, 훼손 또는 기타 물품에 대해 발생한 손실

물품의 멸실, 훼손 등으로 인한 손실로써 수출자가 수입자에게 대금청구권이 없는 경우

④ 보험계약자가 법령을 위반하여 취득한 채권에 대해 발생한 손실

공법(公法) 및 행정법(行政法)상의 법령을 위반하는 거래(마약거래, 허가대상임에도 불구하고 허가받지 않은 전략물자거래, 인신매매 등)를 행함으로써 취득한 채권을 말한다.

⑤ 수출거래가 아래의 경우에 해당되는 경우

신용장방식 수출거래에서 신용장조건으로 명시된 서류가 당해 신용장조건에 일치하더라도 그와 별도로 신용장개설은행의 대금지급책임이 면제 또는 경감될 수 있는 내용을 포함하고 있는 경우이다.

그리고 무신용장방식 수출거래에서 수출계약 등에 의하여 수출계약 상대방의 대금지급책임을 면제 또는 경감한다는 내용을 약정하고 있는 거래이다.

⑥ 보험계약자가 약관상 K-sure에 알려야 할 고지의무를 위반함으로써 발생한 손실

⑦ 인수한도를 책정받고 수출을 하였으나 수출통지를 하지 않은 경우

⑧ 보험료를 납부하지 않은 경우

⑨ 기타 조사에 협조할 의무 등 약관상 수출자의 의무사항을 위배함으로써 발생한 손실

◎ 변제 충당

수출자와 수입자 사이에 결제기일이 다른 수개의 채무가 있는 경우, 수입자가 지급하는 결제대금은 결제기일(결제기일이 연장 된 경우 최소의 결제기일) 도래순으로 결제된 것으로 간주하는 약관 규정이다. 즉, 수개의 채무 중 수입자가 일부결제를 하고 수출입자간 특정건에 대한 대금지급임을 합의한다 하더라도, K-sure와 보험계약자 사이에는 만기일이 먼저 도래한 건이 결제된 것으로 간주한다.

10) 주요 면책사례

〈사례 1〉 연속수출

선적건	'16.3.15	'16.5.14	'16.5.15	'16.6.14	'16.6.15	'16.10.29	'16.10.30	'16.11.1	판정
A	수출	결제기일		결제기일 30일경과		결제전일	결제일		-
B			수출					사고통지	보상
C					수출			사고통지	면책

출처: http://www.ksure.or.kr

- 선적건 A로 인한 연속수출
  - * 대상기간 : '16. 6. 14 ~ '16. 10. 29
  - * 결제기일로부터 30일이 경과한 날까지 수출대금이 결제되지 않은 상태에서 동일한 수입자에게 추가로 수출한 거래
    - 선적건 B : 수출일('16.5.15)이 연속수출 대상기간이 아니므로 보험금 지급함
    - 선적건 C : 수출일('16.6.15)이 연속수출 대상기간이므로 전액 면책 처분함

〈사례 2〉 고지의무 위반

- 수출자 E사는 인도의 F사와 자동차부품을 공급하는 계약을 체결하고 거래를 진행해오다 단기수출보험을 알게 됨
- 수출자가 보험 가입 이전에 수입자와 신용거래한 수출대금 U$7만이 만기일이 지나도록 결제되지 않고 있음에도 불구하고, 이를 공사에 알리지 않은 채 인수한도를 청약하여 U$10만의 인수한도를 책정 받음. 그 후, 과거 신용거래 수출대금 U$7만은 결제되었으나 보험에 가입한 수출건은 수입자의 지급지체로 사고발생 함
- 사고조사과정에서 인수한도 청약시 미결제상태였던 이전 거래건의 존재가 밝혀졌으며 이는 약관 제9조의 보험계약자의 중요사항 고지 의무 위반에 해당되어 공사는 약관 제8조에 의거 보험관계를 해지하고 보험금 지급을 거절함

2. 단기수출보험(포페이팅)

1) 제도개요 및 상품특성

(1) 제도개요

은행이 포페이팅 수출금융 취급 후 신용장 개설은행으로부터 만기에 수출대금을 회수하지 못하여 입게 되는 손실을 보상한다.

(2) 상품특성

신용장에 의한 수출채권을 비소구조건으로 매입한 은행의 미회수위험을 담보한다.

- 보험계약자 : 금융기관
- 결제기간 : 2년 이내
- 보상 및 소구 : 수출대금 미결제시 은행에 무조건 보상(별도 사고발생 통지 없음)

※ 수출자 귀책의 경우 보험자 대위에 의거 수출자 앞으로 소구

구분	단기수출보험	선적후 수출신용 보증	포페이팅 보험
보험계약자	수출자	은행	은행
부보대상 거래	LC 및 Non-L/C	LC 및 Non-L/C	Usance L/C
Usance L/C 단보위험	인수거절 위험 포함	인수거절 위험 포함	인수거절 위험 없음

(3) 상품구조

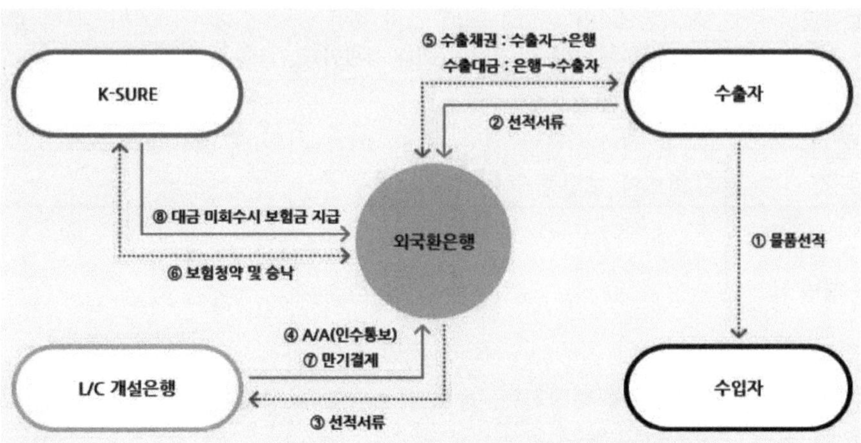

※ A/A(Advice of Acceptance, 인수통보) : 개설은행이 만기에 대금결제를 하겠다는 확약 통보

출처: http://www.ksure.or.kr

(4) 대상거래

일반수출, 위탁가공무역, 중계무역

(5) 이용요건 및 보험증권 유효기간

① 이용요건

- 수출자 : K-sure 신용등급 G급 이상
- 결제기간 : 2년 이내
- 수입국 : 국별인수방침 적용
- 개설은행 : 순자산 U$10백만 이상

② 보험증권 유효기간

- 보험증권 미발행(한도 책정방식이 아닌 대상건에 대한 자동인수 또는 건별 승낙으로 별도의 보험증권이 없음)

(6) 주요 계약사항

〈표 11-2〉 단기수출보험(포페이팅)의 주요 계약 사항

구 분	내 용
보험계약자	금융기관
대상거래	포페이팅
담보위험	수출대금 미상환 위험
보상비율	95%(중견기업 97.5%, 중소기업 100%)
지급보험금	수출대금 원금 중 보험금 지급일까지 결제받지 못한 금액의 95%(중견기업은 97.5%, 중소기업 100%)+결제 받지 못한 금액에 대한 만기일로부터 보험금 지급일까지의 포페이팅 약정이자(최대 2개월)
보험료	보험금액 × 보험요율
보험증권 유효기간	보험증권 미발행(한도 책정방식이 아닌 대상건에 대한 자동인수 또는 건별승낙으로 별도의 보험증권이 없음)

(7) 운영방식

- 한도책정 방식이 아닌 자동인수 또는 건별 승낙한다.
- 자동인수 : 일정요건에 해당하는 경우 자동으로 보험관계 성립
- 건별 승낙 : 자동인수 요건에 부합하지 않는 경우

〈표 11-3〉 단기수출보험(포페이팅)의 운영방식

구분	요건	비고
건당 수출금액	• 대기업(중견기업 포함)U$3백만 이하 • 중소기업 U$1백만 이하	신용장금액이 아닌 포페이팅 거래건당 금액
결제기간	180일 이내	-
수입국	국별인수방침상 신용장거래 정상인수국가로서 국별 신용등급 1~4등급	개설은행 소재국 기준
개설은행	순자산 U$ 3억 이상	본점기준

3. 환변동보험

(1) 제도개요

① 환변동보험

수출 또는 수입을 통해 외화를 획득 또는 지급하는 과정에서 발생할 수 있는 환차손익을 제거, 사전에 외화금액을 원화로 확정시킴으로써 환율변동에 따른 위험을 헤지(hedge)하는 상품이다.

- 환변동보험(선물환방식)은 환위험 관리여건이 취약한 중소기업이 환위험을 손쉽게 헤지할 수 있도록 제도/비용면의 지원을 통해, 적극적인 무역활동을 할 수 있도록 지원한다.
- K-sure는 보험인수 시 시중은행을 통해 전액 헤지하므로, 환변동보험 운영에 따른 K-sure의 이익은 없다.

② 환헤지

환율변동에 따른 위험을 없애기 위하여 현재 수준의 환율로 수출이나 수입, 투자에 따른 거래금액을 고정시키는 것을 환헤지(foreign exchange hedge)라고 한다.

③ 수출입거래에서 환위험

- 수출거래 : 환율하락 → 수출대금 수취 시 원화표시 영수금액 하락
- 수입거래 : 환율상승 → 수입대금 지급 시 원화표시 지급금액 상승

④ 환헤지의 목적

환율변동에 관계없이 원화기준 미래 현금흐름의 확정을 통해 안정적인 영업활동 영위하며 환율변동에 따른 손익을 제한하고 수출입 거래를 통해 안정적으로 수익을 확보하는 것이다.

⑤ 환헤지에 대한 잘못된 인식

- 환율예측을 통한 헤지거래 이익 추구 : 환율예측은 불가능하며, 예측이 틀릴 경우 손실이 발생한다.
- 외화를 싸게 사고 비싸게 팔기 : 환위험관리는 환거래를 통한 이익 추구가 아닌, 환율변동에 따른 불확실성 제거, 축소를 통한 사업의 안정성 추구이다.

  ※ 잘못된 환위험 관리는 환투기(FX Speculation)와 같다.

(2) 상품구조

[그림 11-2] 환변동보험 거래구조(수출거래 기준)

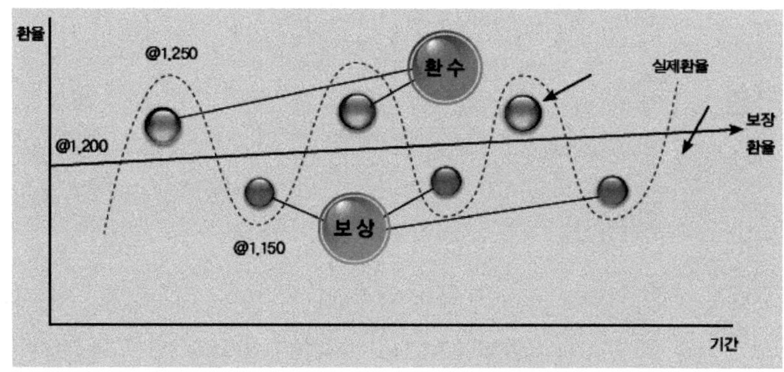

(3) 이용요건

- 보험 대상통화 : USD, JPY, EUR, CNY
- 이용대상 기업 : 신용상 개설 신청에 문제가 없는 국내기업

신용상 문제점이 있는 기업

1. 신용불량기업
   - 기업구조조정촉진법상 부실 징후기업
   - 채무자 회생 및 파산에 관한 법률에 의하여 회생절차 개시결정을 받은 기업
   - 신용등급에 의거 특례평가 G급 또는 R급인 기업
   - 보험계약자 또는 연대보증인이 신용관리대상정보의 등록사유 발생시킨 경우
2. 보험료를 납부하지 않아 보험계약이 해제된 경험이 있거나, 이익금을 연체 중인 기업
3. 보험료 또는 보증료를 연체 중인 기업
4. 환수금 회수특례보증을 이용 중인 기업
5. 사업장 4대 사회보험료 연체 중인 기업
6. 휴폐업 상태인 기업
7. 국세 및 지방세를 체납 중인 기업
8. 부실자료 제출 기업

※ 단, 부분보장 및 완전보장 옵션형의 경우 신용등급 미평가 수출자 및 특례 G급도 이용 가능

〈표 11-4〉 우리나라 수출보험상품 종류

구 분		내 용
단기성보험	단기수출보험	수출대금의 결제기간이 2년 이내인 수출계약을 체결한 후 수출이 불가능하게 되거나 수출대금을 받을 수 없는 경우의 손실 보상
	중소중견 Plus+보험	보험계약자인 수출기업은 연간 보상한도에 대한 보험료를 납부하며, 수입자 위험, 신용장 위험 등 보험계약자가 선택한 담보위험으로 손실이 발생할 때 공사는 책임금액 범위 내에서 손실 보상
	수출안전망보험	기존 단체보험 제도를 활용, 특정단체가 보험계약자로써 수출초보 중소기업(연간 수출 U$10만 이하)에 대한 대금미회수 위험 보장
중장기성보험	중장기수출보험	결제기간이 2년을 초과하는 수출계약을 체결한 후 수출이 불가능하게 되거나 수출대금을 받을 수 없는 경우에 입게 되는 손실 보상
	수출보증보험	금융기관이 해외공사계약 또는 수출계약과 관련하여 수입자에게 보증서(bond)를 발급 후, 보증채무를 이행 시에 발생하는 손실 보상
	해외공사보험	해외건설공사등의 기성고방식 또는 연불수출방식 수출에서 수출대금의 미회수 또는 투입장비의 권리상실 등으로 입게 되는 손실 보상
	해외투자보험	주식취득 등 해외투자 후 원리금, 배당금 등을 회수할 수 없게 될 경우 이를 보상
	해외사업금융보험	국내외 금융기관이 수출증진, 외화획득 효과가 있을 것으로 예상되는 해외사업에 자금을 대출하고 회수하지 못하는 경우의 손실 보상
	서비스 종합보험	국내 서비스사업자가 서비스를 의뢰한 해외수입자에게 서비스를 제공하고 수입국 또는 수입자 책임으로 서비스대금을 받지 못하는 경우의 손실 보상
	이자율변동보험	금융기관의 조달금리(변동금리)와 수출자금 제공금리(고정금리)간 차이로 인해 발생하는 손실 보상(이익은 환수)
	수출기반보험	금융기관이 국적외항선사 또는 국적외항선사의 해외현지법인(SPC 포함)에게 상환기간 2년 초과의 선박 구매자금을 대출하고 대출원리금을 회수할 수 없게 된 경우에 발생하는 손실 보상
환변동보험		수출업체에 일정환율을 보장해 준 후 수출대금 입금 또는 결제시점 환율과 비교하여 환차손 발생시 보상하고 환차익 발생 시 환수
기타보험	탄소종합보험	교토의정서에서 정하고 있는 탄소배출권 획득사업을 위한 투자, 금융, 보증 과정에서 발생할 수 있는 손실을 종합적으로 담보하는 보험
	녹색산업종합보험	지원 가능한 특약항목을 『녹색산업종합보험』 형태로 제정하고, 녹색산업에 해당되는 경우 기존이용 보험약관에 수출기업이 선택한 특약을 추가하여 우대하는 제도
	해외자원개발 펀드보험	해외자원개발사업에 투자하여 발생할 수 있는 손실 보상(수출보험기금과 별도로 투자위험보증계정 운영)

구 분		내 용
신용보증	선적전보험 선적후보험	수출입자가 수출입계약과 관련하여 금융기관 등으로부터 대출을 받거나 환어음 매각에 따른 금융기관앞 수출금유채무를 공사가 연대보증

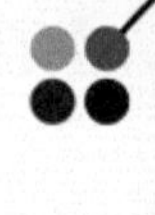

제12장 수입보험

1. 수입보험의 개념

수입보험(수입자용)은 국내수입기업이 선급금을 지급조건으로 하는 수입거래에서 비상위험 또는 신용위험으로 인해 선급금을 회수할 수 없게 된 경우에 발생하는 손실을 보상하는 제도로 2010년 7월 6일에 도입되었다.

원유, 철, 시설재 등 국민경제에 중요한 자원이나 물품을 수입하는 경우 국내기업이 부담하는 선급금 미회수 위험을 담보하거나 국내기업에 대한 수입자금 대출지원이 원활하도록 지원하는 제도로서 수입자와 금융기관이 이용할 수 있다.

2. 수입보험의 종류

1) 수입자용 수입보험

국내기업이 주요자원의 수입을 위하여 해외에 소재하는 수입계약 상대방에게 선급금을 지급하였으나 비상위험 또는 신용위험으로 인하여 선급금이 회수되지 못함에 따라 발생하는 손실을 보상한다.

2) 금융기관용 수입보험

금융기관이 주요자원의 수입을 위하여 필요한 자금을 국내수입기업에 대출하였으나 국내기업의 파산 등으로 대출금이 회수되지 못함에 따라 발생하는 손실을 보상한다.

3. 수입보험 대상 및 구조

1) 수입보험의 대상

아래 물품을 선급금지급 후 2년 이내에 선적하여야 하는 수입거래(중계무역 제외)이다.

① 주요자원

철, 동, 아연, 석탄, 원유 등

② 시설재[150)]

관세법 제95조 제1항 제1호의 오염물질 배출방지 · 처리물품 및 제2호의 폐기물처리 물품
관세법 제95조 제1항 제3호의 공장자동화 물품
관세법 제90조 제1항 제4호의 산업기술연구 · 개발용 물품

③ 첨단제품

산업발전법 제5조의 "첨단제품"(기술은 제외/산업통상자원부 발급 '첨단제품 확인서' 필요)

④ 외화획득용 원료

대외무역관리규정의 "외화획득용 원료"

2) 수입보험 구조

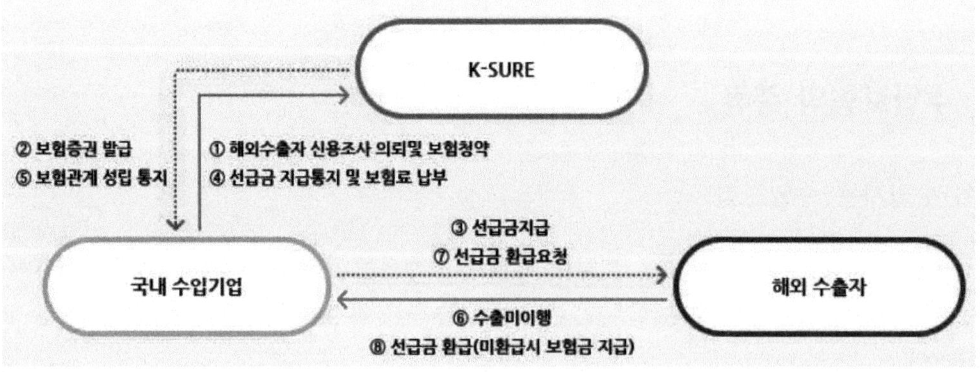

출처: http://www.ksure.or.kr

---

150) https://www.ksure.or.kr/insur/importer01.do 참조.

4. 이용요건 및 보험증권 유효기간

① 이용요건

- 보험계약자(수입자) : K-sure 신용등급 D급 이상
- 수입계약상대방 : K-sure 신용등급 D급 이상

② 보험증권 유효기간

별도의 중단통보가 없는 한 기한의 제한 없이 회전방식으로 운영으로 된다. 단, 한도책정 후 최종 선급금지급일로부터 1년이 경과된 경우에 한도는 소멸된다.

5. 수입보험 운영방식

수입보험(수입자용)은 한도를 책정 받고 건별로 보험에 가입하는 일반방식과 수개의 수입자를 하나의 보험으로 가입하는 Pooling 특약방식으로 운용된다.

(1) 운영 방식

〈표 12-1〉 한도책정방식 및 Pooling 특약방식 주요사항 비교

구분	한도책정방식	Polling 특약방식
보험계약자	K-sure 신용등급 F급 이상인 국내기업	
보험계약 상대방	K-sure 신용등급 F급 이상의 외국기업	신용등급에 대한 평가 없이 check list 심사를 통해 적격으로 판정된 외국기업
보험증권 유효기간	별도의 중단통보가 없는 한 기한의 제한 없이 회전방식으로 운영 단, 한도책정 후 최종 선급금 지급일로부터 1년이 경과된 경우에는 한도 소멸됨	보험증권 발행일로부터 1년
보상한도 (책임금액)	수입계약상대방의 총액한도 범위내에서 거래실적, 신용등급 변동사항, 향후거래 계획등을 감안하여 책정	U$50만 범위 내에서 국내수입기업이 선택 U$20만 이상, U$5만 단위로 선택. 단, 1개 수입계약 상대방에 대한 보험금 지급액은 U$20만을 초과할 수 없음
부보방식	해외수출기업과의 거래를 개별적으로 보험가입	다수의 수입자를 하나의 보험증권으로 담보

구분	한도책정방식	Polling 특약방식
선급금 지급통지	선급금을 지급한 후 10 영업일 이내로 선급금 지급내역 통지 통지건에 대해서만 보험관계 성립	선급금 지급내역 통지 없이 보험관계 성립
보험요율	수입계약상대방의 신용등급 및 거래 기간에 따라 차등부과 통지건에 대하여 보험료 부과	연간단위로 보험료 부과 보험증권 발급전 보험료 선납

① 보험료

- 보험요율
  1년 기준으로 0.36%(A등급) ~ 1.26%(F등급) 수준이며, 신용등급 및 거래기간에 따라 차등 부과함
- 보험기간
  선급금 지급일 ~ 선급금 환급기일
- 보험료 납부
  선급금 지급일 다음 달 25일까지 납부

(3) 이용방식

〈표 12-2〉 수입보험의 이용방식

일반방식	Pooling 특약방식
① 국내수입자 신용조사(K-sure) ② 해외수출자 신용조사(K-sure) ③ 보험청약(국내수입자) ④ 보험증권 발급(K-sure) ⑤ 선급금 지급통지 및 보험료 납부(국내수입자)	① 국내수입자 신용조사(K-sure) ② 보험청약(국내수입자) ③ 책임금액신청 및 보험료 납부(국내수입자) ④ 보험증권 발급(K-sure)

(4) 주요 면책사례

- 수입계약상대방의 신용악화 상태에서의 추가 사고를 방지하기 위하여, 사고발생건 선급금 지급일로부터 소급하여 1년 이내 기간 중 선급금 환급기일이 도래한 거래(이 보험에 들지 않은 거래 포함)의 선급금이 환급기일로부터 30일이 경과한 날까지 환급되지 않은 상태에서 추가로 지급한 선급금은 면책대상임
- 수입물품이 수입보험 지원대상 물품이 아닌 경우
- 멸실, 훼손, 나포, 물품하자 등 수입화물과 관련되어 발생한 손실 등

수입보험(수입자용) 청약서

한국무역보험공사 귀중 년 월 일

수입보험(수입자용) 약관을 충분히 숙지하고 다음과 같이 청약(신청)합니다.

청약인 (수입자)	상 호 : 주 소 : 대표자 : (인)	
	담당자 성명 : e-mail :	전화 : 팩스 :

1. 보상한도 관련사항

한도의 종류	□ 신규한도 □ 증액한도	한도 신청액	

2. 수입계약상대방 관련사항

상호		대표자	
주소		소재국	
청약인인 수입자와 수입계약상대방의 관계가 약관 제3조제3항의 본지사 관계에 해당하는지 여부		□ 여 □ 부	

3. 지급보증 관련사항(지급보증이 있는 경우에만 기재)

지급보증인	상호		대표자	
	주소		소재국	

4. 수입계약 관련사항

거래품목[1)]			
선급금 환급조건[2)]		최장 선급금 환급기일[3)]	
선급금 예정금액		선급금 비율	수입대금의 ( )%
향후 1년간 선급금 거래금액			
이면계약 존재 여부	□ 있음 □ 없음		

주 1) 청약하지 않은 품목은 보험관계가 성립될 수 없으니 거래가 예상되는 품목은 빠짐없이 기재하여 주시고 ( )안에 HS코드를 기재하여 주시기 바랍니다.

2) 선적기일로부터 30일 또는 선급금지급일로부터 120일 등 구체적으로 기재하여 주시기 바랍니다.

3) 선급금 지급일부터 계산하여 예상되는 최장 선급금 환급기일을 기재하여 주시기 바랍니다.

5. 선급금 지급조건 거래경험 관련사항 (기존 거래경험이 있는 경우, 해당부분에만 기재)

최초 거래시점 : 년 월				
최근 1년간 (또는 전년도) 거래실적	수입금액	선급금 지급금액	선급금 지급 후 평균 선적기간	선적기일 경과 미선적액4)
최근 1년 이내 선급금환급기일로 부터 30일 경과 후 환급된 경험	건수 :		금액 :	
	지연사유 및 결과 :			
총 거래기간 중 분쟁발생 경험	건수 :		금액 :	
	분쟁사유 및 결과 :			

4) 선급금을 지급하였으나 선적기일이 경과토록 미선적된 계약건이 있는 경우 이를 기재하여 주시기 바랍니다.

6. 대행 수출여부 및 실수출자 관련사항[5)]

대행수출 여부		□ 여 □ 부	
상 호		대표자	
주 소		소재국	
계약서상 수출자와의 관계			
계약서상 대금지급 책임인			
대행수출 사유			

5) 중국지역으로부터의 수입인 경우, 대행수출로 인하여 선급금지급 책임을 부담하는 실수출자가 별도로 존재할 수 있는 바, 실수출자가 있는 경우에는 반드시 실수출자를 기재하여 주시기 바랍니다.

7. 물품공급업체 관련사항 (수입계약상대방이 비제조업체인 경우 기재)

상 호		대표자		
주 소		소재국		
수입계약상대방과 물품공급업체의 관계				
최근 1년간(또는 전년도) 거래실적	수입금액	선급금 지급금액	선급금 지급 후 평균 선적기간	선적기일 경과 미선적액[6)]

6) 선급금을 지급하였으나 선적기일이 경과토록 미선적된 계약건이 있는 경우 이를 기재하여 주시기 바랍니다.

8. 기타 특기사항[7)]

7) 최근 수입계약상대방의 신용상태악화 등 보험관계 성립에 영향을 미치는 사항이 있는 경우 반드시 기재하여 주시기 바랍니다. 아울러, 보험금청구권을 양도하고자 하는 경우 보험금 청구권 양수인을 기재하여 주시기 바랍니다.

※ 첨부서류 : 동일 수입계약상대방과의 수입실적증명서 (수입실적이 있는 경우에 한함)

※ 청약서는 선급금지급 10일 이전까지 제출하여 주시기 바랍니다.

수입보험(수입자용) 선급금 지급내역 통지서

한국무역보험공사 귀중 　　　　　　　　　　　　　　　　　　　　　　년　　월　　일

수입보험(수입자용) 약관에 의거 다음과 같이 선급금 지급내역을 통지합니다.

보 험 계약자	상　호 : 주　소 : 대표자 : (인)
	담당자 성명 : 　　　　전화 : 팩스 :

증권번호	-　　　-	관리번호[1)] (상업송장번호 등)	
선급금 지급일[2)]	년　　월　　일	선적기일	
선급금 지급액			
수 입 품 목[3)]			
선급금 환급기일[4)]	□ 선적기일로부터 (　　　　)일 이내 □ 선급금 지급일로부터 (　　　　)일 이내 □ (　　)월 (　　)일		
특 기 사 항[5)]			

주: 1. 계약서번호, 상업송장번호 등 보험계약자가 내부적으로 관리하기 위하여 부여한 번호를 기입하여 주시기 바랍니다.
2. 선급금을 지급한 날을 기재하여 주시기 바랍니다.
3. 보험증권에 명기된 수입품목에 한하여 보험관계가 성립되므로 수입품목을 정확하게 기재하여 주시고, HS코드를 반드시 부기하여 주시기 바랍니다.
4. 수입계약서에 따른 선급금 환급기일을 기재하여 주시고, 수입계약서에 선급금 환급기일이 명시되어 있지 않는 경우에는 선적기일에 60일을 더한 날로 기재하여 주시기 바랍니다.
5. 분쟁, 선적지연 등 보험인수에 영향을 미치는 사항은 반드시 기재하셔야 합니다.

☞ 수입보험(수입자용) 보험계약에서 동일한 수입계약상대방에게 계속적으로 선급금을 지급하는 경우, 선급금지급일로부터 소급하여 1년 이내의 기간 중 선급금환급기일이 도래한 거래의 선급금이 환급기일로부터 30일이 경과토록 환급되지 않은 상태에서 추가로 지급된 선급금에 대하여 발생한 손실은 보험자 면책이므로 보험금이 지급되지 않습니다.

☞ 본 통지서는 선급금지급일로부터 10영업일 이내에 등기우편이나 인편 또는 팩스로 제출하셔야 합니다. 다만, 팩스 제출의 경우 유선으로 공사 담당자의 수취 여부를 확인하셔야 합니다.

제5편

적하보험실무

제13장 적하보험실무의 기초

• 제1절 보험서류와 발행

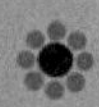

1. 보험서류 종류

보험서류에는 보험증권(insurance policy), 보험증명서(certificate of insurance) 또는 보험확인서(insurance declaration), 보험인수증(cover note)이 있으며 보험증권에는 예정보험증권(open policy), 확정보험증권(definite policy)이 있다.

1) 보험증권

개별예정보험계약이 체결되면 예정보험증권이 발행된 후 확정통지에 의해 확정보험증권이 발행된다. 그리고 포괄예정보험계약이 체결되면 그에 관한 특약서를 교환하거나 예정보험증권이 그 증거로서 교부되고, 나중에 확정통지에 의해 보험증명서 또는 요구에 따라 확정보험증권이 교부된다. 신용장거래인 경우 보험증권은 포괄예정보험에 의한 보험증명서 또는 통지서를 대신하여 수리 가능하다고 규정[151]하고 있다.

보험증권은 보험계약의 성립을 증명하며 보험자가 보험계약자의 청구에 의하여 발행하는 것을 원칙적으로 양도가 가능한 유통증권이며 또한 보험계약에 관한 증거증권 또는 면책증권이다.

2) 보험인수증

보험중개사는 청약서를 기초로 슬립(slip)을 작성한 후 이를 보험자에게 제시하고 보험계약의

151) 신용장통일규칙 제28조 d항.

승낙을 받는다. 보험인수증(cover note)은 보험중개사가 발행하는 서류로 피보험자가 의뢰한 조건대로 보험을 수배하였음을 피보험자에게 통지하는 증빙서류에 불과하며 법적 서류로서 인정되지 않는다. 그러나 해상보험계약의 청약이 승낙된 때를 증명하기 위한 서류[152]로 사용될 수 있다.

보험중개사(insurance broker)가 발행한 보험인수증(cover note)은 신용장통일규칙[153]에서는 무조건 수리하지 않는 것으로 규정하고 있다. 보험인수증은 소지인이 보험자에 대하여 직접보상청구를 할 수 없고 보험중개사에게 청구를 하고 이를 다시 보험자에게 청구하여야 하므로 소지인에게 불리하다.

2. 보험서류의 발행 및 기타

1) 보험서류의 발행인

보험증권이나 보험서류는 보험회사(insurance company), 보험업자(underwriters) 또는 그 대리인(agent) 또는 대리업자(proxy)에 의하여 발행[154]되어야 하고 서명된 것으로 보여야 한다. 서명은 육필로 하는 것이 상례이지만, 서명이 인쇄되어 있는 경우에도 수리가 가능하다.

2) 보험서류 부보금액의 표시통화

보험서류는 보험부보의 금액을 표시하여야 한다. 적하의 보험금액은 물품가액 또는 송장가액(CIP 또는 CIF가액)에 희망이익을 가산한 금액이지만, L/C 등에 특별한 지정이 없으면 가액의 110%로 하는 것이 관행이다. 여기서 10%는 희망이익을 말한다. CIF 또는 CIP 가격이 결정될 수 없는 경우, 보험부보금액은 인수·지급 또는 매입이 요청되는 금액 또는 송장에 표시된 물품의 총가액 중 더 큰 금액을 기초로 하여 산정되어야 한다.

신용장에서 특정통화를 부보하도록 요구하는 경우에는 그에 따른다. 즉 어음상의 표시통화를

152) 영국해상보험법 제21조 (보험계약이 성립된 것으로 간주되는 시기) 해상보험계약은 보험증권의 발행여부에 관계없이 피보험자의 청약이 보험자에 의해 승낙된 때 성립한 것으로 간주한다. 그리고 청약이 승낙된 때를 증명하기 위해서 슬립이나 보험인수증서 또는 기타 관례적인 계약각서를 참조할 수 있다.

153) 신용장통일규칙 제28조 c항.

154) 신용장통일규칙 제28조 (보험서류 및 보험증권) a항 보험증권, 포괄예정보험에 의한 보험증명서 또는 통지서와 같은 보험서류는 보험회사, 보험업자 또는 그들의 대리인 또는 그들의 대리업자에 의하여 발행되고 서명된 것으로 보여야 한다. 대리인 또는 대리업자에 의한 모든 서명은 그 대리인 또는 대리업자가 보험회사 또는 보험업자를 위하여 또는 그들을 대리하여 서명하였는지 여부를 표시하여야 한다.

부보하도록 하면 이에 따라야 한다. 그러나 신용장에서 명시가 없는 경우에는 신용장의 표시통화로 부보하여야 한다.

3) 보험기간

보험기간이란 보험회사가 책임을 부담하는 기간을 말한다. 보험증권 본문에 있는 보험기간약관(duration of risk clause)에 의하면 보험자가 위험을 담보하는 시기는 화물이 선적항에서 본선에 적재되는 때이며, 종기는 화물이 도착지에 도착되어 양륙되는 때라고 되어 있다. 그러나 협회적하약관의 운송약관(Institute Cargo Clause)으로 약정하는 경우에는 해상운송 전후에 입고되기까지의 위험을 담보하여야 한다. 그러나 도착지의 본선으로부터 양륙된 후 60일까지로 제한한다.

4) 보험수혜자와 백지배서

보험의 당사자에는 보험자, 보험계약자와 피보험자가 있다. 보험자는 보험회사, 보험계약자를 보험을 부보하는 자, 피보험자는 보험금을 지급받는 자를 말한다.

수출자가 부보하는 경우에는 수출자를 보험계약자로 하고 수입자를 피보험자로 하는 계약을 체결할 수 있으나 수출자가 자기를 피보험자로 하여 보험계약을 체결하므로 서류 매입 시 뒤에 백지배서(blank endorsement)를 하도록 하고 있다.

5) 보험서류 발행일자

보험서류의 일자는 B/L상의 선적일, 기타 발송서류의 발송일, 복합운송서류의 수탁일과 최소한 같거나 그 이전이어야 한다. 이러한 일자의 후일자일 경우에는 선적 등의 일자와 부보일자 사이에 사고가 발생하면 동기간에는 보험기간이 아니기 때문에 보험자는 책임이 없다. 그러나 다음과 같은 경우에는 선적일자보다 늦은 일자가 보험서류에 기재되어도 보험자는 책임을 부담한다.

① 부보일자가 선적일자보다 늦더라도 부보의 효력이 늦어도 선적일자로부터 발효한다고 표기된 경우에는 관계가 없다.

② 신용장에서 선적일자보다 부보일자가 늦어도 된다는 표시가 있어서 신용장에서 허용하는 경우 수리가 가능하다.

③ 보험증명서(insurance certificate)는 포괄예정보험증권(open policy)에 의하여 발급된 것이므로 포괄예정보험증권이 선적일자 이전에 발급된 것이면 보험증명서가 늦은 일자에 발급되었더라도 수리가 가능하다.

6) 면책비율

면책비율이 적용될 수 있는 보험조건은 구협회약관 중 분손담보조건 ICC(WA)조건에서 사용된다. 면책비율이 적용되지 않는다는 면책비율부적용(irrespective of percentage: I.O.P) 조항이 신용장에 표시되어 있지 않은 한 면책비율이 적용된다는 보험서류를 수리[155]할 수 있다.

① 면책비율

면책비율(franchise)은 특권 또는 특별면제를 뜻하는 것으로 면책보합 또는 소손해면책이라고도 한다. 보험증권의 면책비율약관(memorandum or franchise clause)의 내용은 다음과 같이 규정하고 있다.

"5% 및 3% 미만의 손해가 선박의 좌초, 침몰 또는 화재를 당한 사고 이외의 사고로 발생하였을 때 담보하지 않는 것을 면책비율이라고 하며 보험자가 소손해까지도 담보를 하게 되면 시간과 수고가 많이 소요되므로 경영이 어려워지기 때문에 특권을 가진다."

② 면책비율의 종류

㉠ 공제면책비율(Deductible Franchise, Excess(Deductible) : 손해가 일정면책비율에 달했을 때 초과하는 부분의 손해액에 대해서만 담보하겠다는 면책비율이다. 예를 들면 3% 품목인 경우 5%의 손해가 발생한 경우는 5%-3% = 2%만 담보하는 면책비율로서 "To pay the excess of the percentage specified in the policy", "Average payable in excess of 3%", "Warranted free of particular average under 5% which is deductible" 등으로 기재된다.

㉡ 비공제면책비율(Non-Deductible Franchise) : 손해가 일정면책비율에 달하지 않을 때에는 담보하지 않으나 그 이상인 경우에 면책비율을 금액에서 공제하지 않고 손해의 전부에 대하여 담보한다. 예를 들면 3% 품목에서 6%의 손해가 발생한 경우 원칙은 6%-3% = 3%만 담보하면 되는 것이나 6% 전부를 담보하는 것으로, "Subject to average(average payable) if amounting to 3%", "To pay average if amounting 5% on each 250 bags", "Free from particular average unless amounting to 5% each to bales separately insured" 등으로 기재된다.

---

155) 신용장통일규칙 제28조 (보험서류 및 보험증권) j항 보험서류는 담보가 소손해면책율 또는 초과(공제)면책율을 조건으로 한다는 것을 표시할 수 있다.

• 제2절 적하보험계약 체결

1. 청약과 승낙

보험계약은 낙성계약이기 때문에 청약인은 보험회사 소정의 적하보험청약서(cargo insurance application)에 선박명, 출항예정일, 선적항, 도착항, 화물의 품명, 수량, 화인, 보험가액, 보험금액, 보험자가 담보하는 위험, 보상조건 등을 기재해서 청약하면 보험자는 청약서의 기재사항을 검토해서 위험을 측정하고 보험료율을 결정해서 청약인에게 통지한다. 청약인이 그 보험료율을 승낙하면 보험계약은 성립되고 보험료를 지불하면 보험회사는 해상보험증권을 발행한다.

최근에는 EDI 방식에 의해서 보험개발원과 전자문서시스템에 연결되어 한국무역정보통신(KTNET)을 이용하여 적하보험 계약을 체결한다.

2. 보험청약서 기재 방법

보험청약서의 주요기재 사항은 다음과 같다.

① 피보험자(assured, insured)

피보험자의 정식 영문명과 주소를 기입한다. CIF 수출계약의 경우에는 신용장 등으로 증권상의 피보험자를 특별히 지정해 오는 경우가 아닌 한 수출자(보험계약자)를 피보험자로 하여 증권을 발행한 후 은행에 매입의뢰할 때 배서함으로써 매수인 또는 이해당사자에게 양도하게 된다.

② 보험계약자(applicant)

피보험자와 보험계약자가 다를 경우에는 applicant란에 보험계약자명과 주소를 기입한다.

③ 보험금 지급지(claims, if any, payable at)

보험금의 지불을 희망하는 장소(통상 수입자의 영업장소)를 기입하는데 일반적으로 보험자가 지정한다.

④ 내륙출발지(from(interior port or place of loading))

내륙지에서부터 부보할 경우에는 내륙의 출발지를 기입한다.

⑤ 출발항(at and from)

적하 · 적재 외항선의 선적항을 기입하며, 항공기 또는 우편으로 수송할 경우에는 항공기의 선적지 또는 우편발송지를 기입한다.

⑥ 환적항(transshipped at)

운송중 환적이 있을 경우에는 환적항(지)을 기입한다.

⑦ 도착항(arrived at)

외항선의 도착항구명을 기입한다.

⑧ 최종도착지(thence to)

양하항 도착 후 다시 내륙지까지 수송할 경우의 최종 도착지를 기입한다.

⑨ 보험금액(amount insured)

보험금액은 보통 물품의 CIF 또는 CIP 가격에 10%를 가산한 금액을 기입한다.

⑩ 참고번호(reference no)

수출인 경우에는 신용장 번호(L/C No), 송장번호(invoice No)를, 수입인 경우에는 수입신고 번호 등을 기입한다.

⑪ 질권은행(endorsement bank)

질권은행이 있는 경우 기입한다. 신용장거래일 경우 신용장 개설은행명과 주소를 기입한다.

⑫ 선박/항공기명(vessel/aircraft)

적재 선박명을 기입한다. 항공기의 경우는 'Aircraft', 우편으로 수송할 경우에는 'Sea Parcel Post', 'Air Parcel Post' 등으로 기입한다.

⑬ 출항일(sailing on or about)

적재선박의 출항월일을 기입하며, 항공기 또는 우편에 의한 수송의 경우에는 항공기의 출발일 또는 우편 발송일을 기입한다.

⑭ 보험조건(conditions)

ICC(A), (B), (C) 중 선택하여 희망하는 기본조건을 표시한다. 또한 전쟁, 동맹파업 및 기타 부가조건(additional conditions)을 부보할 필요가 있을 때에는 해당란에 추가 기입한다.

⑮ 보험목적물(subject-matter insured)

부보대상의 품명, 수량, 상태 등을 기입한다. 해상보험은 적하가 운반선의 선창에 적재되어 운송되는 것을 전제로 인수하기 때문에 만일 갑판적이 되는 경우에는 반드시 "on deck"을 표시한다. 또 컨테이너 적재의 경우에는 "in containers"로 표시한다.

⑯ 보험증권의 필요 매수(documents required)

필요 매수를 L/C 등에서 특별히 지정하고 있는 경우에는 그 매수를 기입한다.

⑰ 증권발행일(under date)

증권의 발행일을 특히 지정할 필요가 있는 경우만 그 날짜를 기입한다.

⑱ 청약일(signed date)
청약일의 년월일을 기입한다.

⑲ 청약자의 서명(signature of applicant)
청약책임자가 서명 또는 날인한다.

3. 적하보험조건의 종류

1) 기본조건 선택

① 구증권을 이용할 경우
ICC(A/R), ICC(WA), ICC(FPA)

② 신증권을 이용할 경우
ICC(A), ICC(B), ICC(C)
기본조건으로서 ①, ② 중 하나를 선택한다.

2) 부가조건 선택

기본조건 외 특약이 필요한 경우 선택한다.
① 비 · 담수 손해(rain &/or freshwater damage : RFWD)
② 도난, 발화, 불착손해(theft, pilferage &/or non-delivery : TPND)
③ 투화, 갑판유실(jettison and washing overboard)
④ 누손 · 부족손해(leakage &/or shortage)
⑤ 파손, 곡손, 움푹들어감(breakage, bending &/ or denting)
⑥ 갈구리 손해(hook damage)
⑦ 못 손해(nail damage)
⑧ 마찰과 손해(chafing, scratching)
⑨ 기름때 손해(oil &/or grease)
⑩ 타 화물과의 접촉손해(damage caused by contact with other cargo or other cargo damage)
⑪ 산류에 의한 부식손해(acid)
⑫ 쥐, 벌레 등에 의한 손해(rates & vermin)
⑬ 곰팡이 피해(mould & mildew)
⑭ 녹 피해(rust damage)

⑮ 땀증기 손해(sweat & heating : SH)
⑯ 자연발화(spontaneous combustion)
⑰ 오염손해(contamination)
⑱ 협회전쟁약관(institute war clause)
⑲ 협회동맹파업약관(institute strike clause)

4. 보험요율

① 표시방법

보험금액에 대하여 백분율(%)로 표시한다.

② 요율의 결정요인

적하보험요율은 대한손해보험협회에서 산정한 협정요율이다. 기본보험요율은 적하보험요율서에 의하여 화물의 종류, 운송구간 및 보험조건에 따라 산출된다. 화물의 종류는 섬유류와 수모, 모피와 피혁류, 곡물류와 사료 및 유채류, 임농산물, 펄프와 지류, 비료, 유류, 유지류, 화공품 및 의약품, 식료품 및 기호품, 어획물, 생물, 광산물, 석탄류, 금속류, 기계 및 기기류, 유리 및 요업제품, 화폐와 귀금속 및 보석류, 잡화 등으로 대분류하고, 그 대분류에서 다시 중분류 및 소분류로 나누어져 있다.

운송구간은 외항보세, 국내연안, 일본, 중국지역, 동남아, 중동아, 호주지역, 유럽, 아프리카, 북미(동), 북미(서), 남미(동) 및 남미(서)로 분류하고 있는데, 이 분류는 기본적으로 항구에서 항구까지의 요율이므로 내륙의 출발지에서 내륙의 목적지까지 화물에 발생하는 위험을 담보받고자 한다면 우리나라의 경우는 보험조건에 따른 내륙운송위험연장(ITE)담보 보험료를 납부하여야 한다.

부가위험에 대한 담보를 요청할 경우 기본요율(항구간 해상운송요율) 이외에 부가위험요율을 가산한 보험료를 납부하여 가입할 수 있다. 부가위험요율에는 기본요율에 추가하여 내륙운송의 위험(ITE)을 보상받고자 한다든지 또는 하역 후 수출의 경우는 60일 이상, 수입의 경우는 30일 이상이 경과 후에도 담보를 받고자 하는 경우(ISE)를 위한 확장담보조건요율, 그리고 선박의 상태(선형, 선령, 톤수, 국적)에 따른 할증요율, 보험금액을 CIF가액의 130% 이상으로 하는 경우 보험가입금액 할증요율 그리고 환적위험에 대한 할증요율 등이 있다.

③ 보험료의 산출

해상적하보험의 보험료는 보험금액에 보험요율(premium rate)을 곱해서 산출한다.

• 제3절 보험금 청구

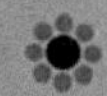

1. 보험금 청구

보험목적물이 보험사고로 인하여 손해를 입었을 경우에는 보험증권의 내용대로 보험자에게 보험금을 청구한다. 보험금 청구자는 항상 보험증권의 정당한 소지자가 되며, 대개 매수인, 즉 수입자가 된다.

보험증권의 정당한 소지인으로서 담보된 적하에 손해가 발생하였다는 사실을 알게 되면 서면 또는 구두로 보험회사나 그의 대리점에 통지한다. 보험자가 지정하는 손해사정인(surveyor)으로 하여금 손해조사를 하도록 하고 이후에 손해에 따라 서류를 구비하여 정식의 보험금 청구절차를 따른다. 보험금 청구 서류는 수입일 경우에는 본사 또는 지점에, 수출일 경우에는 보험증권 상에 명시되어 있는 해외대리점(settling agent)에 제출하면 된다.

1) 보험금 청구서류

(1) 공동해손의 경우

화주가 자신의 적하가 공동해손에 관련되었음을 알게 되는 것은 운송인(선박회사 또는 그 대리점)이 공고한 공동해손선언(declaration of G.A.) 또는 화주 앞으로 개별적으로 송달되는 공동해손통지서(notice of G.A.)에 의해서이다.

화주는 위의 통지를 받은 즉시 보험회사에 그 사실을 통지하고 아래의 서류를 구비하여 보험회사에 제출하고 보험회사에서 발급하는 보증서(guarantee)를 받아 운송인이나 공동해손 사정인에게 제출한다.

① 공동해손구상장(claim letter on G.A.)
② 보험증권(insurance policy) 원본 또는 부본(duplicate)
③ 선하증권 사본
④ 상업송장 사본
⑤ 공동해손통지서(notice of general average) 사본
⑥ 공동해손보증장(general average guarantee) 또는 공동해손공탁금(general average deposit)
⑦ 기타 서류 : 공동해손맹약서(general average bond), 적하가액신고서(valuation form)

(2) 전손 및 단독해손의 경우

적하에 발생한 손해의 형태가 전손이거나 단독해손인 경우에는 다음과 같은 서류를 구비하여

야 한다.

① 보험금 청구서(claim letter)
② 보험증권의 원본(전손 시) 또는 사본
③ 상업송장
④ 선하증권 : 사본, 단 전손인 경우는 원본 full set
⑤ 검정보고서(survey report) 및 기타 사고입증서류(cargo boat note, tally sheet, warehouse convention 등)
⑥ 선박회사에 대한 claim 청구서 및 이에 대한 회신
⑦ 제비용을 증명하는 서류
⑧ 해난보고서(marine protest)
⑨ 적하매각계산서(account sales)
⑩ 위부서(letter of abandonment)
⑪ 대위권양도서(receipt and letter of subrogation)

상기 서류 중 보험금 청구서, 상업송장 및 선하증권은 반드시 제출해야 할 서류이고 기타 서류는 해당되는 경우에 제출하면 된다. 또한 보험증권을 분실한 경우는 각서로 대신할 수 있다. 대체로 적하의 전손은 선박의 화재, 침몰, 좌초 등 대형사고에 기인하거나 또는 적하의 행방불명, 불착 또는 하역작업 중의 전량 추락으로 인하여 발생한다. 적하전손이 명백하면 검정보고서는 필요하지 않으며 이에 대하여 사실을 증명하는 서류만 구비하면 된다. 추정전손인 경우에는 위부통지서를 보험회사에 제출한다.

적하가 담보위험에 근인한 손해로 그 손해액이 명백할 때에는 검정보고서 없이 보상하나 일반적으로 보험회사는 손해사정인을 선정하고 보고서를 요구한다. 보고서에는 손해의 원인, 정도, 파손품, 처리방법(recommendation) 등이 상세히 기재되며, 보험자가 지급보험금을 사정함에 있어서의 중요한 근거서류가 되므로 손해사정을 실시할 때에는 화주측이 입회하는 것이 유리하다.

통상 국내 수입의 경우에는 보험회사측이 개별 사고의 성질에 따라 손해사정인을 선임하고 있고 수출의 경우에는 도착지의 특정 검정사를 지정하여 증권에 기재해 놓고 있다. 마지막으로 사고 사실에 대해 귀책자에게 손해배상청구권을 확보해 놓아야 하는 것도 잊어서는 안될 중요한 의무사항 중의 하나다.

부 록

(URL로 대체함)

- 영국해상보험법(1906) Marine Insurance Act 1906
  https://www.legislation.gov.uk/ukpga/Edw7/6/41/contents

- 영국보험법(2015) Insurance Act 2015
  http://www.legislation.gov.uk/ukpga/2015/4/contents/enacted

- 상법
  http://www.law.go.kr/%EB%B2%95%EB%A0%B9/%EC%83%81%EB%B2%95

- 민법
  http://www.law.go.kr/%EB%B2%95%EB%A0%B9/%EB%AF%BC%EB%B2%95

- York-Antwerp Rules(YAR) 2016
  https://transportrecht.org/wp-content/uploads/YorkAntw2016.pdf

- 보험업법
  http://www.law.go.kr/%EB%B2%95%EB%A0%B9/%EB%B3%B4%ED%97%98%EC%97%85%EB%B2%95

참고문헌

국내문헌

강원진, 「최신 국제상무론」, 서울: 도서출판 두남, 2013.

구종순, 「해상보험」, 서울: 유원북스, 2012.

권 오, 「국제무역보험론」, 서울: 도서출판 두남, 2011.

김동훈, 「보험론」, 서울: 학현사, 2011.

김재형, "계약해제 · 해지, 위험부담, 사정변경에 관한 민법개정안", 「서울대학교 법학」, 제55권 제4호, 서울대학교 법학연구소, 2014, pp.3-63.

김정수, 「해상보험론」, 서울: 박영사, 2003.

대한상공회의소, 「UCP600(제6차 개정 신용장통일규칙) 공식번역 및 해설서」, 대한상공회의소, 2007.

대한상공회의소, 「인코텀즈 2020」, 서울: 대한상공회의소. 2019.

박병호, 「관세사 신무역실무 II」, 서울: 고시연구원, 2001.

박용섭, 「해상보험법」, 부산: 효성출판사, 1999.

방갑수, 「최신보험학」, 서울: 박영사, 1992.

송채헌, 이정호, 박종은, 오가영, 「무역보험론」, 서울: 삼영사, 2008.

오원석, 「해상보험론」, 서울: 삼영사, 2002.

오학균, 김진권, 류동근, 김명재, 「용선론」, 서울: 도서출판 두남, 2016.

유기준, 「해상보험판례연구」, 서울: 도서출판 두남, 2002.

윤진수, "미국 계약법상 good faith 원칙", 「법학」, 제4권 제4호, 서울대학교법학연구소, 2003, pp.40-90.

이은섭, 「해상보험론」, 서울: 신영사, 1996.

이정원, "2015년 영국보험법상 워런티의 의의와 법률 효과에 대한 고찰", 「저스티스」 150, 한국법학원, 2015, pp.112-137.

임석민, 「선하증권론」, 서울: 도서출판 두남, 2010.

한국무역보험공사 http://www.ksure.or.kr

한국무역보험공사, 「무역보험 제도해설 Ⅰ」, 서울: K-sure 고객영업부, 2010.

한낙현, 「국제해상운송과 해상화물보험」, 서울: 도서출판 두남, 2012.

한상현, 「국제무역보험론」, 서울: 도서출판 두남, 2017.

한창희, "영국의 개정 고지의무제도에 관한 연구", 「법학논총」 제29권 제2호, 국민대학교 법학연구소, 2016, pp.393-431.

한창희, "상법 해상보험편 개정안에 관한 연구 - 영국의 2015년 보험법을 중심으로", 「손해사정연구」, 제10권 제1호, 한국손해사정학회, 2018, pp.5-30.

한창희, 「해상보험법」, 서울: 국민대학교 출판부, 2017.

국외문헌

Arnould, A.S., *General Insurance Principles*, Revised ed., University Press of America, 1983.

Arnould, A.S., *Law of Marine Insurance and Average*, 16th ed., London: Stevens & Sons, 1981.

Bennet, H.N., *The New of Marine Insurance*, Oxford: Clarendon Press, 1996.

Brown, R.H., *Marine Insurance Vol.1—Principles and Basic Practice*, 6th ed., London: Witherby & Co. Ltd, 1986.

Clarke, M.A., *The Law of Insurance Contracts*, London: LLP, 1989.

Goodacre, J.K., *Marine Insurance Claims*, 2nd ed., London: Witherby & Co, Ltd., 1981.

Ivamy, E.R. Hardy, *General Principles of Insurance Law*, 5th ed., London: Butterworths, 1986.

Lamberth, R.J., *Templeman on Marine Insurance*, 6th ed., London: Pitman, 1986.

Murray, C., D. Holloway, D. Tomson-Hunt, *Schmitthoff' Export Trade*, 11th ed., London: Sweet & Maxwell, 2007.

Parks, A.L., *The Law and Practice of Marine Insurance and Average*, Maryland: Cornell Maritime Press, 1987.

Rejda, G.E., *Principles of Risk Management and Insurance*, 6th ed., New York: Harper Collins Publishers, 1998.

Tetley, W., *Marine Cargo Claims*, 2nd ed., Toronto: Butterworths, 1978.

UK Law Commission, https://www.lawcom.gov.uk/

UK Legislation, http://www.legislation.gov.uk/

찾아보기

▌ㄱ▐

ㄴ

ㄷ

ㄹ

ㅁ

ㅂ

▌ㅅ▐

ㅈ

ㅊ

ㅌ

ㅍ

▌ㅎ▐

A

B

C

D

E

F

G

H

I

J

K

L

M

T

U

V

W

Y

◎ 저자 약력

■ **박 성 호**

- 계명대학교 경영학박사(무역실무 전공)
- University of London, PhD.(국제거래법 전공)
- 현) 계명대학교 경제통상학부 국제통상학전공 교수

〈저서〉

- 무역클레임과 상사중재, 유원북스, 2019
- 무역계약론(공저), 박영사, 2014
- 대외무역법의 이론과 실제, 도서출판 두남, 2010 등

〈논문〉

“A Comparative Legal Research on Contract Formation via Electronic Means: Time Lag of Contract Creation in the International Sales Transaction” 등 국제상거래 및 해상보험 관련 논문 다수

■ **황 성 분**

- 계명대학교 경제학석사(금융보험 전공)
- 계명대학교 경제학박사(무역실무 전공)
- 동아생명보험(주) 근무
- 국제생명보험(주) 근무
- 중국 연변과학기술대학교 겸임교수
- 계명대학교 산업경영연구소 연구원
- 계명대학교, 대구대학교, 대구가톨릭대학교 외 강의
- 계명대학교 국제학연구소 전임연구원

〈저서〉

- 무역상무론(중국어), 유용출판사, 2010, 번역 공저

무역보험 – 이론과 실무 – 제2판

초　판 1쇄 발행 —— 2014년 2월 28일
제 2 판 1쇄 발행 —— 2020년 3월 15일
지은이 —— 박 성 호 · 황 성 분
펴낸이 —— 전 두 표
펴낸데 —— 도서출판 두남
서울시 강동구 성내로6길 34-16 두남빌딩
신 고 : 제25100-1988-9호
TEL : 02) 478-2065~7, 2311
FAX : 02) 478-2068
E-mail : dunam1@unitel.co.kr
http://www.dunam.co.kr

정가 23,000원

ISBN 978-89-6414-881-5 93320